바울의 생애와 신학입문
Introduction of Paul's life and Theology

신인철 지음

침례신학대학교출판부

차 례

머리말   7

제1부 바울의 생애   13

제1장 바울의 생애와 신학 연구의 출발점   15
   1.1 기독교, 바울 그리고 예수   18
   1.2 바울의 생애 자료   20
   1.3 바울의 신학 사상 형성과 자료   27
   1.4 결론   30

제2장 바울의 사상 형성과 연대기   33
   2.1 바울의 문화 배경   34
   2.2 바울의 가문   36
   2.3 바울의 예루살렘 생활   54
   2.4 바리새인 바울   56
   2.5 이방인 전도자 바울   59
   2.6 바울의 가르침   61
   2.7 바울의 생애 연대표   67
   2.8 결론   69

제3장 바울의 다메섹 체험과 신학적 의의   77
   3.1 바울의 다메섹 체험과 예루살렘 교회   78
   3.2 바울의 다메섹 체험의 신학적 가치   85
   3.3 소명   94
   3.4 바울의 사도 권한과 복음 선포   97
   3.5 결론   102

제4장 바울의 선교여행   107
   4.1 다메섹과 아라비아 전도(행 9:20-22; 갈 1:17; 고후 11:32-33)   109
   4.2 바울의 수리아와 길리기아 전도(행 9:30; 갈 1:18-24)   111
   4.3 제1차 선교여행   112

4.4 제2차 선교여행 ... 118
4.5 제3차 선교여행 ... 126
4.6 제4차 선교여행(로마 방문) ... 132
4.7 제5차 선교여행(바울의 석방 후 목회 순방) ... 135
4.8 바울의 순교 ... 137
4.9 회심 후 바울의 예루살렘 방문 ... 139
4.10 결론 ... 147

제2부 바울신학 ... 157

제5장 바울신학의 신앙적 이해 ... 163
서론 ... 163
5.1 유대교와 바울 ... 164
5.2 바울의 신앙고백과 예수 그리스도의 구원 ... 167
5.3 바울의 그리스도 ... 170
5.4 결론 ... 172

제6장 바울신학의 중심 주제 ... 175
6.1 이신 칭의(以信稱義) ... 177
6.2 그리스도 안에 ... 184
6.3 화해 ... 187
6.4 결론 ... 188

제7장 율법 ... 193
7.1 바울이 인식한 율법 ... 195
7.2 율법의 본성과 바울의 논점들 ... 197
7.3 바울의 새로운 율법 해석 ... 200
7.4 결론 ... 209

제8장 바울과 예수 ... 215
8.1 바울은 예수를 알고 있었는가? ... 216
8.2 바울서신과 예수 ... 218
8.3 역사적 예수에 대한 바울의 해석 ... 225
8.4 결론 ... 226

제9장 바울의 인간 이해   231
    9.1 인간의 구조적 양면성   232
    9.2 인간의 몸과 영   234
    9.3 인간을 지칭한 용어   238
    9.4 결론   249

제10장 바울의 기독론   255
    10.1 서론   255
    10.2 예수   256
    10.3 그리스도   257
    10.4 아담   258
    10.5 성육신한 예수 그리스도   260
    10.6 바울의 관점에서 본 예수 그리스도의 십자가   263
    10.7 부활하신 그리스도   268
    10.8 바울서신에 나타난 그리스도의 개념과 호칭   273
    10.9 '하나님의 아들'   274
    10.10 예수 그리스도는 유일한 주(Lord)   276
    10.11 머리되신 그리스도   278
    10.12 바울이 사용한 예수 그리스도의 다른 호칭과 역할   280
    10.13 결론   282

제11장 그리스도인 삶의 새로운 시작인 성령   289
    11.1 초대교회와 성령   290
    11.2 성령 받음   292
    11.3 성령과 삼위일체   294
    11.4 성령과 그리스도   295
    11.5 성령과 신자   297
    11.6 성령의 은사와 열매   300
    11.7 결론   305

제12장 바울이 본 구원의 길   309
    12.1 하나님의 구원의 동기   311
    12.2 구원의 필요성과 죄   312
    12.3 구원의 도구인 복음   317

12.4 구원의 방법   319
12.5 구원의 수단으로서 믿음   321
12.6 구원의 실제적 목적   322
12.7 구원의 결과(성화)   324
12.8 결론   327

제13장 바울이 추구한 그리스도인 공동체   333
13.1 바울 이전의 교회의 개념   334
13.2 교회의 정의   335
13.3 교회에 대한 명칭   338
13.4 교회구성원에 대한 호칭   340
13.5 그리스도의 몸으로서 교회   343
13.6 교회의 조직   345
13.7 성도의 권위와 교회   351
13.8 주의 만찬   353
13.9 결론   362

제14장 바울이 소망한 마지막 날   369
14.1 바울이 인식한 종말로서의 현실   370
14.2 이미 그리고 아직   371
14.3 구약과 바울의 종말   373
14.4 재림 소망   374
14.5 그리스도의 재림 모습   376
14.6 재림의 시기   378
14.7 재림의 결과   379
14.8 결론   381

제15장 바울의 윤리   385
15.1 바울 윤리의 근원   386
15.2 바울 윤리의 전제   389
15.3 새로운 삶으로 윤리   389
15.4 실제 세계에서 윤리   394
15.5 결론   403

머리말

　기독교 역사에서 그리스도인들에게 가장 많은 사랑을 받은 인물은 사도 바울일 것이다. 그리스도인들의 사도 바울 사랑은 과거부터 현재까지 변함이 없다. 현대 그리스도인들 역시 바울의 생애와 신학에 지대한 관심을 가지고 있다. 이렇게 많은 사랑을 받는 이유 가운데 하나는, 처음 신학 공부를 시작하는 신학도가 가장 먼저 접하는 과목 가운데 하나가 바로 바울서신과 그의 신학이기 때문이다. 신약성경에서 기독교의 가장 중요한 핵심 교리가 담긴 바울서신은 복음에 대한 열정으로 충만한 신학생을 매료시키기에 충분하다. 그러나 신학생들이 수업시간에 접한 바울의 사상과 신학은 좀 더 깊이 연구하지 않고는 이해할 수 없다는 것을 곧 깨닫게 될 것이다. 이 시점 도달하면 대부분의 학생들은 바울의 신학에 대한 보다 깊은 관심을 가지기 시작한다. 본서의 저자인 본인도 이러한 과정을 거치면서 바울에 대한 관심과 학문적 탐구를 시작했다.

　하지만 본인은 바울서신과 그의 신학 연구에 대한 열망은 복음서 분야를

접하면서 사그라지기 시작한 것 같다. 역사적 예수 연구는 복음의 핵심을 이해하게 했다. 그리고 초기 기독교 공동체 연구는 사회학 관점에서 예수를 바라볼 수 있는 색다른 시각을 열어주었기 때문이다. 따라서 저자는 유학을 결심한 이후 복음서에 관련된 책들을 읽고 탐구하는 일에 매진하게 되었다. 유학을 마친 후 모교 강단에서 처음 강의를 시작한 과목이 "바울의 생애와 신학"이었다. 저자는 이미 복음서 학자로서 정체성을 확립한 상태였다. 하지만 바울신학을 강의하면서 과거 바울서신에 매료되었던 본인의 열정과 관심이 다시 살아나고 있음을 알게 되었다. 따라서 약 7년 전부터 바울서신에 대한 연구를 다시 시작하게 되었다. 바울신학에 대한 연구를 시작하면서 다양하고 좋은 전문서적들을 많이 접하게 된 것은 저자에게 큰 기쁨이고 축복이었다. 다른 한편으로 30년 전 나와 같은 생각으로 바울신학을 공부하고자 하는 열망에 사로잡힌 학생들을 강의실에서 만나게 됨으로 바울신학 연구에 대한 새로운 열망이 생겼다. 그래서 신학생들이 짧은 시간에 바울의 생애와 신학을 쉽게 이해할 수 있는 책이 있었으면 좋겠다는 생각을 한 것이다. 어떤 형태의 책이 좋을까하고 고민하는 가운데 바울의 생애와 신학을 이해할 수 있는 입문서의 필요성이 절실함을 인식하고 본서를 저술하기로 결심하였다. 그래서 본서의 제목을 「바울의 생애와 신학입문」으로 정했다.

본서의 제목인 「바울의 생애와 신학입문」의 내용은 이미 책 제목에 함의된 것처럼 바울신학을 학문적으로 깊이 있게 다루겠다는 뜻이 아니다. 이미 한국 신약학계에는 바울신학에 관한 수준 높은 저술들이 많이 출판되었고, 바울신학에 관련된 많은 양서들이 번역되었기 때문이다. 이러한 책들이 바울서신의 학문적인 깊이를 대언해주는 좋은 면이 있다는 사실에 전적으로 동의한다. 하지만 번역서가 가진 표현의 한계와 지나친 전문 연구는 바울신학을 처음 접하고 연구하는 신학생들과 평신도 지도자들에게는 여전히 어려운 과제임을 부인할 수 없는 것도 사실이다. 그러므로 본서의 저술 목적은 바울신학을 학문적으로 깊이 있게 다루려는 것이 아니다. 다만 본서를 읽는 독자들이 바울의 생애와 그의 신학을 기본적인 틀 안에서 이해할 수 있도록 신학 주제들을 다룰 것이다.

이러한 관점에 따라 본서는 다음과 같이 구성하였다. 본서의 전반부에서는 바울의 사회 문화적 배경을 살펴볼 것이다. 바울의 출생과 성장 과정을 통하여 그의 인격 형성에 미친 요소들을 연구할 것이다. 그리고 바울신학의 근간을 이루는 주요 신학 사상의 문화적 배경에 대해서 논하고자 한다. 무엇보다 바울 생애의 핵심은, 그의 선교사역일 것이다. 세 번에 걸친 선교여행은 소아시아와 마케도냐 지역에 복음을 전하는 계기가 되었다. 그리고 더 나아가 유럽을 포함한 지중해 연안에 예수 그리스도의 십자가 복음을 알리게 되었다. 이러한 사도 바울의 복음전파 사역을 그의 지리적 이동을 따라 살펴볼 것이며, 그의 사역 반경과 영향력을 확인할 것이다.

본서의 후반부에서는 바울신학을 소개하려고 한다. 일반적으로 한국교회는 바울 신학을 조직신학적인 관점에서 연구하고 공부해 왔다. 그러나 본서는 신약 해석학 관점에서 바울신학을 조명하려고 한다. 그렇지만 이러한 시도가 바울신학을 특별한 신학 관점에서 이해하려는 것이 아니라, 단지 바울신학의 주제들을 신약 해석학 관점에서 이해할 수 있는 기틀을 만들고자 하는 목적에 있다. 필자의 이러한 의도는 신학 공부를 시작하는 신학도와 목회 현장에서 바울의 삶과 신학을 설교해야 하는 목회자들의 목회에 조금이나마 보탬이 되고자 하는 열정임을 고백한다.

그리고 본서의 출판을 위해 여러모로 도와주신 분들에게 깊은 감사를 드린다. 출판을 허락해주신 배국원 총장님과 교정으로 수고해준 출판부 이정훈 편집장님께 감사드립니다. 가난한 시골 농부로 자식을 공부시켜 오늘의 나를 있게 한 아버지 신현구 장로님과 어머니 권달용 집사님께 늘 감사한다. 사랑하는 아들 동민, 동현에게 감사하며 아버지로서 충분한 시간을 내어주지 못함을 이 자리를 통해 미안한 마음을 전한다. 그리고 나보다 나를 더 잘 알고 나를 나보다 더 사랑하고 품어주며 오늘까지 함께한 사랑하는 아내 성종숙에게 깊은 사랑과 감사를 보낸다. 이 책을 우리 교단 미래의 주역이 될 침례신학대학교 예비 목회자들에게 헌정한다.

하기동산에서

신 인 철

제1부
바울의 생애

제1부
바울의 생애

서론

　제1부 '바울의 생애'에서는 바울의 출생부터 순교까지의 과정을 네 부분으로 나누어서 살펴볼 것이다. 1장에서는 바울의 생애와 신학 연구의 출발점이 어딘지를 확인할 것이다. 학자들마다 바울의 생애와 신학을 재구성하는 출발점이 다르기 때문이다. 따라서 바울의 생애를 재구성하기 위해 필요한 문헌 자료와 신학 구성에 필요한 자료의 선택과 분류 방법에 관해서 살펴볼 것이다. 이것은 어떤 관점에서 자료를 수집하고 분석하느냐에 따라 바울의 신학과 생애가 각기 다른 모습을 나타내기 때문에 면밀한 작업이 요구된다. 2장에서는 바울의 신학사상 형성에 미친 영향을 살펴볼 것이다. 바울의 출생과 성장 그리고 교육 배경을 연구함

으로 그가 받은 문화 사상의 배경을 확인하는 것이다. 바울이 사역하는 과정에서 어떤 문화적 영향을 받았느냐는 것은 결국 그의 신학사상으로 결부되기 때문이다. 그리고 모든 학자들의 동의를 얻을 수 있는 것은 아니지만 바울의 연대기도 재구성하고자 한다. 3장에서는 바울이 예수 그리스도를 만난 역사적 순간을 살펴볼 것이다. 특별히 다메섹에서 예수 그리스도를 만남이, 그의 신학 형성에 어떠한 변화를 주었는지를 조명할 것이다. 아마도 바울의 다메섹 체험은 한 개인의 회심 사건을 넘어 기독교 역사의 새로운 시작을 알리는 중요한 기준이 되었음을 알게 될 것이다. 4장에서는 바울의 생애의 핵심인 선교여행을 그의 선교 여정을 따라 살펴볼 것이다. 바울의 선교여행은 그의 생애 연구에서 가장 중요한 부분이다. 본 장에서는 사도행전에 언급된 바울의 사역을 집중적으로 살펴볼 것이다.

제1부에서 살펴볼 내용들은 인간 바울을 이해하는데 중요한 역할을 하리라 믿는다. 이것은 단순히 인간 바울을 이해하는데 그치는 것이 아니라 그의 삶에 미친 요소들이 어떻게 신학 사상으로 변형되었는지를 배우게 될 것이다. 즉 바울의 생애 전체는 그의 신학을 형성하는데 아주 중요한 요소였음을 확증하게 될 것이다.

제1장 바울의 생애와 신학 연구의 출발점

　기독교인은 누구나 신학자라는 말이 있다. 성도 개개인은 각자 성경을 해석하는 자신만의 시각을 가지고 있기 때문에 모든 기독교인은 신학적인 안목을 가지고 있다고 보아야 할 것이다. 하지만 모든 기독교인을 위대한 신학자라고 말하지는 않는다. 왜냐하면 성서에 대한 분명한 신학 사상을 정립하고 새로운 신학적 안목을 제시할 능력을 갖추어야 위대한 신학자이기 때문이다. 대부분의 기독교인들은 하나님과 예수 그리스도에 대한 이해와 사상을 명확하게 체계화시키지 못한 상태에서 신앙생활을 하고 있다. 하지만 우리와 다른 시대를 살다간 사도 바울은 예수 그리스도에 대한 자신의 믿음과 사상을 명확하게 체계화시킴으로 기독교 신학의 토대를 마련했다고 보아야 할 것이다. 그리고 우리가 알고 있는 기독교 신앙과 신학의 모든 근간은 바울의 신학 사상을 배경으로 하고 있음을 부인할 수 없을 것이다.

바울신학을 연구한다는 것은 바울의 생애와 그의 신학 사상을 학문적 관점에서 살펴보는 것이다. 따라서 바울신학 연구는 그가 기록한 바울서신들을 중심으로 연구되어 왔다. 물론 여기서 말하는 바울서신은 바울의 진정 서신들만을 의미한다고 주장하는 학자들도 있다.[1] 일반적으로 학자들은 바울서신을 13개로 규정하기도 하지만, 바울의 이름을 차용한 위서를 제외하면 7개 서신 정도를 바울의 진정 서신이라고 주장하는 학자들도 있다. 즉 바울의 진정 서신은 로마서, 고린도전서, 고린도후서, 갈라디아서, 데살로니가전서, 빌립보서, 빌레몬서이다. 하지만 아직까지 바울의 진정 서신을 어디까지로 보아야 하는지에 대한 논쟁은 끝나지 않았다. 어떤 학자들은 바울의 기록으로 믿어지는 13개의 서신 가운데 8개 또는 9개를 바울의 진정 서신이라고 주장하기도 한다.[2] 따라서 바울신학 연구의 출발점은 바울의 진정 서신과 바울의 이름을 차용하여 기록한 위서인 제 2 바울서신을 구분하는 것에서부터 시작된다고 보아야 할 것이다.[3] 제 2 바울서신은 일종의 회람 서신으로 볼 수도 있을 것이다.[4] 이 논쟁은 다음에 다시 다루도록 하겠다.

그렇다면 바울의 생애와 신학을 재구성하기 위해 필요한 문헌 자료에 대해서 살펴보자. 먼저 우리가 바울의 생애를 재구성하고 그의 신학을 정립한다는 것이 가능한가에 대한 질문부터 던져야 할 것이다. 바울은 2천 년 전 지중해 연안의 팔레스타인과 소아시아 그리고 남부 유럽 일부 지역에서 활동한 기독교 사역자였다. 1세기 기독교 역사의 위대한 인물인 바울의 사역 내용은 다양한 자료들을 통해 재구성할 수 있을 것이다. 하지만 바울의 생애에 대한 가장 근본적인 자료는 신약성경에 기록된 내용을 의존해야만 한다. 즉 바울의 생애는 사도행전의 기록을 토대로 재구성될 수 있다. 왜냐하면 바울의 생애에 대한 대부분의 내용은 사도행전에 기록된 그의 선교 상황을 통해 재구성되기 때문이다. 그리고 바울신학 연구는 그의 진정 서신에 담긴 내용을 토대로 세워졌다.

하지만 역사비평이 새로운 성경 해석 방법으로 대두되면서, 바울의 생애 연구도 새로운 기로에 서게 되었다. 전통적인 바울의 생애 연구 방법을 부정적으로 바라보는 학자들이 생겨나기 시작한 것이다. 그들의 주장에 의하면, 사도행전에 묘사된 바울의 생애는 사도행전의 저자인 누가의 신학적 의도에 의해서 묘사된 것이기 때문에 역사성이 부족하다는 것이다. 또한 누가가 바울의 생애를 기록했지만, 그도 바울의 사역을 직접 목격하지 못한 부분이 상당히 있음을 부인할 수 없을 것이다. 따라서 누가가 수집한 바울의 생애와 관련된 자료를 아무런 비평 없이 그대로 수용한다는 것은 학문적인 정당성을 확보할 수 없다는 것이다. 즉 누가의 신학적 목적과 의도에 따라 묘사된 바울의 생애를 역사적 사실의 유무와 명확한 증거도 없이 진실로 받아들인다는 것은 바람직하지 못하며, 바울의 신학을 잘못 구성하는 오류를 범할 수도 있다는 것이다.

바울신학 연구는 많은 어려움과 난제들이 산재해 있음도 부인할 수 없다. 이미 앞에서 주지한 것처럼 현대 바울 신학자들은 바울의 이름으로 기록된 서신을 진서와 위서로 구분하기 때문이다. 이것은 바울이 직접 기록한 서신이냐 아니면 바울의 제자(학파)들에 의해서 기록된 서신인가를 구분하자는 것이다. 학자들 가운데 바울의 진정 서신에 나타난 신학 사상을 바울의 것이 아니라고 부인하는 경우는 없다. 그러나 바울의 위서에 나타난 신학 사상은 바울의 것이 아닐 수도 있다는 주장은 끝없이 제기되고 있다. 이러한 논쟁들은 현대 바울 신학계에서는 일반적으로 받아들여지는 자연스러운 현상이기도 하다.[5]

그렇다면 바울의 생애와 신학을 재구성 하려면 바울과 관련된 자료들을 어떻게 활용해야 하는지를 살펴보도록 하자. 첫째는 기독교의 출발점을 다룰 것이다. 기독교의 시작이 예수로부터인가 아니면 바울로부터인가를 연구할 것이다. 둘째는 바울의 생애에 대한 자료들을 살펴볼 것이다. 마지막으로 바울의 신학 사상 형성에 영향을 준 자료에 대해 살펴보자.

1.1 기독교, 바울 그리고 예수

기독교 역사에서 바울 사도의 신학적 가르침이 차지하고 있는 학문적 위치는 감히 다른 기독교 인물들과 비교할 수 없을 만큼 탁월하다. 학자들은 바울의 탁월한 신학 업적을 찬양하며, 그를 기독교의 태동을 이끈 위대한 신학자로 받아들이곤 한다. 바울은 자신의 믿음을 글로 표현함으로 그의 사상을 기독교 교리로 구체화시켰을 뿐만 아니라 불신자들이 예수를 구원의 주로 믿고 따름으로 공통의 믿음을 소유하게 하였다.[6] 그리고 좀 더 적극적인 관점에서 바울을 찬양하는 학자들은 기독교가 예수가 아닌 바울이 시작했다고 주장하기도 한다.[7] 유대교 배경에서 시작된 예수 운동이 기독교의 출발이라는 인식을 반대하고, 바울이 헬라 문화 토대에 유대 사상을 접목시켜 기독교로 발전시켰다는 주장도 제기되고 있다. 사실 초기 기독교 공동체에는 많은 기독교 사역자인 사도, 선지자 그리고 목회를 돕는 자들이 있었지만, 사도 바울만이 유일하게 정확한 신학화 작업을 시도하였고 기독교의 근간을 세웠다고 보아야 할 것이다.[8] 이것은 바울이 형성한 기독교가 예수의 가르침을 따른 것이기는 하지만, 헬라 문화를 배경으로 한 바울의 색다른 종교적 가르침이라는 결론에 이르게 한다. 그렇다면 우리는 기독교가 예수의 종교냐 아니면 바울의 종교냐라는 질문에 답해야 할 중대한 기로에 서게 된다.

그러나 이 질문에 대한 대답은 명확하다. 기독교는 바울의 종교가 아니라 예수 그리스도가 창시한 종교이다. 바울이 집대성한 신학은 바울 자신의 가르침이 아닌 예수 그리스도의 가르침과 교훈을 체계적으로 재구성한 것이기 때문이다.[9] 그러므로 본서는 비평학적 접근을 통해 형성된 학설인, 기독교가 바울의 독자적인 가르침을 통해 확립됐을 것이라는 견해를 반대하며, 바울이 예수의 가르침을 승계함으로 기독교 교리를 확립했다는 견해를 따를 것이다.

바울이 예수의 가르침을 승계하여 기독교 신학을 정립했다는 것은 그가 헬레니즘 사고를 가지고 기독교 신학을 정립했다는 것을 배격한다는 의미이기도 하다. 물론 바울의 신학 형성에 헬레니즘 사상이 전혀 영향을 주지 않았다는 것은 아니다. 다만 헬레니즘이 바울의 신학 형성에 근간을 이룰 만큼 지대한 영향을 주었다는 것은 올바른 관점이 아니라는 것이다. 반대로 확언하자면, 바울은 유대교적 메시지인 기독교 복음을 헬라화하여, 헬라 문화적 배경을 가진 기독교인들에게 가르친 것이 아니라는 것이다. 결론적으로 바울은 헬라 세계에서 헬라 철학과 사고로 사람들에게 복음을 가르치기도 했지만, 예수를 떠나거나 그의 가르침을 거스르지는 않았다는 것이다. 이것은 바울이 예수의 가르침과 교훈을 조직적으로 체계화함으로 기독교 신학을 형성했음을 의미한다.[10] 그러므로 기독교는 예수의 종교이며, 바울은 예수의 가르침을 확대해석하고 체계화하여 기독교 신학을 정립한 것이다.

브루스(Bruce)는 이 논점에 대한 중요한 결론을 다음과 같이 내렸다. 신약성경에는 팔레스타인 유대교 사상과 헬레니즘 사상이 동시에 나타나고 있다. 그러나 이 둘을 성서 본문에서 명확하게 구분하는 것은 쉬운 일이 아니다. 단지 한 본문 안에 두 문화가 융합되어 있다고 보았다.[11] 그러나 두 문화의 융합 자체에 가치가 있는 것이 아니라 예수 그리스도로부터 시작된 기독교 가르침의 신학화 작업에 유대교와 헬라의 문화가 접목되었다는 것이다. 따라서 기독교 교리는 바울의 종교가 아닌 예수 그리스도의 가르침을 근간으로 한 기독교의 체계화이며, 이 일을 이룬 사람이 바울이라는 것이다.

1.2 바울의 생애 자료

이미 앞에서 언급한 것처럼 바울의 생애를 재구성하는데 필요한 가장 주요한 자료는 사도행전이다.[12] 그러나 우리는 사도행전 외에도 그의 서신 여러 곳에 자신의 생애를 언급했다는 사실을 주목해야 할 것이다.[13]

그러므로 누가가 언급한 바울의 생애에 관한 자료와 바울 자신이 그의 서신에서 언급한 자신의 생애에 관한 자료들을 어떻게 분석하고 재구성해야 하는지를 살펴보아야 할 것이다. 그리고 사도행전과 바울서신 외에 등장하는 바울의 생애에 관한 자료도 살펴보아야 할 것이다.

첫째, 사도행전은 바울의 출생부터 로마 여행까지를 기록하고 있다.[14] 이미 주지한 것처럼, 사도행전은 바울의 생애를 누가의 신학 관점에 따라 기록하였다. 누가의 신학이 사도행전에 가미되었다는 것은 사도행전에 묘사된 바울의 생애는 연대기를 따라 기록된 자서전이 아니라는 것이다. 그러므로 일부 학자들은 누가가 사도행전에 기록한 바울의 생애는 많은 부분에서 정확성과 신빙성이 부족하다고 생각한다.[15] 이 견해를 정면으로 반박할 학술적 근거가 빈약한 것은 사실이다. 단적인 예를 든다면, 예루살렘 공회에 대한 누가와 바울의 견해가 다르다. 누가는 예루살렘 공회를 바울의 2차 선교여행 전에 일어난 사건으로 기록하고 있다(행 15). 하지만 바울서신은 예루살렘 공회가 2차 선교여행 후에 있었다고 기록하고 있다(갈 2:1).[16] 이미 학계에 보편적으로 알려진 것처럼, 바울의 예루살렘 방문 횟수에 대한 누가와 바울의 기록도 일치하지 않는다. 이와 같은 문제에 직면했을 때, 우리는 누가의 사도행전 기록보다는 바울서신의 기록을 더욱 의존해야 할 것이다. 바울을 그의 서신을 자서전 관점에서 기록한 것은 아니지만, 자신의 사역 내용에 대한 보다 정확한 상황을 제시해주기 때문이다. 하지만 우리는 바울서신의 기록 역시 그의 생애를 신학적 관점에 따라 구성했을 것이라는 가설을 완전히 배제하지는 못할 것이다.

대부분의 학자들은 바울의 생애를 재구성하기 위해서 누가의 기록인 사도행전 보다 바울서신의 기록을 의존해야만 한다는 사실에는 동의를 한다.[17] 하지만 바울서신은 그의 생애를 재구성할 만큼 충분한 자료를 제공하지 못하고 있다. 그래서 바울 신학을 연구하는 학자들은 사도행전을 바울의 생애 재구성을 위한 이차 자료로 여겼고, 전통적으로 바울 신학 연구에 활용하였다. 누가의 사도행전은 자연스럽게 바울의 생애를 재구성하기에 신빙성이 부족한 자료로 취급받기도 했다. 그렇지만 바울서신에 나타난 그의 생애를 재구성하는데 부족한 부분을 보완하려면 사도행전의 자료 역시 바울의 생애를 재구성하는데 필수적인 역할을 한다는 것을 잊지는 말아야 할 것이다. 이미 대부분의 학자들이 동의하고 있는 것처럼, 누가는 단순히 바울의 사역 이야기를 다른 사람들로부터 듣고 기록한 것이 아니라 바울의 선교여행 일원으로 동참하며 동역자로 같이 사역을 하였기 때문이다. 그러므로 누가는 바울의 사역을 직접 바라본 목격자인 동시에 동역자다. 사도행전에는 "우리"라는 인칭 대명사가 네 곳에 언급되었다(행 16:18; 20:5-15; 21:1-18; 27:1-28:16). 사도행전의 저자가 3인칭 관점에서 이야기를 전개하다가 드로아를 지나면서 바울의 선교여행 상황을 1인칭 복수로 설명했다는 것은, 그가 바울의 선교여행 전 기간 동안 동행하지는 않았지만, 바울과 같이 선교사역에 동참했다는 증거이다. 따라서 사도행전에 나타난 바울의 생애에 대한 자료는 충분한 신빙성을 가지고 있으며 바울신학 재구성을 위해 활용할 가치가 있다는 것이다.

둘째, 바울의 생애를 재구성하기 위해서 누가가 기록한 사도행전을 분석할 필요가 있다. 과연 누가는 바울의 생애를 어떻게 묘사하고 있는지 몇 가지 관점에서 확인하고자 한다.

1) 누가가 묘사한 바울의 사회적 배경이다. 일부 학자들은 누가가 묘사한 바울은 충성스러운 유대인이었다.[18] 그러나 바울을 단일 문화 배경을 가진 사람으로 묘사하기는 어려울 것 같다. 당시 지중해 연안 지역은 정치적으로 로마제국의 지배를 받고 있었으며, 문화적으로는 헬라화되어 있었기 때문이다. 누가는 사도행전에서 바울의 문화 배경을 이해할 수 있는 독특한 용어를 사용하였다. 첫째, 누가는 바울이 자신을 헬라 문화 배경을 가졌다고 주장하는 것처럼 기록하고 있다. 바울은 자신을 길리기아 다소의 시민이라고 했다(행 21:39). 다소 시민권은 다소에 사는 사람이면 누구나 가질 수 있는 것은 아니다. 시민권에 대한 보다 구체적인 내용은 다음에 다루도록 하겠다. 바울이 헬라 도시에 거주하며 그 지역의 시민권을 가졌다는 것은 디아스포라 유대인으로서 자신의 종교 의식이나 사상을 지키고 유지하는데, 어느 정도는 자유를 보장받았을 가능성이 있어보인다.[19]

2) 누가는 사도행전에서 바울을 로마 시민권 소유자라고 주장한다. 누가는 사도행전 13:9까지는 바울을 히브리 이름인 '사울'로 호칭하였다. 하지만 사도행전 22:25에서 바울은 자신이 로마 시민권자임을 주장한다. 누가는 바울의 로마 시민권을 필요 적절하게 사용하여 이방인 선교 사역과 재판 과정에서 자신에게 유리하도록 활용하였다.

3) 누가는 사도행전에서 바울을 '바리새인'으로 묘사하고 있다(행 23:6). 누가의 기록과 동일하게 바울은 자신이 율법의 의로는 흠이 없는

바리새인이라고 빌립보서에서 밝히고 있다(빌 3:6-7). 바리새인들의 종교 의식은 율법에 대한 분명한 순종과 조상들의 전승을 엄격하게 준수하는 것이다. 누가가 바울을 바리새인으로 묘사했다는 것은 그의 유대교 배경을 설명하기 위해서였을 것이다.

당시 세계에서 한 개인이 단일 문화와 사회 정체성을 소유한다는 것은 어려운 일이었다. 누가는 바울에게 세 가지의 서로 다른 문화 정체성을 부여하고 있다. 바울은 헬라 도시인 길리기아 다소의 시민이며, 로마의 시민권을 가진 율법을 순종하는 충성된 유대인으로 묘사했다. 이러한 묘사는 바울의 사역과 사상을 단적으로 보여주기 위한 누가의 의도로 보인다. 즉 바울은 하나의 문화 배경을 소유한 것이 아니라 당시 지중해 사회의 핵심 문화와 사상인 헬라와 히브리 문화의 배경을 가지고 있었다는 것이다. 이러한 문화적 배경은 바울이 지중해 연안 지역 사람들에게 복음을 증거하는데 중요한 접촉점과 사상의 동질성을 가지게 하였다.

4) 누가는 사도행전에서 바울의 선교여행을 구체적으로 묘사하고 있다. 바울은 지역 교회에 편지로 권면과 교훈을 전달했지만, 자신의 선교사역 반경에 대한 구체적인 언급은 하지 않았다. 이러한 이유로 바울의 선교사역을 재구성하려면 누가의 사도행전 기록을 의존할 수밖에 없다. 그렇다면 바울의 선교여행을 기록한 누가의 관점에서 본 바울의 사역은 역사적 바울인 것이다. 하지만 이미 주지한 것처럼 누가가 사도행전에 묘사한 바울은 역사적 바울이 아닌 신학적 관점에서 묘사된 바울이다. 특별히 바울의 재판 받는 과정을 묘사한 본문이 역사적 바울의 모습을

그린 것인지 아니면 신학적 목적이 담긴 본문인지에 대한 논의가 필요해 보인다. 일부 학자들은 바울의 재판 과정을 묘사한 누가의 사도행전 기록에 관심을 가지고 있지만, 이는 선교여행 과정에서 일어난 사건으로 보아야 할 것이다. 누가는 재판을 통해 바울이 무죄를 선고 받았음을 강조한다. 그러나 누가가 묘사한 바울의 재판 과정은 기독교가 무죄임을 선포하려는 의도가 함의된 것으로 보인다. 당시 지중해 세계의 패권 국가인 로마제국과의 종교 갈등 중인 기독교가 로마제국으로부터 합법적인 종교로 인정받아야 함을 변증한 것으로 보아야 한다. 결론적으로 바울은 로마까지 호송되었지만 무죄로 방면되었을 뿐만 아니라 총독에게 심문을 받는 과정에서도 무죄임이 선언되었다. 이것은 누가의 관점에서 기독교가 지중해 전역에서 공인되어야 한다는 누가의 선교 신학 의도가 반영된 것이다.

셋째, 바울서신과 사도행전에 나타난 내용들의 차이점에 대해서 살펴보자. 1) 바울이 아라비아에서 돌아온 사실을 누가는 사도행전에서 전혀 언급하지 않았다(갈 1:17). 2) 누가는 바울의 선교여행을 1, 2, 3차 세부분으로 나누어 기록하고 있다. 그러나 바울서신에는 선교여행에 대한 언급이 거의 없다. 3) 바울과 누가는 동일하게 다메섹 사건을 언급하고 있지만 서로의 관점이 다르다. 바울은 영적인 관점에서 자신의 옥중 생활을 기록하고 있다(고후 11:23). 반면에 누가는 사도행전에서 유대인이 사울을 죽이기로 결의했다고 기록한다(행 9:23). 4) 누가는 바울이 스데반의 죽음에 직접적으로 관여하였음을 밝힌다(행 7:58-8:1). 하지만 바울은 자신이 하나님의 교회를 핍박했다고만 기록하고 있다(갈 1:13; 빌 3:6).

넷째, 바울의 생애를 재구성할 수 있는 성경 외의 자료도 있다. 1) 누가는 사도행전 18:12에서 바울이 아가야 총독 갈리오에게 끌려간 일을 기록하고 있다. 누가가 사도행전에서 이 사실을 언급 했지만 역사적인 자료를 통해 바울이 고린도에서 사역했음을 확인하는 중요한 자료로 사용된다. 갈리오 총독은 아폴로 신전에 세워진 비문에도 기록되어 있다.[20] 이 자료는 갈리오가 아가야 총독으로 재임한 기간을 추론할 수 있는 근거를 제공한다. 총독 갈리오의 재임 기간을 통해 바울의 고린도 사역 기간을 추론할 수 있을 것이다. 갈리오가 AD 52년 10월 말 이전에 고린도를 떠났다면, 바울은 51년 초에 고린도에 도착했을 것이다. 이 비문을 통하여 바울이 고린도에서 언제 사역을 시작했고, 당시 정치 상황이 어떠했는지를 이해하는데 중요한 자료를 제공한다. 2) 로마 황제 글라우디우스의 칙령도 바울의 사역에 영향을 미친 자료로 보인다. 로마에 살던 유대인은 글라우디우스 황제의 칙령에 의해 로마에서 추방되었다. 그리스도인들의 선동으로 유대인들이 로마에서 추방된 것이다(Suetonius, *Claudius* 25).[21] 그러나 크레스투스(Chresto)가 예수를 의미하는 단어인지에 대한 논쟁은 여전히 남아 있다. 하지만 유대인은 AD 49년 초부터 50년 초 사이에 추방되었다고 추론한다.[22] 로마에서 추방된 유대인 가운데 브리스길라와 아굴라가 고린도에서 바울을 만나 같이 사역을 했다. 따라서 글라우디우스 황제의 칙령은 바울의 사역에 직접 또는 간접적으로 영향을 미쳤을 것이다. 이러한 로마제국의 역사는 바울의 사역의 배경이며 자료로 활용될 수 있다는 것이다.

결론적으로 바울의 생애를 재구성하는데 가장 중요한 1차 자료는 바울서신이다. 그리고 바울에 관한 대부분의 자료는 누가의 사도행전이다. 물론 누가의 기록만으로 바울의 전 생애를 재구성할 수는 없다고 할지라도, 바울의 생애를 재구성하기 위해서 우리들이 가진 가장 주요한 자료가 사도행전인 것은 분명하다. 그리고 우리는 바울의 생애에 관한 성경 외의 자료도 주목해 보아야 할 것이다.

1.3 바울의 신학 사상 형성과 자료

바울의 신학을 연구하는 학자들은 어떤 요소들이 바울의 신학 형성에 영향을 미쳤는지에 대해 깊은 관심을 가지고 있다. 이러한 연구의 결과는 바울의 신학이 짧은 한 순간에 형성된 것이 아니라 그의 삶에 미친 다양한 요소들로 형성되었음을 의미한다. 물론 이러한 영향력 중에는 바울이 다메섹 체험 이전에 경험한 많은 사건들과 그가 받은 교육의 영향도 포함해야 할 것이다. 특히 헬라 문화와 철학 사상은 바울의 신학 사상 형성에 어떤 형태로든 분명히 작용했음을 부인하지 못할 것이다. 반면에 그의 신학 사상은 바울이 예수 그리스도를 만난 후 형성한 완전히 새로운 종교 사상일 수도 있다. 바울이 예수 그리스도를 만난 것은 그의 삶 전체를 변화시킨 원동력 역할을 했기 때문이다. 최근에 학자들은 바울의 신학 사상 형성을 그의 회심 사건과 연결시켜 연구하려는 경향을 보이고 있다. 그러나 넓은 의미로 본다면, 바울의 신학 사상은 예수 그리스도를 만난 사건과[23] 그의 삶 전반에 흐르고 있는 문화와 그가 받은 교육의 영향일 것이다. 그러므로 학자들 간에 일반적으로 받아들여지고 있는 바울의 신학 사상에 영향을 준 요소들을 살펴보도록 하자.

이곳에서 살펴볼 바울의 신학 사상 형성에 영향을 미친 요소들은 일반적으로 바울 신학자들이 거론한 내용들을 간략하게 나열하는 차원에서 살펴볼 것이다. 왜냐하면 잠시 후에 바울의 가르침 분야를 다룰 때 이 부분을 다시 다루기 때문이다. 바울의 신학 사상 형성에 영향을 미친 요소들은 다음과 같다. 첫째, 구약성경이다. 바울이 사용한 "가라사대"라는 단어는 구약 본문의 인용을 의미하기 때문이다. 바울은 다양한 구약의 사상과 이야기들을 인용하여 자신의 신학을 형성하였다. 둘째, 유대교의 영향이다. 바울은 자신이 경건한 유대인이며 아브라함과 이삭과 야곱의 자손이라고 주장했다. 바울의 유대교 사상은 그의 기독교 교리와 신앙 관점을 형성하는데 근간을 이루었다고 볼 수 있을 것이다. 유대교의 반 기독교적 개념들이 그의 기독교 교리와 사고를 형성하도록 도왔기 때문이다.[24] 즉 바울신학의 대부분은 유대교 교리에서 발전했다고 볼 수 있다. 셋째, 역사적 예수이다. 학자들은 바울이 역사적 예수의 직접적인 가르침을 직 간접적으로 받았다고 믿는다. 물론 이 주장은 바울이 직접 역사적 예수를 만났느냐 아니면 전승에 의해 역사적 예수를 인식했느냐를 살펴보아야 할 필요성이 제기되기도 한다. 하지만 바울이 역사적 예수의 삶과 사역을 직접 목격했고 영향을 받았을 가능성을 인정해야 할 것이다. 바울은 예수의 가르침과 교훈을 직접적으로 묘사하기도 했기 때문이다(고전 15). 넷째, 초대교회 전승이다. 바울 서신에는 초대교회의 교훈과 가르침이 언급되어 있다. 즉 초대교회가 믿었던 예수의 사역과 삶이 반영된 것이다(빌 2:6-11). 다섯째, 헬레니즘이다. 바울 서신에는 헬라철학과 문학 요소들이 담겨 있다. 헬라의 철학과 문화는 언어와 사상을 통하여 바울에게 영향을 주었고, 이러한 요소는 바울의 신학 형성에 영향을 주었다.

위에서 살펴본 목록들은 바울의 신학 형성에 당시 사회의 어떤 사상들이 영향을 미쳤는지를 보여주고 있다. 그러나 이 연구를 시작하면서 주의해야 할 것은 바울서신은 교리를 가르치려는 목적을 담은 신학 논문이 아니라는 것이다. 즉 바울서신에는 그의 신학 사상이 교리적 관점에 따라 나열된 것이 아니다.[25] 바울서신의 기록 목적은 신학적 사상을 전달하려는 것이 아니라 교회에서 일어난 특별한 문제를 해결하려는 목적에 따라 행한 다양한 교훈이 담겨 있기 때문이다. 그러므로 바울이 그의 서신에서 직접 언급하지 않은 신학적 난제들을 재구성한다는 것은 쉬운 일이 아니다. 그러나 바울이 그의 서신에서 사용한 자료들을 분석하고 해석한다는 자체는 바울의 사상과 신학적 방향을 가늠할 수 있는 표준적 기준점이라는 사실을 묵과할 수는 없을 것이다.

1.4 결론

위에서 살펴본 바울의 신학을 연구할 때 필요한 요소는 다음과 같다. 첫째, 기독교의 출발점은 바울이 아닌 예수라는 것이다. 둘째, 바울의 생애를 재구성하기 위해서는 그의 서신이 일차적인 자료 역할을 하지만, 그의 서신에 언급되지 않은 내용들은 누가복음을 기초로 해야 한다는 것이다. 셋째, 바울의 신학 사상 형성에 미친 영향력이 무엇인지를 확인함으로, 그의 신학 사상 배경을 이해할 수 있다는 것이다.

주(註)

1) 바울의 진정 서신만으로 바울의 생애를 연구하려는 최근의 학자들은 다음과 같다. J. Knox, D. W. Riddle, R. Jewett, G. Lüdemann 등이다.

2) J. A. Fitzmyer, 「바울의 신학: 생애. 선교. 신학」, 배용덕 역 (서울: 솔로몬, 1996), 21.

3) J. C. Beker, 「사도 바울」, 장상 역 (서울: 한국신학연구소, 1991), 39-40.

4) N. A. Dahl, "The Particularity of the Pauline Epistles as a Problem in the Ancient Church," in *Neotestamentica et Patristica: Eine Freundesgabe, Herrn Professor Dr. Oscar Cullmann zu seinem* 60. Geburstage überreicht (Leiden: E. J. Brill, 1962), 261-71.

5) 조지 래드는 바울의 13편의 편지 중 9편은 확실히 바울의 진서라고 받아들인다. 래드는 에베소서와 목회서신은 바울의 진서일 가능성이 희박하다고 보았다. 그러므로 바울의 위서를 자료로 사용하여 바울 신학을 재구성할 때는 각별한 주의가 필요함을 강조하였다. 보라. G. E. 래드, 「신약 신학」, 이창우 역 (서울: 성광문화사, 1983).

6) 제임스 D. G. 던, 「바울 신학」, 박문재 역 (고양: 크리스챤 다이제스트, 2003), 39.

7) W. Wrede, *Paul* (London: Philip Green, 1907), 180.

8) Ibid., 39.

9) 로버트 L. 레이몬드, 「바울의 생애와 신학」, 원광연 역 (고양: 크리스챤 다에제스트, 2003), 10.

10) 참조하라. W. Wrede, *Paul* (London: Philip Green, 1907), 156.

11) F. F. Bruce, "The New Testament and Classical Studies," NTS 22 (1976), 232.

12) J. C. Beker, 「사도 바울」, 장상 역 (서울: 한국신학연구소, 1991), 14.

13) 바울의 생애에 대한 주요 자료는 다음과 같다. 롬 11:1; 15:19; 16:1; 고전 5:9; 7:7-8; 16:1-9; 고후 2:1; 2:9-13; 11:7-9; 11:23-27; 12:2-4, 14, 21; 13:1, 10.

14) 바울의 생애에 관련한 사도행전의 본문은 다음과 같다. 7:58; 8:1-3; 9:1-30; 11:25-

30; 12:25; 13:1-28, 31.

15) 현재 바울 서신만으로 바울의 생애와 신학을 재구성해야 한다고 주장하는 대표적인 학자는 R. Jewett이다.

16) D. A. Carson, D. J. Moo and L. Morris, 「신약 개론」 (서울: 은성출판사, 1993), 252.

17) 바울의 생애 재구성과 관련된 구절은 다음과 같다. 살전 2:1-1, 17-18; 3:1-3; 갈 1:13-23; 2:1-14; 4:13; 빌 3:5-6; 4:15-16; 고전 5:9; 7:7-8; 16:1-9; 고후 2:1, 9-13; 11:7-9, 23-27, 32-33; 12:2-4, 14, 21; 13:1, 10; 롬 11:1; 15:19, 22-32; 16:1.

18) J. C. Lentz, *Luke's Portrait of Paul* (Cambridge: Cambridge University Press, 1993), 1.

19) Ibid., 43.

20) J. Murphy-O'Corner, *St Paul's Corinth: Texts and Archaeology* (Good News Studies 6; Wilmington, DE: Glazier, 1983), 141.

21) R. Jewett, *A Chronology of Paul's life* (Philadelphia: Fortress, 1979), 36-38.

22) E. M. Smallwood, *The Jews under Roman Rule* (Leiden: E. J. Brill, 1976), 211-16.

23) R. K. Bultmann, *Theology of the New Testament* 1, Tr. trans. by K. Grobel. (New York: Charles Scribner's Son, 1951), 191. 불트만의 책은 미국과 영국에서 번역되어 많은 영향력을 행사했다.

24) 근본적으로 유대인들은 다른 민족을 미워했고, 다른 민족 역시 유대인을 미워했다. 다음을 참조하라. W. Barclay, 「바울신학 개론」, 박문재 역 (고양: 크리스챤 다이제스트, 1993), 9.

25) 바우어(Baur)가 바울서신을 교리적인 관점에서 본 이래 학자들은 바울 서신에 나타난 바울의 사상을 교리적으로 성격지었다. F. C. Baur, "Die Christuspartei in der korinthischen Gemeinde, der Gegensatz des petrinischen und paulinischen Christenthums in der ältesten Kiirche, der Apostel Petrus in Rom," *Tübinger Zeitschrift für Theologie* 4 (1831), 61-206.

제2장 바울의 사상 형성과 연대기

지난 1세기 동안 바울의 생애 연구는 학자들의 지속적인 관심으로 많은 발전을 거듭해 왔다. 지금까지 학자들의 연구 결과를 종합해보면, 바울은 '기독교를 창조한 천재'라는 수식어를 달고 다녔다.[1] 또한 바울이 아니었다면 기독교의 확산을 상상할 수도 없었을 것이며, 그는 이방인 선교에 최선을 다한 전도자라는 평가를 받았다.[2] 이러한 연구 결과는 인간 바울에 대한 역사적 평가가 상당히 많이 이루어졌으며, 그의 생애 재구성에 대한 연구도 풍성한 결과로 나타났음을 암시한다.

따라서 본서에서는 이미 많은 학자들에 의해서 연구되어진 바울의 생애를 연대순으로 간략히 재구성하려고 한다. 그러나 이러한 연구가 단순히 바울의 생애를 연대순으로 재구성하려는 것이 아니라, 바울의 생애에 미친 영향력을 연구함으로 그의 신학적인 배경을 이해하려는 시도임을 미리 밝혀둔다. 이 목적을 달성하기 위해 다음과 같은 몇 가지 타당성을 확인해야 할 것이다. 첫째, 바울의 문화적 배경을 이해하는 것이다. 바울이 자란 문화 배경을 확인함으로 그가 어떠한 성품의 사람으로 성장했는지를 살펴볼 것이다. 둘째, 바울의 성장 과정을 살펴볼 것이다. 특히 헬라와 유대 교육이 바울의 어린 시절에 어떠한 영향을 주었는지, 그리고 그의 가정의 종교적 가르침이 바울에게 미친 종교 사상들을 확인할 것이다. 이러한 연구는 바울의 신학 사상 형성에 미친 영향력을 연구하는데 기초 자료가 되리라 믿는다.

그러나 바울의 생애 재구성은 그의 회심 이전의 삶을 살펴보는 것으로 제한하려고 한다. 바울의 회심 후 행한 중심 사역은 그의 선교여행과 예루살렘 방문이다. 이 부분은 바울의 선교여행을 살펴볼 때 다시 언급하겠다. 바울의 선교여행은 그의 생애와 밀접한 관계가 있기 때문에 신학적인 관점으로 바울의 사역을 조명해야 할 것이다.

2.1 바울의 문화 배경

그리스-로마 세계란 BC 330년 헬라의 알렉산더 대왕의 영향이 시작된 시점부터 AD 330년 로마의 콘스탄틴 황제 재위 기간 까지를 일컫는 말이다. 로마 제국은 BC 30년에 지중해 연안을 완전히 장악하고 정치 군사적으로 지배권을 행사하기 시작한다. 로마의 아우구스투스 황제가 지중해 연안을 지배하기 시작하면서 로마제국의 정치적인 힘과 헬라의 문화가 혼합되기 시작했다.[3] 팔레스타인 지역 역시 로마제국의 지배 아래

놓이게 되었다.

로마는 원활한 통치를 위해 지중해 연안 중요 도시마다 군사 기지를 만들기 시작했다. 정치와 군사 중심 도시는 점령 지역을 통치하려는 목적으로 만들어졌지만, 경제적 지배를 원활이 하려는 목적도 있었다. 결론적으로 로마제국은 로마를 중심으로 지중해 연안의 모든 경제와 정치를 하나로 연결시키는 작업을 한 것이다.

그러나 막강한 정치와 군사력을 보유한 로마제국도 문화적으로는 지중해 연안을 완전히 장악하지는 못했다. 당시 지중해 연안 사회는 헬라 문화의 지배하에 있었다. 코이네 헬라어는 국제어가 되어 지중해 연안 국가들에서 통용되었다. 특별히 헬라의 교육과 철학은 지중해 연안 전 지역에 퍼져 사람들의 삶에 깊은 영향력을 주고 있었다.

바울은 지중해 연안 거의 대부분 지역이 로마제국의 통치를 받고 있는 시대에 디아스포라 유대인 가정에서 출생했다. 디아스포라 유대인이란 팔레스타인 지역이 아닌 이방인 지역에 흩어져 살고 있는 유대인을 지칭하는 말이다. 유대인 가정에서 태어난 바울은 종교적으로는 엄한 율법 교육을 받았고, 누구보다도 하나님을 열심히 공경한 철두철미한 유대교 율법사상의 소유자였으며, 사회적으로는 어려서부터 헬라 문화권인 길리기아 다소에서 성장하여 이방 문명 속에서 보고 배워 이방 문화에 박식하였으며, 특히 로마 시민권을 소유하고 있었다. 즉 바울은 두 문화권에서 자신의 인격을 형성하며 성장하였다.

바울은 두 문화권에서 자랐기 때문에 아무리 자신의 사상적 배경을 하나로 묶으려고 해도 불가능 했을 것이다. 어린 시절부터 무의식 속에 잠재

된 사회 문화적 배경들이 실제 생활에서 자연스럽게 나타났기 때문이다. 그러므로 우리가 바울의 사상을 연구하면서 하나의 문화로만 그를 이해해서는 안 될 것이다. 바울의 유대와 헬라 문화 배경을 충분히 이해하는 것이 그의 생애와 신학을 연구하는데 기본이 되어야 할 것이다.[4]

2.2 바울의 가문

바울의 개인 배경을 이해하려면 그의 출생, 어린 시절 그리고 인격 형성 과정을 살펴보는 것이다. 우리는 먼저 바울의 이름부터 살펴보아야 한다. 그는 '바울(Paul)과 사울'(Saul)이라는 두 이름으로 불려졌다. 누가는 사도행전에서 "바울이라고 하는 사울"이 있었다고 기록하고 있다(행 13:9). 1세기 지중해 연안의 유대인들은 일반적으로 셈 이름과 헬라 이름을 가지고 있었다. 파울로스는 로마식 별명의 헬라식 형태의 이름으로 로마의 에이밀리언(Aemilian) 가문, 베테니(Vettenii) 가문 그리고 세르키(Sergii) 가문에서 사용한 이름이기도 하다. 로마사회에서 바울(Paul)이라는 이름이 통용되었다는 증거는 서기오 바울(Seugius Paul)의 언급을 통해서 알 수 있다(행 13:7-12). 물론 '바울'이란 이름이 헬라 세계에서도 흔한 이름은 아니었다.[5] 디아스포라 유대인으로 태어난 바울에게는 히브리인으로서 자신의 원래 이름이 있었다. 히브리 이름은 '사울'이다. 초대 이스라엘 왕인 사울과 같은 이름이다. '사울'은 하나님 또는 여호와께 간구했다는 의미를 담고 있다. 당시 유대 사회에는 '사울'이

라는 이름이 보편화되어 있었다.[6]

누가가 사도행전에서 '사울'의 이름을 '바울'로 표기한 것은 이방인에게 복음을 전하기 위해 전용한 것 같다. 바울이 이방인의 사도로 지중해 연안 지역을 선교여행하면서 복음전파의 유익을 위해 '바울'이라는 헬라 이름을 '사울'이라는 이름보다 더욱 많이 사용했음이 분명하다. 이것은 사도행전 13:13을 기점으로 '사울'이라는 이름은 사라지고 '바울'이라는 이름만 두드러지게 사용됨을 통해 알 수 있다. 아마도 이때를 기점으로 바울의 사역이 이방인 지역에 집중되었기 때문일 것이다.[7]

하지만 주목해야 할 부분은 '바울'이라는 이름은 '사울'이 회심한 후에 얻은 이름일 것이라는 가설은 전혀 설득력이 없어 보인다. 또한 '바울'이라는 이름이 가진 '작은 자'라는 뜻이 그의 인격이 겸손함을 의미한다는 주장도 고려의 대상이 되지 않는다. 다만 선교사역의 원활함을 위해 그 지역의 문화 배경을 따라 '바울'이라는 이름과 '사울'이라는 이름을 혼용해서 사용했을 가능성만이 타당성을 얻을 뿐이다.

2.2.1 출생

바울의 정확한 출생 연도는 제시한 자료는 없다.[8] 바울의 나이에 대한 기록은 단지 빌레몬서에서 자신이 "나이 많은 사람"이라는 언급만 나타난다(몬 9).[9] 당시 사회에서 나이가 많다는 것은 50-56세 사이에 속하는 사람을 지칭한다는 견해도 있다. 사도행전 7:58에 의하면, 바울이 스데반을 돌로 칠 때 청년이었다고 말한다. 학자들은 그때를 AD 33년으로 추측하고 있다.[10] 그러나 청년이란 시기는 상당히 폭넓은 나이 때를 의미한다. 아마도 당시 지중해 사회는 청년을 24-40세 사이에 속한 사람을 지칭한 것 같다. 만약 '청년'이란 단어가 미혼자라는 의미를 함의하고 있다면, 당시 유대인 남자들은 대개 20대에 결혼을 했기 때문에 바울의 나이를 30세 이하로 보는 것이 좋을 것 같다.[11] 따라서 바울의 출생 시기는 기원후로 보아야 할 것이며, 예수보다는 어렸을 것으로 추측 가능하다. 그러나 이러한 가설이 바울의 나이를 정확하게 알려주지는 못한다. 단지 바울이 예수보다 어렸을 것이라는 추측만 가능하다.

누가의 사도행전과 다른 외적 증거들은 바울이 길리기아 지방의 주도인 다소에서 출생했다고 기록한다(행 22:3, 6; 21:39).[12] 지중해 연안의 다른 로마제국 도시처럼 다소도 종교 다원주의 현상이 나타났다. 이민족의 이주로 인하여 다양한 종교가 다소 거주민들에게 전해졌으며, 이러한 종교 혼합은 다양한 기독교 이단 사상을 만들어냈다. 그리고 다소에는 당시 헬라 세계에 만연한 신비 종교도 많이 퍼져 있었다. 다소에 거주하는 유대인들은 종교 혼합 상황에서 신앙생활을 영위하며 고유한 유대 문화를 지키고 있었을 것이다.[13]

바울 당시의 길리기아 다소는 로마의 식민지였다. 길리기아 지방의 남쪽에는 지중해가 있고 동쪽, 북쪽 그리고 서쪽에는 큰 산맥이 도시를 가로막고 있다. 남쪽을 제외한 모든 지역이 산맥으로 둘러싸인 길리기아는 교통이 아주 불편했다. 하지만 다소는 소아시아 서쪽에서 시리아 안디옥으로 가는 교통의 요지 역할을 했다.

다소는 헬라 문화의 중심지며 길리기아 지방의 중요한 역사적 도시였다.

BC 800년경 앗시리아의 샬만엣셀이 정복한 도시를 언급할 때 다소의 이름이 기술된 것을 보면, 다소는 매우 일찍이 도시로서의 면모를 갖춘 것 같다.[14] 다소는 당시 길리기아 지역의 무역과 상업의 중심지였다. 철학을 가르치는 유명한 대학도 있었다. 또한 스토아 철학과 의학이 발달하기도 했다.[15] 하지만 로마제국 관점에서 볼 때 다소는 안디옥이나 고린도만큼 비중 있는 도시는 아니었다. 분명한 사실은 다소가 도시였다는 것과 바울이 도시에서 태어나고 성장했다는 것이다. 바울이 도시에서 자랐다는 것은 그가 사용한 '군대,' '극장,' '법정,' '상업'이라는 용어를 통해서 알 수 있다. 당시 디아스포라 유대인들은 대부분 농업에 종사하며 시골에 살았다는 견해를 받아들인다면, 바울의 가정은 도시에서 수공업에 종사한 것으로 보아야 하기 때문이다.[16] 바울은 부요하고 사회적으로 훌륭한 시민 계층 집안 출신으로 그의 아버지는 천막을 제조하는 공장을 가지고 있었다.[17] 바울은 길리기아의 주도인 다소에서 이러한 가정 배경에서 자랐을 것이다. 바울의 출생 환경은 그의 사역과 신학 형성에 중요한 요소로 자리하고 있다. 그러나 이러한 연구결과는 왜 바울이 그의 서신에서 자신의 출생지를 직접 언급하지 않았는지에 대한 의문을 남기기도 한다.

누가는 사도행전 9:11에서 바울의 고향을 처음 언급하였다. 그러나 사도행전에 언급된 바울의 고향 다소는 누가의 관점에 따른 기록이다. 물론 또 다른 누가의 기록인 사도행전 21:39에 의하면 바울은 직접 자기의 고향을 다소로 언급했다. 바울서신 가운데 바울이 자신의 출생에 대해 언급한 곳은 빌립보서이다. 빌립보서 3:1-11에서 바울은 자신의 가정 배경을 설명 하였다. 그러나 특별히 고려해야 할 부분은 3:5에서 자신의 출생 배경은 자세히 언급 하였지만, 출생지에 대해서는 전혀 언급하지 않았다는 것이다. 물론 빌립보서에서 바울은 자신의 출생지를 소개하려고 한 것이 아니라 출생 성분을 강조하려는 목적이 있었기 때문일 것이다. 로마제국의 식민지인 길리기아 다소에서 출생한 바울은 자연스럽게 다소의 시민권과 로마제국의 시민권을 보유하게 되었다(행 22:28). 여기서 말하는 다소의 시민권은 로마제국의 시민권과 동일한 지위와 권력을 말하는 것이 아니다. 다소의 시민권은 다소에 살면서 정치, 사회, 종교 생활을 하는 모든 종족들이 가진 권리와 지위를 의미한다. 이들은 로마제국의 시민권을 가지고 있지 못했지만 다소의 시민으로 인정받은 사람들이다.[18] 아마도 바울은 다소 시민 가운데 유대 종족으로 분류되었을 것이다.

그렇다면 우리가 집중적으로 살펴보아야 할 부분은 바울이 어떻게 로마제국의 시민권을 얻었는가 하는 것이다. 당시 사회에서 유대인들이 팔레스타인 밖에서 사는 것을 보편적으로 받아들였다. 아구스도(Augustus) 통치 시대 유대인들은 팔레스타인, 이집트, 시리아 그리고 로마제국의 대도시들에 약 4백5만이 흩어져 살고 있었다.[19] 이것은 로마제국 전체 인구에 7% 정도에 해당하는 숫자였다. 유대인들은 로마제국 여러 도시에서 유대인 삶의 기준인 율법을 준수하고 살면서 로마제국의 시민권을 가지고 있었다.

당시 사회에서 로마제국의 시민권을 부여 받을 수 있는 방법은 두 가지다. 로마제국의 지배 계층은 자기 영토 내에 거주민을 크게 두 부류로 나누었다. 첫째는 이탈리아의 원주민을 위시하여 이방인이지만 로마제국에 공을 세운 자, 둘째는 금전 또는 정복 지역 주민과 함께 온 노예들이다. 금전을 가지고 로마에 온 자들은 돈으로 로마의 시민권을 소유하게 되었다(행 22:28). 그들은 로마에서 자유로운 생활을 하였으며, 여러 직책을 수행하기도 하였다. 반면에 노예들은 로마 시민들의 삶의 풍요를 위해서 어렵고 힘든 일을 맡아하는 하류 계층을 형성하고 살았다. 전자에 속한 사람에게는 로마 시민권을 부여해줌으로 인권과 권리를 보장해 주었다. 이것이 어떤 지위나 명예를 부여하는 것은 아니라고 할지라도, 로마법은 로마 시민권을 가진 자들을 체포, 구금, 매질이나, 십자가에 처형할 수 없도록 규제하고 있었다. 즉 로마의 시민권을 가진 자는 로마제국의 식민지 어느 곳에서도 재판 없이 처벌한다는 것은 불가능했다. 이것은 로마 시민이 로마 이외의 지역에서 형벌을 받아 품위를 떨어뜨리는 일이 생기는 것을 방지하기 위해서이다. 로마의 시민이 중죄로 인하여 재판을 받을 경우도 로마에 있는 황제의 법정에서 재판을 받도록 했다.[20] 단지 자신의 동의가 있을때만 지방 법률에 따라 재판을 받을 수 있었다. 이것은 아구스도의 칙령에 의해서 Valerian. Porcian법이 만들어졌기 때문이다. 이 법은 바울이 재판과 구금을 당했을 때 자신이 로마의 시민권자임을 주장한 법적 근거이다. 그가 선교여행 중에 대적들에 의해 빌립보 감옥에 투옥되었을 때, 자신이 로마 시민권 자임을 밝히자 즉시 석방되었고, 예루살렘에서는 유대인의 난동으로 잡혀 가이사랴 감옥에 구금되었을 때, 억울함을 로마 황제에게 호소하여 정당한 재판을 받기 위해 항소할 수 있었던 것이다(행 25:9-12). 고대 세계에서 로마의 시민권자로 불린다는 것은 대단히 영예스러운 칭호였으며, 시민권을 가졌다는 것은 땅 끝까지 통하는 완전한 통행증이었다. 바울은 로마의 시민권을 소지하고 있었으며, 그것을 필요에 따라 적절하게 사용하였다.[21] 이러한 견해들은 바울이 이방인 지역에서 출생했으며 당시 사회에 만연한 헬라 문화 배경에서 자랐다는 근거를 찾을 수 있게 한다.

바울이 출생 때부터 로마의 시민권을 가졌다는 것으로 미루어보아, 그의 가정은 사회적으로 안정되었던 것 같다(행 22:28). 바울이 출생과 동시에 시민권을 가졌다는 것은 그의 부모 역시 로마 시민권을 가지고 있었음을 의미한다.[22] 1세기 지중해 연안 지역에 있는 로마제국 식민지의 평범한 주민은 로마 시민권을 가질 수 없었다. 당시 사회에서 다소의 시민권을 사는데도 최소한 500 드라크마 정도는 있어야 했다.[23] 그러므로 바울이 로마의 시민권을 가졌다는 것은 그의 가정이 다소 사회에서도 특권층으로 인정받았음을 의미한다.[24]

그러나 위에서 확인한 것처럼, 바울의 가족은 로마제국에 특별한 공을 세웠거나 상업적으로 이바지한 일이 없다. 그렇다면 바울의 가족이 로마의 시민권을 받을 수 있는 유일한 길은 다소 전체 시민이 특별한 공로를 인정받아 로마 황제나 장군으로부터 로마 시민권을 부여받는 경우뿐이다. 아마도 바울의 가문이 로마 시민권을 부여받을 수 있었던 것은 그의 가문의 역사를 통하여 확인할 수 있을 것이다.

바울의 부모가 언제 다소로 이주했는지를 주목해보자. 바울의 조상이 길리기아 다소로 이주했다는 사실에 대한 역사적 재구성은 단지 제롬이 전해준 전승을 의존할 뿐이다. 갈릴리 지방 기스칼라에 살던 바울의 부모는 로마제국의 침략으로 고향을 떠나 길리기아 다소로 갔다는 것이다. 그러나 문제는 바울의 부모 고향인 기스칼라가 로마제국에 항복한 것은 AD 67년의 일이다. 그러므로 제롬이 전해준 전승은 연대기적 문제가 있다.[25] 왜냐하면 바울이 길리기아 다소에서 출생했다는 것은, 최소한 그의 부모가 기원전 갈릴리를 떠났다는 가설에 기인하기 때문이다.[26] 아마도 바울의 선조는 몇 대에 걸쳐 길리기아 다소에 살았을 가능성이 있다. 즉 바울의 부모가 길리기아 다소로 이민을 떠난 것이 아니라 바울의 선조 중 누군가가 다소로 이주해 정착했을 것이라는 가설이다. 이 가설은 다소 시민들이 로마 시민권을 부여 받은 역사적 기록을 살펴봄으로 더욱 구체화 될 수 있다.

역사가들은 다소 시민이 로마 시민권을 받을 수 있는 몇 차례의 기회가 있었다고 본다. 첫째, BC 64년에 로마의 유명한 장군 '폼페이우스'가 다소에 주둔했었다. 다소 시민들은 폼페이우스 장군에게 충성을 다했고, 이때 다소 시민 전체가 로마 시민권을 부여 받았을 것이다.[27] 둘째, BC 47년 '율리우스 케사르'가 다소를 방문했다. 이때 역시 다소 시민들은 율리우스에게 충성을 다했고, 그는 그들의 충성에 대해 로마 시민권으로 화답하였다. 셋째, BC 42년 '마크 안토니'(M. Antony)가 다소에 머물렀다. 안토니는 재정 문제로 다소 시민들에게 로마 시민권을 팔았다는 주장이 있다. 로마의 폼페이는 소아시아 지역을 정비하면서 다소를 길리기아의 수도로 결정했다(BC 66). 그 후 마크 안토니는 재정 확충을 위해 다소 시민들에게 자유, 면책 그리고 시민권을 부여했을 것이다. 안토니의 결정을 로마제국의 황제 아우구스투스(Augustus)가 승인 했는데,

이때 다소 지역 시민 전체가 로마의 시민권을 부여 받은 것으로 볼 수 있을 것이다. 넷째, BC 31년에도 "아우구스투스"가 다소에 시민권을 하사하는 일이 있었다. 아마도 이 네 번의 사건 가운데 한 시기에 바울의 집안은 로마 시민권을 받았을 것으로 추정되는데, 가장 타당한 학설은 마크 안토니에 의해 로마의 시민권을 부여 받은 것으로 보인다.[28]

바울서신과 사도행전을 통해서는 바울의 외모에 대한 직접적인 언급을 찾기는 어렵다. 성경은 단지 바울이 외형적으로는 볼품이 없는 사람이었다고 묘사하고 있다. 즉 바울은 외모로 다른 사람에게 호감을 주지는 못한 것 같다. 역사적 기록에 의하면 바울은 키가 매우 작고 대머리였다. 다리가 휘어진 추남이었다.[29] 고린도후서 10:10에 묘사된 바울의 모습은 육신적으로 연약하고 언변이 매우 어눌한 사람이었다.[30] 바울은 영적인 기풍과 담대함을 가지고 있었지만 외형적 모습은 아주 연약한 것으로 보인다.

2.2.2 교육

바울은 이방인 지역인 길리기아의 주도 다소에서 태어났다. 바울의 가정은 대표적인 바리새인 가문이었고, 엄격한 가정교육으로 자녀를 훈육하였을 것이다. 유대 율법은 아이가 다섯 살이 되면 성경공부를 시작하고, 열 살이 되면 율법 전승들을 공부해야 한다고 규정하고 있다. 바울도 이 규례를 따라 다섯 살 때부터 구약성경을 배웠으며, 열 살 때에 유대교의 중요한 문헌들을 암송하였으며, 또한 천막 만드는 기술도 함께 익히게 되었을 것이다(참조, 행 18:3). 유대 교육법에 의하면 아버지의 가장 큰 의무는 자식에게 할례를 행하고 율법을 교육시키는 것이었다. 그리고 평생 먹고 살 수 있는 직업 기술을 가르쳐야만 한다. 바울이 배운 천막 만드는 일은 손으로 하는 작업이었기 때문에 경건한 직종으로 간주되었다.[31] 유대인들은 생각과 행동을 함께 할 수 있는 교육을 목표로 삼고 있었다. 이러한 유대인 교육의 목표로 볼 때, 그들의 교육은 이념과 실천을 중요시하는 생활 교육이 율법 교육과 병행되고 있었음을 알 수 있다. 어린 시절의 직업 교육은 바울의 선교사역 과정에서 그리고 그의 선교활동에 크게 기여했음을 잘 알 수 있다(행 18:3; 살후 3:8).

그러나 이러한 견해는 여전히 논란이 되고 있다. 바울이 어린 시절을 길리기아 다소에서 보냈다는 분명한 증거가 없기 때문이다.[32] 이미 살펴본 것처럼 아마도 그가 자기 가문의 가업인 천막 만드는 일을 했음으로, 이 일을 아버지로부터 배웠을 가능성이 있다(행 18:3). 만약 바울이 천막 만드는 일을 자기 아버지로부터 배웠다면 그는 어린 시절을 길리기아 다소에서 보냈을 가능성이 높다. 더욱이 바울이 헬라어를 능통하게 사용했다는 것은 이러한 견해를 더욱 뒷받침해 준다. 아마도 바울은 집에서는 아람어를 사용했고 다소 거리에서는 헬라어를 사용했을 것이다(행 21:37, 40).[33]

그러나 벤 웨드링톤(Ben wederington)은 바울이 어릴 때 예루살렘에서 율법 교육을 받았을 가능성이 아주 높다는 견해를 주장했다. 사도행전 23:16에 의하면 바울의 생질이 예루살렘에 있었기 때문에, 그의 가족 구성원 가운데 누군가가 예루살렘에 삶의 근거를 두고 있었다는 주장을 했다. 바울은 가말리엘 문하생으로 율법에 대한 열심이 대단했다. 이러한 주장은 바울이 예루살렘에서 상장했을 가능성을 제시한다. 그러나 바울은 사도행전 22:3에서 직접 자신이 다소에서 자랐다고 말하고 있다. 그러나 바울이 언제까지 다소에서 자랐고, 언제 예루살렘으로 왔는지 정확하게 답하기 어렵다.

학자들은 바울이 다소에서 1차 교육을 받고 예루살렘에서 2차 교육을 받았을 것이라는 가설을 주장하기도 한다. 바울은 가말리엘 문하에서 수학했는데 그의 스승은 아들 '시몬 가말리엘'이 아니고 그의 아버지인 장로 '가말리엘 1세'인 것으로 보인다.[34] 가말리엘은 베냐민 지파 출신으로 바리새파의 거두였고, 특히 그는 개종자를 후대함으로 명성이 높아졌다.[35]

바울이 헬라 교육을 받았다는 증거는 그가 수사학을 사용했다는 것과 비서를 두고 있었다는 것으로 추측 가능하다. 고린도후서 11:6은 바울이 수사학 변론에 대해서 잘 알고 있었음을 보여준다. 로마서 16:22에는 바울의 비서 더디오가 그의 편지를 대필한 내용이 기록되어 있다. 당시 지중해 사회에서 통용된 언어는 헬라어였다. 바울은 당시 민중들이 즐겨 사용한 코이네 헬라어를 사용한 것 같다. 이방 지역에 살고 있는 유대인들은 시간이 지나면서 자연스럽게 헬라어 사용에 동화된 것 것이다. 유대인들은 바벨론 포로에서 팔레스타인으로 돌아올 때 동방의 언어인 아람어를 가지고 옴으로 아람어가 팔레스타인 공용어로 통용되었다. 결국 히브리어는 종교 언어가 되었고, 구약성경을 읽지 못하는 자들을 위해 히브리어 성경을 아람어로 번역해야 하는 문제가 발생한 것이다. 디아스포라 유대인 역시 히브리어를 잘 알지 못함으로 헬라어로 번역된 70인역을 사용하게 되었다. 그러므로 디아스포라 유대인은 헬라식으로 사고하고 헬라어로 글을 썼다. 이것은 당시 디아스포라 유대인들이 교육 장소인 회당에서도 헬라어를 사용했다는 것을 의미한다. 바울은 회당에서 유대교 문화와 믿음을 교육 받았지만 유년 시절의 이러한 헬라 문화 배경은 바울의 이방인 선교에 큰 힘이 되었을 것이다.[36] 그렇다고 바울이 유대교 신앙 요소를 완전히 상실하거나 배격한 것은 아니었다.[37] 그의 복음전파 사역에는 여전히 유대교 사상이 강하게 나타나고 있기 때문이다.

2.2.3 바울의 인격 형성

바울의 성격을 단적으로 표현한다면 강직하고 열정적이라고 할 수 있을 것이다. 그가 노한즉 추상같고 평상시에는 온화한 봄날 같았다고 한다. 이런 그의 성격은 회심 전이나 회심 후에도 별로 변하지 않았다. 회심 전에는 불같은 성격으로 기독교인을 박해했고, 회심 후에는 이런 성격으로 최선을 다해 복음을 전하는 사역에 헌신 하였다. 또한 그는 불같은 성격으로 회심 전에는 스데반을 박해하였고, 회심 후에는 베드로를 책망하기도 했다(행 8:1; 갈 2:12). 그리고 교회 안의 교인이라도 자기를 반대하는 사람들을 "거짓 사도요," "저주를 받은 자들이요," "개"들이니 삼가 하라고 했다(고후 11:13-15; 갈 1:8; 빌 3:2). 물론 이러한 구절들이 교회 안에 있는 성도들을 의미하는지 아니면 교회를 잔해하려는 외부 세력인지에 대한 연구는 여전히 진행 중에 있다. 그러나 복음을 반대하는 자를 향한 바울의 강한 언어 표현은 그의 성격이 어떠했는지를 보여주는 하나의 단면임에는 틀림이 없을 것이다.

바울의 강하고 열정적인 언어 표현은 그의 성격이 악해서가 아니라 열정적이고, 강직한 데서 온 것이다. 이 강직한 성격과 인격은 결국 그를 십자가 신앙으로 당시 지중해 세계를 정복하게 하는 원동력이 되었다. 바울의 힘 있는 말 한마디 한마디는 성령의 역사와 더불어 유대인의 죄를 회개시키고, 이방인의 마음을 감화시켜 예수 그리스도를 구원의 주로 믿게 하였다. 그의 이 강직한 성격은 선교여행 때 당한 많은 박해와 환난을 이길 수 있는 원동력이 되기도 했다. 그가 말한바와 같이 "사방으로 억눌림을 당해도 짓눌리지 않고 답답한 일을 당해도 낙심하지 않으며, 우리가 사방으로 우겨쌈을 당하여도 싸이지 아니하며 답답한 일을 당하여도 낙심하지 아니하며 박해를 받아도 버림을 당하지 않고 넘어뜨림을 당해도 망하지 않는다. 핍박을 받아도 버린바 되지 아니하며 거꾸러뜨림을 당하여도 망하지 아니하고 우리가 항상 예수 죽인 것을 몸에 짊어짐은 예수의 생명도 우리 몸에 나타나게 하려 함이니라"고 했다(고후 4:8-10). 바울은 고난을 받으면서도 예수의 생명이 그의 안에 있음으로 넘어지거나 좌절하지 않았다.

또한 바울은 헬라 교육을 받아 합리적이고 조직적으로 사고하는 방법을 배웠다. 어떤 학자들은 바울이 헬라인들보다 더 조직적인 두뇌를 가졌다고 보기도 한다. 이러한 주장은 당시 사회에서 헬라인들이 상당히 논리적이고 철학적이라는 평가를 받았음을 의미하는데, 이것은 바울이 그들보다 더욱 합리적이고 조직적인 사고를 하였다는 것을 간접적으로 강조한 것이다. 바울서신을 살펴보면, 그의 문장 구성과 글이 얼마나 조직적이고 체계적인지를 발견하게 된다. 에베소서와 골로새서 같은 치밀한 문장 구성과 조직 그리고 로마서와 같은 당당한 논설은 그 시대 사람들도 도저히 따라갈 수 없을 정도였던 것으로 보인다. 바울은 이렇게 합리적이고 이성적인 사고를 가지고 있었다.

그러면서도 바울은 그리스도의 온유함과 겸손함 그리고 사랑을 충만히 소유하고 있는 하나님의 사역자였다. 다른 말로 한다면, 바울은 가슴이 따뜻한 사랑의 사람이었다. 그렇다면 바울이 자신을 어떻게 평가했는지 그의 서신을 통해 살펴보자. 첫째, 바울은 하나님 앞에서 자신을 죄인으로 인식하고 스스로를 '죄인의 괴수'라고 고백했다(딤전 1:15). 둘째, 바울은 겸손하게 자신을 "사도 중에 지극히 작은 자"라고 표현했다(고전 15:9). 셋째, 사랑의 실천을 강조하며 "믿음, 소망, 사랑, 이 세 가지는 항상 있을 것인데, 그중의 제일은 사랑이라"고 했다(고전 13:13). 넷째, 하나님과 인간의 사랑을 다음과 같이 표현했다. "우리 주 예수 그리스도 안에 있는 하나님의 사랑에서 끊을 수 없으리라"고 했다(롬 8:39). 마지막으로 바울은 경건한 삶을 유지하기 위해 "나는 날마다 죽노라"고 하였다(고전 15:31). 바울은 그리스도를 만난 후 참된 신앙의 사람으로 새로운 삶을 산 것이다.

그러나 바울은 여전히 자신을 전통 유대인으로 생각하고 살았다. 살다리니(Saldarini)는 바울을 바리새파 회원이고 기독교 공동체를 박해한 경력을 가진 전통 유대인이라고 주장한다.[38] 갈라디아서 1:13-14, 23

에서는 바울이 자기를 바리새인 중에서도 아주 높은 지위를 얻는 사람, 기독교를 핍박하는 열정이 넘치는 사람이었다고 기록하고 있다. 바울의 기독교인 박해의 절정은 다메섹 도상 기사에 잘 나타나고 있다. 바울은 율법에 대해서 엄청난 자부심과 긍지를 가지고 있었음이 분명하다. 그리고 율법을 지키려는 열심으로 기독교를 강하게 박해했다.

그렇다면 유대인은 어떤 사상을 소유한 민족이었는지 살펴보자. 유대인은 자신들을 특별한 존재로 믿고 있었다. 이방인은 저주의 대상이었고, 자신들은 하나님의 택함 받은 선민이었다. 유대인들의 선민의식은 이방인들과의 원만한 관계를 형성하지 못하는 결과를 초래했다. 결국 유대인들은 이방인을 적대시하며 그들은 하나님의 유업을 받지 못할 자라고 명명했다.

바울의 유대교 배경을 강렬하게 보여주는 구절은 빌립보서 3:5-6이다. 그는 태어난 지 8일 만에 할례를 받았다. 율법이 정한 기한을 지켜 할례를 받았는데, 유대인 남자는 난지 8일 만에 할례를 행해야 했다(창 17:12). 구약성경은 이스마엘이 13세에 할례를 받았다고 기록한다(창 17:25). 그러므로 유대교 관점에서 본 이스마엘의 할례는 정통성을 얻지 못한다. 난지 8일 만에 할례를 행한 것은 유대교 율법을 준수했다는 중요성과 그의 부모 역시 율법에 대해 헌신적인 사람이었음을 강조하고 있는 것이다. 그리고 바울은 자신을 이스라엘 족속이라고 말했다. 이것은 자신이 선택 받은 하나님의 백성이지 개종한 이방인이 아니라는 것을 나타낸 것이다. 또한 자신을 베냐민 지파라고 소개했다. 야곱이 가장 사랑하는 아내인 라헬의 자손이 베냐민 지파이기 때문이다. 유대인들에게 베냐민 지파가 중요한 것은 예루살렘 성전이 베냐민 지파 거주 지역에 있기 때문이다. 베냐민 지파는 작지만 아주 강한 힘을 가진 지파였고 사울왕도 베냐민 지파 소속이었다.

바울은 자신을 히브리인 중의 히브리인이라고 했다. 이것은 히브리 부모를 둔 순수 이스라엘 혈통을 가졌음을 강조한 부분이다. 그렇다면 바울은 왜 자신의 유대교 출생 배경을 자랑하려고 한 것인지 의문이 든다. 바울은 팔레스타인이 아닌 헬라 지역에서 태어난 자신의 약점을 극복하려고 한 것으로 보인다. 그리고 당시 예루살렘 교회는 히브리 계통 기독교인과 헬라 지역 출신 기독교인으로 나누어 갈등하고 있었다(행 6:1). 이것은 당시 유대인 사회가 히브리인은 히브리어를 사용하는 유대인과 헬라어를 사용하는 디아스포라 유대인으로 구분되었음을 의미한다. 그들은 같은 유대인이지만 문화 차이로 인해 서로 다른 편견을 가지고 있었다. 그래서 바울은 자신이 율법을 따라 옳은 일만 했다고 강조한 것이다.

그러나 바울 당시 바리새파는 다른 종교나 기독교 복음에 대해 적대감을 가지고 있지 않았던 것으로 보인다. 바리새인들이 기독교와 이교도에 대한 적대감을 강하게 가지기 시작한 것은 예루살렘 성전 파괴 이후였다(AD 70). 그러므로 유대교가 기독교를 이단으로 인식하기 시작한 것은 팔레스타인 유대 기독교인들로부터 시작된 것이 아니라 알렉산드리아 유대인들의 신학에서 기인한 것이다.[39] 다른 말로 한다면, 바울이 바리새파 운동에 합류할 당시 바리새인들은 복음에 대해서 아주 적대적인 시각을 가지고 있지는 않았다는 것이다. 바울이 복음을 전하면서 유대교와 기독교 요소를 지속적으로 유지할 수 있었다.

바울이 복음을 전하면서 지속적으로 유대교 문화와 사상을 적절하게 활용했다는 증거는 아주 많다. 첫째, 바울은 시간을 언급할 때 헬라 시간 개념을 따른 것이 아니라 유대인들이 사용하는 유대력에 따라 절기와 날짜를 지켰다.[40] 바울은 고린도 교인들에게 유대교의 오순절 절기를 언급했다(고전 16:8). 유대교의 금식 절기(속죄일)를 언급하기도 했다(행 27:9).[41] 이러한 사실로 미루어보아 바울은 헬라 문화에 익숙해 있었지만, 여전히 유대의 율법 정신과 사상을 어느 정도는 준수하고 있었음을 의미한다. 둘째, 바울은 구약성경을 상당히 많이 인용했는데, 그의 구약 인용방법은 유대인들의 구약 해석 방법을 그대로 사용한 것이었다. 즉 바울은 '성경을 하나님 말씀으로 간주하는 유대교' 방법을 그대로 차용했다. 그리고 바울은 구약성경에 매우 박식했으며 랍비들처럼 우화적인 해석을 많이 사용하였다. 예를 든다면, 지중해 연안의 초대교회가 사도와 복음전도자에게 사례비를 지급해야 한다는 교훈을 신명기 25:4의 일하는 소에게 망을 씌우지 말라는 내용을 인용하여 교훈하였다.[42] 반면에 바울은 일반적으로 구약성경을 인용할 때 히브리 성경을 인용한 것이 아니라 구약성경을 헬라어로 번역한 칠십인 역본을 주로 사용하였다. 바울이 세계 도처에 흩어진 디아스포라 유대인들이 사용하는 칠십인 역본을 구약성경 인용이 필요할 때마다 사용했다는 것은, 유대인의 삶의 영역을 팔레스타인이 아닌 지중해 연안 전체로 보았다는 것이다.[43] 즉 바울은 팔레스타인 유대인뿐만 아니라 이방 지역에 살고 있는 유대인들에게도 복음을 전하려는 준비를 한 것이다. 그러므로 바울은 유대인의 범주를 벗어난 사역자가 아니라 유대인의 본질을 가장 잘 아는 유대인이었기에 유대인을 위한 복음전파에 헌신할 수가 있었다.

따라서 바울의 인품을 논하면서 그에게 미친 유대교 영향력을 제외한다는 것은 불가능하다. 바울은 그리스도를 만난 후 그의 유대교 배경의 삶에 큰 변화가 나타났다. 하지만 과거 바울의 인격 형성에 유대교가 지대한 영향을 미쳤음을 부인하지는 못할 것이다.[44] 바울의 인격 형성에 유대교의 영향이 한 측면을 이룬다면 다른 측면은 헬라 문화의 영향으로 보아야 할 것이다. 이미 살펴본 것처럼, 바울은 헬라 사상에도 깊은 지식을 가지고 있었다. 이것은 바울이 헬라 문화 배경에서 성장했기 때문일 것이다. 인간과 철학 사상에 대한 바울의 보편적 이해는 그가 헬라 철학과 문학에 대한 깊은 이해를 가지고 있었음을 의미한다.[45] 바울은 헬라 철학 소양을 가지고 있었기 때문에 고린도에서 헬라의 변사들과 지혜의 대결을 할 때 그들을 능히 이길 수가 있었다(고전 1:20). 이러한 증거들은 바울이 헬라 문화의 영향을 많이 받았음을 암시한다.

바울의 인격 형성에 헬라 문화가 영향을 미쳤다는 것은 하나님이 그를 이방인의 사도로 불렀다는 것을 통해 더욱 자세히 알 수 있다(행 9:15). 만약 바울이 헬라 문화 배경을 가지고 있지 않았다면, 하나님은 그를 이방인의 사도로 부르지 않았을 수도 있었을 것이다. 바울이 헬라 문화를 습득한 배경은 이미 앞에서 살펴보았다. 그는 어린 시절 길리기아 주도 다소에서 헬라 문화와 철학을 배웠을 것이다. 그리고 바울의 헬라 철학과 학문 습득은 그를 합리적이고 이성적인 사고를 할 수 있는 사람으로 만들었을 것이다. 바울은 헬레니즘 영향을 많이 받았으며, 이것은 헬라

세계에 가장 적합한 복음 사역자가 되게 했다.[46]

이렇게 바울은 두 세계의 사람, 즉 유대와 헬라 세계의 사람이다. 그는 내면적으로는 철저한 유대교 성향의 기질을 소유했지만, 유대인들이 잘 알지 못했던 로마와 헬라 세계 문화도 정확하게 알고 있었다. 바울이야말로 이방인과 이스라엘 자손들에게 복음을 전하기에 가장 적합한 자로 위대한 사도가 될 수 있었다(행 9:15).

2.3 바울의 예루살렘 생활

사도행전의 기록해 의하면, 바울은 청소년기부터 젊은 시절을 예루살렘에서 보낸 것으로 보인다(행 22:3). 물론 이러한 주장은 이미 앞에서 언급했듯이, 하나의 가설에 지날 수도 있을 것이다. 이 가설은 이미 살펴본 것처럼 바울이 장로 가말리엘의 제자였다는 주장을 근거로 한 것이다.[47] 그렇다면 여기서 우리가 주목해야 할 것은, 바울이 예수를 알고 있었거나 만나지 않았을까 하는 의문을 다시 제기해야 한다. 바울이 예루살렘에서 젊은 시절을 보낼 때 이미 예수를 알고 있었다면, 이 만남은 그의 기독론 형성에 일정부분 영향을 주었을 것이기 때문이다. 물론 예루살렘에서 바울이 역사적 예수를 만났거나 알고 있었다는 것은 '바울과 예수'라는 연구 분야와는 분명히 구분되어야 한다. 바울과 예수에 대한 분야는 바울의 신학 주제들을 연구할 때 자세히 다루도록 하겠다. 다만 여기서는 바울의 생애를 연대기 관점에서 이해하려는 목적에 따라 그의 예루살렘 생활을 조명하고자 한다.

　신약성경은 바울이 예수의 12제자들과는 달리 역사적 예수를 육신적으로는 전혀 알지 못했던 것으로 기록하고 있다. 따라서 바울이 말한 기독론에는 그의 독립적인 견해가 상당히 포함된 것으로 보아야 할 것이다. 즉 바울의 기독론 형성은 역사적 예수를 직접 만난 것이 아니라[48] 순수한 바울 자신의 독립 자료에 기인한 것으로 보아야 한다는 것이다. 하지만 바울이 예루살렘에서 역사적 예수와 전혀 만난 적이 없다는 주장을 받아들인다고 할지라도, 예수와 같은 시대와 공간을 공유한 바울이 역사적 예수의 이야기를 직간접적으로 들었을 가능성에 대해서는 부인하기 어려울 것이다. 더욱이 바울은 디아스포라 유대인이지만 율법에 대한 열심 때문에 매년 유월절이면 예루살렘 성전을 방문했을 것이다. 그렇다면 바울은 유월절을 지키기 위해서 예루살렘을 방문한 예수를 보았거나, 그의 예언자적 사역에 대한 전반적인 지식을 예루살렘 성전을 방문한 다른 사람들을 통해 들었을 것이다. 이러한 주장을 부정한다고 할지라도 바울이 어린 시절을 예루살렘에서 보냈다고 믿는다면, 그는 자연스럽게 역사적 예수를 만났거나 그의 소식을 들었을 것이다.

　바울이 회심 전에 예루살렘에서 살았다는 것은 지속적으로 율법을 강조한 그의 서신을 통하여 확인할 수 있다. 바울의 랍비적 성경해석과 가르침은 그가 예루살렘에서 교육을 받았음을 보여주는 명확한 증거다.[49] 바울이 랍비 교육을 받기에는 예루살렘이 가장 적절한 장소였을 것이기 때문이다. 더욱이 바울은 복음전도 사역을 하면서 헬라 문학을 단 두 번만 인용했다. 사도행전 17:28에서 "우리가 그의 소생이라"는 헬라 시인 아리투스의 말을 인용했다. 그리고 "그레데인들은 항상 거짓말쟁이며 악한 짐승이며 배만 위하는 게으름쟁이라"는 시인의 말을 인용했다.[50] 이러한 측면은 바울이 어린 시절 헬라 교육을 받았을 가능성도 있지만, 예루살렘에서 유대 율법 교육을 받았을 가능성을 더욱 분명히 해준다.

사도행전과 바울서신이 바울의 유년시절을 명확하게 밝히지 않은 부분은 여전히 깊은 연구의 필요성이 제기된다. 그러나 바울이 예루살렘 중앙 무대에서 유명한 율법 학자로 활동하기 위해서는 어린 시절 예루살렘에서 유학 하지 않고는 불가능 했을 것이다. 우리는 정확한 근거를 제시하지는 못하지만, 바울이 청소년기에 예루살렘에서 공부했다는 가설에 타당성을 부여해야 할 것이다. 그렇다면 다음 단락에서 바울이 예루살렘에서 교육을 받았다는 전제 아래 좀 더 구체적으로 바울의 인격에 함의된 바리새파 사상을 살펴보도록 하겠다.

2.4 바리새인 바울

본 단락에서는 바울의 바리새파 배경을 다루려고 한다. 율법의 기준으로 본다면 바울은 바리새파 유대인으로 분류해야 한다(행 23:6).[51] 물론 이러한 주장이 바울의 율법 관을 다루려는 것은 아니다. 단지 바울이 유대교 분파 가운데 어떤 분파의 배경을 가지고 있었는지를 확인하는 것이다. 바울이 속한 바리새파는 유대교 분파 가운데 가장 엄한 율법주의자들이었다(행 26:5). 이들은 유대인 대대로 지켜온 율법에 대한 열심이

대단했으며 성문 율법과 장로들의 유전인 전승 율법을 철저히 준수하는 자들이었다.[52]

바리새인이란 말에는 '분리주의자'라는 의미가 담겨 있다. 바리새인이 분리주의자로 불리게 된 원인은 그들이 가진 종교 배타성 때문이다.[53] 유대인들은 민족적 기준으로는 동일한 유대인일지라도 율법에 대한 해석이 그들과 다르면 무조건 배타적인 자세를 가졌다. 이러한 결과에 기초해서 바리새인들은 율법이 규정한 기준에 따라 세리와 죄인들을 강력하게 정죄하는 일을 한 것이다.

바리새파는 유대교 여러 종파 가운데 가장 현저하고 두드러진 세력을 형성하고 있었다.[54] 그들은 율법의 규정 중에 십일조와 전통적인 정결 의식을 지키는 것을 아주 중요하게 여겼다. 그러나 바리새인들에게 있어서 더욱 중요한 것은 극단적인 율법 관을 자신들의 신앙 목표로 삼고 있다는 것이다. 바리새인들의 철저한 율법 중심의 삶의 형태는 모든 유대인 삶에 영향을 미치게 되었다.

그렇다면 바울서신과 사도행전에 나타난 바울의 바리새파 요소들을 살펴보자. 첫째, 바울은 유대교 율법을 준수하지 않으려는 기독교를 박해했다. 바울이 기독교를 박해한 이유는 엄한 율법의 교훈을 실천하기 위해서였다. 또한 하나님을 사랑한다고 하지만 율법을 열심히 따르거나 순종하지 않는 기독교인들을 향한 박해로 보아야 할 것이다(행 22:3-5).[55] 둘째, 유대인들은 바울이 젊은 시절 예루살렘에서 열심 있는 바리새인으로 활동한 것을 알고 있었다(행 26:4-5). 바울은 모든 예루살렘 유대인들이 인식했을 정도로 율법에 열심인 바리새인으로 산 것이다.[56] 셋째, 바울은 다른 연갑자 보다 유대교에 열심이었고, 특별히 조상의 유전에 더욱 열심을 품었다(갈 1:13-14). 조상의 유전에 더욱 열심이었다는 말은 일반 유대인들이 준수하는 성문 율법은 기본적으로 준수했을뿐만 아니라 바울은 구전으로 내려오는 조상들의 유전까지도 철저하게 지키는 율법주의자였다는 것이다. 넷째, 바울은 육체적으로도 완벽한 율법 준수 자였다고 주장한다. 누구든지 율법을 기준에 따라 육체적으로 정결하다고 믿는 자들보다 바울은 더욱 육체적으로 정결한 생활을 했다고 주장한다(빌 3:4-6). 마지막으로 바울은 율법을 지킴으로 생명을 얻을 수 있다고 알고 있었다(롬 7:10). 율법을 지키는 것이 하나님을 사랑하고 섬기는 최선의 길이라고 믿었다. 그러나 바울은 예수 그리스도를 만난 후 철저한 바리새인으로 율법을 지키는 것이 생명을 얻는 것이 아니라 도리어 사망에 이르는 길임을 알게 되었다. 이것은 회심 전 철저한 율법 준수자인 바울이, 생명은 율법 준수에 있다는 바리새인 삶의 자세를 그대로 소유하고 있었음을 의미한다. 그러므로 다메섹 체험 전의 바울은 철저한 바리새파 유대인이었다.

바울의 유대교 배경을 연구한 현대 학자들은 그의 기독교 가르침을 헬라 사상이 아닌 유대교 사상으로 보려는 경향을 가지고 있다. 이들은 바울이 헬라 문화권에서 어린 시절을 보냈다는 것에 대해서 부정적인 시각을 가지지는 않는다. 즉 바울이 헬라 교육을 받았으며 유대교의 핵심인 율법에 능통하다는 사실을 부인하지 않는다는 뜻이다. 다른 한편으로는 바울이 묵시적 유대교 사상의 영향을 받았다는 주장을 제기하기도 한다.[57] 하지만 현대 바울 신학자 가운데 바울 사상의 출발점을 유대교 배경에서 보려는 것에 대해서 부정적인 자들도 많다. 즉 바울이 디아스 포라 유대인이었기 때문에 팔레스타인 유대인보다 유대교 영향을 적게 받았을 것이라는 주장에 신빙성을 부여하지 않는다. 그러나 학자들은 바울이 성장하면서 유대교의 영향력을 더욱 많이 받았을 것이라는 주장에 대해서는 대부분 동의한다. 바울의 신학사상이 구약에서 왔다는 부분에 대해서도 대부분 동의를 한다. 그렇다면 바울의 신학사상은 무엇인가? 아마도 그의 사상은 유대교 신앙 사상의 기초 위에 헬라 사상을 함께 소유하고 있었을 것이다. 그리고 이러한 이중적 사상은 바울의 전도 사역에 지대한 영향을 미쳤음은 자명한 사실이다.

2.5 이방인 전도자 바울

철저한 바리새파 유대인으로 살아온 바울은 예수 그리스도를 믿은 후 이방인 전도자로 불리었다. 그가 선교 활동을 한 당시 지중해 연안은 로마제국의 지배를 받고 있었다. 로마제국의 지배를 받는 상황에서 팔레스타인 유대인들은 종교적 신념 때문에 이방인과 갈등 관계를 형성하고 있었다. 바울은 이렇게 특별한 환경 아래에서 복음전도자로 사역해야 했는데, 그의 사상과 성품은 이방인을 위한 가장 적합한 전도자였을 것이다. 유대교 배경과 헬라 문화를 함께 소유한 바울은 유대인보다는 이방인들에게 더욱 적절하고 친근한 사역자가 될 수 있었을 것이다. 그렇다고 바울이 유대인 사역을 멀리했다는 것은 아니다. 그는 철저한 유대인이었기 때문에 유대인 구원에 대한 관심도 지대했다(롬 9:1-3).

바울이 이방인 전도자였다는 것을 명확하게 보여주는 성경 본문은 에베소서에 나타난다(2:11-3:13). 유대교 율법 규정에 따르면 이방인은 하나님의 약속을 받는 후사가 될 수 없었다. 즉 그들은 하나님의 백성이 될 수 없다는 것이다. 하지만 예수의 십자가 복음 안에서 이방인도 하나님의 후사가 될 수 있는 길이 열렸다. 또한 바울은 로마서 9-11장에서 이방인이 하나님의 구원 대상임을 분명히 하고 있다. 특별히 이방인이 먼저 구원을 얻고 난 후 유대인이 구원을 얻을 것이라고 제시했다. 이 성경 구절은 바울의 사역 초점이 이방인에게 복음 전하는 것임을 암시한 것이다.

사도행전과 바울서신에서 바울을 이방인 사역자로 지칭한 구절들은 다음과 같다. 사도행전 9:15은 바울이 하나님으로부터 이방인 전도자로 부름을 받았다고 기록하고 있다. 그러나 사도행전의 내용은 바울 자신의 기록이 아니라 누가의 기록임을 기억해야 한다. 누가는 사도행전에서 바울이 이방인의 사도로 부름 받았음을 세 번이나 반복해서 기록하고 있다(행 9:15; 13:47; 22:21). 더욱 중요한 것은 바울이 자신의 서신에서 자기를 이방인의 사도로 지칭했다는 것이다(롬 11:13; 15:16). 결론적으로 위 구절들에서는 바울이 자타가 인정하는 이방인 사역자였음을 보여주고 있다. 또한 바울이 얼마나 이방인 구원에 관심을 가지고 있었는지를 확인해 주고 있다. 바울의 사역 무대와 사역 내용을 보면 그가 얼마나 이방인 복음화에 열정을 다했는지를 부인할 수는 없을 것이다. 그러나 바울은 여전히 유대인 전도에 대한 관심도 가지고 있었다. 즉 바울은 자기 민족에 대한 애정과 사랑을 가진 이방인 전도자였다. 바울은 유대인에 대한 사랑과 복음전파에 열망을 가졌을 뿐 아니라 하나님의 부르심에 순종하여 이방인 전도 사역에 헌신한 복음전도자였다.

2.6 바울의 가르침

많은 학자들은 바울의 가르침의 근원을 찾기 위해서 노력했다. 바울의 가르침의 배경을 이해한다는 것은 그의 사상과 신학 배경을 연구하는데 중요한 역할을 하기 때문이다. 그러나 현대 비평학자들은 바울의 가르침을 주로 역사적 관점에서 다루었다. 이것은 바울 사상을 담고 있는 자료가 역사적인 상황을 배경으로 하고 있기 때문에, 당연히 역사적인 접근 방법이 필요할 것이다. 그러나 바울의 사상적 근원은 하나님의 절대적인 권위와 직접적이고 초자연적인 계시로 구성되어 있다.[58] 바울의 교훈에 대한 연구는 학자들의 비평적 접근보다는 하나님의 계시적 입장에서 이해하는 것이 더욱 좋을 것 같다. 이러한 연구는 바울의 가르침이 다음과 같은 몇 가지의 요소로 이루어졌다는 결과들을 얻게 되었다.[59]

첫째, 바울은 자신의 가르침의 근거가 그리스도의 계시에서 시작됐다고 주장했다(갈 1:12). 바울이 계시를 받았다는 것은 그가 예수 그리스도를 직접 만났음을 의미한다. 바울이 그리스도를 직접 만난 것은 다메섹 도상이었다. 바울은 자신의 복음전파 사역의 소명을 예수 그리스도에게 직접 들었다. 하지만 바울은 예수 그리스도의 죽음과 부활에 관해서는 직접적인 계시를 받지 않은 것 같다. 그러므로 예수 그리스도에 대한 바울의 지식은 아마도 초대교회로부터 전승된 지식이었다는 가능성을 열어 놓아야 할 것이다. 환언한다면, 바울의 핵심 가르침은 계시적인 부분만으로 구성된 것은 아니라는 것이다. 즉 계시는 바울의 신학을 형성한 한 부분으로 보아야 한다는 것이다. 그렇지만 바울이 자신의 가르침을 계시에 기인한 것이라고 주장한 것은 아마도 자신의 사도 권위를 강조하려한 것으로 이해할 수 있을 것이다. 당시 사회는 사도를 계시의 중개자로 인식하고 있었기 때문이다.

바울이 강조하고 주장하는 계시의 비밀은 복음 자체를 의미한다. 바울이 말한 복음의 계시로서 비밀은 다음과 같다. 1) 예수 그리스도의 십자가 사건을 역사적인 사실로 받아들이는 것이다. 2) 영광을 받으신 그리스도의 승귀이다. 3) 예수 그리스도의 구속의 참된 의미를 이해하는 것이다. 바울은 이 세 가지의 핵심적 가치를 복음의 비밀이며 하나님의 계시라고 주장하였다. 그러므로 바울 사도의 핵심적인 가르침은 바로 계시인 것이다.

둘째, 초대 기독교 전승이다. 역사적 예수의 죽음과 부활 사건은 사도들에 의해서 선포되기 시작했다. 이러한 선포는 원시 기독교 공동체의 산물이 되어 전승되기 시작했다. 하지만 기독교 공동체의 역사적인 전승은 단순히 특별한 교훈이나 역사적인 사건을 사실로 받아들이는 것을 의미하지만은 않는다. 그러므로 원시 기독교 공동체의 전승을 받아들인다는 것은 바울이 예수 그리스도를 구주로 받아들였음을 의미한다.

바울이 처음 기독교 공동체의 영향을 받은 것은 회심 후 예루살렘 교회를 방문할 때 일 것이다. 하지만 바울의 짧은 예루살렘 교회 방문을 통해 얻을 수 있는 초기 기독교 전승은 그리 많지 않았을 것이다. 그렇지만 그의 서신들에는 초기 기독교 신앙 산물인 신조, 찬송, 전통 교리 문답들이 나타나 있다. 이것은 바울이 초대교회 전통에 깊은 영향을 받았음을 암시하기도 하지만, 이미 당시 교회들이 초대교회 기독교 전승을 공유하고 있었을 가능성도 배제할 수 없다. 즉 바울은 이미 당시 사회에 널리 알려진 기독교 전승을 간접적으로 들어 알고 있었을 것이다.

셋째, 예수의 지상 사역이다. 이미 위에서 언급한 것처럼 바울이 예수를 직접 만났느냐에 대한 질문은 여전히 해결하지 못할 난제로 남아 있다. 그래서 학자들은 바울의 가르침에는 역사적 예수의 행동과 가르침이 담긴 교훈들이 거의 없다는 결론을 내렸다. 반면에 다른 학자들은 역사적 예수의 가르침이 바울신학과 그의 가르침의 핵심이라고 보았다.[60] 이것은 바울이 어떠한 관점에서 역사적 예수의 가르침을 자신의 사역에 사용했느냐가 중요하다. 물론 바울은 역사적 예수의 교훈을 직접적으로 인용하여 가르치지는 않은 것 같다. 그러나 바울신학의 중요한 면들이 예수의 교훈을 의존하고 있음은 부인할 수는 없다. 예를 든다면, 데살로니가에 나타난 종말론은 마가복음의 감람산 사건을 의존하고 있는 것 같다(막 13장). 로마서 12장의 이웃사랑은 산상수훈을 의존하고 있는 것으로 보인다.[61] 이러한 내용들을 통해 확인할 수 있는 것은 바울이 역사적 예수의 사역 내용들을 자신의 가르침에 깊이 접목시켰다는 것이다.

넷째, 바울은 구약성경에 대한 긍정적인 태도를 가지고 있었음이 분명하다. 이것은 바울이 그의 서신에 구약성경을 많이 인용한 것을 통하여 알 수 있다. 바울이 구약성경을 사용한 내용을 살펴보기 전에 신약성경의 저자들이 구약성경을 사용한 방법을 간략하게 알아보도록 하자. 신약성경의 독자라면 누구나 신약성경 저자들의 구약성경 사용 방법이 천편일률적이고, 이해하기 어려운 부분들이 있는 것도 사실이다. 하지만 신약성경 저자들은 구약성경 인용을 자기들의 주관이나 임의적으로 사용한 것이 아니라 철저하게 제2성전 시대 유대교 때 사용한 석의 방법을 그대로 따르고 있다.[62] 이것은 랍비들의 구약성경 해석 방법을 그대로 따른 것이다. 때때로 신약성경 저자들은 자신이 구성한 본문의 내용과 전혀 관계가 없는 구약성경 본문을 인용 삽입하기도 한다.

또 다른 관점에 의하면, 바울이 구약성경을 핵심으로 믿는 유대교 신앙을 떠나 얼마나 헬라화되었느냐는 것이다. 그러나 바울의 생애 연구가 보여준 결론은 그의 삶의 중심지는 항상 예루살렘이었다. 바울이 매번 선교여행을 마치고 예루살렘을 방문했다는 사도행전의 기록은, 예루살렘에 대한 그의 애정이 얼마나 강했는지를 보여준다. 따라서 바울은 구약성경에 깊이 뿌리를 둔 상태에서 그의 신학을 형성해 나갔다고 볼 수 있을 것이다.

바울의 구약성경 인용 방법의 가장 특이한 점은 예수의 인류 구속 사건을 구약성경을 배경으로 설명하고 복음을 증거했다는 것이다. 예를 든다면, 로마서 4장의 '이신 칭의' 내용을 구약성경의 아브라함과 연결시켜 설명했는데, '의인'이란 용어는 구약성경에 언급된 사상을 기초로 했음이 분명하다. 그 외에도 바울은 구약성경에 대한 많은 암시들을 사용했다. 이러한 인용 형태는 자연스럽게 그의 서신에 나타났다. 즉 바울의 신학사상에 구약적인 사고 세계가 영향을 미쳤음을 보여준 것이다.

따라서 바울이 구약성경을 사용한 것은 교리적 목적보다는 예수 그리스도의 구속 사역이 구약성경과 직접적인 연계성이 있음을 보여주려는 것으로 보인다. 바울은 예수 그리스도의 십자가 구속 사건을 구약성경 예언의 성취 입장에서 바라보았다. 이것은 바울이 구약성경을 구속사적인 관점에서 인용하여 복음을 제시하고 가르치는데 사용했음을 보여주는 증거다. 물론 이것은 바울이 성령의 조명을 통해 믿음으로 구약성경을 읽었을 때 가능한 현상으로 보아야 한다. 왜냐하면 바울과 동일한 시대를 산 유대인들은 구약성경을 읽으면서 전혀 예수를 그리스도로 발견할 수 없었기 때문이다.

다섯째, 헬라 세계의 문화적 배경이다. 바울이 그의 가르침에 헬라 문화 배경을 사용했음을 부정할 사람은 아무도 없을 것이다. 학자들은 바울이 헬라 철학이나 문화를 어떻게 사용했느냐에 관심을 집중시켰다. 즉 바울신학의 근간이 헬라 문화를 바탕으로 하고 있느냐 하는 질문이다. 이러한 주장이 가져온 문제점은 바울이 헬라의 신비주의 사상과 그리스도의 복음을 결부시켜 복음을 설명하고 전도했느냐는 것이다. 하지만 바울이 헬라 신비사상과 복음을 결부시켰다는 주장은 타당성이 부족해 보인다. 바울이 헬라세계의 문화와 철학을 그의 서신과 복음전파에 사용하기는 했지만, 기독교 신학 형성에 지대한 영향을 줄 정도는 아니라고 보기 때문이다.[63] 하지만 십자가 복음의 핵심을 설명하는데 기본적으로 필요한 헬라사상은 적절하게 사용했을 가능성이 있어 보인다. 바울

신학의 핵심 교훈과 요소는 구약성경과 유대교 사상이지만, 바울이 이 방인에게 복음을 전하기 위해서 헬라 문화와 배경을 그의 사역에 접목시켰을 가능성은 부인할 수 없을 것이다.

마지막으로 유대교의 영향이다. 대부분의 학자들은 바울의 가르침의 상당 부분이 유대교에서 왔음을 인정한다. 바울이 회심하기 전까지는 율법을 삶의 핵심으로 삼은 유대교 배경을 가지고 있었기 때문이다. 그러나 바울은 모든 성문 율법은 물론이고 심지어 장로들의 유전까지도 생명을 다하여 지키려고 한 유대인 중의 유대인 있었다. 따라서 하나님을 향한 바울의 신학사상과 신앙은 구약성경과 유대교에 바탕을 두고 있는 것이다. 하지만 바울은 회심 후 그의 삶의 기준을 율법이 아닌 그리스도에게 두었다. 그렇지만 바울의 유대교 배경은 여전히 그의 가르침에 중요한 요소로 남아 있었다.

결론적으로 바울의 가르침은 하나의 특별한 사상 배경과 요소만으로 형성됐다고 주장할 수 없다는 것이다. 그는 자신이 생활한 1세기 지중해 연안의 여러 문화와 철학을 배웠고, 다양한 문화를 충분히 습득할 수 있었다. 그리고 이러한 요소들을 적절하게 그리스도의 복음에 가미시키는 은사도 있었다. 그렇지만 바울의 핵심 가르침은 문화나 철학이 아니라 그리스도의 복음 자체였다.

2.7 바울의 생애 연대표

　바울의 생애를 회심부터 순교까지 연대순으로 나열하려는 다양한 노력이 있어 왔다. 하지만 바울의 생애를 완벽하게 연대순으로 재구성한다는 것은 불가능한 일이다. 바울의 삶을 시간대별로 나누려는 명확한 기준을 만들만한 확실한 증거자료가 부족하기 때문이다. 그러므로 본 도표에서는 바울의 생애 가운데 일어난 일들을 연대별로 나열할 수 있는 가능성이 충분하다고 판단되는 부분을 중심으로 재구성했음을 밝혀둔다.[64]

32-33년 다메섹 도상에서 바울의 회심
33-35년 아라비아에서 초기 전도사역
35-36년 회심 후 최초의 예루살렘 방문
36-45년 바울의 무명의 전도자 시절(수리아/길리기아)
45-46년 수리아 안디옥에서 사역 시작
46년 회심 후 두 번째 바울의 예루살렘 방문(기근 해소)
47-48년 제1차 전도여행(구브로와 길리기아 지역)
48-49년 바울의 갈라디아서(정확하지 않음)
49년 회심 후 세 번째 바울의 예루살렘 방문
49-50년 제2차 전도여행(소아시아, 마게도냐, 아가야)
50년 바울의 데살로니가전후서
50-52년 고린도에서 목회사역

52년 회심 후 바울의 네 번째 예루살렘 방문

52-55년 제3차 전도여행(에베소에서 사역)

55-56년 바울의 고린도전후서

56-57년 바울의 마게도냐, 일루리곤, 아가야 여행

57년 바울의 로마서

57년 회심 후 바울의 다섯 번째 예루살렘 방문

57-59년 바울이 가이사랴에 수감됨

59년 제4차 전도여행(로마로 압송)

60년 바울이 로마에 도착함

60-62년 바울의 골로새서, 빌레몬서, 에베소서, 빌립보서

62년 바울의 가택 연금이 해제됨

62-63년 제5차 전도여행(그레데, 니고볼리, 에베소, 마게도냐 등)

62-63년 바울의 디모데전서

63년 바울의 디도서

63년 바울이 체포됨(로마 수감)

65년 바울의 디모데후서

65년 로마에서 순교

학자들이 바울의 연대표를 구성하면서 정확한 연대를 산출하기 가장 어려워하는 부분은 2차 체포시기이다. 1차 로마 수감 후에 자유의 몸이 된 바울은 다시 선교여행을 시작했고, 아마도 그때 목회 서신을 기록한 것 같다. 그러나 정확하게 언제 선교여행을 다시 시작했고, 목회 서신을

기록했는지는 아직 밝혀지지 않고 있다. 일반적으로 바울의 출생 시기에 대한 언급은 정확하지 않지만 AD 4년으로 보려는 견해도 있다.[65] 이러한 난제들은 획기적인 외적 자료가 나타나기 전에는 해결하기 어려울 것이다. 또한 바울이 다메섹 체험 후 예루살렘을 몇 번이나 방문했느냐도 논쟁이 되고 있다. 그러나 사도행전과 갈라디아서에 나타난 기록을 분석하면 최소한 다섯 번 예루살렘을 방문한 것으로 보인다. 바울의 첫 번째 기록 서신이 데살로니가전서인지 아니면 갈라디아서인지에 대한 논쟁도 여전히 진행 중이다. 하지만 본서는 갈라디아서가 바울의 첫 번째 서신임을 수용하는 입장에서 연대표를 만들었다. 물론 갈라디아서 우선 가설은 많은 문제점과 학자들의 반대가 있음도 기억해야 할 것이다. 그리고 본인도 편의상 갈라디아서 우선 가설을 제시했지만, 이 학설을 전적으로 믿는 것은 아니다.

2.8 결론

본 단락에서 사도 바울의 연대기와 그의 신학 형성 과정을 살펴보았다. 하지만 바울이 정확하게 언제 헬라와 유대교 문화를 두루 접했는지에 대한 정확한 연대는 확인할 수 없다. 단지 우리는 바울에게 미친 유대와 헬라 문화를 이해하는 것에 만족해야 할 것이다. 즉 바울은 헬라 교육을 받으며 성장했다. 그리고 유대인으로서 철저한 율법 교육을 받으며 성장한 것도 사실이다. 바울이 이렇게 특이한 이력을 가지게 된 것은 그의 가정 배경에서 비롯된 것 같다. 유대인이며 이방 지역에서 자란 바울은 당시 지중해 사회의 문화를 다양하게 수용할 수 있는 기회를 얻은 것이다. 즉 바울은 두 문화 배경에서 성장했음으로 그의 사역에는 두 문화 사상이 공존하고 있다. 그리고 그의 성장 배경은 자연스럽게 그의 신학 형성에 지대한 영향을 미쳤고, 이것은 그를 이방인의 사도로서 충실한 하나님의 사역을 감당하게 했을 것이다.

주(註)

1) G. Vos, *The Pauline Escatology* (Grand Rapids: Baker, 1979), 149.

2) F. F. Bruce, *Commentary on the Book of Acts* (Grand Rapids: Eerdmans, 1954), 196-97.

3) 박용규, 「초대교회사」 (서울: 총신출판사, 1994), 30.

4) 바울의 문화 배경을 보다 깊이 이해하기 원한다면 다음 책을 참조하라. William Barclay, 「바울 신학개론」, 박문재 역 (고양: 크리스찬 다이제스트, 2004), 9-27.

5) M. Hengel, 「바울: 그리스도 이전의 바울」, 강한표 역 (서울: 한돌, 1999), 33.

6) S. Lifshitz, *Prolegomenon to the reprint of CIJ* (New York: Ktav Publishing House, 1975), 79

7) M. Hengel, 「바울: 그리스도 이전의 바울」, 강한표 역 (서울: 한돌, 1999), 33.

8) R. L. Reymond, 「바울의 생애와 신학」, 원광연 역 (고양: 크리스챤 다이제스트, 2003), 62페이지에서 바울이 기원전 1세기에 출생했을 것이라는 주장을 하였다. 이 견해는 바울이 스데반을 돌로 칠 때 바울의 나이가 청년기(24-40세)였다는 누가의 기록을 근거로 제시한 것이다.

9) M. Hengel, 「바울: 그리스도 이전의 바울」, 강한표 역 (서울: 한돌, 1999), 106.

10) C. 트레스 몬탄트, 「바울의 생애와 사상」, 이기양 역 (서울: 여일사, 1992), 1.

11) B. Witherington III, *The Paul Quest: the Renewed Search for the Jew of Tarsus* (Downers Grove: Intervarsity, 1998), 306.

12) 도양술, 「사도 바울의 신학」 (서울: 기독교 문서 선교회, 1992), 21.

13) Hengel M, 「바울: 그리스도 이전의 바울」, 강한표 역 (서울: 한돌, 1999), 25.

14) W. Barclay, 「바울의 인간과 사상」, 서기간 역 (서울: 기독교문사, 1997), 18.

15) R. L. Reymond, 「바울의 생애와 신학」, 원광연 역 (고양: 크리스챤 다이제스트, 2003) 63.

16) C. 트레스 몬탄트, 「바울의 생애와 사상」, 이기양 역 (서울: 여일사, 1992), 10.

17) 박헌욱, 「바울의 생애와 신학」 (서울: 대한기독교서회, 2005), 29.

18) M. Hengel, 「바울: 그리스도 이전의 바울」, 강한표 역 (서울: 한돌, 1999), 28-29.

19) G. Bornkamm, *Paul* (Minneapolis: Fortress, 1995), 4-5.

20) F. F. Bruce, *Paul: Apostle of the Heart Set Free* (1996 reprint: Grand Rapids: Eerdmans, 1977), 37-40.

21) Barclay, 앞의 책(1997), 30.

22) 이 주장을 하나의 가능한 가설로 주장하는 자들도 있다. Hengel, M, 강한표 역 「바울: 그리스도 이전의 바울」 (서울: 한돌, 1999), 37.

23) M. Hengel, 「바울: 그릿도 이전의 바울」, 강한표 역 (서울: 한돌, 1999), 29.

24) 그레샴 메첸, 「바울의 신학: 바울 종교의 기원」, 김남식 역 (서울: 명문당, 1987), 59.

25) W. Barclay, 「바울신학개론」, 박문재 역 (고양: 크리스찬 다이제스트, 2004), 25.

26) M. Hengel, 「바울: 그리스도 이전의 바울」, 강한표 역 (서울: 한돌, 1999), 29.

27) Ibid.

28) W. Barclay, 「바울 신학 개론」, 박문재 역 (고양: 크리스찬 다이제스트, 2004), 26.

29) B. J. Malina & J. H. Neyrey, *Portraits of Paul: An Archaeology of Ancient Personality* (Louisville: Westminster John Knox, 1996), 128-52.

30) 신인철, 「고뇌하는 목회자를 위하여: 고린도후서 연구」 (대전: 엘도론, 2008), 160.

31) C. 트레스 몬탄트, 「바울의 생애와 사상」, 이기양 역 (서울: 여일사, 1992), 16.

32) 반면에 바울이 어린 시절을 예루살렘에서 보냈다는 가설도 믿기 어렵다는 주장이 있다. M. M. Hengel, 「바울: 그리스도 이전의 바울」, 강한표 역 (서울: 한돌, 1999), 105.

33) R. L. Reymond, 「바울의 생애와 신학」, 원광연 역 (고양: 크리스챤 다이제스트, 2003) 63.

34) W. C. Van Unnik, *Tarsus or Jerusalem: The City of Paul's Youth* (London, 1962).

35) 전경연 외, 「신약 성서 신학」 (서울: 대한 기독교 서회, 1998), 171.

36) Bornkamm, 앞의 책(1995), 10.

37) W. Barclay, 「바울 신학 개론」, 박문재 역 (서울: 크리스찬 다이제스트, 1993), 14, 16.

38) A. J. Saldarini, *Pharisees, Scribes and Sadducees in Palestinian Society* (Wilmington: Glazier, 1988), 134-43.

39) Bornkamm, 앞의 책(1995), 11.

40) W. Barclay, 「바울 신학 개론」 박문재 역 (서울: 크리스찬 다이제스트, 1993), 14.

41) Ibid., 13.

42) Ibid., 14-15.

43) Ibid., 14.

44) E. P. Sanders, "Patterns of Religion in Paul and Rabbinic Judaism: A Holistic Method of Comparison," *Harvard Theological Review* 66 (1973), 456.

45) P. Schaff, *History of the Christian Church* (New York: Charles Scribner's Sons, 1910), 290.

46) R. L. Reymond, 「바울의 생애와 신학」, 원광연 역 (고양: 크리스챤 다이제스트, 2003) 72-73.

47) B. Rapske, *The Book of Acts and Paul in Roman Custody* (Grand Rapids, 1994), 94-99.

48) 바울은 역사적 예수를 대면한 부분에 대해서 침묵하고 있다. 더욱이 자신이 가말리엘의 제자였다는 사실에 대해서도 침묵하고 있다. 이것은 바울이 어린 시절을 예루살렘에서 보냈다는 주장을 부정하는 증거로 사용되기도 한다. 다음을 참조하라. B. Chilton and J. Neusner, "Paul and Gamaliel," *Review of Rabbinic Judaism* 8/1 (2005): 148.

49) B. Chilton and J. Neusner, "Paul and Gamaliel," *Review of Rabbinic Judaism* 8/1(2005): 148-49.

50) W. Barclay, 「바울 신학 개론」, 박문재 역 (서울: 크리스챤 다이제스트, 1993), 14.

51) M. Hengel, *The Zealots: An Investigation into the Jewish Freedom Movement in the Period from Herod I until 70 A. D.*, David Smith (Edinburgh: T & T Clark, 1989), 146-228.

52) R. L. Reymond, 「바울의 생애와 신학」, 원광연 역 (고양: 크리스챤 다이제스트, 2003) 67.

53) Ibid.

54) Ibid.

55) F. F. Bruce, *The Book of Acts* (revised edition: The New International Commentary on the New Testament: Grand Rapids: Eerdmans, 1988), 161.

56) R. L. Reymond, 「바울의 생애와 신학」, 원광연 역 (고양: 크리스챤 다이제스트, 2003), 68.

57) A. Schweitzer, *The Mysticism of Paul the Apostle* (New York: H. Holt, 1931).

58) G. E. Ladd, 「신약 신학」, 신성종, 이한수 역 (서울: 대한기독교서회, 2007), 484-485.

59) 바울의 가르침에 대한 연구는 바울 신학을 연구하는 학자들에게 일반적으로 받아들여지고 있다. 본서에 구성한 바울의 가르침은 D. A. Carson and D. J. Moo의 「신약개론」의 바울 서신편을 참조하였다.

60) F. F. Bruce, *Jesus and Paul* (Grand Rapids: Baker, 1974), 55-67.

61) D. A. Carson, D. J. Moo, L. M orris, *An Introduction to the New Testament* (Grand Rapids: Zondervan Publishing House, 1992), 221-22.

62) B. Chilton and J. Neusner, "Paul and Gamaliel," *Review of Rabbinic Judaism* 8/1 (2005): 148.

63) 참조. J. G. Machen, *The Origin of Paul's Religions* (London: Hodder & Stoughton, 1921).

64) 바울의 연대표는 다음을 참조하라. M. J. Gorman, 「신학적 방법을 적용한 새로운

바울연구개론」, 소기천 외 공역 (서울: 대한기독교서회, 2014), 73.

(65) C. 트레스 몬타트, 「바울의 생애와 사상」, 이기양 역 (서울: 여일사, 1992), 183. 그러나 트레스 몬타트의 바울 연대기는 다른 학자들이 일반적으로 받아들이기 어려운 부분들이 있다. 더욱이 트레스 몬타드는 같은 책에서 바울의 출생 연대를 주후 1세기와 4세기로 보려는 이중적인 기준을 설정하고 있다.

제3장 바울의 다메섹 체험과 신학적 의의

바울의 다메섹 체험은 전적으로 하나님의 은혜와 주권 아래에서 이루어졌다. 하나님의 구원의 역사는 보편적이고 직접적인 사건임이 틀림없다. 하나님이 바울을 불러 구원하신 사건은 인류를 향한 보편적인 구속인 동시에 지극히 개인적인 사건이다. 그러므로 우리는 바울에게 일어난 다메섹 체험 사건을 바울 개인 차원에서 살펴보아야 할 것이다.

많은 학자들은 기독교의 시작을 바울의 다메섹 체험에서 비롯되었다고 주장한다.[1] 그러나 바울의 다메섹 체험 사건은 단순히 한 개인의 회심 사건이 아니라 세계를 변화시킨 엄청난 일이었다. 그러므로 바울의 다메섹 체험 사건은 은밀한 의미에서 메시아 발견이었다. 전통적으로 메시아 대망 사상을 가진 유대인들은 구약성경에 약속된 메시아를 기다리고 있었지만 그들은 이 땅에 오신 메시아를 발견하지 못했다. 하지만 바울은 예수 그리스도의 계시로 복음을 이해하고, 그가 메시아라는 확신을 가지게 되었다(갈 1:12). 학자들은 바울의 회심 사건을 기독교 역사에서 그리스도의 십자가 사건 다음으로 중요하게 보려고 한다. 이것은 바울의 다메섹 체험이 기독교의 출발점이라는 인식 때문이다.[2]

그러므로 본 장에서는 바울의 다메섹 체험 사건을 계기로 정립된 바울의 신학과 소명에 대해서 살펴보고자 한다. 바울의 다메섹 체험 사건을 연구하기 전에 먼저 예루살렘 교회의 상황을 살펴보는 것이 중요하다. 예루살렘 교회 상황을 이해한다는 것은 바울의 다메섹 체험 사건을 이해하는데 전제 조건이 될 수 있기 때문이다. 또한 바울의 다메섹 체험 사건이 가져온 그의 신학적 변화도 함께 연구하려고 한다. 바울이 어떻게 기독교의 근간이 되는 신학 가치관들을 형성했는지를 살펴볼 것이다. 더욱이 바울의 기독교 신앙관에 담긴 유대교 신앙 요소들을 확인함으로, 바울의 과거 신앙 유산인 유대교 사상이 그의 기독교 사상에 어떠한 영향을 미쳤는지를 확인할 것이다.

3.1 바울의 다메섹 체험과 예루살렘 교회

하나님을 향한 열심이 특심했던 바울이 예수가 바로 구약성경에 예언된 구세주이며 메시아라는 확신을 가지게 된 것을 회심이라고 한다.[3] 그렇다면 바울은 다메섹에서 어떤 체험을 했는지 살펴보자. 리고(R. Rigaux)는 바울이 다메섹에서 체험한 사건을 심리적 위기, 계시, 회심, 환상, 신비체험, 소명 등으로 설명하려고 했다.[4] 하지만 바울의 다메섹 체험 사건은 기독교가 하나님의 계시로 시작된 종교라는 사실을 명확하게 보여주고 있다.[5] 바울은 기독교인이 되기 전에는 조상의 유전을 따르지 않고 다른 복음을 전하는 기독교인들에게 격분했었다. 바울은 그리스도인이야말로 거룩한 성전과 율법을 거스르며 전능하신 하나님을 모독한다고 확신했고, 그로인하여 그리스도인을 핍박했다. 특히 스데반을 신문할 때 증인으로 섰고, 그가 돌에 맞을 때는 사형 당하는 것이 마땅하다고 믿었다 (행 7:55-58). 스데반은 헬라 세계 출신 유대 그리스도인이었다. 사도행전 6:1과 5은 헬라 세계 출신 유대인이 일꾼으로 선출되었음을 암시하고 있다.[6] 일반적으로 헬라 세계 출신 유대인 기독교인은 외형적으로는 유대 전통과 풍습을 잘 따르는 것처럼 보이지만, 내면적으로는 기독교적 신앙을 소유하기가 훨씬 쉬운 사람들이었다.[7] 이 말은 예루살렘의 팔레스타인 출신 유대 기독교인보다 헬라 세계 출신 유대인이 기독교 복음에 대한 이해와 수용이 보다 용이했음을 의미한다. 복음에 대한 서로의 수용성이 다른 것은 헬라 세계 출신 유대 기독교인이 팔레스타인 유대인보다 '조상들의 유전'을 준수해야 하는 부분에서 좀 더 자유로운 위치에 있었기 때문이다.[8]

헬라 세계 출신 유대인인 스데반은 예루살렘의 유대 기독교 분위기를 정확하게 이해하지 못한 것 같다. 사도행전에 나타난 스데반의 설교는 유대인을 경악하게 할 만큼 반 유대교적 이었다. 스데반은 모세의 율법과 성전의식에 복종하지 말고 예수 그리스도를 믿어야 한다고 강변했다 (행 6:11). 스데반의 가르침은 유대인의 반발을 샀고, 바울은 스데반의 가르침을 단순한 기독교 설교로 생각하지 않고 하나님을 모독한 불경건

죄로 규정했다. 그리고 바울은 스데반과 헬라세계 출신 유대 기독교인에 대해 박해를 가하기 시작한 것이다.[9]

스데반의 순교 현장을 지휘한 바울은 예루살렘 교회의 부흥을 보면서 엄청난 충격을 받았다. 기독교가 곧 멸절할 것이라는 그의 생각과는 달리 초대교회 성도들은 예루살렘을 떠나 다른 지역으로 흩어져 복음을 전하기 시작했기 때문이다. 스데반의 순교 사건이 기독교의 또 다른 부흥과 선교의 발판이 된 것이다(행 8:1; 4).

바울은 다메섹에 흩어져 있는 그리스도인들을 잡아 옥에 가두기 위해 산헤드린에서 발급한 정식 공문을 가지고 다메섹으로 향했다. 바울이 다메섹 지역에 있는 기독교인들을 체포하려고 예루살렘을 떠났다는 것은, 이미 많은 숫자의 기독교인이 예루살렘과 유대 지역 그리고 이방 지역까지 흩어져 살고 있었다는 가설을 입증해 준다. 그런데 이미 예루살렘에는 헬라 배경을 가진 디아스포라 출신 유대인들이 많이 있었고, 예루살렘 교회는 이들의 구제 문제로 인하여 갈등에 빠져 있었다. 즉 부흥하는 예루살렘 교회는 공동 식사와 가난한 과부들의 구제 문제로 갈등이 심해졌다. 그런데 더욱 중요한 사실은 선택된 일곱 일꾼의 이름이 모두 헬라식이었으며, 헬라식 이름을 가진 스데반이 순교를 하게 된다. 팔레스타인 출신 예루살렘 교회 교인은 모두 안정적인 신앙생활을 한 것으로 묘사되었는데 반해, 헬라 배경의 유대인만 박해의 대상이 되고 있는 것으로 보인다. 그러므로 바울의 박해 대상은 팔레스타인 출신의 유대-기독교인이 아니었을 것이다.

여기서 우리는 바울의 기독교 개념을 상상해 볼 수 있을 것이다. 정통 유대교 관점에서 본다면 기독교는 율법과 성전 의식 등에서 많은 문제점을 드러내고 있었다. 조상들의 유전과 전통을 무시하는 헬라세계 출신 유대인에 대해 긍정적인 시각을 가진다는 것은 불가능했을 것이다. 그러므로 바울은 새롭게 태동한 기독교에 대한 반감을 가졌다기보다는 전통적인 유대교를 멀리 하고 기독교를 받아들이려는 디아스포라 유대인에 대한 증오를 가졌다고 볼 수 있을 것이다. 이러한 견해를 뒷받침하는 증거는 바울이 예루살렘에서 박해를 행한 유일한 증거는 단지 스데반 사건뿐이기 때문이다(행 7:58; 8:1).[10] 바울은 예루살렘 지역 출신 유대 기독교인 보다 이방인 지역 출신 유대 기독교인 박해에 집중했다. 바로 이러한 이유가 바울을 다메섹으로 향하게 만든 것이다. 사도행전 하반부에는 바울이 예루살렘 유대인들로부터 위협을 받고 있었음을 기록하고 있다(행 23:12-13). 결론적으로 바울의 기독교 박해는 그가 그리스도에 대한 상당한 지식을 가진 상태였고, 그는 그리스도 자체를 반대하기 보다는 유대교와 너무나 단절된 기독교를 주장하는 헬라 배경을 가진 유대 기독교인들에 대한 반감 탓이었다고 생각된다. 그렇다고 다메섹 체험 사건 전 바울이 기독교에 대해 무조건 긍정적인 시각을 가졌다는 것은 아니다. 바울은 철저하게 율법적 기준에서 예수 그리스도와 기독교를 박해했기 때문이다.[11] 다만 바울의 박해 초점은 팔레스타인 출신 유대 기독교인보다 디아스포라 출신 유대 기독교인일 가능성이 더욱 높다는 것이다.[12]

하지만 바울은 이 사건을 통해 자신이 직접 예수 그리스도를 경험했다고 고백한다. 바울은 만삭되지 못한 자기에게 예수 그리스도가 나타났다고 고백했다(고전 15:8). 그러나 문제는 그리 단순하지 않다. 과연 바울이 다메섹 지역에 거주하는 기독교인들을 체포하기 위해 대제사장에게 권한을 위임받았고, 그들을 산헤드린 공회에서 재판을 받게 한다는 공문을 받았느냐는 것이다(행 9:1-2). 당시 예루살렘은 로마제국의 지배를 받고 있었기 때문에 대제사장에게 사람을 체포할 행정적 권한이 부여되어 있었는지를 고려해 보아야 할 것이다. 예수의 체포 사건이 대제사장의 종들에 의해서 이루어진 것 같이 바울의 그리스도인 체포 권한도 예루살렘 유대 종교 지도자의 승인이 있었음을 의미한다.[13] 아마도 유대 종교 지도자들은 팔레스타인 지역 종교 문제에 관해 재판을 행사할 권한을 가지고 있지 못했지만, 그들을 체포할 권한은 행사할 수 있었을 것이다.[14]

바울의 다메섹 체험 사건을 재구성하면 다음과 같다. 바울이 다메섹에 가까이 왔을 때 갑자기 강한 빛을 보매 그는 땅에 엎드렸다. 이때 바울은 눈을 뜰 수가 없었으며 홀연히 하늘에서 소리가 있어 가라사대 "사울아, 사울아 네가 왜 나를 박해하느냐" 하시거늘 그가 대답하되 "주님 주님은 뉘시오니이까" 하니 "나는 네가 핍박하는 예수라 일어나 성읍 안으로 들어가라 그러면 네가 무엇을 해야 할지 네게 일러줄 자가 있느니라" 하였다. 바울과 동행한 자들은 그 소리만 듣고 아무도 보지 못하고 서 있기만 하였다(행 9:4-7). 바울은 그와 함께한 사람들의 손에 이끌려 다메섹에 들어가 아나니아를 만났고, 그의 인도에 따라 시력을 회복하였으며, 그에게 침례를 받고 모든 사람 앞에서 다메섹 도상에서 보고 들은 하나님의 섭리의 증인이 될 것을 지시받았다고 증언하였다.

바울의 다메섹 도상 체험 사건은 사도행전에 세 번 기술되어 있다.[15] 그러나 이 세 번의 회심 사건은 그 내용을 서로 조금씩 다르게 표현하고 있다. 사도행전 9:1-19은 중립적 보도 형태로 구성되었다. 사도행전 9장은 두 기사로 구성되었는데, 예수가 바울에게 나타난 기사와 예수가 아나니아에게 나타난 내용이다. 예수는 바울에게 성으로 들어가면 너에게 행할 것을 이를 자가 있다고 하였다(행 9:6). 그리고 예수는 아나니아에게 바울을 다시 보게 하고 성령을 나누어 주라고 했다. 사도행전 9장에서 특이한 점은 바울과 동행한 자들이 그리스도의 소리는 들었지만 그리스도를 눈으로 보지는 못했다는 것이다.

사도행전 22:3-16은 누가의 기록이지만 바울의 다메섹 사건을 직접 경험한 것처럼 묘사하고 있다. 사도행전 22장의 중요한 특징은 아나니아가 바울에게 주님의 사명을 위탁한 것이다. 이것은 이미 바울의 회심이 이루어진 상태에서 그가 소명을 받는 것으로 보아도 무방할 것이다. 본 단락은 바울과 동행하던 사람들이 빛은 보았으나 그리스도의 소리는 듣지 못했다고 말하고 있다(행 22:9).

사도행전 26장의 다메섹 체험 언급은 바울이 로마 총독 베스도와 아그립바 왕 앞에서 복음을 전하는 모습으로 시작된다. 본 장에는 아나니아의 이야기가 빠져있다. 바울은 주님으로부터 직접 사명을 위탁받는다. 사도행전 26:13-14에는 누가의 다른 기록과 다르게 밝은 빛이 내려와 함께 가던 사람들을 두루 비추었고 표현한다.

대부분의 주석가들은 바울의 다메섹 체험과 관련된 세 개의 기사에는 누가가 독자들에게 전하려고 목적한 특별한 관심이 다르게 나타나고 있다고 주장한다. 바울의 다메섹 체험 기사는 누가의 직접적인 경험을 토대로 한 선교 보고와 초대교회의 전승 자료를 기초로 한 것으로 보인다. 그렇다면 누가는 다메섹 전승을 어디에서 얻었는가? 누가가 어떤 경로를 통해 바울의 다메섹 체험 전승을 받았는지 정확히 알 수는 없지만, 개별 전승을 참조하여 다메섹 사건을 재구성한 것으로 보인다.[16] 다메섹 사건이 구약시대 선지자가 소명받는 모습을 연상케 한다는 주장을 통해 구약성경에 근거한 전승이라고 보는 견해도 있다.[17] 누가가 묘사한 다메섹 체험 사건은 문학적 형태로는 유대교 문헌과 비슷한 측면이 있다고 보기도 한다(마카비 2서, 요셉과 아세넷).

그러나 누가가 묘사한 바울의 다메섹 체험 사건은 계획적인 것이 아니라 갑자기 일어난 사건이다.[18] 그렇다면 바울의 다메섹 체험 사건은 다음과 같은 전승을 거쳤을 것으로 추론 가능하다. 1) 첫째 단계는 다메섹에서 예수 그리스도를 만난 바울의 역사적 체험이다. 2) 둘째 단계는 사도행전 이전의 구두 전승이다. 3) 셋째 단계는 사도행전의 기록 단계다. 그렇다면 누가는 바울의 다메섹 체험 사건을 전승 자료를 토대로 구성했을 가능성이 높아 보인다.

바울서신도 다메섹에서 일어난 바울의 체험 사건을 기록하고 있다(갈 1:15-16; 고전 9:1, 16-19; 15:8-11). 그러나 바울서신에 묘사된 바울의 다메섹 체험 사건은 객관적인 보고이기 보다는 다메섹 사건을 통해 복음과 예수의 부활을 변호하려는 목적을 함의하고 있다. 즉 바울은 다메섹 체험을 기독교 교리화시켰다는 것이다. 우리가 특별히 주목해야할 부분은 바울이 갈라디아서에서 언급한 내용이다. 갈라디아 성도들은 여전히 모세의 율법과 할례를 강조하고 있었다. 바울은 복음을 사람에게서 받거나 배운 것이 아니라 "오직 예수 그리스도의 계시로 말미암은 것이라"고 말한다(갈 1:11-12). 그리스도의 복음이 땅에서 나온 것이 아니라 하나님의 계시임을 주장함으로 복음의 변질과 다른 복음이 없음을 교리화한 것이다. 고린도전서 9:16-19에서 바울은 주님이 자신에게 복음을 전할 의무를 부여했다고 말한다. 특히 고린도전서 15:8에서는 부활한 그리스도가 자기에게 나타났음을 고백한다. 바울서신에 묘사된 이러한 고백은 바울이 다메섹 사건을 어떻게 이해하고 있었는지를 보여주는 중요한 증거다.

3.2 바울의 다메섹 체험의 신학적 가치

바울의 다메섹 체험의 신학적 가치는 이미 앞에서 진술한 바와 같이, 사도행전의 기록과 바울 서신의 기록을 통해 알 수 있다. 그러나 누가가 기록한 사도행전은 서사적이고 객관적인데 비해, 바울서신(갈 1:15-16; 고전 9:1-2; 고후 4:5-6)은 바울의 그리스도 이해와 그리스도 안에서의 체험을 사실적으로 잘 표현하고 있다. 사실상 바울의 회개하게 된 계기는 바울 자신의 주관에서 출발한 것이 아니라, 그를 이방에 복음을 전할 주의 사도로 쓰기 위한 하나님의 주도적인 역사였다고 보는 편이 올바른 해석일 것이다(행 22:21; 고전 15:8-10; 엡 3:7; 갈 1:1; 엡 1:1; 딤후 1:1).

그리고 바울의 신앙은 다메섹 도상에서 부활하신 예수 그리스도를 만남으로 자기의 잘못된 신앙관을 깨닫고 완전히 변하여 철저한 그리스도의 제자가 된 것이다. 바울은 "그러나 무엇이든지 내게 유익하던 것을 내가 그리스도를 위하여 다 해로 여길뿐더러, 또한 모든 것을 해로 여김은 내 주 그리스도 예수를 아는 지식이 가장 고상함을 인함이라. 내가 그를 위하여 모든 것을 잃어버리고 배설물로 여김은 그리스도를 얻고 그 안에서 발견되려 함이니, 내가 가진 의는 율법에서 난 것이 아니요. 오직 그리스도를 믿음으로 말미암은 것이니, 곧 믿음으로 하나님께로서 난 의라"고 믿었다(빌 3:7-9).

바울은 다메섹 체험 전에 하나님을 섬기던 율법 중심의 신앙관을 바꾸어 자신은 예수 그리스도의 사도임을 확신하였다. 이러한 확신은 예수 그리스도가 그에게 나타나기 전에 이미 하나님께서 그를 택정하셨다고 확신함을 통하여 알 수 있다(갈 1:15-16). 하나님은 바울의 전 생애를 영광 가운데 인도하셨으며, 또한 예수 그리스도의 오심은 하나님의 영원한 섭리로 말미암아 나타난 것이라 했다(엡 3:7-9). 바울의 이 같은 확실한 신앙은, 마침내 자신이 이방인들을 구원하기 위해 부름을 받은 복음의 사도라는 불같은 사명을 더욱 실감하게 되었다(골 1:25; 딤후 1:9-11).

하지만 비평 학자들은 위에서 살펴본 견해들을, 바울의 복음을 경건주의 신앙 형태로 왜곡하는 것이라고 주장한다.[19] 일부 학자들은 바울의 다메섹 체험 사건은 바울신학의 주제가 될 수 없다고 보기도 한다. 첫째, 당시 사회가 이해한 개종은 한 사람이 자신이 믿던 종교를 떠나 다른 종교로 개종하는 것을 의미한다. 또한 종교를 바꾸지는 않았지만 그 종교에 대한 새로운 깨달음을 통해 열정적인 신앙으로 변화되는 것을 고대 사회에서는 개종으로 보았다.[20] 바울의 다메섹 체험을 이렇게 해석하려는 것은 당시 사회의 모든 사람들이 종교를 가지고 있었기 때문이다. 그러나 고대 사회의 종교는 희생 제사 의식이 아주 강했다. 즉 그들의 종교 의식에는 믿음이 요구되지 않았다. 그들의 종교는 신과의 인격적인 만남을 중요시 여긴 것이 아니라 단지 종교 의식 집행에만 관심이 있었다.[21] 믿음을 강조하는 바울의 회심 사건은 당시 헬라 문화에서는 받아들일 수 있는 일이 아니었을 뿐만 아니라 그는 믿음의 대상인 하나님을 바꾸지 않았기 때문에 개종이라고 볼 수 없다는 것이다.

둘째, 헬라인은 윤리를 종교의 일부로 생각하지 않는다. 헬라인은 자신들의 신을 경배하고 예배하는 의식을 수행했는데, 그들은 종교 의식이 진행되는 동안 순결을 요구하기도 했다. 그러나 당시 헬라 사회에서 특정 종교를 믿는다는 것이 완전히 자신의 과거를 청산해야 한다는 개념은 아니었다.[22] 이러한 이유로 비평 학자들은 바울의 다메섹 체험에는 "회개"나 "돌아섬"이 없다고 주장하였다.[23] 하지만 바울의 다메섹 체험은 단순한 종교 의식이 아니다. 완전히 과거의 삶을 청산한 바울의 다메섹 체험은 새로운 시각과 관점으로 하나님을 섬기는 변화를 의미한다.

이렇게 자신의 과거 삶을 버린다는 것은 유대인에서는 상당한 걸림돌이 되었다. 이방인들은 쉽게 예수 그리스도를 구원의 주로 받아들일 수 있었지만, 유대인들은 그렇게 할 수 없었다. 유대인은 전통적으로 전해져 오는 신앙 유산인 할례를 저버리고 침례를 받고 죄사함을 고백한다는 것은 진정한 자기 자신의 변화를 의미하기 때문이다. 그러므로 바울의 다메섹 체험은 유대교의 근간을 흔들어 놓는 엄청난 사건이었다. 더욱이 그의 회심 사건은 유대인뿐만 아니라 이방인에게도 예수 그리스도의 십자가 사건을 전하여 하나님의 백성이 될 것을 외친 복음의 세계화였기 때문이다.

그렇다면 바울이 다메섹 도상에서 체험한 회심을 통하여 바울이 새롭게 인식한 기독교의 근간이 되는 신학 주제들을 살펴보자.[24] 모든 학자들의 동의를 받기에는 부족하지만 조지 래드(Ladd)는 바울의 모든 신학이 다메섹 체험 직후에 이루어졌다고 주장한다.[25] 지금부터 제시하는 내용들은 이미 위에서 언급된 바울의 다메섹 체험에서 얻은 신학 관점을 보다 조직적이고 체계적으로 나열한 것이다.

3.2.1 예수 그리스도에 대한 새로운 인식

다메섹 체험 전의 바울은 예수가 구약성경에서 예언한 메시아라는 사실을 믿지 않았다. 더욱이 바울은 스데반을 죽이는 일에 가담했을 뿐 아니라 그의 죽음을 당연하다고 믿었다. 그런데 스데반은 죽음을 맞이할 때 하늘문이 열리고 예수가 하나님의 보좌 우편에 서신 것을 보았다(행 7:5-6).[26] 이 사건을 통해 스데반은 예수가 메시아임을 확신하게 되었다.

바울이 다메섹으로 가는 노중에 동일한 사건이 일어났다. 바울은 자신이 핍박하던 예수가 바로 메시아라는 사실을 확신하는 순간이었다. 사도행전 26:14의 "가시 채를 뒤 발질하기에 네게 고생이니라"는 바울의 심적 변화를 단적으로 보여주는 증거 구절이다. 이 구절에 대한 해석은 다양하지만 다음과 같이 해석할 수 있을 것이다. 바울은 그리스도인을 박해하면서 심리적 갈등을 겪고 있었을 것이다. 예수의 제자들이 예수를 메시아로 받아들인 것은 올바른 선택이었고 자신이 예수를 메시아로 받아들이지 않았던 것은 잘못이었음을 인식한 심리적 갈등이 있었을 것이다.[27] 바울은 유대교에 대한 심각한 회의를(가시 채를) 물리치려(뒷발질) 노력했다. 바울은 이런 과정을 거치면서 유대교에 생명이 있다고 믿었던 확신이 점점 사라지는 심적 부담을 이기기 위해 더욱 그리스도인을 강하게 박해한 것이다.[28] 그러므로 바울의 다메섹 체험은 예수가 메시아라는 사실을 입증해주는 확실한 계기가 마련된 사건이었다. 바울은 자신의 신(神)관이 잘못되었음을 인식하고 하나님을 새로운 관점에서 바라보게 되었다. 무엇보다 예수 그리스도가 구약성경에 예언된 메시아라는 확신을 가졌다. 결과적으로 바울은 예수가 메시아임을 새롭게 인식함으로 기독론의 기틀을 확립하게 된 것이다.

3.2.2 하나님의 백성에 대한 새로운 개념

이미 살펴본 것처럼 바울은 기독교를 박해했지만, 주로 헬라세계 출신 유대 기독교인을 박해한 것 같다. 유대교 전통과 의식을 벗어던지고 새로운 기독교에 심취한 자들을 배교자로 보았고, 그들의 행동을 하나님을 모독한 불경건함으로 보았기 때문이다. 그러나 바울은 다메섹 체험 후 박해의 대상이었던 헬라세계 출신 유대 그리스도인이 하나님의 참된 백성이었다는 새로운 관점을 가지게 되었다. 바울은 하나님의 선택 받은 거룩한 백성인 그리스도인을 바라보면서 그들이 메시아의 백성이라는 사실을 확인한 것이다. 이제 바울에게는 유대인만 하나님의 백성이라는 개념이 사라졌다. 하나님의 백성에 대한 바울의 새로운 개념은 팔레스타인을 넘어 이방인 세계에 복음을 전해야 한다는 전도에 대한 사상적 발판을 만들어 주었다.

3.2.3. 율법에 대한 새로운 이해

바울의 다메섹 체험은 율법에 대한 그의 개념을 완전히 바꾸어 놓았다. 이 주제는 '바울과 율법' 분야를 다룰 때 자세히 논하겠지만, 샌더스(E. P. Sanders)가 주장한 바울 연구의 새로운 관점에 따르면 1세기 유대교는 율법 준수를 구원의 조건으로 생각하지 않았다.[29] 하지만 유대인에게 율법은 삶의 기준이며 유대교의 핵심 사상이었다. 더욱이 철저한 바리새파 율법주의자인 바울은 예수를 메시아로 믿는 무리를 하나님의 선택 받은 백성으로 받아들일 수 없었다. 유대인들은 율법을 생명처럼 여기고 따르는 자들이었다. 그러나 바울의 삶을 지탱한 중심 사상인 율법이 예수 그리스도로 대치되는 역사적 사건이 다메섹 도상에서 일어났다. 바울의 다메섹 체험 사건은 예수 그리스도를 구원주로 받아들이는데 가장 큰 걸림돌인 율법 준수라는 벽이 사라지는 결과를 가져왔다. 바울은 이제 율법 준수가 더 이상 구원의 조건이 될 수 없음을 알았다. 유일한 구원의 조건은 예수 그리스도의 십자가 죽음과 부활을 믿는 것임을 깨닫게 된 것이다. 바울의 율법관은 다메섹에서 예수 그리스도를 만남으로 새로운 변화를 맞이한 것이다.

3.2.4 하나님의 후사가 되는 길

바울은 이스라엘 백성이 선민이라는 확신을 가지고 있었다. 하나님의 선택 받은 백성인 그들만이 하나님의 특별한 사랑을 받는 민족이라고 생각했다. 바울은 이러한 유대교 신앙과 신념을 가졌기 때문에 이방인은 절대 하나님의 후사가 될 수 없다는 입장에 서 있었다. 이방인이 하나님의 백성이 되려면 먼저 유대인으로 귀화해야만 한다는 신앙을 가지고 있었다. 하지만 바울은 다메섹 체험 후 구원은 유대인과 이방인 모두를 위한 것임을 깨닫게 됐다. 더욱이 구원이 하나님의 선물임을 분명히 했다. 따라서 다메섹 체험은 바울의 구원 개념을 유대교 관점에서 벗어나게 했으며, 새로운 구원관이 필요함을 인식하게 됐다. 유대교의 구원 관점인 율법 준수는 더 이상 구원의 조건이 될 수 없을 뿐 아니라 예수 그리스도가 옴으로 마침이 되었음을 깨닫게 됐다(롬 10:4).

3.2.5 진정한 하나님의 공동체

바울은 어린 시절 길리기아 다소에서 회당 교육을 받았을 것이다. 다소 지역에는 상당수 유대인이 살고 있었기 때문에 유대 공동체는 자녀들을 위해 회당에서 교육을 실시했을 것이다. 회당의 기능은 하나님의 말씀을 배우고 유대인으로서 지켜야 할 삶의 규범들을 가르치는 곳이었다. 유대교에서 성전은 하나님을 만나는 장소였고, 회당은 유대인 삶의 중심지였다. 하지만 다메섹에서 예수 그리스도를 경험한 바울은 회당의 활동과 기능을 통해서는 새로운 기독교를 담아낼 수 없음을 알게 되었다. 물론 교회의 기원이 회당이라는 주장도 있다. 하지만 회당이 교육적인 기능을 했다면, 바울의 입장에서 교회는 그리스도가 교회의 머리가 되고 성도는 교회의 몸이라고 주장한다.[30] 따라서 다메섹 체험 사건은 바울의 교회 개념을 새롭게 하는 계기가 되었다. 즉 하나님의 공동체에 대한 새로운 개념이 다메섹 체험을 통해 만들어진 것이다.

3.2.6 마지막 날에 대한 변화

학자들은 유대교에는 종말 교리가 명확하지 않다고 보았다. 하지만 유대교의 종말 개념은 메시아 대망 사상과 관계가 있다. 유대인은 구약성경에 예언된 메시아가 권능과 영광 가운데 오실 것이라는 확신을 가지고 있다. 하지만 이스라엘 역사에 아직 나타나지 않았다고 생각한 메시아가 이미 이 땅에 와서 십자가에서 죽은 예수라는 사실을 깨달은 바울은 메시아 왕국이 이미 현실에서 실현됐음을 확신했다.[31] 따라서 바울의 종말 개념은 이미와 아직 이라는 이원론 기준을 만들어 냈다. 예수를 구원의 주로 믿는 성도는 현재(이미) 이루어진 하나님 나라와 미래에 이루어질 하나님 나라로 구분되어진 것이다. 바울의 이러한 종말 개념을 래드(Ladd)는 종말론적 이원론이라고 불렀다. 따라서 바울은 이미 하나님의 나라가 자신에게 임했으며, 다가올 미래의 하나님 나라도 인식하 게 된것이다.

3.2.7 바울의 부활 신학

바울도 다메섹 체험 이전에는 일반 유대인과 동일한 사고방식을 가지고 있었기 때문에, 예수가 부활했다는 것을 기독교인들이 유포한 한낱 유언비어에 불과하다고 생각했다. 그러기 때문에 유대인은 그리스도인을 기존 유대교 교리를 혼란시키는 이단자로 간주했고, 그리스도인을 박해한 것이다. 하지만 바울은 다메섹 체험 후 예수가 부활했고 살아 계신다는 확증을 얻게 됐다.[32] 바울은 부활한 예수를 만난 내면의 극적 변화에 대해서는 설명하지 않았지만, 예수 그리스도의 부활로 인하여 그의 생애가 변화되었음은 분명히 말하고 있다(고전 15:1-11).

바울신학의 핵심은 예수 그리스도의 부활이며, 바울의 신학을 이해하는데 가장 중요한 핵심 요소 역시 예수의 부활이다.[33] 바울은 예수의 부활이 역사적 사실임을 그의 서신 여러 곳에서 증언했다(고전 15:1-21; 롬 1:4; 고후 5:15; 빌 3:10-11; 롬 6:5-10). 바울이 부활의 필요성을 절대적이고 단호하게 선언한 것은 고린도전서 15:15-19에 잘 나타난다. 바울에게 있어서 예수 그리스도의 부활은 단순한 역사적 사건도 신학적 교리도 아니다. 그것은 바울이 직접 체험한 신앙 경험에서 얻은 최대의 사건이기 때문이다. 바울에게 있어서 예수의 부활 사건은 이 세상에서 가장 위대한 사건이었으며, 그의 모든 생활의 초점은 살아서 역사하는 예수 그리스도의 사랑과 능력의 현존 안에서의 자신의 삶을 맞추는 것이었다 (갈 2:19-20; 고후 5:13-15; 빌 1:20-21; 3:7-9, 10-14).

지금까지 바울의 다메섹 도상에서 일어난 회심 사건의 신학적 가치에 대해서 살펴보았다. 바울의 기독교 신학 정립은 한순간에 이루어진 것은 아닐 것이다. 레이먼드는 다메섹으로 가는 노중에서 경험한 바울의 체험이 그의 신학 개념을 새롭게 변화시켰다는 주장에 조심스럽게 동의를 했다. 그러나 그의 이러한 주장은 다메섹 체험을 통해 유추해낸 신학 주제들일 뿐이라는 것을 분명히 인식해야 한다. 왜냐하면 바울이 보다 구체적인 기독교 교리 차원에서 신학화 작업을 진행한 것은 아라비아 광야에서 3년을 보내는 동안이라고 볼 수 있기 때문이다.[34] 그러나 바울의 유대교 신앙이 기독교 신앙으로 전환하는데 가장 큰 영향을 준 것은 다메섹 도상에서 예수 그리스도를 만남으로 이루어졌다는 사실을 부인할 수는 없을 것이다.

3.3 소명

바울이 다메섹 도상에서 예수를 만난 경험은 그의 인생 목적을 완전히 바꾸어 놓았다. 바울은 유대교의 신앙과 교리를 지키는 것을 자신의 인생 최고 목표로 삼았지만, 이제는 그리스도의 죽으심과 부활을 전하는 복음전도자로 자신의 인생 목표를 바꾸었다. 바울은 그의 서신에서 자신이 하나님으로부터 복음전도자로 부름을 받았음을 많이 언급했다. 이것은 바울이 기독교 복음전도자로서 자신의 소명과 정체성을 분명히 한 것이다. 그렇다면 바울이 복음전도자로 소명 받았다고 주장한 내용을 살펴보자.

첫째, 하나님은 바울이 어머니의 모태에 있을 때부터 그를 선택했고, 하나님은 그에게 은혜를 허락하여 이방에 복음을 전하게 하려고 예수 그리스도가 나타났다고 고백하였다(갈 1:15-16; 롬 1:1). 바울의 이러한 고백은 자신이 받은 복음전파 소명이 인간적인 결단에 의한 것이 아님을 분명히 한 것이다. 특별히 갈라디아서 1:15-16에는 바울이 전한 복음이 사람에게 받은 것이라는 대적들의 공격에 대한 반론이 언급되었다(갈 1:12). 그리고 로마서 1:1은 바울이 복음전도자의 소명을 받은 것은 하나님의 절대적인 주권에 의해서 선택됐음을 말하고 있다. 이러한 내용들을 통해 바울은 자신의 소명이 하나님으로부터 왔음을 분명히 했다.

그렇다면 바울은 다메섹 도상에서 예수를 만난 후 바로 이방인의 사도로 소명을 받았는지를 살펴보자. 어떤 학자들은 바울이 다메섹에서 소명을 받은 후 서신을 기록하는 과정에서 자신의 이방인 선교 소명을 주장하기 시작했다고 보기도 한다. 즉 구약성경의 선지자들이 서서히 자신의 소명을 확신해 간 것처럼 바울도 동일한 방법을 따랐다는 것이다. 바울은 다메섹 도상에서 이방인 선교 소명을 받은 것이 아니라 예루살렘 성전에서 환상 가운데 이방인 선교 소명을 받았다(행 22:17-21). 이러한 주장을 하는 대표적인 학자는 개히터(Gaechter)이다. 반면에 바울이 다메섹 도상에 예수를 만난 즉시 이방인 선교의 소명을 받았다고 주장하는 학자도 있다. 특별히 예레미야스(Jeremias)는 바울의 이방인 선교 소명을 다메섹 체험의 결과로 본다. 하지만 다메섹 체험 자체가 바울을 이방인 선교 소명자로 만들지는 않았다는 견해가 타당해 보인다. 바울에게 다메섹 체험은 충격적인 사건인 것은 사실이지만, 그의 이방인 선교 소명은 안디옥 교회의 성장 결과이기 때문이다(갈 2:1-10). 그리고 무엇보다 바울의 이방인 선교 소명이 점진적이라는 것은 사도행전에 기록된 누가의 언급을 통해서 분명해진다.[35] 따라서 바울의 이방인 선교 소명은 점진적으로 발전해 온 것으로 보아야 할 것이다.

둘째, 바울의 소명이 아나니아의 예언을 통해 묘사되었다. 예루살렘 지역에 거주하던 그리스도인은 박해를 피해 다메섹 지역으로 이주해 왔다. 사울이란 청년이 다메섹 지역으로 피신한 그리스도인을 체포하러 온다는 이야기가 다메섹 주변 지역에 퍼졌다. 아나니아도 사울이 그리스도인을 박해하려고 온다는 소식을 들었을 것이다. 그리고 다메섹 지역에 있는 많은 그리스도인은 두려움에 떨었을 것이다. 이러한 사실을 들어 알고 있던 사람들은 바울이 다메섹 도상에서 회심했다는 소식을 진실로 받아들일 수 없었을 것이다. 그들은 바울이 회심했다는 이야기를, 그가 그리스도인을 박해하려고 꾸며낸 이야기로 여겼을 것이다. 하지만 하나님은 아나니아에게 말씀하기를 바울은 "이방인과 임금들과 이스라엘 자손을 위한 택한 나의 그릇이라"고 했다(행 9:15-16). 바울이 복음전도자로 하나님의 소명을 받았음을 제 삼자인 아나니아를 통해 확증한 것이다. 즉 예수 그리스도의 제자인 아나니아에게 임한 환상은 하나님이 바울을 복음전도자로 불렀다는 소명의 확신을 확언해 주었다.

셋째, 바울은 예루살렘 성전에서 기도할 때 하나님으로부터 "나더러 또 이르시되 떠나가라 내가 너를 멀리 이방인에게로 보내리라"라는 하나님의 소명을 받았다(행 22:17-21). 그 후 바울은 자신의 소명을 확신하면서 자기 스스로를 이방인의 사도라고 불렀다(갈 2:8). 그러나 바울의 회심을 소명으로 볼 수도 있지만, 이 견해를 반대하는 주장도 있다.[36] 바울이 다메섹에서 예수를 만났지만 변한 것이 아무것도 없다는 것이다. 바울은 다메섹 체험 후 다른 신을 믿겠다고 결심한 것이 아니라 유대교 때 믿던 동일한 하나님을 믿었기 때문이다. 그렇다고 바울이 유대교를 버리고 기독교인이 된 것도 아니다. 왜냐하면 바울의 다메섹에서 그리스도를 만난 체험을 한 시점에는 아직 기독교의 신앙 구조가 완전하게 형성되지 못했기 때문이다. 따라서 바울은 자신의 신앙 임무만 바꾸었음으로 회심한 것이 아니라 새로운 소명을 받았다고 보는 시각도 있다.[37] 바울의 소명을 한마디로 말한다면 다음과 같다. 그는 예수 그리스도를 전하기 위해 율법을 떠났을 뿐 아니라 자신의 과거를 모두 버렸다. 그러므로 바울의 다메섹 체험은 하나님을 향한 그의 신앙의 새로운 변화로 보아야 할 것이다. 이러한 신앙 자세의 변화는 복음전파에 헌신한 그의 삶을 통해 소명으로 확증되었다.

3.4 바울의 사도 권한과 복음 선포

역사적 예수의 지상 사역을 직접 목격하고 그의 사역에 동행한 제자를 사도라고 칭한다. 따라서 사도로 칭함을 받을 수 있는 자는 12제자로 국한된다고 보아야 할 것이다. 물론 바울과 바나바도 사도로 칭함을 받았고 고린도후서에는 예루살렘에서 내려온 사도들에 대한 언급이 있다. 그러나 예루살렘에서 고린도교회에 내려온 자들은 12제자를 의미하는 '대 사도'(大 使道)는 아니다. 바울은 역사적 예수의 지상 사역에 직접적으로 동행하지는 않았지만, 자신을 "나는 사도 중에 지극히 작은 자"라고 말했다(고전 15:9). 바울이 자신을 사도로 칭한 이유는 그가 그리스도의 부활을 증거하는 증인의 삶을 살았기 때문이다(롬 1:1; 11:13; 갈 1:1; 2:8; 고전 9:1-2; 딤후 1:11).

바울이 주장한 자신의 사도 직분은 인간적으로는 누구도 가질 수 없는 성령의 은혜로 된 것이기 때문에, 그의 사도직은 인간의 권위로 된 것이 아니라 교회에 주어진 그리스도의 영에 의한 것임을 분명히 했다(고전 6:17; 롬 8:9; 고후 3:17; 행 1:8). 바울이 성령을 통하지 않고는 사도의 직임을 받을 수 없다고 한 것은 자신이 영적 권위를 세상적인 가치 기준에서 얻은 것이 아님을 분명히 한 것이다. 바울이 자신의 사도직을 강조한 이유는 그가 전한 복음을 반대하고 방해하는 대적을 경계하기 위해서이다. 바울의 대적들은 그의 사도 권위를 부인함으로 그가 전하는 복음의 권위를 상쇄시키는 효과를 얻기도 했다. 이러한 이유로 인하여 바울은 자신의 사도직을 하나님으로부터 직접 받았음을 주장한 것이다.

그렇다면 바울이 사도직 강조를 통하여 얻은 복음전파의 유익을 살펴보자. 바울이 선포한 복음의 대상은 두 부류이다. 첫째는 자기 동족을 향한 선포이다. 둘째는 이방인을 향한 선포이다.[38] 이방인을 향한 복음 선포는 이교도 신앙을 숭배하고 있는 자들을 경고하려는 목적이 함의된 것으로 보아도 무방할 것이다. 즉 바울이 자신의 사도 권한을 강조함으로 이방인에게 복음을 전파하여 교회의 확장과 성장을 원한 것이다.

바울의 자기 동족을 향한 복음 선포는 다음과 같은 형태로 이루어졌다. 첫째, 그는 예언의 시대는 지났고 성취의 시대가 왔음을 선포했다. 유대인들은 구약 선지자가 예언한 메시아의 도래를 기다리고 있었다. 바울은 구약성경에 예언된 메시아의 도래가 예수의 탄생으로 성취됐음을 주장했다. 그러므로 이제 유대인들은 구약성경을 선민의 관점이 아닌 구속사 관점에서 보아야 한다는 것이다. 여전히 구약 율법에 매여 있는 유대인들에게, 이제는 구약의 선지자들이 예언한 인류를 구속할 메시아는 예수라는 명확한 신앙을 심어주기 원한 것이다.

둘째, 유대인은 율법을 지킴으로 의로워진다고 믿었다. 하지만 바울은 율법의 행위로는 의를 얻을 수가 없다고 주장한다. 사람이 의로워지는 유일한 방법은 예수 그리스도의 죽음과 부활을 믿음으로만 가능하다. 이것은 율법을 행함으로 구원을 얻을 수 있다고 믿었던 율법의 시대가 지나고 오직 은혜로만 구원을 얻을 수 있는 새로운 시대가 열렸음을 의미한다. 그러므로 유대인은 율법을 순종함으로 의로워진다는 생각을 버리고, 예수 그리스도를 믿음으로 의로워진다는 확신을 가져야 했다.

셋째, 율법이 규정한 의식(ritual)을 행한다고 해도 하나님께 나아갈 수 없다는 것이다. 바리새인은 안식일, 할례, 음식법과 정결 의식을 강조하고 실제 생활에 적용하며 살았다. 하지만 바울은 이제 율법 의식은 폐기되었고, 예수 그리스도를 믿음으로 의로워진다고 가르쳤다. 물론 바울이 율법을 완전히 부정적인 것으로 보았다는 의미는 아니다. 바울에게 있어서 율법은 여전히 죄를 깨닫게 하는 중요한 역할을 한다. 그리고 성령을 따라 사는 그리스도인에게 율법은 일정 부분 윤리적 판단의 기준 역할도 한다.

넷째, 바울은 예수 그리스도가 재림한다는 것은 종말을 의미한다고 선포하였다. 바울이 선포한 종말은 현재적이며 미래적이다. 예수 그리스도를 믿는 자는 이미 하나님의 백성으로 현재를 살아간다. 미래적 종말은 육신의 생명을 다하면 가게 될 내세적인 개념으로 나타난다. 예수 그리스도가 재림하면 죽은 자들이 부활하고 천지는 새 하늘과 새 땅으로 변화될 것을 선포하였다. 바울의 이러한 동족에 대한 선포는 종말론 관점에서 복음을 증거한 것이다.

지금까지 바울이 유대인에게 선포한 복음의 핵심 내용을 살펴보았다. 그렇다면 이제 바울이 이방인과 이교도 신앙을 숭배하는 자들에게 선포한 내용을 살펴보자. 첫째, 바울은 이방인의 우상숭배와 피조물의 신격화하는 모습을 보면서 참된 신은 하나님임을 구약성경에 근거하여 선포했다. 바울 당시 지중해 연안에는 다신론이 주류를 이루고 있었다. 모든 사람들은 여러 신을 동시에 섬기고 있었다. 심지어는 피조물을 신격화하는 경향도 있었다. 바울은 로마서에서 자연을 신으로 섬기는 자들에 대해 분노하며 하나님만이 참 신이라고 선언하였다(롬 1:23).

둘째, 바울은 이방의 온갖 신화를 믿는 자들에게 하나님의 구속사인 창조, 타락, 구속이라는 성경적 가르침을 전했다. 1세기 헬라 세계에는 많은 신화들이 있었다(참조, 딤후 4:3-4). 이러한 신화는 예수 그리스도를 전파하는데 방해로 작용했음이 분명하다. 바울은 그리스도의 십자가 복음이 세상의 허탄한 신화에 가려지는 일이 없도록 이방인을 권면하였다.

셋째, 바울은 이방인이나 이방신을 섬기는 사람에게 오직 주는 한분 예수 그리스도라고 선언한다. 이방인은 각자 자기들의 신을 주로 섬기고 있었다. 특히나 헬라인은 신을 섬기는 일에 대하여 아주 특별한 마음을 가지고 있었다. 이교도 신상(新像)에 대한 바울의 태도가 가장 잘 표현된 것은 2차 선교여행 중에 방문한 아덴에서 경험한 우상숭배 현상에 잘 나타나 있다. 누가는 바울이 "그 성에 우상이 가득한 것을 보고 마음에 격분하였다"고 묘사했다(행 17:16). 바울은 우상 숭배를 철저하게 배격하였다. 바울의 이러한 주장의 근거는 하나님은 생명력이 없는 우상과는 비교할 수 없는 살아계시고 유일한 분이기 때문이다(롬 1:20). 특별히 고린도교회 성도들을 향하여 너희는 우상 숭배하는 일을 피하라고 권면하였다(고전 10:14).

넷째, 바울은 헬라철학과 문학을 세상 초등학문이라고 선언했다. 이것은 철학과 논리적 사고에 바탕을 둔 헬라의 세속 문화를 배격한 것이다. 물론 바울이 헬라 학문 자체를 배격한 것이 아니라, 이러한 학문이 예수 그리스도를 대신할 수 없으며 구원의 조건이 될 수 없음을 선언한 것이다.

바울의 가르침은 유대인과 이방인 모두가 그리스도 안에서 새로운 피조물이 되는 것이다. 이것은 바울의 복음 선포가 목회적 선포임을 드러낸 것이다. 바울은 인류를 구원하려는 예수 그리스도의 유업을 지속해야 하기 때문이다.

3.5 결론

바울의 회심과 신학적 의의는 다메섹 도상에서 체험한 신앙에 기초를 두고 있다. 바울의 다메섹 체험은 개인적으로는 신앙의 새로운 출발이지만, 기독교 역사에도 중요한 위치를 차지한다. 바울의 다메섹 체험이 그의 신학을 형성하는데 지대한 영향을 미쳤기 때문이다. 다메섹 체험 전의 바울은 유대교 관점에서 예수와 그의 추종자를 바라보았다. 그러나 바울은 다메섹에서 예수를 만난 후 예수 그리스도로 믿었고, 기독교 교리를 정립하는 계기가 되었다. 물론 바울이 다메섹 체험 후 기독교의 모든 교리를 완벽하게 확립한 것은 아니다. 단지 기독교의 근간이 되는 교리들에 대한 기본적인 기준점을 명확히 정리했다는 것이다. 더욱이 다메섹 체험은 그의 사도 직분에 대한 변론과 복음전파에 대한 분명한 시각을 가지게 했다.

주(註)

1) J. Jeremias, "The Key to Pauline Theology," *ExpTim* 76 (1964/65), 28.

2) F. F. Bruce, *Paul: Apostle of the Heart Set Free* (Grand Rapids: Eerdmans, 1996), 75.

3) B. B. Thurston, "Paul on the Damascus Road: The Study of the New Testament and the Study of Christian Spirituality," *Lexington Theological Quality* 38/4 (2003), 227-40.

4) B. Rigaux, *Letters of Paul Modern Studies* (Chicago: Franciscan Herald, 1968), 42-45.

5) F. F. Bruce, *Paul: Apostle of the Heart Set Free* (Grand Rapids: Eerdmans, 1996), 75.

6) 물론 초대 예루살렘 교회가 세운 7명의 일꾼은 집사로 안수 받은 것이 아니라 안수 집사의 근원으로 보아야 한다.

7) 예루살렘 유대인 기독교인들은 율법적인 요소들을 상당히 준수하고 있었다. 부정한 음식을 삼갔고 이방인들과의 교제도 삼가했다(행 10:4, 27-28; 갈 2:1-2). 이들은 기독교로 개종했지만 여전히 유대교적 기독교 형태에 머물러 있었다.

8) W. J. Conybeare and J. S. Howson, *The Life and Epistles of St. Paul* (Grand Rapids: Eerdmans, 1971), 57.

9) 이 부분에 대해서 학자들의 견해는 일치하지 않는다. G. Bornkamm은 그의 책 *Paul* (Minneapolis: Fortress, 1995), 15페이지에서 바울은 스데반을 죽이는 순교 현장에 없었다는 견해를 주장했다. 즉 사도행전의 저자 누가가 스데반의 순교 현장에 바울이 참석한 것처럼 이야기를 구성했다는 것이다. 그러나 F. F. Bruce는 F. Bruce, *Paul: Apostle of the Heart Set Free* (Grand Rapids: Eerdmans, 1996) 그의 책 68페이지에서 바울이 스데반 순교의 현장에 있었다는 것은 당시 예루살렘이 로마 제국의 지배를 받고 있었지만 성전과 성전 제도를 모욕하는 부분에 대한 재판권을 유대인들이 가지고 있었다고 보았다.

10) Bornkamm, 앞의 책(1995), 15.

11) M. Hengel, 「바울: 그리스도 이전의 바울」, 강한표 역 (서울: 한돌, 1999), 181.

12) Ibid., 187.

13) 이 학설에 대한 반론도 강하게 일어나고 있다. 다메섹은 이방인 지역임으로 산헤드린의 영향권이 전혀 아니라는 것이다. F. A. Schilling, "Why did Paul go to Damascus?" *Anglican Theological Review* 16/3 (1934), 199.

14) Hengel, 「바울: 그리스도 이전의 바울」, 강한표 역 (서울: 한돌, 1999), 187.

15) 회심 사건은 누가의 사도행전 외에도 바울 자신에 의해서 기록되었다. 갈라디아서 1:15-16, 고린도전서 9:1; 15:8-10, 빌립보서 3:4-11, 디모데전서 1:12-16절이다.

16) J. Jervell, *Luke and the people of God: A New look at Luke-Acts* (Minneapolis: Augsburg, 1972), 162-63.

17) 다음 책을 참조하라. G. Lohfink, *The Conversion of Paul* (Chicago: Franciscan Herald, 1975).

18) 다음 책을 참조하라. J. Munk, *Paul and Salvation of Mankind* (Richmond: J. Knox, 1959).

19) J. C. Beker, 「사도바울」, 장상 역 (서울: 한국 신학연구소, 1996), 17.

20) M. Green, 「초대교회 복음전도」, 박영호 역 (서울: 대한기독교서회, 1988), 269.

21) Ibid.

22) Ibid.

23) J. C. Beker, 「사도바울」, 장상 역 (서울: 한국 신학연구소, 1996), 18.

24) 예레미야는 다음과 같은 바울의 신학 주제들이 바울의 다메섹 체험에 뿌리를 두고 있다고 주장한다. 1) 그리스도와의 개인적 교제, 2) 십자가에 대한 이해, 3) 하나님의 은혜, 4) 하나님의 선택의 주권, 5) 죄의 문제, 6) 유법에 대한 새 개념, 7) 그리스도의 부활과 신자의 부활, 8) 주님과 교회의 동일시. J. Jeremias, "The Key to Pauline Theology," *ExpTim* 76 (1964/65), 27-30.

25) G. E. Ladd, *A Theology of the New Testament* (Grand Rapids: Eerdmans, 1987), 369; J. C. Hanges, "Do we Really need to talk the Damascus Road?: Ancient Epiphanies and Imagining Paul's Conversion Experience," *Proceedings* 23 (2003), 65.

26) R. L. Reymend, 「바울의 생애와 신학」, 원광연 역 (고양: 크리스챤다이제스트, 2003), 96.

27) J. G. Machen, *The Origin of Paul's Religion* (Grand Rapids: Eerdmans, 1921[1965]), 60.

28) R. L. Reymond, 「바울의 생애와 신학」, 원광연 역 (고양: 크리스챤다이제스트, 2003), 95.

29) E. P. Sanders, *Paul and Palestinian Judaism* (Minneapolis: Fortress Press, 1977).

30) E. Schweitzer, "Die Kirche als Leib Christi in den Paulinischen Homologoumena." *TLZ* 86 (1961), 168-69.

31) G. E. Ladd, *A Theology of the New Testament* (Grand Rapids: Eerdmans, 1987), 369.

32) Plevnik, J, 「최근 바울신학 동향」, 배용덕 역 (서울: 기독교문서선교회, 2000), 34.

33) 전경연, 「신약 성서 신학 서설」 (서울: 사상계사, 1955), 132.

34) R. L. Reymond, 「바울의 생애와 신학」, 원광연 역 (고양: 크리스챤다이제스트, 2003), 117.

35) B. Rigaux, *Letters of Paul Modern Studies* (Chicago: Franciscan Herald, 1968), 61-62.

36) 서중석, 「바울서신 해석」 (서울: 대한기독교서회, 1998), 198-99. 이 책을 참고하라. 바울의 회심과 소명에 대한 논쟁을 간략하게 설명하고 있다.

37) K. Stendahl, *Paul among Jews and Gentiles and Other Essays* (Philadelphia: Fortress, 1976[1977]), 7-23.

38) 바울의 유대인과 이방인에 대한 선포 내용은 R. L. Reymond의 이론을 재구성했음을 밝혀둔다. 「바울의 생애와 신학」 (고양: 크리스챤다이제스트, 2003), 114-15.

제4장 바울의 선교여행

　바울의 생애를 연구하는 학자들은 바울의 선교여행을 그의 생애 일부라는 사실을 망각하는 경우들이 종종 있는 것 같다. 그러나 바울의 선교여행 과정은 그가 어떤 사람이었는가를 보여주는 중요한 면들이 많이 나타나 있다. 우리는 바울의 선교여행을 통해 복음에 대한 그의 열정을 확인할 수 있다. 그리고 유대인 바울이 이방인에게 복음을 전하는 모습을 통해 그의 문화 배경과 사상(思想)을 이해할 수 있다. 따라서 바울의 선교여행을 복음전파라는 차원에서만 접근한다면, 누가가 기록한 바울의 선교사역을 제대로 이해하지 못하는 아쉬움을 남기게 된다. 본서는 바울의 선교여행을 두 가지 관점에서 살펴보고자 한다. 첫째, 바울의 선교사역을 사건중심으로 이해하려고 한다. 따라서 본서에서는 바울의 선교사역에서 일어난 사건의 의미를 집중적으로 조명할 것이다.
　둘째, 바울의 선교여행을 그의 지리적 이동 경로를 통하여 살펴보고자 한다. 학자들은 일반적으로 바울의 선교여행을 세 번으로 규정하려고 한다. 바울이 복음을 전하기 위해 선교사역을 떠난 것은 세 번뿐이기 때문이다. 그러나 그의 삶 자체가 복음전파를 위한 전도 사역이었기 때문에, 그의 로마 압송 과정을 4차 선교여행으로 규정하였다. 그리고 로마에서 2년의 수감생활을 마치고 소아시아 지역과 마게도냐 지역을 순회 목회한 것을 5차 선교여행으로 규정하였다. 물론 1차 로마 수감 후 바울의 순회 선교사역에 대한 연구는 명확한 학문적 결론을 내리지 못한 상태에 있다. 이러한 관점에서 바울의 선교사역을 조명하려는 목적은 그의 선교사역이 그의 생애를 이해하는데 중요한 역할을 하기 때문이다. 그러므로 본 단락에서는 바울이 행한 다섯 번의 선교여행을 그의 지리적 이동과 활동 내용을 중심으로 살펴보고자 한다. 그리고 바울이 회심 직후 행적에 대해서도 살펴볼 것이다. 바울의 아라비아 생활과 고향에서 보낸 무명의 전도자 생활도 조명하고자 한다. 그리고 본장 마지막 부분에서는 바울의 예루살렘 방문을 조명하고자 한다. 그러나 바울의 선교여행을 재구성하기 위해서는 누가의 사도행전을 의존할 수밖에 없음을 인정해야 할 것이다. 따라서 바울에 관한 동일한 사건이 사도행전과 바울서신 모두에 기록되어 있다면 당연히 바울서신에 언급된 내용을 우선 자료로 사용할 것이다.

4.1 다메섹과 아라비아 전도(행 9:20-22; 갈 1:17; 고후 11:32-33)

바울은 다메섹으로 도망친 그리스도인을 체포하기 위해 다메섹으로 가다가 극적으로 예수를 만나고 새로운 삶을 시작한다. 다메섹에서 예수 그리스도를 만난 바울은 제자들과 며칠을 보낸 후 바로 전도 사역을 시작한다. 바울의 전도 사역을 위해서 방문한 곳은 회당이었다. 그의 첫 전도 대상자는 유대인이었다. 바울이 전한 복음의 핵심은 "예수가 하나님의 아들"이라는 것이다(행 9:20). 바울의 복음전파는 다메섹 지역에 사는 유대인을 당혹하게 만들었다.

바울이 예수 그리스도를 만난 후 그의 복음전도 사역을 목도한 다메섹 지역 유대인이 그를 죽이려 하자, 그는 아라비아로 내려갔다(갈 1:17).[1] 바울이 내려간 아라비아는 나바테안 왕국으로 보인다.[2] 그곳은 다메섹에서 가기에 가까운 거리였다. 당시 아레타스 4세가 나바테아 왕국을 다스리고 있었다.

바울은 이곳에서 자신의 미래에 대한 계획을 세우며 시간을 보낸 것 같다. 그러나 단순히 미래에 대한 계획을 세운 것이 아니라 그는 복음전도를 병행했다. 레이먼드는 바울의 아라비아 생활을 다음과 같은 견해로 피력하였다. 아라비아로 온 바울은 다메섹 도상에서 경험한 예수 그리스도와의 만남을 기초로 하여 그의 신앙 사고를 그리스도 중심으로 재구성하였다. 그리고 아리비아에서 복음을 전했다는 것이다.[3] 이 복음전도 사역이 나바테아 왕국을 혼란스럽게 했을 것이다. 나바테아 왕국에서 바울의 전도 사역은 회당을 중심으로 이루어졌을 것이다.[4] 바울은 유대 회당으로부터 반대를 받아 결국 광주리를 타고 들창문으로 빠져나와 성벽 아래로 힘겹게 내려와 도망을 쳐야 했다(고후 11:32-33). 여기서 한 가지 문제점이 발견된다. 만약 바울의 아라비아 전도 사역을 역사적 사실로 받아들인다면, 과연 그가 언제 '칭의'에 대한 기독교 교리를 확립했느냐 하는 것이다. 전도 활동에 열심인 바울이 기독교 교리를 정립할 시간이 부족했을 것이라는 것이다.

바울의 기독교 교리 정립은 그의 회심 또는 소명 사건으로부터 비롯된 것으로 보인다. 즉 바울의 다메섹 체험은 단순히 기독교의 핵심 교리인 '이신 칭의'의 확신을 더해준 계기가 되었을 것이다. 그리고 이미 바울은 예수 그리스도를 믿음으로 구원을 얻는다는 신앙 사상에 대한 사전 지식을 확립하고 있었을 것이다. 이것은 그가 예루살렘에서 생활하면서 초기 기독교 공동체의 가르침을 간접적으로 접했을 가능성이 있기 때문이다.

바울의 아라비아 방문을 요약 정리해보면, 이 기간 동안 그는 기독교 기본 사상을 정립하는데 많은 시간을 보낸 것 같다. 또한 그는 유대인에게 복음을 전할지 아니면 이방인에게 복음을 전할지 아직 결정하지 않은 상황이었다. 그러므로 바울은 제일 먼저 유대인 회당에서 예수를 그리스도로 선포했다. 바울은 다메섹과 아라비아 사역 기간 동안 복음에 대한 열정을 가지기 시작했지만, 아직 전도의 대상과 방법차원에서는 성숙된 모습을 보이지 못한 것 같다.

4.2 바울의 수리아와 길리기아 전도(행 9:30; 갈 1:18-24)

사도행전 9:26-30은 바울이 회심 후 첫 예루살렘 방문을 묘사하고 있다. 아마도 바울의 첫 예루살렘 방문은 아라비아에서 돌아온 후 일 것이다(갈 1:18).[5] 그러나 예루살렘 교회는 바울의 회심을 의심하였다. 바나바의 도움으로 예루살렘에서 사도들을 만난 바울은 자신의 다메섹 체험과 다메섹 지역 전도 사역을 설명할 기회를 얻었다. 바나바의 도움으로 바울은 예루살렘 기독교 공동체의 일원으로 인정을 받은 것 같다. 바울은 제자들과 예루살렘을 돌아다니며 복음을 전했는데 헬라세계 출신 유대인과 변론이 있었다. 바울이 헬라출신 유대 기독교인들과 변론 한 이유는 바울이 그들에게 복음을 전파했기 때문이라기보다는, 그가 과거에 행한 박해 때문이었을 것이다. 바울은 다메섹 체험 후 유대교 교리를 벗어나 예수를 그리스도로 믿었는데, 바울이 팔레스타인 유대인 기독교인보다 율법을 준수하고 지키기를 등한시하는 헬라세계 유대 기독교인과 갈등을 했다는 것은 논리적으로 정당성을 얻을 수 없기 때문이다. 즉 바울은 팔레스타인 유대 기독교인보다 헬라 출신 유대 기독교인과 사상적으로 더욱 가까운 관계를 형성하고 있었다. 그렇다면 이미 앞 장에서 살펴본 것처럼 바울과 헬라세계 출신 유대 기독교인의 갈등은 예수 그리스도를 믿기 전 그의 박해가 헬라세계 출신 유대 기독교인들에게 집중되었음을 의미한다. 바울과 헬라세계 출신 유대인의 갈등이 생명의 위협을 느낄 정도로 강해지자 예루살렘 그리스도인 형제들은 그를 길리기아 다소로 돌려보냈다. 이 사건은 바울이 고향 길리기아 다소로 돌아가

전도 사역을 시작하게 된 계기가 되었다.

바울이 길리기아 지방에서 얼마 동안 전도 사역을 했는지를 확인시켜 줄 자료는 없다. 학자들은 바울이 아마도 10년 정도 그곳에 머물면서 복음을 전한 것으로 추측한다.[6] 바울이 길리기아 다소에서 복음을 전했다는 증거는 다음에 근거한다. 예루살렘에서 게바를 만난 후 그는 수리아와 길리기아 지역에서 복음을 전했다(갈 1:18-24). 바울은 "전에 자신들을 박해하던 자가 그 믿음을 지금 전한다는 말을 듣고 나(바울)로 인하여 하나님께 영광을 돌렸다"고 기록했다(갈 1:23-24).

그러나 불행하게도 우리들은 바울이 수리아와 길리기아에서 구체적으로 어떤 사역을 했으며, 어떤 사건들이 있었는지 정확히 알지 못한다. 단지 추측하기는 이 무명의 전도 사역자 시절에 바울은 엄청난 영적 훈련을 받았을 것이며, 장차 유명한 선교사가 되기 위한 발판을 마련했을 것으로 보인다.

4.3 제1차 선교여행

제1차 선교여행은 바울과 그의 일행이 시리아 안디옥 교회를 출발함으로 시작된다. 1차 선교여행 기간은 AD 47-48년 사이로 추정된다. 바울의 1차 선교여행 여정은 사도행전 13:1-14:28에 기록되어 있다. 바울의 1차 선교여행 행선지와 그곳에서 일어난 사건을 중심으로 재구성해 보면 다음과 같다.

먼저 바울이 1차 선교여행을 시작하기 전에 시리아 안디옥 교회에서 사역하게 된 계기를 확인해야 할 것이다. 스데반의 순교는 예루살렘에 거주하던 헬라 출신 유대 기독교인을 이방인 지역인 베니게, 구브로, 안디옥으로 이주시키는 결과로 나타났다. 이들은 주로 팔레스타인 북쪽 시리아 지역으로 이주를 시작했다. 특별히 우리가 주목해야 할 지역은 시리아 안디옥이다. 원래 안디옥은 셀루키드(Seleucid) 왕국의 수도였다. 안디옥은 이미 많은 유대인이 이주해 정착한 헬라 도시였다. 당시 안디옥은 로마의 통치 아래 부흥 발전하여 로마의 동방 정책을 추진하는 군사 상업적 중심 도시였다. 안디옥 인구는 약 30만 명이었다는 주장이 있다. 스데반의 박해 때 피해온 사람들은 그곳에 사는 유대인들에게 복음을 전하기 시작했으며, 어떤 사람들은 이방인에게 복음을 전하기도 했다(행 11:19-21). 이것은 시리아 안디옥에서 이미 이방인에게 직접 복음을 전하는 사역이 시작되었음을 의미한다. 이들의 전도 사역은 엄청난 결실을 거둔 것 같다. 예루살렘 교회는 시리아 안디옥 지역이 복음화 되고 있다는 소식을 듣고 바나바를 그곳으로 파송하여 복음전파 상황을 조사하게 한다(행 11:22). 바나바가 안디옥에 이르러 사역을 시작함으로 교회는 더욱 부흥 성장하게 되었다. 바나바는 안디옥 사역이 더욱 확대되자 다소에서 사역하고 있던 바울을 불러 함께 사역할 것을 제안하였다(행 11:25-26). 바울은 바나바와 더불어 1년 동안 안디옥에서 큰 무리를 가르쳤고, 제자들은 그곳에서 처음으로 그리스도인이라고 불리게 되었다. 안디옥 교회는 성장을 거듭하면서 선교사역에 열심을 품기 시작하였다.

1차 선교사역의 출발지는 시리아 안디옥 교회다. 안디옥 교회에는 선지자와 교사들이 있었는데 특별히 바나바와 바울이 성령의 인도하심을 따라 선교사역을 떠나게 되었다(행 13:2-3).

바나바와 바울은 안디옥 교회를 출발하여 항구 도시인 **실루기아**에 도착하였다(행 13:4). 이곳에서 배를 탄 일행은 바나바의 고향인 **구브로**에 도착하는데, 사도행전 4:36은 이곳이 바나바의 고향임을 밝히고 있다.[7] 누가는 여기서 마가 요한이 그들을 수행하기 위해 동행하고 있음을 밝힌다. 실루기아에서 구브로까지는 대략 150마일 정도 되는 것으로 추정된다. 바울과 바나바 일행은 구브르의 항구 도시이며 수도인 **살라미**에 도착했는데, 그곳의 인구는 약 10만 명이었다(행 13:5).[8] 이곳에서 바울과 바나바는 유대인의 여러 회당에서 하나님 말씀을 전했다.

바울 일행은 살라미에서 복음을 전하고 육로를 통해 **바보**에 도착했다. 이곳에서 유대인 마술사요 거짓 선지자인 엘루마를 만났다(행 13:6). 엘루마는 총독 서기오 바울과 함께 있었다. 총독 서기오 바울은 지혜로운 사람이라 하나님의 말씀을 듣기위해 바울과 바나바 일행과 같이 있기를 원했다. 그러나 마술사 엘루마는 바울과 바나바를 대적하여 총독 서기오 바울이 하나님 말씀을 듣지 못하도록 방해했다. 이에 성령이 충만한 바울은 마술사 엘루마를 소경으로 만들었다(행 13:11).

바울과 바나바 일행은 살라미 지역에서 유대인 회당을 중심으로 복음을 전했다. 복음전파의 대상은 대부분 유대인이었을 것이다. 그러나 바보에서는 유대인이 아닌 이방인에게 복음이 증거되었다. 그것도 평범한 이방인이 아닌 그 지역의 행정을 책임진 로마제국의 총독이었다. 이 부분은

바울의 복음전도 대상이 유대인뿐 아니라 이방인임을 강하게 시사하려는 의도로 보인다.[9]

바울의 선교사역은 주로 회당을 중심으로 전개되었다. 그러나 바울의 선교사역은 순탄하지만은 못했다. 로마제국 여러 곳에 흩어진 유대인의 종교 교육기관인 회당 구성원은 바울이 전하는 복음을 긍정적으로 보지 않았기 때문이다. 결국 대부분의 디아스포라 유대인은 바울의 복음전파 사역에 강력한 대적이 되었다.[10]

이미 앞에서 살펴본 것처럼 누가는 사도행전 13:1-12에서는 사도 바울을 사울이란 이름으로 지칭했다. 그러나 누가는 13:13부터 사울이란 이름 대신에 바울이라는 이름을 사용한다. 예외적인 부분도 있지만 이때부터 누가는 바울과 바나바의 이름을 나열해야 할 때 바울의 이름을 바나바보다 앞세운다(참조, 행 15:12). 누가가 헬라 이름인 바울을 사용하기 시작한 것은 합당한 이유가 있었던 것으로 보인다. 헬라 이름인 바울을 사용함으로 이방인들에게 직접 복음을 전할 수 있는 계기가 될 수 있었기 때문일 것이다.[11]

바울 일행은 바보에서 배를 타고 **밤빌리아**에 있는 **버가**에 도착했다(13:13). 이곳에서 마가 요한은 예루살렘으로 돌아갔다. 아마도 버가에 도착하면서 선교사역에 동참한 사람들 사이에 갈등이 있었던 것 같다. 누가는 갈등의 문제가 무엇인지 언급하지 않았다. 그러나 이들의 갈등은 선교 정책의 문제인 것 같다. 안디옥을 출발한 바울과 바나바 일행의 선교가 유대 회당을 중심으로 이루진 것으로 보아 그들의 선교 대상은 유대인이었을 가능성이 높다. 하지만 바울 일행은 구브로를 지나면서 이방인 총독에게 복음을 전하여 좋은 결실을 얻기도 했다. 즉 바울은 이방인에게 직접 복음을 전하려고 한 것 같다. 그러나 이방인 전도 사역에 대한 준비가 안 된 마가는 예루살렘 교회로 돌아가고 말았다.[12]

아마도 예루살렘 교회도 선교의 대상을 유대인으로 설정한 것 같다. 예루살렘 교회가 이방인에게 복음을 전하는 것을 긍정적으로 생각했다고 할지라도 이러한 사역이 디아스포라 유대인들의 거점인 회당과 연계 없이 진행되는 것에 대해서는 부정적이었을 것이다. 하지만 바울은 회당을 통해 이방인 선교를 자주했다. 그러나 바울은 모든 사역을 회당과 연계해야 한다는 입장은 아니었던 것 같다. 결론적으로 바울과 마가 요한은 이방인 선교에 대한 미묘한 정책 차이를 보인 것으로 보인다.

바울 일행은 버가를 지나 **비시디아 안디옥**에 도착했다(행 13:14). 바울은 안식일 날 회당에 들어가서 유대인에게 복음을 전했다(행 13:16-41). 바울의 설교를 들은 유대인들은 긍정적 반응을 보였다(행 13:42-43). 다음 주 안식일이 되자 온 시민이 하나님의 말씀을 듣기 위해 회당으로 왔다. 바울의 사역을 시기한 유대인은 회당 구성원과 관리들을 선동하여 바울과 바나바를 대적하게 했다. 비시디아 안디옥 사역에서 주목할 점은 바울의 설교를 들은 무리는 유대인뿐만 아니라 이방인도 상당히 포함되었다는 것이다.

이 시점에서 우리는 바울이 회당에서 복음을 전할 수 있었던 이유를 생각해 보아야 할 것이다. 당시 회당의 종교행사는 다음과 같이 진행되었다. 첫째는 주로 기도하는 시간을 가졌다. 둘째는 수사학 교육을 받은 자가 회중 앞에 나아와서 율법과 선지자의 글을 낭독했다.[13] 마지막으로 회당장이나 유대인 남자 중에 한 사람이 회중에게 권면 하는 순서가 있었다. 당시 회당에서 권면은 회당 예배에 참석한 유대인 남자면 누구나 할 수 있는 일이었다. 현대 유대교 회당에서는 주로 랍비가 권면을 한다. 바울은 방문한 지역의 회당 종교행사에 참석하여 권면의 순서를 기다렸다. 회당장이 권면할 사람을 천거하면 바울은 지체하지 않고 회중 앞에 나아가 복음을 전했다. 이때 회당 예배에 참석한 유대인과 이방인에게 복음을 전한 것이다.[14] 바울은 비시디아 안디옥 회당에서도 권면의 순서를 이용해 회중 앞에 나가 말씀을 전하였다(행 13:15-16). 바울과 바나바는 비시디아 안디옥을 떠나 **이고니온**으로 갔다(행 14:1-4). 바울 일행은 이고니온에서도 유대 회당에 들어가서 복음을 전했다. 유대인과 많은 이방인이 말씀을 듣고 믿었다. 그러나 유대인은 이방인을 선동하여 바울 일행을 대적하게 하였다. 결국 바울 일행은 이고니온을 떠나게 되었다.

바울 일행은 이고니온을 떠나 **루스드라성**으로 향했다. 이곳에는 유대 회당이 없었던 것 같다. 바울은 이방인에게 직접 복음을 전했고 발을 쓰지 못하는 한 사람을 고쳐주었다. 기적을 경험한 사람들은 바울과 바나바를 신으로 모시려 했다. 바울과 바나바는 무리들을 말려 자기들에게 제사하지 못하게 했다.

그때 안디옥과 이고니온에서 온 유대인이 무리를 충동하여 바울을 돌로 치게 했다. 그들은 바울이 죽은 줄 알고 그를 시외로 끌어냈다. 바울과 바나바는 다시 성으로 들어갔다가 다음날 **더베**로 향했다. 더베에서 사역을 마친 바울 일행은 루스드라, 이고니온, 비시디아 안디옥으로 되

돌아가면서 제자들을 격려하고 각 교회마다 장로를 택하고 그들을 하나님께 위탁했다.

바울과 바나바는 비시디아 지역을 지나 밤빌리아로 돌아와 버가에서 말씀을 전했다(행 13:24-25). 항구 도시 **앗달리아**에 도착한 그들은 수리아 안디옥으로 귀환하였다. 바울은 안디옥 교회에서 자신들이 경험한 선교사역을 보고하였다(행 14:27-28).

바울의 제1차 선교여행은 많은 결실이 있었다. 바울과 그의 일행은 유대 회당을 중심으로 사역 했지만, 바울은 이방인에게 직접 복음을 전하기도 했다. 바울의 이방인 전도 사역은 유대 그리스도인이 주축을 이루던 초대교회에, 이방인 그리스도인의 숫자가 점점 증가했음을 의미한다. 이방인 그리스도인의 증가는 유대 그리스도인에게는 기득권을 상실할지도 모른다는 위기의식을 생기게 했다. 누가는 바울의 1차 선교여행의 최대 결실은 하나님께서 이방인에게 복음의 문을 열어준 것이라고 보고하였다(행 14:27).[15]

4.4 제2차 선교여행

바울의 2차 선교여행 기간을 정확하게 재구성하는 일은 여전히 많은 학자들을 고민하게 만들고 있다. 일반적으로 바울의 2차 선교여행 기간은 AD 50년 봄부터 52년 봄까지로 본다. 그러나 이 견해는 확실한 증거 자료를 제시하지 못하기 때문에 AD 49년에서 52년까지 또는 50년에서

53년까지로 보려는 견해도 있다. 바울의 2차 선교여행을 정확하게 재구성하는 것이 어렵다고 할지라도,[16] 우리는 바울의 2차 선교여행에서 가장 중요한 중심지는 고린도라는 사실을 주목해야 할 것이다.

누가의 사도행전 기록에 의하면, 바울의 본격적인 2차 선교여행은 시리아 안디옥에서 시작된다(행 16:1). 그러나 바울 일행은 선교여행을 출발하기 전에 사역에 동참할 동역자 선정 문제로 갈등이 있었다(행 15:36). 따라서 이 구절부터 제2차 선교여행이 다루어진 것이다. 2차 선교여행은 안디옥 귀환으로 끝난다(행 18:22).

바울의 2차 선교여행의 출발은 선교 단 구성을 두고 갈등하는 이야기로부터 시작된다. 바울의 제안으로 시작된 2차 선교여행의 목적은 1차 선교여행 지역을 다시 돌아보고 교회가 어떻게 성장하고 있는가를 확인하는 것이었다. 바울의 제안을 받은 바나바는 즉각적으로 마가 요한을 선교여행에 동참시킬 것을 제안했다. 그러나 바울은 바나바의 의견을 받아들이지 않았다. 그들의 갈등은 접점을 찾지 못했고, 바나바는 마가 요한을 데리고 구브로 지역으로 떠났다. 바울은 실라를 데리고 수리아와 길리기아 지역으로 향했다. 바울의 선교 목적지는 분명했다. 수리아와 길리기아 지역 교회들을 돌아보고 아시아 지역에서 복음을 전하는 것이었다. 그러나 그의 사역은 그의 계획과 관계없이 소아시아 여러 지역과 유럽까지 복음을 전하는 결과를 가져왔다.

제2차 선교여행에 바울과 동행한 사역자는 다음과 같다. 첫째, 안디옥 교회를 출발할 때부터 바울은 실라를 데리고 갔다. 하지만 누가는 사도행전에서 실라에 대한 정보를 거의 제공하지 않고 있다. 2차 선교여행을 출발하기 전 누가가 제공한 실라에 대한 언급은 단 두 번뿐이다. 1) 실라는 바울의 예루살렘 여행에 동참했었다(행 15:22). 2) 실라는 권면의 은사를 가진 선지자(prophet)였다.

둘째, 바울의 2차 선교여행에 동참한 사람은 디모데이다. 디모데는 루스드라에서부터 바울과 동행 한다. 누가는 2차 선교여행 전까지 디모데에 대한 언급을 전혀 하지 않았다. 그러나 디모데가 루스드라 출신이란 것은 바울의 1차 선교여행의 열매로 생각된다. 바울의 2차 선교여행에 동참한 디모데는 디아스포라 유대인과 이방인 모두에게 복음을 전하는 데 중요한 역할을 했다. 디모데의 이중(유대, 헬라) 문화 배경이 바울의 2차 선교여행에 선한 영향으로 나타났다.[17]

마지막으로 바울의 2차 선교여행에 동참한 사람은 누가이다. 사도행전 기록에 의하면 누가는 드로아에서 빌립보까지 바울의 선교사역에 동참했다. 누가가 바울의 2차 선교여행에 동참했다는 것은 사도행전 16:10에서 바울 일행을 "우리가"라고 표현한 부분 때문이다. 여기서 "우리"는 문법적으로 1인칭 복수인데, 바울의 선교여행 동행자인 실라, 디모데, 누가를 지칭한 것이 분명하다.[18]

그럼 지금부터 바울의 2차 선교여행 방문지를 살펴보자. 안디옥을 출발한 그들은 수리아와 길리기아 지역으로 들어갔다(행 15:41). 그곳에서 그들은 하나님의 교회를 굳세게 했다. 바울은 회심 후 AD 36-45년 기간 동안 길리기아와 수리아 지역에서 무명의 전도사역을 감당했었다. 바울은 그때 이곳에 많은 교회를 세웠고, 바울은 2차 선교여행 기간 동안 이들 지역을 다시 방문하여 교회를 굳건히 세우는 사역을 했다.

바울 일행은 길리기아 다소의 산악 지대를 지나 **더베, 루스드라와 이고니온** 지역을 방문했다.[19] 이곳에서 바울은 디모데를 선교사역의 일원으로 받아들인다. 디모데는 헬라인 아버지와 유대인 어머니 사이에서 태어났다. 디모데의 신앙은 그의 어머니와 외조모에게 영향을 받았다(딤후 1:5). 디모데는 어머니를 통하여 유대인 혈통을 이어 받았지만, 디아스포라 유대인에게 복음을 전하기 위해서 디모데는 할례를 받아야 했다.[20] 바울은 이 지역에 있는 여러 성을 돌아다니며 예루살렘에 있는 사도와 장로들이 결정한 규례를 전달하였고 교회를 굳게 세우는 일에 동참 하였다(행 16:4). 아마도 이것은 예루살렘 공의회에서 결정된 선교협약에 관한 내용으로서, 이방인은 유대교로 개종하지 않고도 예수를 믿어 기독교인이 될 수 있다는 내용이었을 것이다. 즉 할례를 받지 않고도 예수를 믿어 구원을 받을 수 있다는 것이다. 예루살렘 교회가 제정한 규례는 소아시아 지역 교회들이 성장하는데 큰 힘이 되었다.

바울 일행이 그 다음에 도착한 지역은 **브루기아와 갈라디아**이었다. 이들이 브루기아와 갈라디아 지역으로 들어간 이유는 성령이 아시아 지역에 복음 전하는 일을 막았기 때문이었다(행 16:6-7).[21] 즉 바울 일행은 남동쪽으로 향하다가 방향을 북서쪽으로 바꾸어 항구 도시인 **드로아**에 도착했다. 바울은 이곳에서 밤에 마게도냐 사람들이 자기들에게로 건너와서 도우라는 환상을 본다. 바울이 본 환상은 복음이 유럽지역으로 전파되는 결과를 가져왔다.

누가가 합류한 선교 팀 일행은 **빌립보**의 외항인 **네압볼리**[22]에 도착하여 도보로 **빌립보**에 도착한다(행 16:12). 빌립보는 마게도니아 지역 첫 번째 구역이었고 로마 황제가 직접 통치를 하던 로마의 직할 식민지였다. 빌립보에는 유대인이 많이 살지 않았다는 주장이 있다. 그러나 유대인이 전혀 거주하지 않았다는 학설은 받아들이기 어려울 것 같다. 당시 지중해 연안 지역에는 전체 유대인 인구의 7% 정도가 흩어져 살고 있었기 때문이다. 이곳에서 바울은 아주 중요한 선교 동역자인 자주색 옷감 장수 루디아를 만난다. 그녀의 모든 가족들은 침례를 받았고 바울 일행은 그녀의 집에 머물렀다. 바울이 복음을 전할 때 그를 따라다니며 괴롭혔던 귀신 들린 여종에게 들어있던 점치는 귀신을 쫓아냈다. 이 여종의 주인은 자기의 수입원이 없어지자, 바울 일행에게 도시를 소란하게 한 자들이라며 그 도시의 상관에게 고발한다. 바울과 그의 일행은 감옥에 갇히게 되었고, 그날 밤 바울과 그의 일행이 감옥에서 찬양하며 기도하자 옥문이 열리는 기적이 일어났다.

바울은 다음날 자기와 동료들을 훈방하려는 관리에게 자신이 로마 시민임을 알린다. 상관은 바울을 찾아와 로마 시민을 재판도 없이 매를 때리고 감옥에 가둔 것을 사과하였다.[23] 바울 일행은 빌립보를 떠나기 전에 루디아의 집을 방문하여 형제들을 위로 하고 그곳을 떠났다(행 16:16-40).

여기서 주목할 부분은 사도행전 16:40이 바울의 선교여행 동료를 두 사람만 언급하고 있다는 것이다. 학자들은 이 부분에 관해서 다음과 같은 가설을 세웠다. 아마도 바울은 누가를 빌립보에 남겨 놓은 것 같다. 이것은 빌립보 교회를 돌보는 일과 예루살렘 교회를 돕기 위한 연보를 모금하기 위해서 일 것이다.

누가를 남겨둔 바울 일행은 **암비볼리**와 **아볼로니아**를 거쳐 **데살로니가**에 도착하였다. 데살로니가에는 많은 유대인들이 거주하고 있었다. 그리고 누가는 이곳에서부터 자신이 아가야 지역으로 향하는 선교여행에 동행하지 않았음을 나타내려고, 바울 일행을 "저희"라고 지칭하였다(행 17:1). 데살로니가는 마게도니아 지역에서 가장 큰 도시였지만 매우 가난한 도시여서 빈곤층이 많았다. 바울은 이곳에서 약 3주 동안 머물면서 복음을 전했다. 바울은 3주 동안 매 안식일 마다 회당에서 성경을 강론했다. 경건한 헬라인과 귀부인들이 예수를 믿는 역사가 일어났다(행 17:4). 그러나 유대인은 바울의 사역을 시기하여 폭동을 일으켰고, 바울 일행에게 숙소를 제공한 야손을 핍박했다. 이 일로 바울 일행은 한 밤에 데살로니가를 떠나야 했다. 우리가 익히 알고 있듯이 데살로니가전서에 의하면 바울은 그곳을 떠나기 전에 성도들에게 종말에 대해 교훈했다(참조. 살전 2:3-12).[24] 바울이 데살로니가에서 사역하는 동안 이미 그들은 종말 문제로 갈등하고 있었던 것 같다. 신생 교회인 데살로니가는 종말에 대한 특별한 의미를 가진 기독교 공동체였던 것이다.

데살로니가의 형제들은 밤에 바울과 실라를 **베뢰아**로 보냈다(행 17:10-14). 바울 일행은 베뢰아의 유대인 회당에서 복음을 전했다. 누가는 베뢰아 사람들을 신사적이라고 기록했다. 여기서 신사적이란 말은 폭력적인 데살로니가 사람들에 비해 데살로니가 사람은 신사적이었다는 뜻이다. 이곳에서는 복음을 들은 헬라 귀부인과 남자들도 예수를 믿는 역사가 나타났다. 그러나 문제는 데살로니가 지역의 유대인이 베뢰아까지 따라와서 소동을 일으킨 것이다. 바울은 베뢰아 형제들의 호의를 받으며 아덴으로 떠났고 실라와 디모데는 그곳에 남아 지속적으로 데살로니가 교회를 돌봤다.

바울은 베뢰아를 떠나 홀로 **아덴**에 도착했다(행 17:15-34). 아덴은 철학의 도시이며 헬라 세계에서 가장 중요한 사상의 중심지였다.[25] 아덴은 유명한 철학자들을 배출한 도시다. 그러므로 아덴은 철학과 사상에 관한 대중적인 연설과 토의가 성행한 곳이었다. 또한 지중해 연안의 공용어가 된 코이네 헬라어의 발생지라 할 수 있다. 우상숭배의 도시인 아덴에서 바울은 복음을 전했고 헬라인들에게 무시를 당하기도 했다.[26] 따라서 다만 몇 사람만이 바울과 친분을 나누었고 복음을 받아들였다(행 17:34). 바울은 철학의 도시 아덴에서 선교사역의 결실을 거의 얻지 못했다.[27]

바울은 아덴을 떠나 **고린도**에 도착했다(18:1-17). 바울이 홀로 고린도에 AD 50년 늦여름이나 가을에 도착한 것으로 추측된다. 고린도는 지형학적으로 북쪽으로는 그리스 본토와 남쪽으로는 펠레폰네소스 지역 사이를 연결시켜주는 전략 요충지며, 도시 양쪽에 항구가 있는 상업 도시이다. 고대 고린도는 도시국가였으며 로마제국에 대항하다가 파괴되기도 했다. 바울이 사역할 당시의 고린도는 BC 44년 율리우스 가이사르에 의해 재건되었다. 고린도는 전략 요충지로 건설되면서 로마제국의 퇴역 군인이 이주해 정착함으로 인구가 급증하여 발전하게 되었다.[28] 고린도에 다양한 인종들이 모여들면서 유대인도 이곳에 정착하기 시작했다. 특히 로마 황제의 칙령에 의해 로마에서 추방된 유대인들이 AD 19년과 41년에 고린도로 몰려들었다.[29] 그들은 유대인 남자들 10명 이상이

모이면 회당을 세운다는 원칙에 따라 고린도에 회당을 세웠다.[30]

바울의 2차 선교여행 중심지는 고린도이다. 바울은 고린도에서 로마 황제 글라우디오에게 추방되어 고린도에 정착한 브리스길라와 아굴라를 만났다(행 18:2). 그들은 바울과 동일한 직업을 가졌기에 천막 만드는 일을 함께했다.[31] 이들 부부는 바울의 선교사역을 직접적으로 돕는 중요한 후원자가 되었다. 바울은 안식일이면 회당에서 성경을 강론하며 유대인과 헬라인에게 복음을 전했다.

바울은 실라와 디모데가 데살로니가로부터 고린도로 내려오자 더욱 열심히 복음을 전했다. 그러나 바울은 유대인이 자신의 가르침을 배격하고 대적하자 이방인에게 복음을 전하기로 결심하였다. 고린도에서 일어난 특별한 사건은 회당장 그리스보와 그의 가족이 복음을 받아들이고 고린도교회의 핵심 인물이 된 것이다. 그러나 바울 일행은 유대인의 소동 때문에 두려움에 빠져 있었다. 하나님이 환상 가운데 바울에게 나타나 두려워하지 말고 담대한 자세로 계속 복음을 전하라고 명했다(행 18:9). 바울은 하나님의 말씀에 순종하여 담대한 마음으로 18개월 동안 고린도에서 복음을 전했다.

누가는 시리아 안디옥으로 귀환하는 바울의 여정을 아주 간단하게 설명하고 있다. 그의 귀환 길에는 브리스길라와 아굴라가 동행했다. **에베소**에 도착한 바울은 그곳에서 유대인과 변론을 했으며, 브리스길라와 아굴라를 그곳에 남겨두었다. 아마도 제3차 선교여행과 사역 준비를 위해 미리 브리스길라와 아굴라를 에베소에 정착시킨 것으로 보인다. 바울은 아마도 이때 3차 선교여행의 핵심 방문 지역을 아시아의 에베소로 결정한 것으로 보인다. 평생 동역자가 된 브리스길라와 아굴라는 에베소에서 바울의 다음 선교여행을 예비하는 사역을 준비했을 것이다. 에베소를 떠나 배편으로 **가이샤라**에 도착한 바울은 **예루살렘** 교회를 방문하고 시리아 **안디옥**으로 귀환함으로 2차 선교여행을 마쳤다(행 18:22).

제2차 선교여행은 다음과 같은 결과를 얻었다. 첫째, 안디옥 교회는 그들의 선교 영역을 더욱 확장했다. 바울의 1차 선교여행이 소 아시아 지역에 국한되었다면, 2차 선교여행은 유럽 지역 복음화의 문을 연 것이다. 둘째, 바울과 바나바가 서로 다른 지역을 선교 대상 지역으로 선정함으로 안디옥 교회는 여러 선교 팀을 구성해야 할 필요성이 제기되었을 것이다. 셋째, 바울의 선교사역은 인간적인 계획이 아니라 하나님의 섭리 가운데 있었다. 바울은 아시아 지역에 복음을 전하기 원했지만 성령은 그들을 마게도니아 지역으로 인도했다. 결국 제2차 선교여행은 기독교 복음이 당시 세계의 중심인 로마를 향하여 달려가고 있는 과정임을 보여주었다.

4.5 제3차 선교여행

바울의 제3차 선교여행 기간은 AD 52년 여름 또는 53년에서 57년 또는 58년까지로 추정된다. 하지만 우리는 바울의 3차 선교여행 기간이 언제부터 언제까지인지 정확히 알 수 없다. 하지만 3차 선교여행에서 가장 중요한 지역은 에베소이다. 바울은 이곳에서 거의 3년을 머물면서 구원 사역을 했다(행 20:31). 바울의 3차 선교여행 행선지의 성경 배경은 사도행전 18:23-21:16이다. 바울의 3차 선교여행에 동행한 인물은 디모데와 에라스도이다(행 19:22). 디모데는 바울과 같이 수리아 안디옥 교회에서 출발한 것 같고 에라스도는 여행 도중에 합류한 것으로 보인다.

바울의 3차 선교여행의 특징은 1·2차 선교여행 때 방문한 지역 전체를 다시 돌아보았다는 것이다. 바울은 에베소에 도착하기 전에 1차 선교여행지인 소아시아 지역 교회들을 돌아보았고, 에베소 사역을 마친 후에 2차 선교여행 지역인 마게도니아와 아가야 교회를 돌아보았다.

3차 선교여행의 경유지는 다음과 같다. 1·2차 선교여행과 달리 3차 선교여행은 선교에 대한 출발 시점이 분명하지 않다. 누가의 기록에 의하면 안디옥 교회에 도착한 바울이 얼마 동안 그곳에 머물렀는지 알 수 없고, 다만 그곳을 떠나 **갈라디아**와 **브로기아** 지역을 다니면서 제자들을 굳건하게 했다(행 18:23). 바울이 방문한 갈라디아와 브로기아는 아마도 더베, 루스드라, 이고니온, 비시디아 안디옥이었을 것이다. 즉 1차 선교여행 때 방문한 지역을 모두 돌아본 것이다.

바울이 에베소에 도착하기 전 에베소에는 알렉산드리아 출신의 아볼로가 와 있었다(행 18:24). 아볼로는 언변이 뛰어난 성경 교사로서 열심히 예수 그리스도를 전했지만 요한의 침례만 알 뿐이었다. 아볼로가 아직 복음의 깊은 의미를 깨달아 알지 못했기에 브리스길라와 아굴라가 그를 데려다가 복음을 더욱 자세히 풀어 설명해 주었다. 아볼로는 아가야 지역에 복음을 전하기 원했고, 에베소 형제들은 그를 격려하며 아가야 지역 제자들에게 편지를 보내 그를 영접하라고 부탁을 했다.

에베소에 도착한 바울은 제일 먼저 그들이 성령을 받았는지를 확인했다(행 19:1-2). 학자들은 바울의 이러한 질문이 아볼로의 가르침이 부족했음을 의미한다고 보았다. 왜냐하면 아볼로는 예수 그리스도의 복음을 깊이 알지 못했으며, 단지 요한의 침례만 알고 있다고 했기 때문이다. 당시 에베소 지역에는 침례자 요한을 섬기려는 무리들이 있었는데, 아마도 이들은 아볼로의 가르침을 받은 무리일 가능성이 높다.

바울은 그들에게 예수의 이름으로 침례를 주고 안수 기도를 했다(행 19:5-6). 바울의 가르침을 통하여 그들은 예수가 메시아임을 알았고 성령을 받아 믿음이 충만한 사람이 되었다.

바울은 에베소에서 있는 회당에서 사역했다. 바울이 3개월 동안 강론을 계속하자 유대인들 가운데 바울의 가르침을 싫어하는 반대파들이 생겨났다. 결국 바울은 그를 따르는 제자들을 데리고 나와 두란노 서원에서 계속하여 성경을 가르쳤다(행 19:8-10). 바울은 두란노 서원에서 성경을 가르치는 일을 2년 동안 계속했다. 그로인하여 아시아 지역의 많은 사람이 복음을 믿었다. 바울의 사역은 단지 말씀만 전한 것이 아니라 하나님이 그에게 큰 능력을 줌으로 병든 자들을 치료하고 악귀를 떠나게 하는 기적도 행하였다.

이러한 바울의 사역은 에베소 지역에 있는 많은 사람들에게 영향을 주었다. 하나님이 바울의 손을 통하여 놀라운 이적들을 행했다. 여러 지역을 돌아다니며 마술하는 유대인이 시험 삼아 바울처럼 예수의 이름으로 악귀를 쫓아내려고 시도하다가 실패하였다. 이 일로 많은 에베소 사람들이 예수의 이름을 높이고 복음을 믿었다(행 19:13-19). 누가는 이 사건을 기록한 후 하나님의 말씀이 흥왕해 간다고 했다(행 19:20).

이 사건 이후 바울은 선교 계획을 다시 세운다. 즉 마게도니아와 아가야를 돌아서 예루살렘을 방문할 계획을 세웠다. 그리고 누가는 바울이 다음 선교여행지를 로마로 생각했고, 그 계획을 실행하려는 준비를 한 것으로 묘사한다(행 19:21). 바울은 자신을 돕고 있는 디모데와 에라스도를 먼저 마게도니아로 보냈다(행 19:22). 아마도 브리스길라와 아굴라도 이때쯤 에베소를 떠나 로마로 다시 돌아간 것 같다(롬 16:3).

바울은 동역 자들을 떠나보내고 홀로 에베소에 남았고 그곳에 있는 은장색 조합과 갈등을 맞이한다. 바울은 에베소뿐 아니라 전 아시아 지역을 향하여 손으로 만든 것들은 신(新)이 될 수 없음을 권면한다. 신상을 만들어 판매하여 생계를 유지하는 이들은, 바울의 가르침이 자신들의 상업을 망쳐버렸다고 폭동을 일으켰다.[32] 바울을 대적하는 이들의 폭동은 에베소를 소요의 장으로 만들었고, 바울은 생명의 위협을 느낄 만큼 위험에 처했다. 에베소 서기장이 나서서 소요를 진정시켰고 바울은 그곳을 떠나 마게도니아로 향하였다(행 19:23-41).

누가의 사도행전은 바울의 다음 여정에 대하여 침묵하고 있다. 단지 바울이 **마게도냐**로 출발했다고만 기록하고 있다. 아마도 바울은 55년 여름까지 드로아에 머물렀던 것 같다. 이곳에서 바울은 고린도에 보낸 디도가 돌아오기를 기다렸지만, 그의 귀환 소식은 들리지 않았다. '눈물의 편지'를 들고 간 디도가 돌아오지 않자 기다리다 못한 바울은 드로아를 출발하여 **마게도냐**로 건너간다. 그곳에서 바울은 디도로부터 고린도

교회가 자신의 권면을 받아들였다는 기쁨의 소식을 듣는다(고후 2:5-8; 7:5-16).

마게도냐에 도착한 바울은 그 지역의 제자들을 권면한 후 **헬라(아가야)**에 도착했다. 아마도 바울은 고린도에서 3개월 정도 머문 것 같다. 이곳에서 고린도 교회의 문제를 해결했고, 로마서를 쓰면서 미래에 로마로 떠날 선교여행을 구체적으로 구상했을 것이다.

고린도 사역을 마친 바울은 고린도를 출발해 배편으로 수리아로 돌아가려는 계획을 세웠지만, 유대인들이 그를 해하려는 음모를 꾸미고 있다는 사실을 알고 마게도냐를 거쳐서 수리아 안디옥으로 돌아가기로 결정한다(행 20:3). 바울과 동행하여 아시아까지 함께 간 사람은 베뢰아 사람 소바더, 데살로니가 사람 아리스다고와 세군도, 더베 사람 가이오였다. 그리고 디모데와 아시아 사람 두기고와 드로비모로 하여금 먼저 배를 타고 드로아로 가라고 명했다. 이렇게 많은 사람이 바울과 동행했다는 것은 아마도 그들이 마게도냐 지역 교회가 모금한 예루살렘 교회를 돕기 위한 연보를 운반하는 책임을 맡았기 때문일 것이다. 그러나 이들 일행 모두가 고린도에서 함께 출발하지는 않은 것 같다.

빌립보에서 배로 출발한 바울은 **드로아**에 도착을 했다. 사도행전 20:6에서 누가가 "우리"라는 대명사를 다시 사용한다. 학자들은 이것을 누가가 바울의 선교여행에 다시 합류한 것으로 본다. 바울은 드로아에서 한 주간을 머물렀다. 그곳에서 바울은 말씀을 전했는데, 늦은 시간까지 말씀을 듣다 유두고라는 청년이 삼층 창문에서 떨어져 거의 죽게 된 것을 살리는 사건이 있었다.

드로아를 출발한 바울은 **앗소**에서 그보다 먼저 도착해서 기다리던 일행을 만나 배를 타고 **미둘레네, 기오, 사모, 밀레도**로 항해하였다(행 20:13-16). 바울은 오순절전에 예루살렘에 도착하기 위해 에베소를 방문하지 않았다. 대신 밀레도에서 사람을 보내 에베소 장로들을 초청해 고별 설교를 하였다(행 20:18-38).

밀레도를 출발한 바울 일행은 배편으로 **고스**에 갔고 다음날 로도에 도착하여 **바다라**로 항해하였다. 그들은 수리아로 향하는 배를 타고 두로에 도착하였다. 그곳에서 제자들을 만났는데 그들은 바울의 예루살렘 방문을 반대했다. 그러나 바울은 그들을 작별하고 **톨레마아**를 거쳐 다음날 **가이사랴**에 도착하여 전도자 빌립 집사 집에 머물렀다. 그곳에서 바울은 유대에서 내려온 선지자 아가보를 만났다. 그는 바울을 잡아 이방인에게 넘기려는 유대인이 기다리는 예루살렘 방문을 반대했지만, 바울은 예루살렘 방문을 강행했다. **예루살렘**에 도착한 바울은 구브르 사람 나손의 집에 머물렀다(행 21:16). 바울이 예루살렘에서 체포된 상황은 바울의 예루살렘 방문 부분을 다루면서 다시 살펴보도록 하자.

제3차 선교여행의 특징은 새로운 지역에 복음을 전하는 교회 개척 사역이 아니었다. 이미 복음을 전한 지역을 돌아보며 신앙을 권면하였고, 특별히 에베소와 고린도에서 긴 시간 목회 사역을 했다. 바울의 목회는 단순하거나 쉬운 것이 아니었다. 그는 많은 어려움을 겪었고 고난을 당하면서 복음을 증거했다.

4.6 제4차 선교여행(로마 방문)

바울의 제4차 선교여행은 그의 로마 압송과정을 배경으로 하고 있다. 선교여행 기간은 대체로 AD 57-60년경으로 추정된다. 성경 배경은 사도행전 21:17-28:16이다.

바울의 제4차 선교여행은 먼저 예루살렘에서 바울이 체포되어 심문받는 과정을 살펴보아야 한다. 예루살렘 성전에서 결례(나실인 서약)를 행하는 바울의 모습을 아시아 지역에서 온 유대인이 보았다.[33] 아시아 지역 유대인은 예루살렘 교회 지도자들을 만나 바울이 이방인 지역에서 모세를 반대하는 가르침을 행했다고 말했다.[34] 즉 유대인 입장에서 바울은 모세의 가르침을 반대하여 유대인인 자신들에게 율법을 지키지 말고 할례도 행하지 말라고 했다는 것이다. 바울에게 적대감을 가진 유대인은 어느 날 에베소 사람 드로비모가 바울과 함께 예루살렘 시내에 있는 것을 보고, 그가 이방인을 데리고 성전에 들어간 것으로 생각하여 백성을 선동하여 바울을 붙잡았다.[35] 바울은 심문을 받게 되었는데, 자신이 로마 시민권자임을 밝힘으로 채찍을 맞지는 않았다. 바울은 심문을 피했지만 그를 죽이려는 사람들에 의해 **안디바드리**를 거쳐 **가이사랴**에 보내졌다(행 23:12-35).[36]

산헤드린 공회는 가이샤라에 있는 바울을 고소하려고 예루살렘에서 내려왔다. 이들은 총독 벨릭스 앞에서 바울을 고소하려 했다. 그러나 그들은 바울을 고소할 죄목을 찾지 못했다. 벨릭스는 바울의 심문을 연기시켰다. 그는 뇌물을 기대하며 바울을 2년 동안을 가이사랴에 감금했다

(행 24:22-26). 벨릭스 총독이 이임하고 후임으로 보르기오 베스도가 총독으로 부임 한다.[37] 베스도 총독은 부임 후 예루살렘을 방문하여 산헤드린에서 바울을 고소하는 내용을 들었다. 베스도는 바울을 다시 예루살렘으로 데리고 가서 심문을 받게 하고자 했지만, 바울은 이것을 거부하고 가이사에게 상소하였다(행 25:1-12).

바울이 로마로 압송되기 전에 헤롯 아그립바 2세와 베스도 총독이 바울의 변론을 듣기 원했다. 바울은 아그립바 앞에서 다메섹에서 예수 그리스도를 만난 체험을 설명했다. 바울의 이야기를 들은 그들은 그에게 사형을 선고하거나 재판을 받을 아무런 이유도 찾지 못했다. 그러나 바울이 가이사에게 올린 상소문이 이미 로마로 발송되었기에, 바울은 재판을 받기 위해 로마로 향해야 했다.[38]

이제 가이사랴를 출발하는 바울의 여정을 살펴보자. 사도행전 27:1에서 '우리'라는 대명사가 다시 나온다. 즉 바울의 로마 여행에 누가가 동참했음을 추측하게 하는 부분이다.[39] 바울은 로마 군대의 백부장 율리오의 책임 하에 로마로 압송되었다. 누가는 바울이 로마로 가는 배에 승선할 때 데살로니가 사람 아리스다고도 동행했다고 기록하고 있다(행 27:2). 바울 일행은 **시돈**에 도착하였고, 그곳에서 친구들로부터 영접을 받았다. 구브로 해안을 지난 그들은 밤빌리아 바다를 건너 **루기아의 무라**에 도착하였다.

그곳에서 백부장 율리오는 로마로 가는 알렉산드리아 선적의 배를 타고 그레데 섬의 남쪽 해안을 항해하여 **미항**이라는 **라새아** 근처에 도착했다. 바울이 권고했지만, 선장은 그의 말을 듣지 않고 그레데의 다른 항구인 뵈닉스에서 겨울을 지나기 위해 무리한 항해를 하다가 광풍 유리굴라를 만난다.

그들은 열나흘 동안 광풍에 시달리다가 한 섬에 무사히 도착했다. 그곳은 **멜리데**(말타)라는 곳이었다. 바울 일행은 그곳에서 고관인 보블리오의 아버지 질병을 치유하고 융성한 대접을 받았다. 그들은 멜레데 섬에서 3개월을 지내고 **수리구사**로 갔다. **레기온**에 도착한 그들은 다음날 **보디올**에 도착하였다. 그들은 아피아 길을 따라 로마로 향했다. 바울 일행은 **압비오** 광장과 **트레이스 타베르네**에서 로마의 그리스도인 형제들을 만나 영접을 받았다. 로마에 도착한 바울은 이곳에서 2년을 지내면서 자기를 만나기 위해 오는 사람들에게 복음을 전하였다.

제4차 선교여행에 나타난 특징은 다음과 같다. 제3차 선교여행을 마치고 예루살렘을 방문해서 유대인에게 고소를 받은 바울은 예루살렘 교회의 변호를 받지 못했다. 예루살렘 교회를 돕기 위해 연보를 준비해 간 바울 일행은 아마도 배신감을 느꼈을 것이다. 바울은 3차 선교여행 결과를 예루살렘 교회 지도자들에게 보고했다. 그리고 예루살렘 교회 지도자들은 바울 일행에게 유대인을 조심하라고 권면한다. 그렇지만 그들은 유대인에게 잡힌 바울을 심문 장에서 변호하는 적극적인 모습을 보이지 않았다.

어렵고 힘든 여정을 거처 로마에 도착한 바울은 위로를 얻었다. 바울이 로마로 압송되어 온다는 소식을 들은 로마 교회 그리스도인들이 진실된 마음으로 그들을 영접해 주었기 때문이다. 바울은 가지 않아도 될 길을 선택해서 로마로 향했고, 로마의 그리스도인들로부터 따뜻한 사랑을 받고 마음의 위로를 얻었다.

4.7 제5차 선교여행(바울의 석방 후 목회 순방)

사도행전에는 바울의 제5차 선교여행에 대한 기록이 없다. 단지 목회 서신에 나타난 바울의 행적을 기초로 하여, 바울의 5차 선교여행을 유추할 수 있을 뿐이다.[40] 제5차 선교여행 기간을 정확히 알 수는 없지만 대체로 AD 62-65년 사이로 추정된다. 그 기간 동안 바울은 이미 세워진 교회들을 순방했을 것이며 64년 네로의 박해 때 다시 체포된 후 처형된 것으로 보인다.

바울은 로마 셋집에서 1차 수감되어 미결수로 2년을 지낸 후 무죄로 석방된 것 같다. 브루스(Bruce)는 만약 바울이 석방되지 않고 처형됐다면, 누가는 이 사실을 반드시 기록했을 것이라고 주장한다.[41] 누가가 바울의 처형 사실을 기록하지 않았다는 것은 그가 석방 후 선교사역을 지속했음을 의미한다.

그러나 로마 구금 생활에서 풀려난 바울이 서바나 지역으로 선교사역을 떠났는지에 대해서는 여전히 논란이 되고 있다. 물론 대부분의 비평학자들은 바울이 서바나 지역을 방문하지 않았다고 믿는다. 그러나 녹스(Knox)는 그의 논문에서 바울이 서나바 지역을 비롯한 아프리카 북부 지역을 돌며 선교사역을 했다고 본다. 그는 로마서 15:14-33을 해석 하면서 19절에 기록된 "두루 행하여"(all the way around)에 주목했다.

이 문구를 바울이 지중해 연안 전체를 돌면서 복음을 전한 증거라고 주장하였다.[42] 이 주장에 대한 반론을 제기하는 학자들도 많지만 아직도 타당성 있는 결론을 내리지는 못하고 있다.[43]

그러나 확실한 가설은 바울이 1차 로마 구금에서 풀려난 후 선교 활동을 재개 했다는 것이다. 따라서 바울의 5차 선교사역 내용을 그의 후기 서신으로 알려진 목회 서신을 참조하여 재구성해 보자. 여기서 재구성한 5차 선교여행 내용들은 누가가 기록한 사도행전의 바울 사역 이후의 사역을 의미한다. 바울은 로마 감옥에서 석방된 후 디모데와 같이 에베소에 가서 사역 한 것 같다(딤전 1:3). 바울은 에베소에서 함께 사역을 하던 디모데를 그곳에 홀로 남겨 두고 마게도냐로 갔다. 디모데전서에 기록된 내용으로 보아 바울은 로마 구금에서 풀려나자 바로 **에베소** 지역을 방문한 것 같다. 바울은 또한 자신이 홀로 **드로아** 지역을 방문했다고 말했다(딤후 4:13). 바울은 드로아에서 잠시 머물렀고 다시 로마 감옥에 수감되면서 디모데에게 그곳에 두었던 겉옷과 두루마리 성경을 가져오라고 말했다.

바울의 **밀레도** 사역에 대해서도 언급했다. 재무관 에라스도와 고린도에 머물러 있었으며, 함께 밀레도 사역을 감당한 드로비모가 병들어서 그곳에 두고 왔다고 기록한다(딤후 4:20). 바울은 **니고볼리**에도 있었다고 말하고 있다(딛 3:12).

지금까지 제시한 바울의 제5차 선교여행지는 이미 밝힌 것처럼 목회 서신을 참조한 가설이다. 누가가 바울의 1차 로마 방문 이후의 바울의 행적에 대한 자료를 남기지 않았기 때문에, 우리는 목회서신을 통해 바울이 밝힌 그의 행선지를 재구성하는 선에서 만족해야 할 것이다. 물론 목회서신을 바울의 저작으로 받아들이지 않는 학자들은 바울의 5차 선교여행 자체를 부인할 것이다.

4.8 바울의 순교

바울의 1차 로마 수감은 2년 동안 가택 연금이라는 처벌을 받았다. 이것은 바울에게 죄가 있다는 것이 아니라 유대인의 참소에 의해 종교적인 이유로 감금이 된 것이다. 복음전도에 열정을 가진 바울은 진정으로 로마로 가기를 원했고, 미결수 생활을 하면서 많은 방문객들에게 복음을 전하는 기회를 얻었다(행 28:30-31). 바울은 로마제국에 의해 무죄가 입증된 후 자유의 몸이 되었다. 이러한 일련의 사건에 대한 정확한 연대별 기록 자료를 가지고 있지 못하지만, 바울은 소아시아 지역과 다른 유럽 지역을 다니면서 선교사역을 계속 진행한 것 같다.

그러나 이러한 선교사역에도 다시 어두운 그림자가 드리우기 시작한다. 당시 로마제국은 네로 황제가 지배하고 있었다. 네로는 기독교에 대한 반감을 가지고 있었고 전략적으로 기독교를 박해하려는 정책을 수행하기 시작한다. 네로의 박해 명령은 로마뿐만 아니라 로마제국의 지배하에 있는 모든 지역의 기독교인에 대한 박해로 이어졌다. 이 박해는 선교사역을 위해서 소아시아 드로아 지역을 방문 중인 바울에게도 닥쳐왔다. 바울은 순회 선교 목회 사역 중에 로마 관원에게 체포되어 로마로 압송됐다(딤후 4:13). 바울의 죄목을 현대 법률 용어로 말한다면 내란음모 죄였을 것이다. 그리고 이러한 박해 와중에 로마 시(市)에 대 화재가 발생했다. 로마제국은 네로의 명령을 따라 기독교인들이 화재를 일으키고 제국을 전복시키려는 의도를 가졌다는 죄목을 뒤집어 씌웠다.

정치범으로 몰린 바울은 수감 생활도 자유롭지 못했고 면회도 어려웠다. 그를 면회한다는 것은 정치범을 면회하는 것이었다. 바울을 면회한 사람은 같은 정치범으로 오인 받을 수 있었다. 그러나 바울의 수감생활에 유일한 도움을 준 사람은 오네시보로였다(딤후 1:16-17). 다른 사람들은 로마 감옥에 수감된 바울을 부끄러워했지만, 오네시보로는 자주 바울을 찾아 옥중 생활을 도왔다.

바울은 로마제국에 의해 참수형된 것으로 보인다.[44] 그는 로마 시민권자였기 때문에 십자가형을 당한 것이 아니라 참수형을 받은 것이다. 바울 학자들은 바울이 AD 65년 말경에 참수됐다고 하지만 이에 대한 정확한 자료는 얻을 수 없다. 그러나 우리가 여기서 주목해야 할 것은 평생 하나님의 사역자로 복음을 위해 산 바울의 마지막 모습이 처절했을 것이라는 추측이다. "아시아에 있는 모든 사람이 나를 버린 이 일을 네가 아나니 그 중에 부겔로와 허모게네도" 있었다고 말하는 부분은 그의 마지막이 얼마나 외로웠는지를 잘 보여주고 있다(딤후 1: 15).

4.9 회심 후 바울의 예루살렘 방문

사도행전과 바울서신에 의하면 바울은 회심 후 총 다섯 번 예루살렘을 방문한 것으로 기록하고 있다. 물론 이 주장에 반론이 제기되기도 한다.[45] 이 문제는 바울의 예루살렘 방문을 살펴보면서 자세히 확인하고자 한다. 바울의 예루살렘 방문은 예루살렘 교회와 바울의 관계를 잘 설명해준다. 바울을 선교사로 파송한 곳은 안디옥 교회이다. 그러나 누가의 기록에 의하면 바울은 선교여행에 대한 결과 보고를 위해 늘 예루살렘 교회를 방문했다. 그리고 바울은 예루살렘 교회가 결정한 중요한 선교 사안들을 잘 지키고 성실하게 수행하는 모습을 보여 주었다. 이것은 바울이 이방인 선교사역을 감당하면서도 여전히 유대인에 대한 관심을 지속하고 있었음을 의미한다. 또한 바울의 이러한 행동은 당시 지중해 연안의 기독교 공동체에 미친 예루살렘 교회의 존재성을 확인하는 기준이 되기도 한다. 지중해 연안 모든 교회들은 예루살렘 교회의 움직임에 민감했으며, 그들의 결정을 존중하고 있었음이 분명해 보인다. 바울의 예루살렘 방문 내용들을 순서대로 살펴보자.

4.9.1 회심 후 첫 번째 예루살렘 방문(행 9:26-30; 22:17-21; 갈 1:18-19)

학자들은 바울의 첫 예루살렘 방문이 AD 35-36경에 이루어졌다고 본다. 바울의 첫 예루살렘 방문에 대해서는 사도행전과 갈라디아서에 기록되어 있다. 누가의 사도행전 기록이 일반적인 보고 형태였다면 갈라디아서에 나타난 바울의 예루살렘 교회 방문은 좀 더 상세하게 묘사되었다.

바울의 첫번째 예루살렘 방문은 회심 후 약 3년이 지난 어느 날인 것 같다. 사도행전 9:23은 단순히 여러 날이 지났다고 보도했지만 갈라디아서 1:18은 이 기간을 3년으로 기록하고 있기 때문이다. 즉 누가는 단순히 여러 날이 지났다는 표현을 사용했지만 바울은 직접적으로 자신이 3년 만에 예루살렘을 방문했음을 보다 정확히 밝히고 있다.

그러나 바울의 첫 예루살렘 방문은 그곳 기독교인들로부터 환영을 받지 못했다. 예루살렘에 있는 대부분의 제자들은 바울의 회심을 믿지 않는 분위기였다. 바울은 예루살렘 교회에서 인정받고 있는 '바나바'의 도움으로 사도들과 소통할 수 있었다. 사도들의 인정을 받은 바울은 예루살렘에서 주 예수의 이름을 높이 불렀다. 그러나 이러한 바울을 바라보는 헬라 세계 출신 유대인은 바울을 죽이려고 하였다(행 9:29).

바울의 첫 예루살렘 방문에 나타난 중요한 사실은 그가 하나님으로부터 소명을 받았다는 것이다. 하나님은 성전에서 기도하는 바울에게 내가 너를 이방인의 사도로 불렀다는 말씀을 하시며 이방인 사역을 위해서 예루살렘을 떠나라고 명령 하신다(행 22:17-21). 아마도 바울은 이때부터 자신의 사역 대상을 이방인으로 인식하게 되었으며, 이방인 사역에 헌신하기로 결정했을 것이다.

학자들은 바울이 예루살렘을 방문하는 동안 야고보를 만났다는 가설을 조심스럽게 주장한다. 하지만 바울이 만났던 야고보가 어떤 야고보였는지는 여전히 논란이 진행 중이다.[46] 그러나 바울이 만난 야고보는 사도 야고보였을 것이라는 주장이 보다 타당성이 있어 보인다. 야고보는 사도들 가운데 가장 먼저 순교한 사람이다. 헤롯 아그리파(아그립바) 1세의 치세에 그리스도교가 박해를 받을 때 사도 야고보는 칼에 찔려 죽었다(행 12:2). 사도 야고보가 순교한 후 예수의 동생 야고보가 예루살렘 교회 수장이 되었다(행 15:13).

갈라디아서 1:18-19에 나타난 바울의 예루살렘 방문 목적은 베드로 사도를 만나는 것이었다.[47] 그러나 바울은 이 목적을 달성하지 못한 것으로 보인다. 이미 확인한 것처럼, 바울은 두 주간이라는 짧은 기간 동안 예루살렘에서 야고보만 만났기 때문에 베드로와 함께 시간을 보내지는 못했을 것이다.

4.9.2 회심 후 두 번째 예루살렘 방문(행 11:27-20; 12:25; 갈 2:1-10)

바울의 회심 후 두 번째 예루살렘 방문은 AD 46년경에 이루어진 것 같다. 바울의 예루살렘 방문 목적은 흉년으로 어려움 당하는 예루살렘 교회를 돕기 위해서다. 이스라엘 역사 자료에 의하면 AD 41-54년 사이에 예루살렘은 큰 흉년으로 어려움을 겪고 있었다.[48]

누가의 사도행전 기록에 의하면 아가보가 글라우디오스의 즉위 기간에 흉년이 있을 것이라고 예언하였다(행 11:28). 이 일로 안디옥 교회는 예루살렘 교회를 돕기 위해 구제 연보를 모으기 시작했다. 안디옥 교회의 모금 운동은 예루살렘 교회를 향한 그들의 헌신과 노력이 담겨 있음을 의미한다. 구제 연보를 모금한 안디옥 교회는 바나바와 바울을 연보 전달자로 예루살렘 교회에 파송하였다(행 11:30).

누가의 사도행전 기록은 바울의 예루살렘 방문을 단순히 구제 차원으로 언급하고 있지만, 갈라디아서에 언급된 바울의 기록은 예루살렘 방문을 좀 더 구체적으로 설명하고 있다(갈 2:1-10).[49] 갈라디아서에서 바울은 자신의 회심 전 삶을 회고하면서 두 가지의 중요한 사실을 밝히고 있다. 바울의 예루살렘 방문 목적은 흉년으로 고난받는 형제들을 돕는 것이었다. 하지만 바울의 예루살렘 방문의 보다 근본적인 목적은 다음과 같은 사역문제들을 해결하려는 계기로 삼기 위해서이다.[50]

첫째, 바울은 자신의 복음전파 사역을 해명하고 인정받기 원했다. 바울은 당시 사람들에게 율법 없는 복음을 전한다고 비판받고 있었다. 바울은 이미 무명의 전도자 시절부터 율법 없는 복음을 전했다. 주로 이방인 지역에서 복음을 전한 바울의 사역은 예루살렘 교회에도 알려졌고, 이것은 예루살렘 교회 지도자들로부터 불신을 당하는 계기가 되었을 것이다. 바울의 이러한 고민을 그대로 드러내는 내용이 갈라디아서 2:2에 나타난다. 그래서 바울은 자신이 이방인에게 전파한 복음을 예루살렘 교회에 설명하되 자신의 사역이 헛되지 않았음을 인정받으려 한 것이다.[51] 그러나 바울의 이러한 자세는 자신의 복음전파 사역에 문제가 있었음을 의미하는 것은 아니다. 다시 확언한다면, 바울은 예루살렘 교회로부터 자신이 전한 복음의 정당성을 승인 받으려는 것보다는, 자신의 이방인 사역의 정당성을 주장하기 위함인 것 같다.[52]

둘째, 바울은 선교사역의 극대화를 위해 선교지 분할의 필요성을 느낀 것 같다. 그러나 선교지 분할에 대한 바울의 분명한 의도가 무엇인지를 파악하기는 쉽지 않다. 바울이 언급한 '수고의 구분'에 담긴 의미를 정확하게 해석하기 어렵기 때문이다. 학자들은 바울이 구분하려고한 선교사역은 두 가지 관점에서 접근해야 한다고 보았다. 1) 지리적 구분이다. 바울과 예루살렘 교회가 지리적 기준으로 사역지를 구분한다면, 이방인과 팔레스타인 지역으로 구분할 수 있을 것이다. 그러나 예루살렘 교회가 고린도 교회에 사도들을 파송한 것으로 볼 때 이러한 견해는 타당성이 결여된다. 예루살렘 교회에서 파송한 사도들은 팔레스타인을 넘어 이방인 지역에도 복음을 전파했기 때문이다. 2) 지역적 구분이 아니라 인종적 기준으로 '수고의 구분'을 나눈다면, 바울은 이방인에게 복음을 전하는 사역을 하고, 예루살렘 교회는 유대인에게만 복음을 전하는 것이다. 그러나 이러한 주장에 문제가 제기되는 것은 바울이 이방인 지역에서 복음을 전하면서 회당을 사역의 근거지로 활용했다는 것이다.

그러므로 바울이 예루살렘 교회 지도자들과 '수고의 구분'을 나누기 원했다는 것이 어떤 명확한 기준점에 따른 것인지를 확인하기는 어렵다. 단지 바울과 예루살렘 교회가 선교 지역을 나누기 위해 모종의 협상을 했다는 것은 확실한 것 같다. 바울과 예루살렘 교회는 이러한 갈등의 문제를 해결하지 못함으로 서로 적대시하는 경향이 있었다. 이미 앞에서 살펴본 것처럼, 선교지 분할 갈등은 바울의 1차 선교여행에 문제로 나타났다. 하지만 누가가 사도행전에서 기록한 바울이 흉년을 당한 예루살렘 교회를 돕기 위한 방문과 바울이 갈라디아서 2:1-10에서 말한 예루살렘 방문이 동일한 사건을 기록한 것이 아니라는 주장도 있음을 기억해야 할 것이다.

4.9.3. 회심 후 세 번째 예루살렘 방문(행 15장)

　1차 선교여행을 마치고 안디옥에 머무는 동안 바울과 바나바는 충격적인 소식을 듣게 된다. 어떤 사람들이 예루살렘에서 안디옥에 왔는데, 그들은 모세의 율법에 명한 할례를 받지 않은 자는 구원을 얻을 수 없다고 가르쳤다(행 15:1). 이것은 바울이 이방인에게 전한 복음으로는 구원을 얻을 수 없다는 뜻을 담고 있다. 이들은 예루살렘 교회의 수장인 야고보에게서 훈련을 받은 자들로 보인다(갈 2:12). 즉 이들은 예루살렘 교회에서 파송을 받고 안디옥 교회로 내려온 자들이라는 것이다. 아마도 이들이 전한 왜곡된 복음은 안디옥 교회에 엄청난 충격을 준 것 같다. 만약 이들이 주장하는 복음의 내용을 그대로 받아들인다면 바울과 바나바의 1차 선교여행은 완전히 쓸모없는 사역이 되고 만다. 이방인들이 예수 그리스도를 믿음으로 구원을 얻는 것이 아니라, 그들은 유대교로 먼저 회귀한 후 예수 그리스도를 믿어야 구원을 받을 수 있다는 것이다. 예루살렘 교회에서 내려 온 유대화주의자들은 그리스도인이 되려면 유대인의 표식인 할례를 받아야 한다고 말했다.

　바울과 바나바는 예루살렘에서 내려온 자들과 심한 논쟁을 하였다. 이 문제로 인하여 교회가 심각한 분란이 생기자 안디옥 교회는 회의를 열어 바울과 바나바를 예루살렘 교회 사도들에게 보내 갈등을 일단락 짖고자 했다. 물론 예루살렘에서 내려온 자들의 주장은 이방인에게 그리스도의 복음을 전해서는 안 된다는 것은 아니다. 단지 이방인이 구원을 받으려면 먼저 할례를 받아 유대교로 개종하고 복음을 믿어야 한다는 견해를 피력한 것이다.

이 일로 예루살렘 교회를 방문한 바울과 바나바 일행은 교회지도자들에게 이방인 지역에서 일어난 하나님의 구원 사역을 보고하였다(행 15:4). 바울이 예루살렘 교회 지도자에게 다음과 같은 주장을 하였다. 구원은 오직 믿음으로만 받을 수 있음을 주장했다. 이것은 이방인이 구원을 받기 위해 할례를 행하거나 율법을 지켜야 할 필요가 전혀 없다는 것이다(행 15:2).

율법을 중요시 여기는 유대 기독교인은 바울의 주장을 반박했다(행 15:5). 사도행전에는 정확하게 나타나지 않지만, 이들의 논쟁은 치열했고 결론을 내리기 어려웠던 것으로 보인다. 얼마 후 야고보가 중심이 되어 사도들과 장로들이 한 자리에 모여 회의가 진행되었다(행 15:6). 많은 변론이 진행된 후 베드로가 일어나 이방인에게 복음을 전한 자신의 경험을 설명하며 유대화주의자를 설득 한다(행 15:7-11). 그리고 바나바와 바울 역시 이방인에게 복음 전한 사역 결과를 말하며, 율법 없이도 이방인에게 복음이 전파되었음을 설명했다(행 15:12). 마지막으로 야고보는 공회에 참석한 모든 사람들을 향하여 바울과 바나바가 행한 이방인 사역의 정당함을 인정했다.

예루살렘 교회는 율법을 따르는 것과 관계없이 이방인은 예수를 믿음으로 구원을 얻을 수 있다는 사실을 인정한 것이다. 예루살렘 교회는 공회의 결정을 문서로 만들어 유다와 실라, 두 사람을 통해 안디옥과 수리아와 길리기아 지역에 있는 형제들에게 보냈다(행 15:22-23). 예루살렘 교회가 작성한 공문은 안디옥 교회에 전달되어 이방인은 먼저 율법을 준수하고 예수 그리스도를 믿어야만 구원을 받을 수 있다고 말한 유대화주의자의 주장은 예루살렘 교회의 공식적인 입장이 아님을 확증한 것이다. 더욱 놀라운 사실은 예루살렘 교회가 바울과 바나바와 동일한 신학적 입장에 서있다는 것이다(행 15:25-26). 즉 예루살렘 교회가 바울과 바나바의 이방인 사역에 적극적으로 동의한다는 것이다. 그렇다면 예루살렘 교회에서 안디옥에 내려와 할례를 구원의 조건으로 강조한 자들은 예루살렘 교회로부터 파송을 받았다고 주장한 거짓 사도이거나 아니면 예루살렘 교회의 일부 바리새파 기독교인의 사주를 받은 자들이었을 것이다. 예루살렘 교회로부터 이방인은 할례 받지 않고 예수 그리스도를 믿어 구원에 이를 수 있다는 구원 교리를 인정받은 바울과 바나바는 예루살렘 교회에서 파송된 유다와 실라와 같이 안디옥으로 돌아갔다.

4.9.4 회심 후 네 번째 예루살렘 방문(행 18:22)

2차 선교여행을 마친 바울은 가이사랴에 도착했다. 항구 도시인 이곳을 거쳐 바울은 예루살렘 교회를 방문한다. 그러나 누가는 바울의 네 번째 예루살렘 방문을 아주 간단하게 기록하고 있다. 바울은 단지 예루살렘 교회의 안부를 물은 후 안디옥으로 돌아갔다. 이 짧은 구절을 통해 바울이 네 번째 예루살렘 교회를 방문해서 어떤 일을 했는지를 확인하는 것은 불가능하다. 아마도 자신의 사역을 보고하기 위한 방문이었을 것이다.[53]

4.9.5 회심 후 다섯 번째 예루살렘 방문(행 21:17)

사도행전 21:17은 바울의 예루살렘 입성 장면이다. 예루살렘 교회 형제들은 3차 선교여행을 마치고 예루살렘에 도착한 바울을 환영해 주었다. 그러나 바울의 예루살렘 방문은 이미 고난이 예비되어 있었다. 선교여행을 마치고 가이사랴 빌립의 집에 거할 때 이미 유대로부터 내려온 아가보라는 선지자가 바울이 예루살렘에 가면 유대인들에게 잡힐 것이라고 하였다(행 21:8-12). 그러나 바울은 자신이 주 예수를 위해 죽을 것도 각오하였다며, 예루살렘으로 가기를 결정한다(행 21:13). 결국 바울은 예루살렘에서 잡혀 재판을 받기 위해 로마로 가게 된다.

바울은 회심 후 예루살렘을 다섯 번 방문했다. 안디옥 교회가 바울을 파송했지만 그는 1차 선교여행을 제외하고 선교사역을 마치면 항상 예루살렘 교회를 방문했다. 바울의 이러한 예루살렘 교회 방문은 자신의 사역을 보고하고 예루살렘 교회가 여전히 초대교회의 중심이었음을 확인시켜준다. 바울은 이방인의 사도로 헌신적인 사역을 했지만, 그의 사역은 여전히 유대인 범주를 완전히 벗어나지는 못한 것 같다.

4.10 결론

바울의 선교여행은 그가 예수를 그리스도로 만나고 어떠한 삶을 살았는지를 잘 보여준다. 그리고 바울의 생애의 핵심 사역이 선교여행에 담겨 있음을 부인하지 못할 것이다. 첫째, 바울의 선교사역은 팔레스타인에서 일어난 예수의 십자가 사건을 이방인 세계까지 확장시키는 중요한 역할을 했다. 팔레스타인 유대 기독교인은 이방인에게 복음을 전할 생각을 전혀 하지 못하고 있었다. 단지 이방인을 율법의 자녀로 만든 후 복음을 전하려는 의도를 가지고 있었다. 그러나 바울은 이방인에게 직접 복음을 전할 수 있음을 주장함으로 복음의 세계화를 이루는데 중요한 역할을 했다. 둘째, 바울은 안디옥 교회에서 파송받은 복음전도자로 볼 수 있을 것이다. 그러나 바울은 안디옥 교회보다 예루살렘 교회와의 관계를 더욱 중요시한 것 같다. 이것은 바울이 선교여행을 마칠 때마다 예루살렘 교회를 방문한 사실을 통하여 알 수 있다. 당시 예루살렘 교회는 새롭게 태동한 기독교 중심지였다. 예루살렘 교회의 수용이 없다면 복음의 정당성을 인정받을 수 없는 경우도 있었기 때문이다. 이러한 측면에서 본다면 바울은 그의 사역을 어떻게든지 예루살렘 교회에 보고해야 할 필요가 있었다. 그리고 결국은 이방인이 율법을 준수하지 않고 예수 그리스도를 믿을 수 있는 길을 열어 놓은 것이다. 마지막으로 바울은 복음을 유럽지역으로 확장하였으며, 로마제국 전역을 복음화할 수 있는 발판을 놓았다. 2·3차 선교여행을 통해 마케도냐와 아가야 지역에 복음을 전했기 때문이다. 그리고 로마행을 통해 로마제국의 중심인 로마에서 2년 동안 복음을 전함으로 유럽에 복음을 전파할 전초기지를 세운 것이다.

주(註)

1) 유대 역사가 Josephus는 그의 *Jewish Wars* 5.159-60와 *Antiquities of the Jews* 5.82에서 아라비아는 예루살렘에서 아주 가까운 거리에 있었다고 기록하고 있다. 맑은 날이면 예루살렘에서 아라비아를 육안으로 볼 수 있다고 기록했다.

2) 아라비아를 시내산으로 보는 견해도 있다. 이러한 견해는 갈라디아서 4:25절이 아라비아와 시내산을 연결시켜 기술했다고 보기 때문이다. 하지만 이 견해는 갈라디아서 4:25절이 비유이기 때문에 타당성을 인정받기 어려워 보인다.

3) R. L. Reymond, 「바울의 생애와 신학」, 원광연 역 (고양: 크리스챤다이제스트, 2003), 117.

4) 130) D. A. Carson, D. J. Moo, L, Morris. *An Introduction to the New Teste Unknown Years,* tr. by J. Bowden (Louisville: Westminster/ John Knox, 1997), 106-126.

5) 바울 서신에 반영된 바울의 선교여행에 대한 연구는 다음을 참조하라. T. H. Campbell, "Paul's Missionary Journeys as Reflected in his Letters," *JBL* 74/2 (1955), 80-87.

6) F. F. Bruce, *New Testament History* (London: Nelson, 1969), 245.

7) M. F. Unger, "Archaeology and Paul's Tour of Cyprus," *Bibliotheca Sacra* 117 (1960), 229.

8) M. F. Unger, "Archaeology and Paul's Tour of Cyprus," *Bibliotheca Sacra* 117 (1960), 230.

9) R. A. Culpepper, "Paul's Mission to the Gentile World: Acts 13-19," *Review & Expositor* 71/4 (1974), 489.

10) F. Stagg, *The Book of Acts: The Early Struggle for an Unhindered Gospel* (Nashville: Broadman, 1995), 145.

11) M. Hengel, 「바울: 그리스도 이전의 바울」, 강한표 역 (서울: 한돌, 1999), 36.

12) 일반적으로 마가 요한이 예루살렘으로 돌아간 것은 험난한 선교여행에 대한 두려움 때문이라는 주장을 한다. 한국 교회는 이 견해를 일반적으로 받아들이고 있다. 또한 마가 요한이 바나바를 질투했다고 보기도 한다. 더 깊은 연구를 위해서는 F. F. Bruce, *Paul: Apostle of the Heart Set Free* (Grand Rapids: Eerdmans, 1996), 163; R. A. Culpepper, "Paul's Mission to the Gentile World: Acts 13-19," *Review & Expositor* 71/4 (1974), 488.

13) M. Hengel, 「바울: 그릿도 이전의 바울」, 강한표 역 (서울: 한돌, 1999), 167.

14) R. L. Reymond, 「바울의 생애와 신학」, 원광연 역 (고양: 크리스챤 다이제스트, 2003), 154.

15) 바울의 일차 선교여행의 목적을 이방인 전도로 보는 견해도 있다. M. F. Unger, "Archaeology and Paul's Tour of Cyprus," *Bibliotheca Sacra* 117 (1960), 229.

16) D. French, 'Acts and the Roman Roads of Asia Minor', in D. W. J. Gill and C. Gempf (eds), *The Bok of Acts in Its First Century Setting*, vol. 2: *The Book of Acts in Its Graeco-Roman Setting* (Grand Rapids: Eerdmans, 1994), 56.

17) R. A. Culpepper, "Paul's Mission to the Gentile World: Acts 13-19," *Review & Expositor* 71/4 (1974), 493.

18) 사도행전에는 "우리"라는 단어가 사용된 단락이 3곳이 나타난다(16:10-17; 20:5-21; 27:1-28:16). 보다 자세한 내용은 F. F. Bruce, *Paul: Apostle of the Heart Set Free* (Grand Rapids: Eerdmans, 1996), 218을 참조하라.

19) 이 지역을 지나면서 바울 일행은 북 갈라디아 지역으로 방향을 선회했다는 주장도 있다. R. Jewett, "Mapping the Route of Paul's 'Second Missionary Journey' from Dorylaeum to Troas," *Tyndale Bulletin* 48/1 (1997), 5.

20) Bruce, *Paul* (1996), 214-16.

21) 바울의 선교여행의 길을 성령이 가로막았다는 견해를 주장하는 학자도 있다. I. H. Marshall, *The Acts of the Apostles: An Introduction and Commentary* (Grand Rapids: Eerdmans, 1980), 262. 반면에 알 수 없는 환경이 바울의 선교 방향을 막았다고 주장하는 학자도 있다. L. T. Johnson, *The Acts of the Apostles, Sacra Pagins 5* (Collegeville: Liturgical, 1992), 285.

22) 내압볼리는 계절에 관계없이 유럽과 아시아를 연결시켜주는 중요한 도로였다. C. J. Hemer, 'Alexandria Troas,' *Tyndale Bulletin* 26 (1975), 91-92.

23) A. N. Sherwin-White, *Roman Society and Roman Law in the New Testament* (Oxford: Clarendon Press, 1963), 78-82.

24) R. L. Reymond, 「바울의 생애와 신학」, 원광연 역 (고양: 크리스찬 다이제스트, 2003), 202.

25) 다음을 참조하라. B. W. Winter, "On Introducing Gods to Athens: An Alternative Reading of Acts 17:18-존재해 왔으며" *Tyntale Bulletin* 47/1 (1996), 71-90.

26) 우상의 정체에 대해서는 다음을 참조하라. K. L. MaKay, "Foreign Gods Identified in Acts 17:18," 45/2 (1994), 411-12.

27) R. H. Bailey, "Acts 17:16-34," *Review & Expositor* 87/3 (1990), 481-485.

28) R. L. Reymond, 「바울의 생애와 신학」, 원광연 역 (고양: 크리스찬 다이제스트, 2003), 211.

29) Ibid.

30) A. Dissmann, *Light from the Ancient East* (Grand Rapids: Baker, 1965), 16.

31) 바울은 브리스길라와 동업을 했지만 직접 천막을 만들기보다는 판매 전문가였으며, 물건을 판매하면서 복음을 전했다는 주장도 있다. V. K. MacCarty, "Prisca - Fellow Tent-maker and Fellow Missionary of Paul: Acts 18.2-3, 18, 26; Romans 16.3-4; 1 Corinthians 16.19; 2 Timothy 4.19," *International Congregational Journal* 11/2 (2012), 50-51.

32) 아데미 신상 문제로 갈등이 심해졌다. C. L. Brinks, ""Great is Artemis of the Ephesians": Acts 19:23-41 in light of goddess worship in Ephesus," *Catholic Biblical Quarterly* 71/4 (2009), 777-83.

33) 결례는 정결의식 중의 하나였다. 결례가 무엇이가에 대한 논의들은 다음 책을 참조하라. F. F. Bruce, *Paul: Apostle of the Heart Set Free* (Grand Rapids: Eerdmans, 1996), 348.

34) H. S. Songer, "Paul's Mission to Jerusalem: Acts 2-28," *Review & Expositor* 71/4

(1974), 503.

35) 이방인의 성전 출입 관례는 다음 책을 참조하라. E. Haenchen, *The acts of the Apostles* tr R. M. Wilson (Philadelphia: Westminster Press, 1971), 616.

36) H. S. Songer, "Paul's Mission to Jerusalem: Acts 2-28," *Review & Expositor* 71/4 (1974), 505.

37) 바울의 재판 연기 부분은 다음을 참조하라. H. S. Songer, "Paul's Mission to Jerusalem: Acts 2-28," *Review & Expositor* 71/4 (1974), 505-06.

38) F. F. Bruce, *Paul: Apostle of the Heart Set Free* (Grand Rapids: Eerdmans, 1996), 365.

39) F. F. Bruce, *Commentary on the Book of the Acts* (NICNT; Grand Rapids: Wm B. Eerdmans Publishing Company, 1954), 501.

40) 바울의 목회서신인 디모데전후서와 디도서를 바울 서신으로 받아들이지 않는 학자들은 바울의 5차 선교여행 가설을 부정한다. 즉 목회서신을 바울의 후기 서신으로 바라보기 때문이다. 하지만 우리는 바울의 행적에 대한 보다 폭넓은 연구를 위해 목회서신에 언급된 바울의 행적을 살펴보아야 할 필요성이 있다.

41) F. F. Bruce, *Paul: Apostle of the Heart Set Free* (Grand Rapids: Eerdmans, 1996), 376.

42) J. Knox, "Romans 15:14-33 and Paul's Conception of His Apostolic Ministry," *JBL* 83 (1964). 1-11.

43) O. F. A. Meinardus, "Paul's Missionary Journey to Spain: Tradition and Folklore," *Biblical Archaeologist* 41/2 (1978), 61-63.

44) F. J. F. Jackson, "Evidence for the Martyrdom of Peter and Paul in Rome," *Journal of Biblical Literature* 40/1-2 (1927), 76.

45) C. H. Talbert, "Again: Paul's Visits to Jerusalem," *Novum Testamentum* 9/1 (1967), 26-27.

46) J. G. Machen, *Machen's Notes on Galatians*, edited by J. H. Skilton (Philadelphia: Presbyterian and Reformed, 1972), 78.

47) 갈 1:18-24을 바울의 첫 번째 예루살렘 방문으로 예루살렘 교회의 흉년을 돕기 위한 연보 전달이라고 주장하는 학설도 있다. D. F. Robinson, "A Note on Acts 11:27-30," *JBL* 63 (1944), 169-72.

48) Josephus, *Antiquities of the Jews*, 20.51-53.

49) 학자들은 사도행전 11:27-30과 갈라디아서 2:1-10에 언급된 바울의 예루살렘 방문이 서로 다른 시기의 방문을 의미한다고 보기도 한다. 리처드 N. 롱에네케,「갈라디아서」, 이덕신 역 (WBC 서울: 솔로몬, 2003), 243-44.

50) 예루살렘 교회 흉년을 돕기 위한 방문이 바울의 두 번째 예루살렘 방문이라고 주장하기도 한다. F. W. Beare, "Note on Paul's First Two Visits to Jerusalem," *JBL* 63/4 (1994), 407.

51) F. F. Bruce, *Paul: Apostle of the Heart Set Free* (Grand Rapids: Eerdmans, 1996), 152.

52) J. D. G. Dunn, *Jesus, and Paul the Law* (Louisville: Westminster/John Knox, 1990), 115-16.

53) 일부 학자들은 이 부분을 누가의 편집으로 보기도 한다.

제2부
바울신학

제2부
바울신학

서론

  1부에서는 바울의 생애와 신학사상 형성 분야를 살펴보았다. 제2부에서는 바울의 신학 주제를 살펴보도록 하겠다. 바울은 기독교 신학의 가장 중요한 교리를 세운 위대한 신학자로 알려졌다.[1] 그러나 이러한 바울의 위대함을 단순히 그의 생애와 선교여행 과정을 살펴봄으로 선교사나 복음전도자 정도로 이해하려는 경향이 있는 것도 사실이다.[2] 바울 생애의 핵심은 선교여행이었지만, 그는 단순히 선교여행만을 한 것이 아니라, 기독교 믿음의 필요성을 매순간 서신이라는 양식을 빌어 그리스도인들에게 설명하고 권면했다. 그러므로 바울을 전도자이며 신학자로 보아야 한다.

그렇다면 바울의 신학은 왜 연구되어야 하는가? 이 질문은 바울신학이 기독교에서 얼마나 중요한 위치를 차지하고 있는지를 묻는 질문이기도 하다. 이미 앞에서 살펴보았듯이, 바울은 기독교 역사에서 가장 중요하고 위대한 신학자 가운데 한 사람이다. 이러한 관점이 바로 바울신학을 연구해야 할 이유로 받아들여졌다. 또한 바울서신은 초대교회로부터 정경으로 받아들여지는데 별다른 어려움이 없었다. 그러나 이러한 이유보다 더욱 중요한 것은 바울신학이 교부시대로부터 현재까지 교회들에 미치는 영향력 때문일 것이다.[3] 그리고 기독교 신학을 연구하고 공부하려는 모든 사람들은 바울과 교류하지 않고는 아무것도 할 수 없다는 사실을 깨닫게 된다는 것이다. 물론 이것이 복음서에서 언급한 예수의 가르침을 배격한다는 의미는 절대 아니다. 바울신학은 기독교의 핵심적인 교리를 잘 드러내고 있으며, 바울의 신학과 상관없이 기독교 신학을 이해하려는 시도는 가치 없는 일이 될 수도 있다는 것이다. 이런 관점에서 바울신학은 기독교 신학 연구의 핵심이 되어야 한다.

현재까지 바울신학은 다양한 방법으로 연구되어 왔다. 독일을 중심으로 한 바울서신 연구는 바울신학을 신약신학의 일부로 간주하고 단순히 기독교 교리 측면 연구만 시도한 경우도 있었다.[4] 바울의 생애와 신학을 함께 연구하는 저작들도 출판되었다.[5] 바울의 회심, 선교사역 그리고 신학을 연결시켜 연구하는 경향도 있다.[6] 이러한 다양한 연구들이 바울신학을 더욱 발전시키는 계기가 되었음을 누구도 부인할 수 없을 것이다. 그러나 바울신학의 핵심 가운데 하나는 바울의 율법관이다. 브레데(Brede)는 바울이 철저하게 율법을 배제시킨 구원관을 믿고 있었다고 주장했다. 즉 바울은 예수님과 다른 율법 해석을 했다는 것이다.[7] 복음서에 묘사된 예수의 율법관은 바울서신의 율법관보다 보수적인 성향을 보이고 있다. 이후 바울신학에 대한 수많은 연구들이 쏟아져 나왔다. 더 이상 바울신학을 연구할 필요가 없을 만큼 방대한 결과물을 내어놓은 것이다. 따라서 바울신학 연구의 새로운 진척이 더 이상은 없을 것이라는 잠정적인 동의가 일어날 시점에 샌더스(E. P. Sander)의 '새로운 관점'이 대두되었다.[8] 새로운 관점은 당시 바울이 가르친 구원관과 율법을 지킴으로 구원을 얻을 수 있다는 유대인의 '의'(righteousness) 개념이 서로 상충한다는 주장에 샌더스가 의문을 제기한 것이다. 바울 당시 유대인은 율법을 준수함으로 의로워져야만 구원을 얻을 수 있다는 믿음을 가진 것이 아니라, 그들은 하나님의 선민이기 때문에 구원을 얻을 수 있다는 믿음을 소유했다는 것이다. 이 주장은 당시 기독교와 유대교의 관계에 대한 연구를 새롭게 시도해야 한다는 결과를 낳았다. 즉 현재까지 기독교가 정립해 놓은 기독교와 유대교의 구원관을 새롭게 연구하고 정립해야 하는 문제를 제기한 것이다.[9] 현재 이 논쟁은 복음주의 학자들에게 많은 도전을 받고 있는 실정이다. 바울의 율법관 연구의 역사적 뿌리는 종교개혁 때부터이다. 종교개혁은 행함으로 의로워질 수 있다는 과거의 율법관을 새롭게 조명하는 기회가 되었기 때문이다. 다른 말로 환언한다면, 율법의 기능을 어떻게 해석하느냐에 따라 바울신학을 연구하는 방법들이 시대별로 다양하게 변했다는 것이다. 결론적으로 바울신학은 샌더스 이후 톰 라이트(Wright)에 이르기까지 바울의 율법과 구원에 대한 논쟁으로 이어지고 있다.

지금까지 바울신학 연구 역사에 대한 일반적인 흐름을 살펴보았다. 그렇다면 바울신학은 무엇을 연구하는 것인가를 살펴보아야 할 것이다. 이것은 바울을 어떤 사람으로 보아야 하는 문제로부터 출발해야 한다. 하지만 바울의 사역 성격을 단순히 하나의 영역으로 규정할 수는 없다. 바울은 목회자였다. 바울은 교회 개척자였다. 또한 선교사였다. 그리고 신학자였다. 바울은 다양한 사역을 했기 때문에 그의 사역을 어떤 영역에서 보느냐에 따라 다른 결과가 나타날 수 있다. 또한 이미 주지한 것처럼 바울의 이름으로 기록된 13권의 서신 모두를 연결시켜 하나의 신학적 통일성을 만들어야 하느냐 아니면 각권이 가진 개별적인 신학 주제만을 따로 다루어야 하느냐는 문제가 남아 있다. 이 질문에 분명한 확답을 내리기는 어렵지만, 바울신학은 그의 각 서신서에 나타난 신학 주제를 하나로 연결시켜 놓은 것 그 이상은 아니라는 것이다.[10] 그렇다면 우리는 바울신학 연구를 다음과 같이 규정지을 수 있을 것이다. 첫째, 바울신학을 연구한다는 것은 바울이 무엇을 믿었는지를 연구하는 것이다. 둘째, 바울신학을 연구한다는 것은 바울의 가르침이 초대교회 그리스도인의 신앙과 삶을 다루고 있음을 인정하는 것이다.[11] 이러한 과제를 해결하기 위해 언어학, 사회학 그리고 문학비평 방법이 동원되었다. 언어학적 연구는 바울서신 헬라어 본문을 분석함으로 바울이 가진 신학 사상을 찾는 작업이다.[12] 사회학적 접근은 바울서신을 당시 사회 문화 배경에서 읽고 해석하는 것이다.[13] 특별히 사회 과학 성서비평의 방법론인 모델(model)과 이론(theory)을 사용한 바울서신의 본문 분석은 바울의 신학과 그 당시 사회 배경을 이해하는데 엄청난 역할을 감당했다. 문학

비평의 다른 표현은 바울서신을 수사학적으로 연구하는 것이다.[14] 바울의 수사에는 그의 감정 개입이 나타나 있기 때문이다. 물론 이러한 해석학적 접근이 바울신학을 완벽하게 이해할 수 있다는 것은 아니다. 이것은 바울신학을 과학적이고 체계적 관점에서 연구하는 하나의 틀에 불과할 뿐이다. 그러므로 본서는 이미 제시한 것처럼 바울의 믿음과 가르침에 나타난 신학 사상을 살펴보는 것이다.

주(註)

1) J. D. G. Dunn, *The Theology of Paul the Apostle* (Grand Rapids: Eerdmans, 1998), 2-3; M. Hengel, "The Origins of the Christian Mission" in *Between Jesus and Paul: Studies in the Earliest History of Christianity* (London: SCM, 1983), 49-50.

2) R. Jewett, "Paul, Phoebe, and the Spanish Mission" in *The Social World of Formative Christianity and Judaism*, H. C. Kee, J. Neusner, S. S. Frerichs, B. bORGEN, R. Hosley (Philadelphia: Fortress, 1988), 142.

3) J. D. C. Dunn, 「바울신학」, 박문재 역 (고양: 크리스찬다이제스트, 2003), 41.

4) H. Conzelmann, *An Outline of the Theology of the New Testament* (London: SCM, 1969), 155-286.

5) E. Lohse, *Paulus Eine Biographie* (Munich: Beck, 1996).

6) R. L. Reymond, 「바울의 생애와 신학」, 원광연 역 (고양: 크리스찬 다이제스트, 2003).

7) V. Koperski, 「최근 바울과 율법 연구 동향」, 김병모 역 (서울: 기독교문서선교회, 2008), 13.

8) E. P. Sanders, *Paul and Palestinian Judaism* (London: SCM, 1977).

9) J. D. G. Dunn, "The New Perspective on Paul," *BJRL* 65 (1983): 94-122.

10) J. D. G. Dunn, 「바울신학」, 박문재 역 (고양: 크리스찬다이제스트, 2003), 56.

11) Ibid., 54.

12) 예를 든다면 다음과 같은 연구다. J. A. Ziesler, *The Meaning of Righteousness in Paul: A Linguistic and Theological Inquiry* (Cambridge: Cambridge University Press, 1972).

13) H. Moxnes, "Social Integration and the Problem of Gender in St Paul's Letters," *Studia theologica* 43/1 (1989), 99-113.

14) J. A. Marchai, *Hierarchy, Unity, and Imitation: A Feminist Rhetorical Analysis of Power Dynamics in Pauls Letter to the Philippians*. (Atlanta: Society of Biblical Literature, 2006).

제5장 바울신학의 신앙적 이해

서론

바울신학을 연구한다는 것은 그의 신앙과 가르침을 이해하는 것이다. 바울의 신학에는 그의 신학 사상만 담긴 것이 아니라 신앙도 녹아 있기 때문이다. 그러므로 본 장에서는 바울신학을 어떻게 바울의 신앙 관점에서 이해할 것인가를 살펴볼 것이다. 첫째는 바울의 유대교 신앙 배경을 살펴볼 것이다. 바울의 유대교 신앙을 살펴본다는 것은 그의 근본적인 신앙 배경을 이해하는 것이다. 둘째는 다메섹 체험 후 바울의 신앙을 살펴볼 것이다. 다메섹 사건 후 바울의 신앙은 예수 그리스도를 믿는 믿음에 집중되어 있다. 그러므로 바울의 예수 그리스도 중심 신앙이 어떻게 그의 서신에 나타나 있는지를 확인할 것이다. 마지막으로 바울의 신앙적 가르침이 초대 그리스도인의 삶과 신앙 사상 형성에 어떠한 영향을 미치기 원했는지를 확인할 것이다.

5.1 유대교와 바울

유대인은 여호와 하나님만 참 신(神)이라는 유일신 사상을 믿어 왔다. 만물을 창조하신 분도 여호와이시며, 다스리는 분도, 이끄시는 분도, 심판하시는 분도, 구원하시는 분도, 여호와 한 분이라고 믿어 왔다.[1] 특별히 이스라엘의 하나님으로 이스라엘 백성을 창조하셨을 뿐 아니라, 수많은 민족 중에서 이스라엘 백성을 택해서 선민이라 불렀다. 그리고 이스라엘 백성을 당신의 기업으로 삼았다(신 4:20; 10:14-15). 하나님의 선택을 받은 이스라엘 백성의 특권은 두려운 마음으로 하나님을 경외하며 우상을 멀리하고 오직 하나님만을 섬겨야 하는 약속의 백성이 된 것이다(신 6:14-15).

하나님이 모세를 통해 이스라엘 백성에게 준 율법은 하나님과 이스라엘 백성이 지켜야 할 가장 중요한 언약이며 약속이었다. 모세의 시대부터 시작된 이 약속은 이스라엘 역사에 항상 존재해 왔으며, 하나님과 이스라엘 백성의 관계를 지속시키는 근원이 되었다. 하나님은 이스라엘 백성이 그분의 명령을 순종할 때 그들을 축복하였으며, 불순종할 때는 징계를 내리곤 했다. 구약성경은 하나님과 이스라엘 백성을 언약 관계로 기록하고 있지만, 사사기에는 하나님께 순종하지 아니함으로 징계를 받은 이스라엘 백성의 모습이 반복적으로 묘사되어 있다.

유대인 가운데는 하나님을 멀리하고 영적으로 타락한 생활을 하면서 외형적인 유대교 의식(ritual)에만 치중하는 부류도 있었다. 일부 유대인은 율법주의 신앙관에 사로잡혀 하나님께 죄를 회개하지도 않았다. 유대인은 형식적인 율법주의자들이었지만, 그들은 여전히 율법의 지배에서 벗어나지 못해 예수를 그리스도로 믿으려 하지 않았다. 유대인은 고난의 현장에 하나님이 개입하셔서 자신들의 문제를 해결해 줄 것이라는 기복적인 믿음을 가지고 있었다.[2] 그들은 다윗의 혈통에서 난 메시야가 나타나 하나님의 백성인 이스라엘을 회복시키리라 믿었다.[3]

다메석 체험 이전의 바울 역시 일반 유대인과 동일한 신앙관을 가지고 있었다. 그의 인생에서 가장 중요한 일은 하나님을 섬기는 것인데, 그는 율법을 따라 사는 것만이 진정한 하나님을 섬기는 삶이라고 믿었다. 철저한 유대교 신앙관을 가진 바울이 예수를 메시아로 받아들인다는 것은 거의 불가능한 일이었을 것이다. 이스라엘 백성은 메시아로 이 땅에 온 예수를 그리스도로 받아들이지 않고 도리어 십자가에 못 박았다. 바울이 소망한 메시아는 영광된 하나님의 아들로서 이스라엘 대적을 멸하고 심판하실 통치자였다.

율법주의 신앙관에 사로잡힌 바울은 목수의 아들인 예수가 구약의 선지자들이 예언했던 메시아라는 사실을 믿지 않았다. 바울도 다른 유대인처럼 그리스도가 이 땅에 오면 육신으로 영원히 계시면서 자기들을 통치할 줄로 알고 있었다(사 9:6-7; 겔 37:25; 시 89:4; 단 2:44; 막 11:10; 눅 1:33; 요 12:34). 그들은 이 땅을 통치할 왕으로서의 메시아를 기대한 것이다.

그런데 자칭 하나님의 아들인 예수는 십자가 죽음을 선언한다. 물론 예수는 이스라엘 백성이 놀랄 정도로 많은 이적과 기적을 행하였지만, 그의 사역에는 로마제국의 식민지 상황에 놓인 이스라엘을 회복시킬 어떠한 기미도 나타나지 않았다. 더욱이 예수 그리스도는 율법을 가르친 것이 아니라 율법주의자들의 모순을 지적하며 개혁을 촉구하였다. 하나님의 선민인 유대인에게 예수의 가르침과 행동은 너무나도 큰 충격이 아닐 수 없었다.

신약성경의 마지막 예언자인 침례자 요한도 메시아에 대한 예언을 했다. 그는 예수에게 침례를 베풀고도 믿어지지 않아 자기 제자들을 다시 보내어 예수가 진짜 메시아인지를 확인하였다(마 11:3). 하나님의 선민임을 자랑하는 유대인은 모든 이방 민족은 하나님으로부터 버림받는 백성이라고 믿었다. 그러면서도 유대인은 하나님께 순종하는 삶을 살지 않았다(마 23:14; 롬 10:3).

예수의 가르침은 유대인의 잘못된 신앙을 복음으로 개혁하는 것이었다. 하지만 유대인은 예수 그리스도 복음의 참 뜻을 이해하지 못했다. 유대교 가정에서 자란 바울 역시 혈통으로는 유대인이요 히브리인 중에 히브리인이요 율법으로는 철저한 바리새인이요 율법의 의로는 흠이 없는 자라고 자부하였으며, 율법을 지키기 위해서는 열심 있는 자로 예수의 도를 핍박하여 사람을 죽이기까지 하고 남녀를 결박하여 옥에 넘기기 까지 하였다(행 22:3-4; 빌 3:5-6).

결론적으로 하나님의 선민을 자처한 유대인은 율법주의 신앙에 사로잡혀 있었다. 그러나 그들은 형식적인 율법주의 신앙만 강조하였다. 더욱이 이 땅을 통치할 세속 왕으로서 메시아를 기다림으로 예수를 하나님이 보낸 메시아이며 구세주로 받아들이지 못하고 말았다. 이러한 유대 율법주의 신앙을 가진 유대인의 모습이 바로 바울의 모습이었다.

5.2 바울의 신앙고백과 예수 그리스도의 구원

바울은 다메섹 체험 후 자신에게 가장 중요한 것은 구원임을 알았다.[4] 하나님의 백성은 율법을 지킴으로만 의로워진다고 믿었다. 그러나 이러한 믿음은 예수 그리스도를 만남으로 완전히 부서지고 말았다. 바울이 가장 시급하게 해결해야 할 문제는 사람이 무엇으로 의로워질 수 있느냐는 것이다. 바울은 사람이 의로워지려면 율법이 아닌 죄를 회개하고 예수 그리스도를 믿어야 한다고 고백한다(참조. 롬 6-8장). 결국 인간이 의로워지기 위해서는 죄 용서를 받아야 함을 깨닫게 되었다. 바울은 사람이 율법으로 의로워진다는 유대교 신앙을 예수 그리스도를 믿음으로 의로워진다는 기독교 신앙으로 새롭게 정립했다.

바울의 죄가 인간의 육신과 깊은 관계있다고 보았다.[5] 바울이 말한 육은 인간을 구성하고 있는 신체를 말한다. 육신적 삶은 하나님의 뜻대로 하지 않고 사람의 생각대로 사는 것이다. 그리고 육신의 정욕을 따라 사는 것을 '죄'라 한다. 인류의 죄는 아담으로부터 시작되었는데, 즉 아담이 범죄 함으로 모든 인간은 죄인이 되었다(롬 3:9-18; 5:12-14). 바울은 "한 사람으로 말미암아 사망이 왔으니 이와 같이 모든 사람이 죄를 지었음으로 사망이 모든 사람에게 이르느니라"고 했다(롬 5:12).

　기독교 교리 차원에서 본다면, 바울은 죄를 원죄와 자범죄로 나누었다. 즉 원죄로 모든 인류가 죄의 본성을 가지게 되었지만, 죄는 사람의 개인 행위의 결과로 나타나는 현상임을 강조한 것이다. 로마서 1:18-3:20은 분명히 인간의 범죄는 자신의 책임임을 보여주고 있다. 결국 범죄 한 인간은 하나님을 반역하였으며, 하나님을 기쁘게 할 수가 없다(롬 7:24).[6]

　아담 이후 인류는 죄의 지배를 받게 된 것이다. "그러나 성경이 이 모든 것을 죄 아래 가두었으니 이는 예수 그리스도를 믿음으로 말미암은 약속을 믿는 자에게 주려 함이니라 하였으며," "하나님이 모든 사람을 순종치 아니하는 가운데 가두어 두심은 모든 사람에게 긍휼을 베풀려 하심이로다"(갈 3:22; 롬 11:32). 죄 아래 있는 인간의 결국은 사망이다(롬 6:23). 사망의 길로 가게 될 인류를 구속할 수 있는 유일한 길은 하나님만 열어줄 수 있다. 하나님의 한 의가 나타났는데 이 의는 예수 그리스도를 나타내며, 인간은 그를 믿음으로 의롭게 될 수 있다(롬 3:21). "내가 복음을 부끄러워하지 아니하노니 이 복음은 모든 믿는 자에게 구원을 주시는 하나님의 능력이 됨이라 첫째는 유대인에게요 또한 헬라인에게로다"(롬 1:16). 하나님은 인간의 죄를 용서하려는 계획을 세웠는데 "우리가 아직 죄인되었을 때에 그리스도께서 우리를 위하여 죽으심으로 하나님께서 우리에게 대한 자기의 사랑을 확증하신" 것이다(롬 5:8).

　유대인은 율법으로만 의로워진다고 믿었다. 그러나 위에서 살펴본 것처럼, 바울은 사람이 의로워 지는 것은 예수 그리스도를 믿음으로만 가능하다고 했다. 바울은 사람이 예수 그리스도를 믿음으로 의로워진다는 것을 설명하려고 아브라함이 하나님을 믿음으로 의롭다고 인정받은 이야기를 예로 제시했다(롬 4). 유대인은 자신들이 아브라함의 후손으로서 율법을 순종하고 지켜야 한다고 주장했지만, 율법의 시작은 아브라함이 아니라 모세 때부터이다. 즉 믿음의 조상인 아브라함은 모세가 하나님으로부터 율법을 받기 이전부터 이미 믿음으로 의롭다고 칭함을 받았다. 그러므로 구속은 율법이 아닌 믿음으로만 가능하다.

바울은 할례를 받는 것이 의로워지는 방법이 될 수는 없다고 했다. 유대인은 할례를 강조했지만, 바울은 할례을 믿음으로 의로워진 자들이 받을 증표일 뿐이라고 말했다. 아브라함은 이미 믿음으로 의롭다는 증표를 받은 후 14년이 지난 후에 할례를 받았다. 이것은 할례가 의를 얻는데 아무런 역할도 하지 못함을 의미한다.

율법의 기능 역시 사람을 의롭게 하거나 구원을 얻게 하지 못한다고 보았다. 율법은 죄를 깨닫게 하는 역할을 할 뿐이기 때문이다. 인간이 구원 받을 수 있는 유일한 길은 하나님의 은혜를 통한 믿음으로만 가능한 것이다(롬 4:16). 다시 말해서 복음은 율법의 완성이므로 예수 그리스도를 믿는 성도는 율법으로부터 자유함을 얻게 되며, 오직 믿음으로 의롭다 함을 얻는다(갈 3:5-6; 2:16).

지금까지 살펴본 내용은 유대교의 기본 신앙관이다. 유대인은 율법으로 의로워 지며 하나님의 선민이라는 강한 의식을 가지고 있었다. 바울 역시 유대교 교리 아래에서 율법을 따르는 신앙생활을 했다. 그러나 그는 다메섹 도상에서 예수 그리스도를 만난 후 가장 먼저 인식한 것은 그들이 기다린 메시아가 예수라는 확신이었다. 바울은 예수 그리스도를 믿음으로 의로워진다는 구원론 신앙을 확립하게 되었다.

5.3 바울의 그리스도

바울은 유대교에서 기독교로 전향한 믿음의 사람이다. 그렇다면 바울의 관점에서 본 예수 그리스도는 누구인지 살펴보자. 첫째, 바울은 그리스도를 체계적이거나 조직적 관점에서 믿음의 대상으로 설정하지는 않았다. 우리는 바울의 기독론을 책상에 앉아서 연구함으로 얻으려고 한다. 그러나 바울은 연구를 통해 기독론 신학을 만들어 낸 것이 아니다. 바울의 기독론은 목회 현장에서 경험한 신앙의 산물이다.[7] 이것은 바울의 기독론이 그의 신앙 체험에서 출발했다는 뜻이다. 만약 바울이 학문적 관점에서 기독론을 정립하기 원했다면, 그는 헬라철학과 사상을 그의 기독론에 도입했을 것이다.[8] 물론 성서비평 학자들은 바울신학에 헬라 사상이 상당부분 함의 되었다고 본다. 그러나 바울서신에 언급된 헬라 사상과 문화는 특별한 것이 아니라, 이미 지중해 세계 모든 민족에서 보편화된 삶의 철학이었을 뿐이다.[9] 바울은 단지 자신이 경험하고 습득한 헬라 사상을 기독교 신앙의 체계화를 위해 사용함으로 불신자들이 예수를 그리스도로 믿고 구원 얻기를 바랐을 뿐이다. 따라서 바울이 이해한 예수 그리스도는 다메섹 체험을 그 근거로 하고 있다.

둘째, 바울의 기독론은 그리스도를 사색하는 신학이었다. 바울이 사역한 시대는 아직 교회의 구조가 온전히 정립되지 못했다. 즉 초대교회는 아직 교회 리더십을 세우지 못한 상태였다. 바울은 지역 교회에서 일어나는 다양한 신앙 문제들에 대해 권면해야 했고, 그를 반대하는 대적들과 싸워야 했다. 바울이 사역한 현장은 교리적으로 정립된 것이 거의 없는 상태였다. 바울은 지역 교회에서 일어나는 예기치 못한 일들이 일어날 때마다 예수 그리스도의 가르침과 지혜에 의존함으로 문제를 해결했다.[10] 그러므로 바울은 역사적 예수의 가르침을 사색함으로 교회 문제를 해결할 신학 사상을 정립하는 과정을 거쳤던 것이다.

마지막으로 바울은 예수를 하나님께 순종하는 분으로 그리고 육체로 계시지만 모든 신성이 충만한 분으로 믿었다(참조. 골 2:9). 이것은 바울이 하나님의 지혜가 그리스도를 통해 나타났음을 주장하는 것을 통해 이해된다. 바울이 이해하고 지혜를 구한 예수 그리스도는 바로 하나님이시다. 결론적으로 바울이 정립한 예수 그리스도에 대한 신앙은 하나님의 사랑을 전달한 메시아이며 인류를 구원하려고 이 땅에 오신 분이다. 바울의 이러한 예수 그리스도 이해는 그의 신앙 체험을 통해 형성된 것이다. 이미 유대교 신앙을 소유했던 바울은 다메섹 체험을 통해 예수 그리스도를 만난 후 기독교 신앙으로 자신의 신앙관을 재정립한 것이다. 바울이 선교사역 현장에서 경험한 신앙은 자연스럽게 그의 신학으로 정립하였다.

5.4 결론

바울의 신학을 어떻게 이해해야 할 것인가에 대한 질문은 여전히 관심의 대상이다. 그러나 분명한 사실은, 바울신학은 학문적 연구 과정을 거쳐 형성된 것이 아니다. 그의 서신들에 담긴 신학 사상은 교회들이 직면한 문제를 해결하려는 관점에서 기록되었기 때문이다. 그리고 그의 신학은 예수 그리스도의 가르침을 기초로 하고 있다. 물론 이러한 주장이 바울의 신학 형성에 헬라 사상이 전혀 가미되지 않았다는 것은 아니다. 결론적으로 바울의 그리스도 이해는 역사적 예수의 가르침을 중심으로 한 유대교와 헬라 사상이 일정 부분 혼합된 형태를 띠고 있다.

주(註)

1) 다음을 참조하라. L. W. Hurtado, "First-Century Jewish Monotheism," *Journal for the Study of the New Testament* 71 (1998), 3-26.

2) M. V. Novenson, "The Jewish Messiahs, the Pauline Christ, and the Gentile Question," *Journal of Biblical Literature* 128/2 (2009), 361.

3) C. G. Whitsett, "Son of God, seed of David: Paul's messianic exegesis in Romans 1:3-4," *Journal of Biblical Literature* 119/4 (2000), 661-81.

4) M. Hengel & A. M. Schwemer, *Paul between Damascus and Antioch: the Unknown Years*, trans J. Bowden (Louisville: John Knox, 1997), 292.

5) B. Byrne, "Sinning against one's own body : Paul's understanding of the sexual relationship in 1 Corinthians 6:18," *Catholic Biblical Quarterly* 45/4 (1983), 609.

6) R. L. Longenecker, 「바울의 선교와 메시지」, 노상국 역 (서울: 대한기독교서회, 1992), 145.

7) W. Barclay, 「바울신학개론」, 박문재 역 (고양: 크리스찬다이제스트, 2004), 46.

8) M. J. Shroyer, "Paul's departure from Judaism to Hellenism," *Journal of Biblical Literature* 59/1 (1940), 41-49.

9) L. H. Feldman, "How much Hellenism in the land of Israel?" *Journal for the Study of Judaism in the Persian, Hellenistic and Roman Period* 33/3 (2002), 290-313.

10) W. Barclay, 「바울신학개론」, 박문재 역 (고양: 크리스찬다이제스트, 2004), 47.

제6장 바울신학의 중심 주제

 바울은 소아시아, 아가야, 마게도니아, 로마 등 지중해 연안 지역을 두루 다니면서 하나님의 교회를 세웠다. 그리고 새로 세운 교회들에 많은 서신을 보내 문안, 권면, 격려, 지도하였다. 바울서신은 기독교의 중요한 교리를 다루고 있으며, 사도행전은 그 내용의 절반 이상을 바울의 행적에 대해서 기록하고 있다. 그는 기독교 교리와 복음의 윤리성을 명확하게 제시한 개척 신학자이기도 하다. 그러므로 바울서신은 아주 조직적으로 구성된 신학 논문으로 보인다.

 우리가 바울서신을 우리 각자가 받은 사명에 따라 바라본다면, 모든 그리스도인은 그가 진술한 교훈과 세부적 권면들을 꿰뚫고 흐르는 진리의 원칙이 오늘날에도 그리스도인의 신앙을 돈독히 하고 실천하는데 분명한 권위가 있음을 발견하게 될 것이다. 그리고 바울에게 역사한 성령이 동일한 방법으로 현대를 살고 있는 성도들에게도 역사하고 있다. 따라서 우리가 바울신학을 이해할 수 있는 열쇠를 예수 그리스도에 관한 그의 사상 속에서 찾아야 한다. 바울신학은 예수 그리스도 중심이며, 그의 종교는 예수 그리스도와 더불어 살며, 또한 주님의 인도하심을 받으며 사는 삶이다. 또한 바울신학은 원칙적으로 구원론, 교회론, 종말론, 이 모든 것을 그의 사상의 중심을 담은 "그리스도 안에"(구원론), "그리스도의 몸"(교회론), "그리스도와 함께"란 문구에 그 뿌리를 내리고, 여기에서 바울신학의 새로운 출발이 시작된 것이다(롬 14:7-9; 빌 1:20-22; 골 3:1-4).

바울의 신앙관은 자신을 부른 주님과 더불어 사는 삶이며, 또한 예수 그리스도를 죽기까지 순종하는 것이다(갈 2:20; 고전 15:30; 갈 6:14-17). 이것은 바울신학을 인본주의 관점에서 해석하려는 현대의 실존주의 신앙과는 근본적으로 반대된다는 사실을 알아야 한다(빌 1:20-21; 고전 2:1-5; 2:13-14; 빌 3:7-9).

그렇다면 바울신학의 가장 중요한 중심 주제가 무엇인지를 살펴보자. 바울신학을 비평학적으로 연구하기 시작하면서, 학자들은 바울 신학의 중심 주제를 파악하려고 최선을 다했다. 물론 학자들은 과연 바울신학에 중심 주제가 존재한다는 자체에 의문을 제기하기도 한다. 하지만 학자들은 다음과 같은 주제들을 바울신학의 중심이라고 주장했다. 그림 지금까지 학자들이 제시한 바울신학의 대표적인 중심 주제들을 간략하게 살펴보자.

6.1 이신 칭의(以信稱義)

많은 학자들은 바울신학의 핵심 주제를 '이신 칭의'라고 믿는다.[1] '이신 칭의'가 바울신학의 핵심 주제로 제기된 것은 루터의 종교개혁 이후이다. 그리고 20세기를 지나면서 '이신 칭의'는 하나님의 말씀을 통해 구원을 얻는다는 신앙의 잣대로 사용되었다.[2]

그러나 모든 학자들이 '이신 칭의'를 바울신학의 유일한 핵심 주제로 받아들이지는 않았다. 사실 바울은 '이신 칭의'를 주장함으로 유대인에게 상당한 반감을 받게 되었다. 유대인 신앙의 최우선 목표는 율법 준수였기 때문에, 그들은 바울의 '이신 칭의' 주장이 자신들의 신앙 가치관을 무시한 치명적인 도전으로 보았다. 하지만 바울의 '이신 칭의'는 기독교 신학 교리를 정립하는데 근간이 되었음을 부정할 수 없을 것이다. 바울의 '이신 칭의' 신학은 그의 복음전도 사역에 잘 나타나 있다. 첫째는 상당히 많은 부분에서 예수 그리스도의 복음과 유대교 유산의 차이점을 말했다. 바울은 베드로를 책망하면서 유대교 사고를 버리지 않고는 복음을 전할 수 없음을 분명히 한다(갈 2:11-21). 둘째로 '이신 칭의' 교리는 바울의 이방인 선교를 지지하는 신학이 되었다. 바울이 주장한 '이신 칭의'는 이방인에게 율법과 할례의 준수를 요구하지 않고도 복음을 전할 수 있는 발판을 마련한 것이다. 바울의 '이신 칭의'를 좀 더 자세히 살펴보자.

6.1.1 하나님의 의

로마서에 언급된 바울신학의 핵심 주제는 하나님의 '의'(righteousness)다. 바울은 하나님의 한 의가 나타났다고 했는데, 그 '의'가 바로 예수 그리스도이다(롬 3:21-22, 25, 26). 바울은 하나님의 '의'를 믿음으로 믿음에 이르게 하는 '칭의'로 본 것이다(롬 1:16-17). 하나님의 '의'는 하나님께서 변함없이 이스라엘 백성을 사랑한다는 것에 그 근거가 있다. 이스라엘 백성은 하나님을 배신하였지만 하나님은 그들을 외면하지 않으시고 구원할 계획을 가지고 있으신 분이다. 유대인들은 하나님의 '의'가 율법을 순종하는 자들에게 나타나는 하나님의 축복이라고 믿었다. 하지만 바울은 예수 그리스도가 하나님의 '의'로 이 땅에 나타난 것은 인류를 구원하기 위한 하나님의 능력이라고 보았다. 환언한다면, 바울이 이해한 하나님의 '의'는 인간을 구원하기 위한 하나님의 능력이며, 인류의 죄를 해결하기 위해 예수 그리스도를 이 땅에 보내준 것을 의미한다.

6.1.2 유대인의 의와 행위

이방인이 '칭의'를 통해 하나님의 자녀가 되는 것은 쉬운 일이다. 그러나 유대인들이 '이신 칭의'를 자신의 신앙으로 받아들이려면 율법의 걸림돌을 넘어야 했다. 바울은 이것을 로마서와 갈라디아서에서 '율법의 행위'로 규정하고 있다.

바울은 갈라디아서에서 율법의 행위를 여전히 의존하고 있는 유대 기독교인을 비난하고 있다(갈 2:1-15). 유대인은 그들이 이방인과는 다름을 과시하려고 율법이 정한 음식 규례를 준수한 것이다(갈 2:12). 학자들은 안디옥에서 바울이 베드로를 책망한 사건을 통해 '이신 칭의'를 통한 기독교 구원관을 더욱 곤고히 하려는 신학 토대를 형성한 것으로 본다.[3] 바울의 확고한 선언은 "사람이 의롭게 되는 것은 율법의 행위로 말미암음이 아니요. 오직 예수 그리스도를 믿음으로 말미암는 줄 알므로 우리도 예수 그리스도를 믿나니 이는 우리가 율법의 행위로써가 아니고 그리스도를 믿음으로 의롭다 함을 얻으려함이라. 율법의 행위로써는 의롭다 함을 얻을 육체가 없느니라"고 하였다(갈 2:16). 그러나 중요한 사실은 바울이 주장하는 '율법의 행위'로 의로워진다는 유대교의 가르침은 죄로부터 구원받는다는 것이라기보다는 율법 준수의 행위가 계약관계의 의를 나타낸다고 보는 견해도 있다.[4] 만약 바울이 강조하는 '율법의 행위'에 대한 비난이 하나님과의 계약적 '의'를 나타낸다면, 이것이 누구를 위한 계약적 '의'인가를 질문해야 할 것이다. 이방인들은 하나님과 이스라엘 백성 사이에 체결된 계약에 대해서는 자유롭다. 바울은 이방인이 예수 그리스도를 구주로 믿고 입으로 시인하기만 하면 구원을 얻는다고 밝혔기 때문이다. 바울은 "너희에게 성령을 주시고 너희 가운데서 능력을 행하시는 이의 일이 율법의 행위에서냐 혹은 듣고 믿음에서냐"고 질문한다(갈 3:2, 5). 바울이 갈라디아 독자에게 한 이 질문은 이방인을 그 대상으로 한 것이라기보다는 유대인을 향한 질문으로 보아야 할 것이다. 바울은 예수 그리스도를 믿고 난 후, 유대인이 율법이 정한 의식(ritual)을 준수하는 유대교 생활방식을 지속해야 할 필요가 있는지를 반문

한다. 바울은 율법의 행위를 '의'의 기준으로 여기는 자는 저주 아래 있다고 하였다(갈 3:10). 그렇다면 바울이 말하려는 율법을 준수하려는 행위는 의를 나타내는 방법이 아니라 유대인과 이방인을 구분하려는 목적에서 사용된 것으로 보아야 할 것이다. 그렇다면 율법을 준수함으로 의로워진다고 믿는 유대인의 결국은 어떠한가? 그들은 아무리 노력한다고 할지라도 율법 준수를 통해서는 하나님이 요구하는 의에 도달할 수가 없다. 유대인도 의로워지기 위해서는 오직 믿음을 가져야만 한다.

6.1.3 인간은 노력으로 의를 이룰 수 있는가?

앞 단락의 논의는 칭의 대상이 유대인임을 확인해 주고 있다. 물론 이 견해에 반대하여 다른 의견을 제시할 수도 있을 것이다. 그러나 분명한 사실은 율법 준수와 관련이 없는 이방인은 믿음을 통해 의롭다고 칭함을 바로 받을 수 있다는 것이다. 하지만 유대인은 하나님으로부터 의롭다고 인정받으려면 율법을 준수함으로만 가능하다는 생각을 가지고 있었다는 것이 문제다.

바울은 유대인의 율법 준수 행위를 의를 얻기 위한 개인의 노력으로 보았다. 바울은 율법의 행위로는 절대로 의로워질 수 없음을 분명히 했다. 바울의 노력을 통해서는 의를 이룰 수 없다는 가르침을 다음과 같다. "내가 증언하노니 그들이 하나님께 열심이 있으나 올바른 지식으로 따른 것이 아니라. 내가 증언하노니 그들이 하나님의 의를 모르고 자기 의를 세우려고 힘써 하나님의 의에 복종하지 아니하였느니라. 그리스도는 모든 믿는 자에게 의를 이루기 위하여 율법의 마침이 되시리라"고 했다 (롬 10:2-4). 바울은 인간이 하나님을 순종하고 따른다는 결단의 표시로 열심히 율법을 준수하지만, 이것은 자기의 의를 세우기 위함에 불과하다는 결론을 내렸다. 즉 의를 추구하는 인간의 행위는 자신을 자랑하려는 것에 불과한 것으로 보았다.

인간이 노력함으로 '의'를 이룰 수 없음을 강조한 또 다른 구절은 다음과 같다. "그러나 무엇이든지 내게 유익하던 것을 내가 그리스도를 위하여 다 해로 여길뿐더러 또한 모든 것을 해로 여김은 내 주 예수 그리스도를 아는 지식이 가장 고상하기 때문이라. 내가 그를 위하여 모든 것을 잃어버리고 배설물로 여김은 그리스도를 얻고 그 안에서 발견되려 함이니 내가 가진 의는 율법에서 난 것이 아니요. 오직 그리스도를 믿음으로 말미암은 것이니 곧 믿음으로 하나님께로부터 난 의라"고 했다(빌 3:7-9). 예수 그리스도를 만나기 전 바울의 과거의 삶은 '의'를 이루기 위한 인간적 노력에 불과하다는 것을 고백한다. 하나님과 계약 관계에 있는 유대인은 이 계약을 성실히 수행하기 위해 율법을 지켜야 했다. 그러나 바울은 자신이 얻은 '의'는 노력으로 얻은 것이 아니라 하나님께로부터 났다고 증언한다. 율법에서 난 것은 '의'가 되지 못하고 하나님께로 난 것만 의롭다. 바울이 말하는 노력함으로 율법의 '의'를 얻는다는 것은 유대인을 지칭한 것이다. 하지만 율법을 준수하려는 노력으로는 절대 하나님의 '의'에 도달하지 못한다.

6.1.4 오직 믿음으로

지금까지 율법을 지킴으로 '의'를 얻으려는 인간의 노력을 살펴보았다. 특별히 유대인은 율법을 준수함으로 '의'를 얻으려는 행위주의자임을 확인했다. 하지만 율법을 순종함으로는 하나님의 '의'를 얻을 수 없다. 더욱이 유대인의 행위와 노력은 하나님의 '의'에 이르지 못함은 명확하다. 이러한 사실을 설명한 바울은 하나님의 '의'를 얻는 유일한 방법은 오직 믿음이라고 외쳤다.

바울이 강조한 '이신 칭의'를 보다 넓은 의미로 해석할 경우 이방인을 복음으로 수용하려는 목적뿐 아니라 하나님을 절대적으로 신뢰해야하는 믿음을 강조한 것이다. 바울은 "사람이 의롭다 하심을 얻는 것은 율법의 행위에 있지 않고 믿음으로 되는 줄 우리가 인정하노라. 할례자도 믿음으로 말미암아 또한 무 할례자도 믿음으로 말미암아 의롭다 하실 하나님은 한분이시라"라고 했다(롬 3:28, 30). 그렇다면 '오직 믿음으로'라는 말의 의미는 유대인과 이방인 모두 예수 그리스도를 믿음으로 의롭게 된다는 것이다.

바울은 모든 사람은 하나님을 믿음으로 의로워진다고 선언했다(롬 1:16; 4:11; 10:4, 11). 바울의 일관적인 주장은 모든 사람들이 믿음으로 의로워진다는 것이다. 그중에서도 바울의 '오직 믿음으로' 의로워짐을 가장 잘 설명한 내용이 아브라함의 믿음을 예로든 것이다. 로마서 4장은 창세기 15:6을 인용한 것이다. "아브라함은 하나님을 믿으매 그것이 그에게 의로 여겨진바 되었느니라"라고 한다(롬 4:3). 아브라함이 의롭다고

"여겨진바 되었다"는 것은 회개를 의미한다는 해석도 있다.[5] 이스라엘 역사에서 모세의 율법이 나타난 이후 율법을 순종함으로 의로워진다는 개념이 생겼다. 하지만 모세의 율법이 있기 전에 아브라함은 믿음으로 의로워졌다. 그러므로 사람이 의로워지는 것은 믿음이다. 하지만 아브라함이 의롭게 된 것은 법정적인 선언으로 보아야 한다. 인간은 노력이나 의지를 통해 의로워진 것이 아니라 마치 법정에서 하나님이 의롭다고 선언함으로 인간은 의로워진 것이라는 뜻이다.

그렇다면 인간을 의롭게 하는 믿음은 무엇인가? 아브라함이 하나님을 믿은 결과는 그가 믿음의 조상이 된 것이다. 즉 아브라함의 믿음을 상속받은 모든 자들은 아브라함의 믿음을 상속받게 된다(롬 4:16). 아브라함의 믿음은 약속의 성취이다. 하나님이 그에게 아들을 주시겠다고 말한 약속이 이루어지기를 기다리는 믿음이다. 결국 하나님은 사라의 태를 열고 아브라함에게 아들을 주셨다. 아브라함은 오직 하나님만을 바라보는 믿음이 있었다. 하나님은 아브라함의 이러한 행위를 '의'로 여겼다. 여기서 하나님이 '의'로 여긴 아브라함의 행위가 바로 믿음이다.

바울은 아브라함이 믿음으로 의로워진 것처럼, 인간은 예수 그리스도가 인류의 죄를 위하여 십자가에서 죽고 부활함을 믿음으로 하나님으로부터 생명을 얻는다고 보았다(롬 4:23-24).[6] 그러므로 '이신 칭의'의 결과는 하나님의 진노하심에서 벗어나 하나님과 화평을 누리는 것이다(롬 5:9-10).

6.2 그리스도 안에

바울신학의 두 번째 핵심 주제는 '그리스도 안에'이다. 물론 '그리스도 안에'는 바울신학의 중심 주제라기보다는 그의 생각 속에 자리한 종교적 표현으로 보아야 한다는 주장이 제기되기도 한다. 바울서신에는 '그리스도 안에'라는 단어가 83번이나 나온다. 물론 이러한 수치는 유사한 언어 군들을 모두 포함한 것이며 '그리스도 안에'라는 단어와 유사한 문구들이 바울서신 여러 곳에 산재해 있다.[7] 바울서신에서 이러한 특징을 발견한 학자들은 바울신학의 중심 주제를 '그리스도 안에'라는 문구에서 찾으려는 시도를 하였다.[8] '그리스도 안에'라는 문구는 바울서신 대부분에 나타나는데, 그의 초기 서신에서는 그 표현과 의미가 정교하지 못하지만 후기 서신에서는 아주 적절하고 풍성하며 깊이 있게 사용되었다.

학자들이 이 문구에 관심을 가진 것은 바울서신에만 나타나는 신학적 특수성 때문이다. 물론 신약성서의 일부 다른 서신에도 이 문구가 나타나지만, 이것은 바울 서신의 영향을 받은 것으로 보인다.[9] 대표적인 학자인 알버트 슈바이처와 샌더스는 '그리스도 안에' 있거나, 참여하는 것이 바울신학의 핵심이며 다른 요소들은 부수적인 주제라고 보았다.[10] 이들은 '그리스도 안에' 참여함을 구속이라는 신비적인 교리로 보았기 때문에 '그리스도 안에'를 바울신학의 중심 주제라고 주장한 것이다. 하지만 과연 '그리스도 안에'라는 주제만 바울신학에서 독보적인 주제인가에 대한 질문은 여전히 유효하다. 학자들은 '하나님의 의'도 바울신학의 중요한 중심 주제 가운데 하나라고 주장한다.[11] 따라서 '그리스도 안에'를 신비적 구원과 연결시켜 바울신학의 중심 주제로 보려는 것은 타당성이 결여된다. '그리스도 안에'를 바울신학 전체를 연결시키는 핵심 신학 주제로 볼 수는 없지만, 바울의 사상을 이해하는데 중요한 요소임은 자명한 사실이다.

'그리스도 안에'는 존재적인 개념에서 나온 표현이다. 즉 누군가를 예수 그리스도와의 관계를 형성하고 있는 존재로 인식한다는 것인데, 이것은 하나님의 보내심을 받아 인류를 구원할 유일하게 죽음에서 부활한 예수 그리스도와의 관계를 말한다. 따라서 '그리스도 안에'는 인간의 관점에서 바라본 시간과 공간의 제한을 받는 예수와 인간의 관계를 의미하는 것이 아니라 변함없고 지속적인 관계를 의미한다. 이것은 영적인 관계를 의미하며, 어느 곳에나 편재하는 예수 그리스도와의 관계를 의미한다.

바울서신에 묘사된 '그리스도 안에'라는 문구의 사용법을 살펴보고자 하는데, 일반적으로 학자들은 '그리스도 안에'는 네 가지 의미로 사용되었다고 보았다. 첫째, '그리스도 안에서' 일어날 그분이 행하실 구속 사건을 고대하고 의존하는 객관적인 용법으로 사용되었다.[12] 객관적인 관점에서 '그리스도 안에' 있다는 것은 내주하시는 예수에 대한 표현으로 보아도 무방할 것이다. 이미 예수를 구주로 영접한 자들은 예수 그리스도와 연합이 이루어진 것이다. 반면에 아직 그리스도를 알지 못하는 자들은 예수를 영접함으로 그리스도 안에 거하는 은혜를 누리게 된다. 바울은 구속을 과거와 미래의 시간 기준 가운데 일어날 예수와 불신자의 연합으로 본 것이다. '그리스도 안에'를 객관적으로 표현한 것은 구속 사건

자체가 한 사람에게만 일어나는 일회적 현상이 아닌 모든 믿는 자들에게 일어나는 현상이기 때문이다. 둘째, 신자는 '그리스도 안에' 있다는 주관적인 용법으로 사용되었다.[13] 이것을 좀 더 광의적인 의미로 본다면 그리스도 공동체가 그리스도 안에 존재한다는 것으로 보아야 한다. 성도들의 연합체를 교회라고 부르는데, 바울은 그의 서신을 받는 자들을 교회로 표현하였다. 교회는 하나님의 뜻을 따르는 하나님이 세우신 기관임으로 하나님 안에 있는 것이다. 이것은 교회가 예수 그리스도 안에 있다는 것과 같은 의미다(살전 1:1). 교회가 그리스도 안에 있다는 것은 생명의 근원이 되시는 예수가 교회의 머리이기 때문이다. 셋째는 '그리스도 안에'는 바울 사도가 사역 현장에서 자신의 사역이나 독자들에게 특별한 태도나 조치를 취하라고 그들을 권면할 때 사용하였다. 예를 든다면, 그리스도 안에서 참 말을 한다(롬 9:1). 그리스도 안에서 말한다(고후 2:17). 이러한 표현은 신앙의 권면과 가르침을 실제생활에서 실천해야 할 때 바울이 즐겨 사용한 표현인데, 여기에는 윤리적인 의미가 담겨 있는 것으로 볼 수도 있다. 신자는 그리스도 안에 있기 때문에 세상을 향하여 그가 그리스도와 연합된 존재라는 사실을 증거할 필요성이 제기된다는 것이다. 넷째는 '그리스도 안에'가 신자 안에서 내주하는 원천적 힘을 의지한다. 바울은 예수 그리스도가 내 안에 산다고 고백했다(갈 2:19-20). 예수가 성도 안에 거한다는 것은 다스림과 지배를 상징한다고 볼 수도 있을 것이다. 하지만 그리스도의 내주는 성령의 임재를 말함으로 성도의 삶이 성령의 인도하심을 통하여 새로운 힘을 얻고 풍성해짐을 나타낸다.

바울의 이러한 '그리스도 안에'의 사용은 성도 삶의 기본과 깊이가 그리스도 안에 있다는 것을 극명하게 보여준다. 따라서 우리는 바울의 관점을 단순히 그리스도 공동체 일원으로서 '그리스도 안에' 있다는 것으로 이해하는 실수를 범하지 말아야 할 것이다. '그리스도 안에'는 칭의적인 차원에서 구속의 신비를 의미하며, 그리스도의 주되심과 그분의 내재하심으로 일어난 현실 생활에 실천적 참여를 의미한다.[14] 그러므로 '그리스도 안에'는 기독교 공동체를 존재하게 했을 뿐 아니라 공동체 구성원을 하나로 묶는 역할을 하는 핵심 요소이다.

6.3 화해

'화해'(화목)를 바울신학의 중심 주제라고 주장한 학자도 있다.[15] 이러한 주장을 하게 된 배경은 바울서신에 '화해'라는 단어가 특별한 의미로 사용되었기 때문이다(롬 5:10, 11; 11:15; 고전 7:11; 고후 5:18-20; 골 1:20, 22; 엡 2:16).[16] 첫째, 하나님과 세상의 화목이다. 그러나 예수는 화해의 당사자가 아니라 화해의 중재자이다. 바울서신에서 화해의 당사자는 하나님이시기 때문이다.[17] 둘째, 십자가에 초점이 맞춰진 화해는 복음이다(롬 5:21). 그리스도는 하나님과 인간의 화해를 이 땅에 이루기 위해 십자가에 죽었고, 이 복음은 사도들에 의해 선포되었다.[18] 셋째, 하나님이 화해에 참여했다. 하나님이 적극적으로 죄 지은 인간들을 위해 화해에 참여했다는 것이다.[19]

화해가 바울신학에서 중요한 위치를 차지하는 것은 명확한 사실이다. 그러나 화해가 바울신학의 중심 주제라는 것에 대해서는 여전히 거부 반응이 나타나고 있는 것도 부인할 수 없는 사실이다. 화해가 바울이 사용한 유일한 신학 용어라고 할지라도 폭넓은 바울신학 전체를 대언할 만큼 중요한 위치를 차지하지는 못하기 때문일 것이다.

지금까지 바울신학의 중심 주제에 대한 학자들의 주장을 살펴보았다. 물론 이곳에서 살펴본 내용이 바울신학의 중심 주제 전체를 의미하지는 않는다. 바울신학의 중심 주제를 "구원"[20] 또는 "종말적"[21] 승리로 보려는 학자들도 있기 때문이다. 그러나 위에서 살펴본 내용만으로도 우리는 바울신학의 중심 주제를 하나로 묶는다는 것은 불가능함을 알게 되었다. 이것은 바울신학이 실로 폭넓고 방대하기 때문이다. 우리는 바울신학을 하나의 주제가 아닌 전체적인 신학적 틀 안에서 이해해야 할 것이다.

6.4 결론

현재까지 바울신학의 중심 주제를 "이신 칭의," "하나님의 의," "그리스도 안에서," "화해"로 보려는 견해의 타당성에 대해서 살펴보았다. 학자들은 나름대로 바울신학의 중심 주제를 찾으려고 최선을 다했다. 그러나 어느 한 주제가 바울의 신학 전체를 대언할 만큼 바울신학은 단순하지 않다는 것이다. 즉 바울신학을 하나의 신학 주제로 정의한다는 것은 불가능해 보임은 자명한 사실이다. 따라서 바울신학의 중심 주제는 특별한 하나의 주제가 아니라 다양한 주제들 속에 나타난 다양성의 동일로 보아야 할 것이다.

주(註)

1) E. Käsemann, *Commentary on Romans* (Grand Rapids: Eerdmans, 1980); P. Stuhlmacher, "The Apostle Paul's View of Righteousness," in *Reconciliation, Law and Righteousness: Essays in Biblical Theology* (Philadelphia: Fortress, 1986), 68-93; 기존의 칭의에 대한 두 학자의(Käsemann, Stuhlmacher) 견해와 다른 칭의의 중요성을 논한 학자는 다음과 같다. M. A. Seifrid, *Christ, Our Righteousness: Paul's Theology of Justification* (Downers Grove: Inter Varsity Press, 2001).

2) E. Käsemann, *Das Neue Testament als Kanon* (Göttingen: Vandenhoeck, 1970), 405.

3) R. N. Longenecker, 「갈라디아서」, 이덕신 역 (WBC 서울: 솔로몬, 2003), 283-97.

4) 다음 책을 참조하라. E. Kok, "The Truth of the Gospel: A study of Galiatians 2:15-21" (Durham: Durham University unpublished Ph.D. thesis, 1993).

5) D. G. Dunn, 「바울 신학」, 박문재 역 (고양: 크리스찬 다이제스트, 2003), 521.

6) Ibid., 524.

7) 바울 서신에 나타난 "그리스도 안에서"와 유사한 표현은 "그리스도 예수 안에서," "예수 그리스도 안에서" 그리고 "주 안에서"가 있다.

8) A. Schweitzer, *The Mysticism of Paul the Apostle* (New York: Henry Holt, 1931); E. P. Sanders, *Paul and Palestinian Judaism: A Comparison of Patterns of Religion* (Philadelphia: Fortress, 1995).

9) D. G. Dunn, 「바울 신학」, 박문재 역 (고양: 크리스찬 다이제스트, 2003), 546. 베드로전서에만 이 문구가 나타난다(3:16; 5:10, 14).

10) A. Schweitzer, *The Mysticism of Paul the Apostle* (New York: Henry Holt, 1931), 219-226.

11) T. R. Schreiner, 「바울 신학: 그리스도 안에 있는 하나님의 사도」, 엄성옥 역 (서울: 은성출판사, 2005), 225.

12) D. G. Dunn, 「바울 신학」, 박문재 역 (고양: 크리스찬 다이제스트, 2003), 546-47. 각주를 참조하라.

13) Ibid., 547. 각주를 참조하라.

14) H. Schlier, *Grundzüge einer Paulinischen Theologie* (Freiburg: Herder, 1978), 174-76.

15) R. P. Martin, *Reconciliation: A Study of Paul's Theology*, revised. (Grand Rapids: Zondervan, 1989).

16) D. G. Dunn, 「바울 신학」, 박문재 역 (고양: 크리스찬 다이제스트, 2003), 335. 각주 124를 참조하라.

17) Ibid., 336.

18) Ibid.

19) R. P. Martin, *Reconciliation: A Study of Paul's Theology*, rev.ed. (Grand Rapids: Zondervan, 1989), 99, 103-07.

20) H. Ridderbos, *Paul: An Outline of His Theology* (Grand Rapids: Eerdmann, 1975).

21) J. C. Baker, *Paul the Apostle: The Triumph of God in Life and Thought* (Philadelphia: Fortress, 1980).

제7장 율법

바울의 다메섹 체험 전 그의 삶에 가장 큰 영향을 준 것은 모세의 율법이다. 예수 그리스도를 만나기 전 바울은 철저한 율법주의 신앙을 가졌다. 바울은 엄격한 유대인 가정에서 태어나 철저한 율법 교육을 받으며 율법을 준수하며 성장하였다. 바울은 인간이 의로워지려면 오직 하나님의 약속인 율법을 지킴으로 가능하다고 믿고 있었다. 이러한 율법 교육을 받은 바울은 자신이 하나님의 선민이라는 분명한 의식을 가지는 계기가 되었을 것이다.[1]

자칭 하나님의 아들이라고 말한 예수는 자신이 십자가에 죽을 것과 메시아임을 드러냈다(요 12:34). 그러나 철저한 유대교 배경에서 자라난 바울은 구약성경에 예언된 메시아가 예수라는 사실을 믿을 수가 없었다. 왜냐하면 유대인은 자신들의 메시아가 십자가에서 연약하게 죽음을 당한 예수일 수는 없다는 확신을 가지고 있었다.

바울이 메시아 대망 사상을 가졌음에도 불구하고 철저하게 율법을 준수한 것은, 그가 예수를 유대교에서 기대하던 메시아로 받아들이지 않았음을 의미한다. 바울은 자신의 율법 배경을 분명히 했다. "내가 난 지 8일 만에 할례를 받고, 이스라엘의 족속이요, 베냐민의 지파요, 히브리인 중의 히브리인이요, 율법으로는 바리새인이요"라고 하였다(빌 3:5). 또 "나는 유대인으로 길리기아 다소에서 났고 이 성에서 자라 가말리엘의 문하에서 우리 조상들의 율법의 엄한 교육을 받았다. 오늘 너희 모든 사람처럼 하나님께 대하여 열심히 있는 자라, 내가 이 도를 박해하여 사람을 죽이기까지 하고 남녀를 결박하여 옥에 넘겼노니"라고 하였다(행 22:3-4).

그러나 그가 다메섹 도상에서 부활하신 예수를 만남으로 구약성경에 예언된 메시아가 예수임을 믿게 되었다. 율법의 의로는 흠이 없는 자라고 하던 바울은, 의는 오직 그리스도를 믿음으로 말미암은 것이니 곧 믿음은 하나님께로부터 난 '의'라고 고백했다(롬 3:20-24; 빌 3:9). 바울의 다메섹 체험은 그의 율법관을 완전히 변화시켰다. 그렇다면 바울의 율법 개념의 변화를 살펴보도록 하자. 여기서 율법과 관련된 모든 부분을 다루지는 않을 것이다. 단지 다메섹 체험 후 변화된 바울의 율법관의 핵심인 율법과 죄, 율법과 이스라엘 그리고 율법의 기능에 대해서 살펴볼 것이다.

7.1 바울이 인식한 율법

율법의 유래는 출애굽한 이스라엘 백성이 시내산에 도착했을 때 하나님이 친히 모세를 불러서 이스라엘 백성이 지켜야 할 규정을 율법으로 준 것이다.[2] 그러므로 율법이란 하나님이 인간에게 이 땅에서 어떻게 살아야 하는지를 명한 내용을 기록한 것이다(출 24:12; 34:28-29). 이스라엘 민족에게 하나님이 모세를 통해 준 율법은 하나님의 백성으로 어떻게 살아야 하느냐의 기준이 되었다.[3] 따라서 유대인들은 하나님이 모세를 통해 준 율법을 그들 삶의 근간으로 삼고 지켜왔다. 유대교는 율법을 지키는 것만이 하나님의 참된 백성이 되고 올바른 신앙생활을 하는 것으로 믿고 있었다.

그러나 바울은 예수 그리스도를 만난 후 율법에 대한 새로운 깨달음을 얻었다. 인간의 능력과 힘으로는 절대로 율법을 순주할 수 없다는 것을 알게 된 것이다(롬 3:10-12; 약 2:10). 율법은 인간에게 완전한 복종을 요구하였다(갈 3:10). 바울이 생각하는 율법을 지킨다는 것은 모든 율법을 온전하게 지킨다는 것을 의미한다. 하지만 인간은 모세의 율법을 완전히 지키고 살 수 없다. 이렇게 율법 준수로는 구원을 받을 수 없음을 대신하기 위해 예수 그리스도가 이 세상에 와서 율법의 모든 요구를 다 이룸으로 율법의 마침이 되었다(롬 8:3-14; 10:2-4).

바울의 율법관이 변하게 된 것을 이해하려면 유대교에서 요구한 율법 준수가 어디로부터 왔는지를 확인해야 한다. 이미 앞에서 살펴본 것처럼, 바울이 말한 율법은 모세의 율법이다. 하지만 바울이 말한 율법을 올바르게 이해하려면, 율법을 구약성서의 관점, 유대교 관점 그리고 바울이 경험한 율법으로 구분해서 살펴보아야 할 것이다.[4] 첫째, 구약성서에 나타난 율법은 이스라엘 민족의 핵심 사상은 아니었던 것으로 보인다. 하나님은 이스라엘 백성에게 율법을 완벽하게 지켜야만 구원을 얻을 수 있다고 요구하지 않았다. 즉 이스라엘 백성이 하나님의 백성이 된 것은 율법을 순종함으로 인함이 아니라 하나님과 언약이었기 때문이다. 이스라엘 백성은 하나님의 일방적인 선택으로 하나님의 백성이 된 것이지 율법을 지킴으로 하나님의 백성이 된 것은 아니다. 따라서 이스라엘 백성이 하나님의 자녀가 되는데, 율법은 어떠한 기능도 하지 않았다. 구약성경은 하나님과 이스라엘 백성이 지속적으로 관계를 유지하기 위해서는, 하나님은 이스라엘 백성에게 당신을 계시하고 이스라엘 백성은 하나님의 계시를 받아들이는 것이었다. 이스라엘 백성이 율법을 순종함으로 누리는 축복은 하나님과 긍정적인 관계를 유지하기 위한 목적일 뿐이다.

둘째, 이스라엘 백성의 삶에서 모세의 율법이 주도적인 역할을 시작한 것은 신구약 중간기를 지나면서부터이다. 이 기간에 언약으로서 율법의 기능은 거의 사라지게 되었고 율법은 의롭게 되는 방법으로 자리를 잡기 시작한 것이다. 즉 이스라엘 백성에게 율법은 칭의와 구원의 조건으로 자리매김 한 시기였다.[5] 한 마디로 율법은 하나님과 이스라엘 백성을 연결시켜주는 매개체 역할을 하게 된다.[6] 율법에 대한 새로운 개념적 발전은 이스라엘 백성들의 삶 전(全) 부분을 율법과 연관시키려는 결과를 초래했다.

셋째, 바울이 믿고 순종하려한 율법은 유대교 랍비에 의해서 발전되고 정립된 율법이다. 바울은 율법을 지키고 순종하는 것에 대단한 긍지와 자부심을 가지고 있었다(롬 2:13, 23). 궁극적으로 바울은 율법을 의지하거나 순종한 것이 아니라 하나님의 율법을 철저하게 준수하는 자신을 자랑하고 의지하는 모습을 보였다. 바울은 율법을 순종하고 행동으로 지킨다고 하였지만, 이것은 자신의 인간적인 의를 세우려는 목적에서 비롯된 것이었다(롬 3:27). 결국 바울은 자신의 의를 자랑하려다가 하나님의 계시인 예수 그리스도를 보지 못하는 어리석음을 범했다. 바울은 이제 예수 그리스도를 만남으로 잘못된 율법의 '의'를 추구하려는 삶에서 벗어나 그리스도를 통한 완전한 하나님의 의(義)를 발견하게 되었다.

7.2 율법의 본성과 바울의 논점들

모세가 받은 율법은 하나님이 시내산에서 직접 돌 판에 써준 십계명이다(고후 3:3). 다윗은 시편 19:7-8에서 "여호와의 율법은 완전하여 영혼을 소생케 하고 여호와의 증거는 확실하여 우둔한 자로 지혜롭게 하며 여호와의 교훈은 정직하여 마음을 기쁘게 하고, 여호와의 계명은 순결하여 눈을 밝게 하도다"라고 하였다.

그러나 모세가 이스라엘 백성에게 전한 율법의 수는 613개나 된다. 모세의 율법은 이스라엘 백성의 삶의 기준이 되었으며 많은 규정으로 발전했다. 바울은 율법의 본성은 "거룩하며, 계명도 거룩하며, 의로우며,

선하도다"고 했다. 또한 "율법은 신령한 줄 알거니와"라고 하였다(롬 7:12-14). 하지만 이미 주지한 것처럼, 사람은 모든 율법을 다 준수할 수 없다. "누구든지 온 율법을 지키다가 그 하나를 범하면 모두 범한 자가 되나니 무릇 율법 행위에 속한 자들은 저주 아래에 있나니 기록된바 누구든지 율법 책에 기록된 대로 모든 일을 항상 행하지 아니하는 자는 저주 아래에 있는 자라 하였음이라"고 했다(약 2:10; 갈 3:10). 하나님의 아들인 예수 그리스도만이 율법을 온전히 이루었다고 믿었다(히 12:2).

학자들은 로마서와 갈라디아에 묘사된 바울의 율법관이 일치하지 않은 부분에 주목하기 시작했다. 갈라디아서는 율법을 부정적인 측면에서 많이 언급했지만 로마서는 율법에 대한 긍정적인 언급이 많이 나타나기 때문이다.[7] 두 서신에 나타난 이러한 율법관의 차이는 바울이 갈라디아서를 쓴 후 로마서를 쓰기 시작하는 사이에, 율법에 대한 바울의 개념이 변화 발전한 것이라는 주장이 있다.[8] 물론 이것은 갈라디아서가 로마서보다 먼저 기록되었다는 전제 하에 가능한 가설이다. 일반적으로 로마서는 AD 55-58년 사이에 기록되었고, 갈라디아서는 AD 48/49-50년 중반에 기록되었다고 본다.[9] 또한 학자들은 바울의 율법에 대한 태도가 일관성이 없다는 주장을 하기도 한다. 샌드스 같은 학자는 바울의 율법관은 양립할 수 없는 이중적인 측면이 있다고 본다.[10] 그러나 바울의 율법관은 중요한 신학 주제들과 관련되어 있음으로, 그의 율법에 대한 근본적인 태도를 확인해야 할 것이다.

첫째, 바울이 사용한 율법에 대한 명칭이다. 일반적으로 율법은 '토라'로 명칭되었다. 즉 '율법'보다 토라가 더욱 넓은 의미로 사용된다는 것이다.[11]

그러나 바울이 토라를 '노모스'라는 헬라어 단어로 번역하면서, 단어 본래의 의미를 왜곡시켰다는 주장이 있다.[12] 바울이 선택한 율법의 명칭인 '노모스'는 유대교 개념인 토라의 본래 의미를 잘못 번역하고 적용했다는 견해다. 그러나 현대 학자들은 바울이 유대교 토라를 헬라어 '노모스'로 번역한 것은 큰 오역이 아니라는 결론을 내리고 있다. 즉 토라와 '노모스'는 동일한 의미를 함의하고 있다는 것이다.[13] 그리고 율법(노모스)은 하나님의 언약을 모아 놓은 규례집을 의미한다. 그러므로 규정을 모아 놓은 책을 언약의 책이라고 부르는데, 언약의 말씀을 십계명으로 보기도 한다(출 34:28).[14] 따라서 모세를 통해 이스라엘 백성이 받은 하나님의 법을 바울이 '노모스'로 표현했다고 해서 모세의 토라(율법)를 왜곡한 것은 아니라는 것이다.

둘째, 바울이 율법의 헬라어 단어인 '노모스'를 사용할 때 정관사를 사용하는 경우와 그렇지 않은 경우를 구분하는 것이다. "노모스"에 정관사를 붙였을 경우(the Law)는 유대 율법 즉 모세의 율법을 의미하는 것으로 인정하고, 정관사가 붙지 않은 노모스는 일반적인 법을 의미한다고 해석하려는 경향이다. 하지만 던(Dunn)은 이러한 주장에 대해 바울이 율법(노모스)이라는 단어를 사용할 때 정관사를 붙였느냐가 중요한 것이 아니라 문맥이 더 중요하다고 주장한다.[15] 그렇지만 바울이 율법(노모스)이라는 단어를 사용했을 때는 일반적으로 토라를 지칭하는 것으로 보아도 무방할 것이다.

마지막으로 바울이 '노모스'를 사용할 때 어떤 의미로 사용했느냐는 것이다. '노모스'를 단지 율법이란 의미로만 사용하는 것이 아니라 "질서"

또는 "원칙"이란 의미로도 사용했느냐는 것이다.[16] 이 견해는 바울이 율법을 인간의 삶을 표현할 때 어떻게 사용하고 그들의 삶에 적용했는지를 확인하는 기준이 되었다. 그러므로 이 견해는 율법의 기능이 그리스도인의 삶에 긍정적인 요소로 작용했을 뿐 아니라 교육적 역할을 한 것으로 볼 수 있을 것이다.[17] 율법은 하나님의 뜻을 따라 사는 그리스도인의 윤리적 기준점 역할을 할 수 있다는 것이다.

지금까지 살펴본 세 가지 요소는 바울의 율법관을 이해하는 중요한 기준이다. 만약 이러한 기준점에 동의하지 못한다면 학자들은 바울의 율법을 해석하면서 서로 다른 결과를 도출할 가능성도 있다. 물론 이러한 견해의 반대편에 서서 바울의 율법을 연구한다고 해도 잘못된 것이 아님을 밝혀둔다.

7.3 바울의 새로운 율법 해석

다메섹 체험 후 바울의 율법 개념은 예수 그리스도 안에서 서서히 그러나 완전히 변하였다. 즉 바울은 예수 그리스도 안에서 율법에 대한 새로운 시각을 가지게 된 것이다.[18] 첫째, 율법은 온 세상이 하나님의 심판 아래 있음을 선언했다(롬 3:19). 둘째, 인간은 최선을 다해 율법을 지키며 순종하려고 노력한다고 할지라도 결국은 저주 아래에서 벗어날 수 없다는 것이다(갈 3:10). 셋째, 모든 율법을 준수하다가 그중에 하나만이라도 거치면 모든 율법을 범한 것이 된다(약 2:10). 넷째, 율법은 사람이 살 동안만 그를 주관한다(롬 7:1). 다섯째, 죄의 권능은 율법의 기능을 하지 못하게 한다(고전 15:56). 여섯째, 율법의 행위로는 의롭다함을 얻을 육체가 없다(갈 3:16). 일곱째, 율법은 아무것도 온전케 할 수 없다(히 7:19, 10:1). 여덟째, 율법은 죄를 깨닫게만 한다(롬 3:20). 아홉째, 율법은 믿음이 오기까지 우리를 율법 아래 가두어 두게 한다(갈 3:23). 열째, 율법은 우리를 예수 그리스도에게로 인도하는 몽학선생 역할을 한다(갈 3:24).[19]

이와 같이 율법의 역할은 예수가 이 땅에 오기까지만 그 기능이 가능했으며, 예수 그리스도가 이 땅에 오심으로 율법 아래 매여 있는 모든 자들을 해방시켜 자유하게 한다(갈 3:21-23; 롬 8:1-2; 히 7:17-19; 10:9-10, 14). 바울이 형성한 율법에 대한 새로운 관점 가운데 중요한 요소들 몇 가지만 살펴보자.

7.3.1 율법과 죄

율법과 죄에 관한 내용은 본서 12장 구원론에서 구체적으로 다시 살펴볼 것이다. 그러므로 본 단락에서는 율법과 죄에 대한 일반적인 논점들만 조명하고자 한다. 우리는 죄를 깨닫게 하는 것이 율법의 기능이라고 알고 있다. 일반적으로 바울은 율법을 부정적으로 본다고 생각하지만 율법의 유익함에 대해서 언급한 부분도 상당히 많이 있다(롬 1:18-3:20). 이것은 율법 아래 있는 유대인을 긍정적으로 보려는 측면이 가미된 것 같다(롬 2:12-14).[20] 그러나 바울은 로마서 5:20에서 "율법이 들어

온 것은 범죄를 더하게 하려 함이라"고 했다. 이 구절은 바울이 율법을 상당히 부정적으로 보고 있다는 견해로 이해할 수도 있을 것이다. 바울은 로마서를 통해 옛 생활, 즉 죄에 매인 삶을 살아온 과거를 율법의 속박으로 보았기 때문이다(롬 7:6). 바울은 더욱 강력하게 율법이 죄냐라고 묻는다(롬 7:7). 바울의 이러한 언어적 표현을 단순한 수사학적 차원에서 바라볼 수도 있을 것이다.[21]

그렇다면 바울이 율법을 긍정적으로 묘사한 측면을 살펴보자. 일부 학자들 중에는 율법이 범죄를 더하게 한다고 보기도 한다.[22] 그러나 율법 자체가 인간의 범죄를 조장하지 않는다. 다만 율법은 인간이 범죄 가운데 있다는 것을 깨닫게 하는 역할을 한다. 그래서 율법의 기능은 죄를 깨닫게 하는 역할만 할뿐이라고 보는 관점도 있다.[23] 이것은 율법 자체에 문제가 있는 것이 아니라 인간의 육신적 연약함을 이용하여 죄를 범하게 만드는 죄의 권세가 더욱 큰 문제라는 것이다(롬 7:14-17). 바울은 죄가 나를 더욱 곤고하게 만들었다고 했는데, 바로 이러한 사실을 확인할 수 있게 한 것이 율법의 역할이다. 그러나 율법은 절대로 죄를 이길 수가 없다(롬 8:3). 하지만 율법은 죄를 깨닫게 하는 기능만 할뿐이지 죄를 멸할 능력은 없다는 것이다.

그러므로 율법의 기능은 인간을 파괴하거나 고통에 빠지게 하는 것은 아니다. 인간을 파괴시키는 것은 죄이다. 율법은 인간의 죄악을 지적하고 깨닫게 하는 역할을 통하여 구원에 이르게 하는 회개를 촉구할 할뿐이지 율법 자체는 죄가 아니라는 것이다.[24] 하나님의 계명으로서 율법은 선하고 거룩한 것이다(롬 7:12). 따라서 율법은 예수를 믿는 자에게 공적인 이익을 주고 있다. 율법은 유대인과 기독교인의 갈등을 조장하는 것이 아니라 죄가 무엇인지를 정의하고 깨닫게 하는 기능을 하기 때문에 율법을 지나치게 유대인과 기독교인의 대립적인 관점으로 볼 필요는 없어 보인다.

결론적으로 바울은 율법을 부정적인 시각으로만 보지 않았다. 특별히 율법이 죄악을 조장하거나 죄와 협력하여 인간의 삶을 파괴하는 일을 하지 않았다. 율법의 기능은 그 목적이 인간을 심판하려는 것이 아니라 죄가 무엇인지를 명확히 깨닫게 하는 기준이 된다.

7.3.2 율법과 이스라엘

이스라엘 백성과 율법을 분리한다는 것은 불가능한 일이다. 율법은 곧 이스라엘 백성을 의미하고, 이스라엘 백성은 곧 율법이라는 공식이 성립되기 때문이다. 바울은 이러한 사실을 분명히 밝히고 있는데 율법 아래 있는 자는 유대인이고 율법 밖에 있는 자는 이방인으로 구분하였다(롬 2:12). 이 구절은 유대인이 율법과 결부된 특별한 상태에 있음을 분명히 한 것이다. 모세의 율법을 지켜야 하는 이스라엘 백성은 자신들이 하나님의 선택받은 민족이라고 믿었다(롬 2:18-20, 23). 그렇다면 율법 아래 있는 이스라엘 백성은 율법과 어떤 관계가 있는가? 바울의 율법과 이스라엘의 관계를 살펴보자.

율법은 이스라엘 백성이 출애굽하면서 시내산에서 하나님으로부터 모세가 받았다. 그런데 모세는 율법을 하나님으로부터 직접 받은 것이 아니라 천사를 통해 받았다(갈 3:19).[25] 바울은 왜 모세가 율법을 하나님으로부터 직접 받았다고 하지 않고 천사를 통해 받았다고 했는가? 이것은 아브라함은 하나님으로부터 직접 약속을 받은 반면에 모세는 천사를 통해 율법을 받았음으로, 율법을 부정적으로 보려는 의도를 담고 있다고 해석하기도 한다.[26] 학자들은 천사를 통해 율법이 수여되었다는 내용을 확인하기 위해 구약 본문 연구에 집중했다. 맛소라 사본에는 모세가 천사를 통해 율법이 수여되었다는 언급이 없다. 칠십인 역본에는 율법이 천사를 통해 모세에게 수여 되었다는 언급이 나타난다. 시편 68:18 (칠십인경 67:18)은 율법 수여 장면을 묘사하면서 '하나님의 병거들'을 시적으로 묘사한다.[27] 하나님의 병거는 일반적으로 시내산에서 하나님을 수행하는 천사로 이해되었다.[28] 이러한 기록은 유대인들 사이에서 율법이 천사들을 통해 이스라엘 백성에게 수여되었다고 믿게 하였다. 그러나 신약성서시대 이후 기독교는 천사들을 통한 계시는 열등한 것이라고 보았기에 천사를 통한 율법 수여 주장은 시들해지게 되었다.[29]

이 논쟁에 대해서 학자들은 바울이 율법을 천사를 통한 이스라엘 백성에게 수여했다는 표현이 율법을 부정적으로 보려는 것은 아니라고 보기도 한다. 단지 랍비들이 자신들의 전승을 따라 율법이 천사들을 통해 수여된 것으로 보았을 뿐이라는 것이다.[30] 그렇다고 할지라도 갈라디아서 3:19은 바울의 율법관을 이해하는데 여전히 중요한 역할을 한다.[31]

그렇다면 이스라엘 백성은 그들이 수여 받은 율법과 어떤 관계가 있는지 살펴보자. 율법과 이스라엘 백성의 관계 분야에서 집중적인 연구가 진행된 주제는 율법이 이스라엘 백성을 억압하는 역할을 했느냐는 것이다.

이러한 견해가 제기된 배경은, 바울은 믿음이 오기 전 우리가 율법에 매여고 갇혔다는 표현을 사용했기 때문이다. 바울의 관점에서 본다면, 이 구절은 이스라엘 백성이 율법에 대해 부정적인 시각을 가지고 있었다는 것으로 보인다.[32] 이스라엘 백성은 율법 아래에서 고난과 고통을 당한 것으로 보인다. 율법이 특별한 권세로 이스라엘 백성을 억압했다고 이해할 수도 있을 것이다. 그렇다면 여기서 구체적으로 율법에 갇혔다는 의미가 무엇인지 살펴보자. 헬라어 '갇혀 있다'(συγκλειω)는 '보호를 위한 후견'을 나타내는 의미로 사용된다.[33] 분사인 '쉰클레이오메노이'는 두 가지 의미로 해석 가능하다. 죄악에 매인 이방인에게는 정죄를 나타내는 의미로 사용되었지만, 유대인에게는 보살핌을 위한 구속으로 사용되기도 했다.[34] 율법이 이스라엘 민족에게는 후원자 역할을 한 것으로 볼 수 있다. 바울은 율법이 이스라엘 백성에게는 '초등 교사' 역할을 한다고 표현했다(갈 3:24). 당시 유대인들은 초등 교사를 어떻게 이해하고 있었는지를 살펴보자. 지중해 사회에서 초등 교사는 집 주인의 아들의 학교 생활을 돕는 노예였다. 주인의 아들을 학교에 데려다주고 수업을 마치면 집으로 데리고 온다. 1세기 초등 교사의 역할을 현 시대의 모습으로 재현한다면 과외 선생일 것이다.[35] 당시 과외 선생은 학생에게 강압과 부정적 이미지로 각인되었다는 견해를 주장하는 학자도 있다. 즉 초등 교사는 율법을 가르치는 강압적이고 부정적인 교사를 의미함으로, 바울이 본 구절에서 초등 교사를 언급한 것은 율법의 부정적인 역할을 나타낸 표현으로 본다.[36] 하지만 던(Dunn)은 이러한 해석 자체가 그리스-로마 작가들이 보여준 어린 시절 교사에 대한 지나친 부정적인 시각을 반영된 것이라고 주장한다. 원래 1세기 그리스-로마 세계의 교사들은 훈육을 담당하는 보호자 역할을 했다는 견해가 있다. 특별히 갈라디아서 3장은 악한 세상에서 초등교사의 역할을 한다는 것은 보호의 의미를 가진다는 것으로 보아야 함을 강조하였다.[37] 갈라디아서 본문에 언급된 초등 교사는 율법에 대한 부정적인 측면을 부각시키려는 언급이 아니라 긍정적인 역할을 제시하고 있는 것으로 보아야 한다.

결론적으로 율법과 이스라엘 백성의 관계는 의뢰인과 후견인 관계였다. 이스라엘 역사에 따르면 율법은 백성에게 유익을 주었으며, 죄로부터 자신을 지킬 수 있는 중요한 기준이었다. 그러므로 율법과 이스라엘의 관계를 긍정적으로 보아야 할 것이다. 물론 바울은 율법의 부정적인 부분을 비판적으로 제기하기도 했다. 그러나 이것은 예수 그리스도를 통한 구원을 설명하는 관점에서 바라본 율법이다. 즉 예수 그리스도를 향한 믿음이 아니라 율법 아래로 돌아가려는 자들에 대한 경고로 사용한 것이다(갈 4:3-5). 이스라엘 백성과 율법은 긍정적인 관계를 가지고 있지만, 예수 그리스도가 온 후부터 이스라엘 백성들은 이제 율법의 보호에서 벗어나야 한다. 예수 그리스도가 오기 이전에는 율법이 유대인에게 중요한 역할을 하였지만, 예수 그리스도의 십자가 사건 후에는 믿음이 율법의 기능을 대신했기 때문이다.

7.3.3 율법의 기능

바울신학 관점에서 율법의 기능에 대해 논한다는 것은 율법이 생명을 살리는 것이냐 아니면 사망을 가져오는 것이냐에 대한 연구이다. 즉 던 (Dunn)이 말한 것처럼 율법, 생명, 사망의 삼각체제에 대한 연구이다.[38] 바울은 율법의 기능을 생명보다는 사망과 관련해서 언급하기를 더욱 좋아한 것으로 보인다. 그는 예수 그리스도를 만난 후 율법의 기능이 자신이 알고 있던 것과는 전혀 다르다는 사실을 고백했다. 그는 과거에는 율법이 생명을 주는 것이라고 믿었는데, 이제는 율법 준수가 생명을 얻게 하는 것이 아니라 사망을 가져온다는 사실을 확신한 것이다(롬 7:10).[39] 바울은 율법을 준수한다고 해도 생명에 이르지 못한다는 사실을 깨닫고, 예수 그리스도를 믿음으로 산자가 된 그는 율법에 대하여 죽었다는 사망을 선언했다(갈 2:19).

그렇다면 바울이 새롭게 인식한 율법의 기능은 무엇인가? 레위기 18:5의 "너희는 내 규례와 법도를 지키라 사람이 이를 행하면 그로 말미암아 살라라 나는 여호와이니라"는 말씀은 율법의 기능이 무엇인지를 잘 보여주고 있다. "규례와 법도"는 율법을 나타내는 다른 표현이다. 예수 그리스도를 만나기 전에 바울이 이해한 율법의 기능은 바로 레위기 말씀에 기초를 두고 있다. 즉 바울은 율법이 사람을 살리는 것이라고 믿고 있었다.

그러나 이러한 율법의 기능은 믿음과 반대 되는 개념이다. 바울은 율법을 통해서는 생명을 얻을 수 없음을 깨달았다. 율법이 믿음에서 나지 않았기 때문이다. 율법을 통해서 생명을 얻지 못한다면 생명을 얻게 하는 것은 무엇인가? 바울은 믿음으로 의로워진다는 사실을 알았다.[40] 그래서 바울은 믿음이 율법보다 먼저 있었음을 강조한 것이다. 바울은 믿음이 율법 보다 먼저 존재했다는 것을 아브라함의 사건을 예로 들어 제시했다(롬 4:1-25). 아브람이 생명을 얻은 것은 하나님이 그를 의롭다고 인정했기 때문이다. 하나님이 아브라함을 의롭다고 인정 한 것은 믿음 때문이다.[41] 바울은 하나님과 사람의 관계는 믿음으로만 의로워 질수 있다는 사실을 깨달은 것이다. 그렇다면 믿음은 무엇인가? 이것은 곧 예수를 그리스도로 믿는 믿음을 의미한다. 하나님은 예수를 그리스도로 믿는 자를 의롭다고 선언한 것이다. 그러므로 율법은 사람을 살리지 못한다.

율법은 하나님과 이스라엘 관계에서 이차적인 요소임을 살펴보았다. 그렇다면 바울이 율법을 부정한 것인가? 바울은 율법으로는 생명을 얻을 수 없다는 사실을 분명히 했지만, 율법을 부정하지는 않았다. 단지 율법의 기능이 달라졌음을 의미한다. 율법은 인간을 구원할 수 없지만, 이미 예수 그리스도의 복음을 믿음으로 의를 얻은 자들의 윤리적 삶을 인도하는 역할을 한다. 그러므로 율법에는 사람을 살리는 기능도 없을 뿐 아니라 율법을 준수하지 않는다고 멸망케 하지도 않는다. 하지만 바울은 복음을 믿음으로 의로워진(구원받은) 자의 윤리적 삶을 위해서는 율법의 규정이 꼭 필요하다는 것을 분명히 했다. 단지 유대인이 율법을 준수함으로 생명을 얻을 수 있다는 잘못된 믿음을 가진 것이 문제였다.

따라서 바울의 새로운 율법 개념을 다음과 같이 정의할 수 있을 것이다. 첫째, 율법은 하나님과 이스라엘 백성의 특별한 관계를 나타내는데,

율법은 이스라엘 백성을 보호하고 치리하는 기능을 하였다. 즉 율법의 규정이 이스라엘 백성의 삶의 방향을 규정지었고 죄악으로부터 보호하는 역할을 한 것이다. 즉 이스라엘 백성의 삶의 기준은 율법이었다. 그렇다고 율법이 예수 그리스도를 믿는 자들에게 완전히 무익한 것은 아니다. 바울은 그리스도인에게 율법의 윤리적 기능을 강조했다. 둘째, 율법은 죄를 정의하고, 죄 지은 자에게 범죄를 인식하게 한다. 그리고 죄를 죄로 인식하지 못하는 자들에게 죄를 인식하고 단죄하는 기준이 된다. 셋째, 이스라엘 백성은 모세를 통하여 율법을 수여받은 것을 자신들이 하나님과 특별한 관계가 있음을 주장하며 선민의식을 가지고 있다. 그러나 바울은 로마서 1:18-3:20에서 이스라엘 백성을 고발하며, 예수 그리스도만이 죄인을 구속할 메시아임을 분명히 했다. 율법의 '의'를 주장하는 유대인은 생명의 구원을 받을 수 없다. 바울은 율법의 선민의식은 복음과는 전혀 관계가 없음을 분명히 했다.

7.4 결론

율법은 바울의 생애 전 부분을 관통하는 삶의 중요한 주제였다. 그리스도 이전의 바울은 모세의 율법을 준수하는 것이 하나님의 백성이 지켜야 할 가장 중요한 요소라고 믿었다. 그러나 모세의 율법이 이스라엘 백성들의 삶의 중심에 선 것은 신구약 중간기를 지나면서 부터이다. 그 때부터 율법은 하나님과 이스라엘 백성의 관계를 나타내는 요소로 정착하게 된 것이다.

또한 바울이 사용한 율법이란 용어 해석이 주목을 받아왔다. 바울이 사용한 헬라어 노모스(율법)가 토라를 의미하는지 아니면 일반적인 법을 의미하는지에 대한 논쟁이다. 바울이 노모스 앞에 정관사를 붙일 때는 노모스가 토라를 나타낸다는 주장이 제기되기도 했다. 그러나 바울이 사용한 노모스는 항상 문장 전체의 의미를 통해 해석해야 한다는 주장도 있다.

예수 그리스도를 만나기 전 바울의 율법관은 율법 준수만이 하나님의 백성임을 증명하는 길이라고 믿었다. 그러나 바울은 예수 그리스도를 만난 후 율법 준수가 더 이상 구원의 조건이 아님을 분명히 했다. 하지만 바울은 율법 자체를 죄로 보지 않았다. 그리고 율법과 이스라엘은 떨어질 수 없는 관계를 형성하고 있음도 인정했다. 그러므로 바울은 그리스도 이후 율법에 대한 새로운 개념이 필요함을 인식하고 율법의 기능을 재정립하게 되었다. 바울은 더 이상 율법을 생명의 조건으로 보지 않았다.

주(註)

1) 율법에 대한 유대인의 선민의식은 다음책에서 유추할 수 있다. D. G. Dunn, 「바울 신학」, 박문재 역 (고양: 크리스챤 다이제스트, 2003), 230.

2) 율법을 하나님으로부터 받아 인간에게 전달한 중개자는 모세이다. R. N. Longenecker, *Galatians* (WBC 41; Dallas: Word, 1990), 140-43. 일부 학자들은 율법이 천사를 통해 주어졌다고 함으로 율법이 하나님으로부터 기인했다는 것을 부인하는 증거로 보는 경향도 있다. R. B. Hays, *The Faith of Jesus Christ: An Investigation of the Narrative Substructure of Galatians 3, 1-4, 11* (Chico: Scholars, 1983), 227.

3) C. 트레스몬탄트, 「바울의 생애와 사상」, 이기양 역 (서울: 여일사, 1992), 97.

4) G. E. Ladd, 「신약신학」, 신성종, 이한수 역 (서울: 대한기독교서회, 2007), 616.

5) 이스라엘 백성은 하나님이 자신들에게 생명을 주셨다고 믿는다. 그리고 생명을 유지하기 위해 규례를 준 것이다. 그러므로 초기 이스라엘 백성이 인식한 율법의 규례는 영생과는 관계가 없는 것으로 보인다. 그러나 시간이 지나면서 율법은 칭의와 구원의 조건으로 이스라엘 백성들 사이에 자리하게 된 것이다. D. G. Dunn, 「바울 신학」, 박문재 역 (고양: 크리스챤 다이제스트, 2003), 239-40.

6) G. E. Ladd, 「신약신학」, 신성종, 이한수 역 (서울: 대한기독교서회, 2007), 617.

7) J. D. G. Dunn, 「바울 신학」, 박문재 역 (고양: 크리스챤 다이제스트, 2003), 211.

8) J. Drane, *Paul: Libertine or Legalist?* (London: SPCK, 1975), 61-77, 132-36.

9) 참조. J. D. G. Dunn, *Romans* (WBC 38, 2 vols; Dallas: Word, 1988), xliii-xliv; J. D. G. Dunn, *The Epistle to the Galatians* (BNTC; London: Hendrickson, 1993), 8, 19.

10) E. P. Sanders, *Paul, the Law and the Jewish People* (Philadelphia: Fortress, 1983), 35-36, 68-69, 77-81, 86.

11) H. J. Schoeps, *Paul: The Theology of the Apostle in the Light of Jewish Religious History* (London: Lutterworth, 1961), 214.

12) S. Schechter, *Aspects of Robbinic Theology* (New York: Schocken, 1961), 117.

13) J. D. G. Dunn, 「바울 신학」, 박문재 역 (고양: 크리스찬 다이제스트, 2003), 214.

14) H. J. Schoeps, *Paul: The Theology of the Apostle in the Light of Jewish Religious History* (London: Lutterworth, 1961), 214.

15) J. D. G. Dunn, 「바울 신학」, 박문재 역 (고양: 크리스찬 다이제스트, 2003), 214.

16) H. Räisaänen, *Paul and the Law* (WUNT 29; Tübingen: Mohr, 1983), 50-52.

17) B. S. Rosner, "Paul and the Law: What he does not Say," *JSNT* 32/4 (2010), 411.

18) 바울의 율법관을 기독교 관점에서 전개하고자 한다. 그러나 바울이 율법에 대한 새로운 개념은 이방인 선교 문제에 집중되어 있음을 기억해야 한다. 바로 율법이 이방인 선교의 걸림돌이 되었기 때문이다. 보다 자세한 내용은 다음 논문을 참조하라. F. E. Udoh, "Paul's Views on the Law: Questions About Origin(Gal 1:6-2:21; Phil 3:2-11)," *Novum Testamentum* 42/3 (2000), 214-37.

19) 바울의 율법 개념은 기독교 교리 개념으로 체계화되었다. T. R. Schreiner, "Paul's View of the Law in Romans 10:4-5," *Westminster Theological Journal* 55/1 (1993), 113-35.

20) I. C. Rottenberg, "Law and sin in Judaism and Christianity," *Reformed Journal* 29/11 (1979), 14.

21) K. Stendahl, *Paul among Jews and Gentiles* (Philadelphia: Fortress, 1976[1977]), 92.

22) D. E. H. Whiteley, *The Theology of St Paul* (Oxford: Blackwell, 1964), 80.

23) J. D. G. Dunn, 「바울 신학」, 박문재 역 (고양: 크리스찬 다이제스트, 2003), 246.

24) J. A. D. Weima, "The function of the law in relation to sin: an evaluation of the view of H Räisänen," *Novum testamentum* 32/3 (1990), 227-31.

25) J. D. G. Dunn, 「바울 신학」, 박문재 역 (고양: 크리스찬 다이제스트, 2003), 223.

26) Ibid.

27) R. N. Longenecker, 「갈라디아서」, 이덕신 역 (WBC 41; 서울: 솔로몬, 2003), 389.

28) T. Callan, "Pauline Midrash: The Exegetical Background of Gal 3:19b." *JBL* 99 (1980), 511 n 6-10.

29) W. D. Davies, "A Note on Josephus, *Antiquities* 15.136." *HTR* 47 (1954), 135-40.

30) H. J. Schoeps, *Paul: The Theology of the Apostle in the Light of Jewish Religious History* (London: Lutterworth, 1961), 182.

31) 다음을 참조하라. D. B. Wallace, "Galatians 3:19-20: a crux interpretum for Paul's view of the law," *Westminster Theological Journal* 52/2 (1990), 225-45.

32) F. Thielman, *Paul and the Law: A Contextual Approach* (Downers Grove: Inter Varsity, 1994), 132.

33) J. D. G. Dunn, 「바울 신학」, 박문재 역 (고양: 크리스찬 다이제스트, 2003), 225.

34) Ibid.

35) 다음을 참조하라. M. J. Smith, "The Role of the Pedagogue in Galatians," *Bibliotheca sacra* 163/650 (2006), 197-214.

36) H. Schlier, *Der Brief des Paulus an die Galater* (THKNT; Berlin: Evangelische, 1989, 168-70.

37) J. D. G. Dunn, 「바울 신학」, 박문재 역 (고양: 크리스찬 다이제스트, 2003), 227.

38) Ibid.

39) J. F. Hart, "Paul as weak in faith in Romans 7:7-25," *Bibliotheca sacra* 170/679 (2013), 325.

40) P. L. Samuelson, "A new vision of righteousness : Paul's exhortations in Romans 12-15," *Word & World* 10/3 (1990), 301.

41) J. W. Jipp. "Rereading the story of Abraham, Isaac, and 'us' in Romans 4," *JSNT* 32/2 (2009): 221.

제8장 바울과 예수

바울과 예수의 관계에 대한 연구는 학자들로부터 많은 관심을 받기에 충분했다. 바울과 예수의 관계에 대한 연구는 독일 학자들을 중심으로 19세기부터 집중적으로 진행되었다.[1] 바우어(Baur)는 바울의 신학적 가르침과 예수의 선포적 가르침의 차이점에 대해 논쟁을 시작하였다. 이 논쟁은 홀츠만(Holtzmann)의 동의를 받았다. 그리고 이들의 논쟁은 레드(Wrede)에게 영향을 주었다. 레드는 바울과 예수의 가르침에 대한 차이점을 중요시 여기지 않으면서 바울과 예수의 관계를 연구하는데 관심을 가졌다.

20세기에는 불트만에 의해서 역사적인 예수 연구가 꽃을 피웠는데, 역사적 예수는 신학적인 필요성에 의해 초대교회가 만들어낸 산물이라는 주장이 나오게 되었다. 그러나 이러한 주장을 일방적으로 받아들이기에는 문제가 너무 많다. 그러므로 본서에서는 일차적으로 역사적 상황에서 바울과 예수의 관계에 대해서 살펴보도록 하겠다.[2] 그리고 바울 서신에 나타난 역사적 예수와 바울의 예수의 가르침 해석 방법을 살펴볼 것이다.

8.1 바울은 예수를 알고 있었는가?

바울이 역사적 예수를 알고 있었다거나, 직접 만난 적이 있는지에 대한 연구는 아직까지 명확한 결론을 내리지 못하고 있다. 이러한 연구의 목적은 바울이 언급한 역사적 예수의 행동과 가르침의 내용이 전승을 통해 얻은 것인지 아니면 직접 역사적 예수를 경험한 것에서 나온 것 인지를 확인하는 중요한 자료가 되기 때문이다. 그러나 다른 한편에서, 많은 학자들이 이 분야에 대한 연구를 집중하는 이유는 바울신학의 핵심 가르침이 예수의 가르침이기 때문이다.[3] 그렇다면 바울신학에 나타난 예수가 어떤 예수인지를 확인하는 작업이 필요하다. 바울신학에 나타난 예수는 지상에서 공생에 동안 활동한 역사적 예수가 아닌 것으로 보인다. 바울서신은 팔레스타인 지역에서 활동한 예수에 대한 이야기를 거의 언급하지 않고 있다. 바울이 묘사한 예수는 역사적 예수라기보다는 부활한 예수이다.[4] 다메섹 도상에서 자신이 경험하고 확인한 부활한 예수가 그의 서신의 핵심으로 자리잡고 있다. 그러므로 바울은 처음으로 부활한 예수를 문서로 다룬 저자로 보아야 할 것이다.[5]

역사적 예수와 바울이 서로 만났을 것이라는 주장에 대해서 대부분의 학자들은 고린도후서 5:16을 주목한다. 특별히 바이스(weiss)는 바울이 예루살렘에 입성한 마지막 주간을 보내는 예수를 보았거나 그에 관한 이야기를 들었을 가능성이 상당히 높다고 보았다.[6] 이미 앞에서 살펴본 것처럼, 바울이 예루살렘에서 소년 시절을 보내고 가말리엘 교법사 밑에서 율법을 공부했다면 바울은 분명히 예수에 관해서 알고 있었거나 대면했을 가능성도 충분해 보인다.[7] 이 논제는 여전히 결론을 내리기 어려운 것이 현실이다.

하지만 더욱 중요한 사실은 바울이 예수의 제자들에 대해서 잘 알고 있다는 사실이다. 예를 들면, 바울은 베드로가 결혼을 했다는 사실도 알고 있었다(고전 9:5). 또한 그는 베드로와 사도 요한을 잘 알고 있었고, 그들을 예루살렘 교회의 대표로 인식하고 있었다(갈 2:9). 그리고 바울이 인용한 예수에 관한 내용은 그가 얼마나 예수와 친숙했는지 말하고 있다. 또한 바울은 그리스도의 관용을 말했다(고후 10:1). 바울은 예수가 자신은 마음이 온유하고 겸손하다고 한 말을 그대로 인용한 것이다(마 11:29).[8] 바울이 예수의 제자들과 친숙한 관계를 가졌고, 예수의 가르침을 깊이 깨닫고, 그가 사역하면서 예수의 가르침을 충실히 인용했다는 것은 역사적 예수를 만났거나 알고 있었다는 증거가 될 수 있을 것이다.[9]

학자들을 더욱 놀라게 한 것은 바울이 행한 설교와 예수가 행한 설교에는 큰 차이가 없다는 것이다. 바울과 예수의 설교 차이는 단지 관점(view)만 다르다는 것이다.[10] 예수는 미래를 기다리는 입장에서 설교한 것이고 바울은 역사적 예수의 과거를 돌아보며 현재와 미래를 중심으로 설교를 구성한 것이다. 이것은 바울과 예수의 가르침에는 공감대를 형성하는 동질의 내용이 상당히 존재했음을 의미한 것이다.[11]

하지만 바울과 예수가 육체로 만났음을 더욱 강화시켜주는 증거는 바울이 예수를 육체대로 알았다고 고백한 내용이다(고후 5:16). 육체대로 알았다는 것을 문자적으로 해석한다면, 바울이 인간 예수를 알고 있었다는 뜻으로 해석해도 무방할 것이다. 그러나 부활하신 예수를 만난 후 바울은 그를 더 이상 육체대로 알지 않았다고 말한다. 이것은 예수를 바라보는 그의 시각에 변화가 일어났음을 의미한 것이다. 즉 이것은 바울이 육안으로 본 예수가 아닌 전 인격을 통하여 예수를 만난 것을 의미하는 것으로도 해석 가능할 것이다.[12] 그러므로 바울은 자신의 다메섹 체험 전에 만났거나 이미 알고 있던 역사적 예수에 대한 개념이 다메섹 사건 후 완전히 변화되었다는 것이다. 하지만 우리는 바울이 다메섹 체험 전에 예수를 만났다면 그가 얼마나 가까이에서 예수를 대면했는지는 정확히 확인할 수가 없다. 지금까지 바울이 역사적 예수를 만났거나 그에 관해서 많은 정보를 가지고 있었을 가능성에 대해서 논했다. 우리의 결론은 바울이 최소한 다메섹 체험 전에 예수를 알고 있었을 가능성에 대해서 어느 정도 동의를 해야 할 것이다.

8.2 바울서신과 예수

바울서신에 언급된 예수에 관한 연구는 이 분야의 상당한 기여를 한

두 학자를 중심으로 살펴보아야 할 것이다. 첫째 브루스(Bruce)는 바울과 예수의 관계를 연구함에 있어서 바울이 사용한 자료에 대한 연구에 집중하였다. 즉 예수에 관해 언급한 바울서신에 인용된 자료의 내용을 분석하여 출처를 확인하는 작업이었다.[13] 둘째, 웬함(Wenham)은 바울이 어떻게 예수를 묘사하고 있는지에 관심을 가졌다.

8.2.1 바울이 인용한 역사적 예수 자료

바울서신에는 부활한 예수에 관한 이야기가 반영되어 있다. 물론 이러한 주장이 바울서신에는 부활 이전의 예수 생애가 전혀 나타나지 않았다는 것은 아니다. 바울서신에는 예수의 생애에 관한 다음과 같은 내용들이 주로 묘사되어 있다. 첫째, 바울서신에는 예수의 출생에 대한 내용이 나타난다.[14] 바울은 예수를 다윗의 자손으로 묘사했다(롬 1:3). 예수가 혈통과 육신으로는 다윗의 자손으로 이 땅에 태어났다는 것이다. 또한 예수를 아브라함의 자손이라고 했다(갈 3:16). 이러한 견해는 복음서에서 언급한 예수의 출생 내용과 특별히 다른 면이 없는 것 같다. 갈라디아서 4:4에서는 예수가 여자에게서 "나신"이라고 기록하고 있다. 웬함(Wenham)은 바울이 본문에서 말하는 "나신"이라는 단어는 일반적인 남녀 관계에서 태어난 자녀들의 출생을 의미하지 않는다고 보았다.[15] 바울에게 있어서 아버지와 어머니가 자녀를 낳는다는 헬라어 단어는 '겐나오마이'를 사용하였다(갈 4:21-31).[16] 그러나 예수의 출생을 묘사할 때는 '기노마이'를 사용했다. 물론 헬라어 단어 '기노마이' 역시 여성이 자녀를 낳는다는 의미로 사용할 수 있다. 하지만 바울이 갈라디아서 4장에서 자녀의 출산을 나타내는 단어를 예수의 출생을 묘사할 때 사용한 단어와 서로 다른 단어를 사용했다는 것은 예수가 육신의 아버지를 통해 여자가 낳은 자식이 아님을 말하려는 의도로 해석된다.[17]

둘째, 바울은 예수의 출생 배경을 언급했다. 예수를 "율법 아래에서 나게 하신"이라고 묘사했다(갈 4:4). 이것은 바울이 예수의 출생을 유대 기독교적 관점에서 보았다는 견해를 말하는 것 같다. 즉 유대인도 복음을 통해 하나님의 자녀가 될 수 있음을 간접적으로 묘사한 것으로 보인다.[18] 즉 예수가 율법 아래에서 태어났지만 율법이 아닌 믿음으로 의로워져 구원 얻었음을 나타낸 것이다. 이러한 주장이 가능한 것은 갈라디아서의 핵심 교훈이 유대 그리스도인에게 율법에서 벗어나야 한다는 가르침이기 때문이다.

셋째, 바울은 고린도 교회가 행한 주의 만찬에 대해 교훈하면서, 예수가 처형 당하기전 배신당함에 관하여 묘사했다(고전 11:23-29). 이것이 자신의 직·간접적인 경험을 묘사한 것인지 아니면 초기 기독교 공동체로부터 받은 전승을 설명하고 있는 것인지는 정확히 알 수 없다. 그러나 많은 현대 바울 신학자는 고린도전서 11장의 주의 만찬을 초대교회 전승으로 믿는다.[19]

넷째, 바울은 예수의 부활을 그의 서신에 묘사했다(고전 15:4-8). 바울은 예수가 장사지낸 지 3일 만에 부활했고 많은 사람들에게 보였다고 했다.

지금까지 우리는 바울이 역사적 예수의 생애를 어떻게 묘사했는지를 살펴보았다. 물론 바울은 단순히 역사적 예수의 생애만 그의 서신에 묘사한 것은 아니다. 그는 예수의 가르침과 생애에 대한 사도전승도 묘사했고, 자신이 이해한 예수의 교훈을 소개하기도 했다(참조. 고전 7:10; 9:14; 11:23-25).

그러므로 바울서신에 언급된 예수는 바울이 입수한 초대교회 자료를 의존한 것으로 보아야 할 것이다. 이 자료는 바울이 역사적 예수를 만났거나 아니면 직접 동시대에 같은 지역인 예루살렘에 살고 있었음으로 얻을 수 있었던 자료일 가능성도 있다. 아마도 이러한 자료가 바울서신에 언급된 역사적 예수에 관한 1차 자료 역할을 했을 것이다. 또한 바울은 자신의 가르침이 그리스도의 계시라고 했다. 이러한 가르침은 갈라디아서에 집중적으로 나타났는데, 바울은 예수 그리스도의 계시를 말하면서 복음의 비밀, 종말의 비밀, 그리스도 안에서 연합의 비밀 그리고 하나님의 최종적인 비밀을 언급했다(갈 1:1; 고전 2:1; 15:1-58).[20]

그리고 바울의 가르침에는 이미 언급한 것처럼 초대교회의 전승 자료도 사용하였다. 사도의 전승은 역사적 예수를 직접 목격하고 경험한 증인들의 증언을 토대로 한 것이다. 초대 교회와 사도들로부터 바울에게 전달된 예수 전승은 다음과 같다. 첫째, 바울이 말한 성도들이 지켜야 할 전승은 예수의 가르침에 바탕을 둔 윤리적인 관례거나 규례였을 것이다(살후 2:15). 둘째, 예수의 말씀과 행위가 전승되었을 것이다. 마지막으로 기본적인 기독교의 메시지였을 것이다. 즉 바울은 예수의 출생, 십자가 사건, 부활 등의 전승을 잘 알고 있었고 자신의 서신에 인용했다는 것이다.[21]

8.2.2 바울이 묘사한 예수

본 단락에서는 웬함(Wenham)의 "바울과 예수"라는 책을 중심으로 바울서신에 묘사된 예수의 모습을 살펴보자.[22] 웬함(Wenham)은 바울서신 분석을 통해 바울과 예수의 관계를 연구하였다. 그러나 그의 연구 목적은 깊이 있는 학문적 접근을 목적으로 하기보다는 예수와 바울의 관계를 연대순으로 살펴본 것이다. 웬함(Wenham)은 바울이 묘사한 예수를 갈라디아서, 데살로니가전서 그리고 고린도전서를 통해 집중적으로 연구하였다.

첫째, 웬함(Wenham)은 갈라디아에서 예수를 그리스도로 받아들여야 한다고 묘사한 것으로 인식했다. 바울은 예수 그리스도를 믿는다는 것은 그리스도의 죽음을 믿음으로 받아들이는 것을 의미한다고 기록한다.[23] 바울은 유대인들에게 예수는 우리를 사랑하사 자기의 몸을 버리신 분이라고 묘사한다(갈 2:20). 인류는 예수를 십자가에 처형했다. 그것이 하나님을 가장 사랑하는 방법이라고 생각했다. 바울은 유대인의 거부와 불순종이 예수를 십자가에 달리게 하였지만, 예수의 죽음은 유대인을 살리는 하나님의 역사로 반작용되었음을 묘사한 것이다. 또한 바울은 예수를 단순히 십자가에서 죽은 것으로만 묘사하지 않고 부활한 것으로 묘사하였다. 바울은 예수의 부활을 묘사하면서 신성을 더욱 부각시켰지만, 예수의 인성에 대한 언급은 하지 않았다(참조 갈 4:6). 바울은 예수를 영적인 존재로 묘사함으로 그를 따르는 무리들은 성령을 따라 살아야 함을 강조했다(갈 5:16-26). 바울이 갈라디아서에서 예수를 이러한 모습으로 묘사한 것은 갈라디아 교회 구성원들이 예수를 신앙적으로 모방하는 삶을 추구하길 소망한 것으로 보인다.[24]

둘째, 웬함(Wenham)은 바울이 데살로니가전서를 통하여 예수의 모습을 종말론 관점에서 묘사했다고 주장한다.[25] 데살로니가서에 언급된 예수의 모습은 데살로니가 성도들의 종말적 미래와 예수의 재림을 염두에 두고 그려졌다.[26] 즉 데살로니가 교회를 향한 바울의 가르침은 데살로니가 교회의 박해와 재림 상황이 반영된 것이다. 데살로니가 교회는 아직 주님의 재림은 오지 않고 있는데, 교회는 박해로 인하여 위기를 맞이하고 있었다. 또한 성도들 가운데 재림을 보지 못하고 죽음을 맞이하는 자들이 생겨나자, 데살로니가 교회 성도들은 종말에 대한 기대보다는 두려움에 빠지기 시작한 것이다. 그러므로 바울은 종말론 관점에서 예수의 재림을 설명해야 할 필요성을 느낀 것이다.[27] 여기서 우리가 주목해야 할 것은 데살로니가에 묘사된 예수의 재림 모습이다. 바울이 묘사한 종말과 예수의 재림 모습은 마태나 마가가 사용한 예수의 가르침을 인용한 것으로 보이기 때문이다. 웬함(Wenham)은 예수의 가르침을 나타내는 단어 "끝까지"가 바울에 의해 데살로니가전서에 사용된 것을 확인함으로, 예수의 재림 모습이 바울에 의해 인용된 예로 제시했다(마 24:13; 막 13:13; 살전 2:14-16).[28] "끝까지"는 신앙의 선조들이 행한 신앙적 결단을 의미하는 단어로 볼 수 있기 때문이다.

셋째, 고린도전서에는 바울서신 가운데 예수의 가르침이 가장 많이 나타나 있다.[29] 고린도 교회는 혼란과 영적 타락이 심한 사회적 배경 위에 세워진 교회이기 때문에, 교회는 바울에게 교회에서 일어난 다양한 문제들의 해결을 위해 많은 질문들을 했다.[30] 바울은 고린도교회 현안에 대해 일일이 답변을 했다. 우리는 바울이 고린도 교회에 보낸 답변 내용이 바울의 개인적인 가르침에 기인한다고 생각할지도 모른다. 하지만 바울의 고린도 교회에 교훈한 대부분은 자신의 가르침이 아니라 예수의 가르침을 인용한 것으로 보인다. 1) 고린도전서 15장에 기록된 부활에 관한 내용은, 바울이 복음서에 언급된 부활 기사를 인용하여 재구성한 것으로 보인다. 바울이 복음서의 부활 기사에 자신의 부활 경험을 접목시켰을 것으로 보인다. 바울의 개인적 부활 고백은 복음서가 묘사한 내용과 동일한 측면을 가지고 있다(고전 15:8).[31] 2) 고린도전서 11:23-25에 묘사된 주의 만찬 역시 복음서에 언급된 주의 만찬 기사와 상당부분 연결되어 있음을 확인할 수 있다(참조, 마 26:28; 막 14:24). 그러나 고린도전서에 묘사된 주의 만찬은 복음서에 언급된 주의 만찬에 비하면 내용과 구조적으로 명확하지 않고 모호한 측면이 있다.[32] 주의 만찬에 대한 바울의 가르침이 모호한 것은 고린도 성도들이 이미 주의 만찬에 대한 상당한 지식을 소유한 것으로 볼 수 있다.[33] 3) 고린도전서는 유독 성(性) 문제를 많이 다루고 있다. 바울은 문란한 성(性) 문제에 대한 확고한 가르침을 고린도 교회에 전달했다.[34] 하지만 성(性)에 대한 바울의 교훈도 복음서에 언급된 예수의 가르침에 기인한 것으로 볼 수 있다. 즉 고린도전서에서 다룬 간음, 이혼, 독신, 성매매 등의 가르침 역시 예수의 가르침을 근거로 한 것이다.[35] 이 외에도 바울은 고린도 교회에 사도의 권한, 아담과 인자, 교회의 징계, 믿음과 지식 등에 관하여 권면하면서 예수의 가르침을 인용하였다.[36] 한마디로 바울은 예수의 가르침을 고린도

교회 문제 해결을 위해 인용했다는 것이다.

그렇지만 우리는 바울과 예수의 관계를 명확하게 규정하지는 못할 것이다. 하지만 우리는 바울이 사용한 자료 분석을 통해 그가 이해한 예수의 가르침을 이해할 수 있고, 바울의 표현법을 통해 그가 예수를 어떻게 인식하고 있었는지를 어느 정도 확인할 수 있었다. 바울의 가르침은 개인의 독립적인 깨달음이라기보다는 예수의 가르침을 바탕으로 하고 있음이 분명하기 때문이다.

8.3 역사적 예수에 대한 바울의 해석

바울과 예수의 관계를 바울이 사용한 예수에 관한 인용 자료 연구와 그의 묘사 방법 측면에서 살펴보았다. 즉 바울과 예수에 대한 연구는 바울서신에 인용된 자료와 바울의 예수 묘사에 집중되어 있음을 확인하였다. 그렇다면 바울이 예수에 관한 자료를 수집하여 어떠한 해석 과정을 거쳐 예수를 묘사하고 있는지 살펴보자. 바울과 예수의 관계에서 빼놓을 수 없는 중요한 주제가 바로 바울이 어떤 관점에서 예수의 십자가 사건과 부활을 바라보았느냐 하는 것이다. 학자들은 이것을 예수의 십자가 사역에 대한 바울의 해석이라고 말하기도 한다. 우리는 이 부분에서 바울이 예수의 부활에 관해서 어떠한 역사 환경의 영향을 받았는지를 확인해야 할 것이다.

바울이 예수의 십자가 사건을 중요시 여기는 것은 그의 죽음과 부활이 기독교 신앙의 핵심이기 때문이다. 바울은 예수의 십자가 죽음을 신학적인 관점에서 해석했다.[37] 바울은 예수가 자신을 이미 메시아이며 구원자로 선포 했다고 보았다(마 9:22). 따라서 바울은 예수가 자신을 메시아로 선포한 것을 신학적으로 도식화 한 것이다. 바울의 신학적 도식화는 믿음을 위한 것이었다. 결국, 바울이 해석한 예수의 죽음과 부활은 신학적 해석이고, 예수는 영혼을 구원하기 위해서 현존하시는 긍휼의 주님이다.

8.4 결론

바울과 예수의 관계는 여전히 뜨거운 논쟁을 주는 신학 주제이다. 두 인물의 직접 대면에 대한 연구는 여전히 미궁에 빠져 있음을 부인할 수 없을 것이다. 하지만 바울은 예수의 가르침과 삶을 분명히 인식하고 있었다. 그리고 예수가 인류를 구원할 메시아임을 신학화했다. 이러한 관점에서 묘사된 예수는 바울의 역사적 산물임이 분명하다. 물론 이러한 주장이 예수의 역사성을 부인하는 것은 전혀 아니다. 바울은 역사적 예수보다는 신앙적 예수를 더욱 중요하게 인식하고, 그의 서신에서 예수를 신학적 관점에서 묘사하고자 했다는 것이다. 그리고 바울이 인용한 예수의 사역에 관한 대부분의 자료는 초대교회와 복음서 전승으로 보인다.

주(註)

1) 바울과 예수의 연구를 위해서는 다음 논문을 참조하라. W. G. Kümmel, "Jesus und Paulus," *NTS* 10 (1963-64), 163-81.

2) 본인이 주장하는 역사적 예수는 이 땅에 오셔서 사역한 역사 가운데 계신 하나님을 의미한다. 즉 역사화된 예수를 말하는 것은 아니다.

3) N. H. Taylar, "Paul and the historical Jesus quest," *Neotestamentica* 37/1 (2003), 102.

4) 그러나 바울은 예수의 역사적 부활을 직접 보지 못한 것 같다. 다음을 참조하라. U. Wilckens, *Resurrection* (Edinburgh: St Andrew Press, 1998).

5) F. F. Bruce, 「바울과 예수」, 이길상 역 (서울: 아가페출판사, 1988), 13.

6) J. Weiss, *Paul and Jesus* (London: 1909), 31-32.

7) 다음 책을 참조하라 W. C. Unnik, *Tarsus and Jerusalem: The City of Paul's Youth* (trans, G Ogg, London: Epworth, 1962).

8) F. F. Bruce, 이길상 역 「바울과 예수」 (서울: 아가페출판사, 1988), 14.

9) N. H. Taylar, "Paul and the historical Jesus quest," *Neotestamentica* 37/1 (2003), 115-17.

10) A. Schweitzer, *The Mysticism of Paul the Apostle tr Montgomery*, W (New York: Henry Holt and Company, 1931), 113.

11) N. H. Taylar, "Paul and the historical Jesus quest," *Neotestamentica* 37/1 (2003), 114.

12) F. C. Porter, "Does Paul claim to have known the historical Jesus? a study of 2 Corinthians 5:16," *Journal of Biblical Literature* 47/3-4 (1928), 258.

13) 다음을 참조하라. H. W. Hollander, The Words of Jesus: from oral Tradition to Written Record in Paul and Q" *Novum Testamentum* 42/4 (2000), 345.

14) H. W. Hollander, The Words of Jesus: from oral Tradition to Written Record in Paul and Q" *Novum Testamentum* 42/4 (2000), 344.

15) D. Wenham, 「바울과 예수」, 이한수 역 (고양: 크리스찬 출판사), 88.

16) G .D. Cloete, "Christmas : Heirs of God, the Father, through Jesus, the Son, Incarnated (Galatians 4:4-7)," *Journal of Theology for Southern Africa* 85 (1993), 55.

17) D. Wenham, 「바울과 예수」, 이한수 역 (고양: 크리스찬 출판사), 88.

18) G .D. Cloete, "Christmas: Heirs of God, the Father, through Jesus, the Son, Incarnated" (Galatians 4:4-7), *Journal of Theology for Southern Africa* 85 (1993), 55.

19) J. A. Gibbs, "An Exegetical Case for Close(d) Communion : 1 Corinthians 10:14-22; 11:17-34" *Concordia Journal* 21/2 (1995), 156-57.

20) F. F. Bruce, 「바울과 예수」, 이길상 역 (서울: 아가페 출판사, 1992), 25-43.

21) Ibid., 44-66.

22) D. Wenham, 「바울과 예수」, 이한수 역 (고양: 크리스찬 출판사).

23) Ibid., 84.

24) R. B. Hays, "Christology and ethics in Galatians: the law of Christ," *Catholic Biblical Quarterly* 49/2 (1987), 273.

25) D. Wenham, 「바울과 예수」, 이한수 역 (고양: 크리스찬 출판사), 131-49.

26) S. C. Barton, "Eschatology and the Emotions in Early Christianity," *Journal of Biblical Literature* 130/3 (2011), 571-91.

27) D. McManus, "Heidegger, Wittgenstein and St Paul on the Last Judgement: On the Roots and Significance of 'The Theoretical Attitude,' *British Journal for the History of Philosophy* 21/1 (2013), 143-64.

28) D. Wenham, 「바울과 예수」, 이한수 역 (고양: 크리스찬 출판사), 142.

29) Ibid., 195-228.

30) S. E. Johnson, "Paul in the wicked city of Corinth," *Lexington Theological Quarterly* 17/2 (1982), 59-67.

31) P. Jones, "1 Corinthians 15:8 : Paul the last apostle," Tyndale Bulletin, 36 (1985), 7.

32) 복음서의 주의 만찬은 분명한 목적과 형식이 나타나지만 고린도전서의 주의 만찬은 완전한 식탁 교제 형식으로 변화된 경향이 있다.

33) D. Wenham, 「바울과 예수」, 이한수 역 (고양: 크리스찬 출판사), 201.

34) B. Byrne, "Sinning against one's own Body: Paul's Understanding of the Sexual Relationship in 1 Corinthians 6:18," *Catholic Biblical Quarterly*, 45/4 (1983), 608-16.

35) R. C. Kroeger, "Sexual Identity in Corinth: Paul faces a Crisis," *Reformed Journal*, 28/12 (1978), 14.

36) H. H. D. Williams, "Light giving sources: examining the extent of scriptural citation and allusion influence in 1 Corinthians," 7-37 in Porter, S. E(ed) *Paul: Jew, Greek, and Roman* (Leiden: Brill, 2008).

37) J. D. A. Dunn, Paul's Understanding of the Death of Jesus 125-141 in ed. Banks, R. *Reconciliation and hope: New Testament Essay on Atonenent and Eschatollogy* (Grand Rapids: Eerdmans, 1974).

제9장 바울의 인간 이해

인간론은 바울신학의 중심이 아니다. 이러한 정의가 말하는 것은 바울서신에서 인간론에 대한 내용들을 찾기가 어렵다는 것을 반증하는 것이다. 바울은 그의 서신에서 주로 하나님과 그리스도에 대한 내용들을 중심적으로 기술했다. 왜냐하면 인간에 대한 이해는 바울신학의 일부이며, 그의 인간론은 기독론과 함께 이해되어야 하기 때문이다. 환언한다면, 바울의 관점에서 인간은 예수 그리스도의 계시 안에서만 올바로 이해할 수 있기 때문이다. 물론 이러한 주장에 반론을 제시하는 학자들도 있다. 이들은 바울의 인간론 연구를 그의 신학을 연구하는 출발점으로 보기도 한다. 이것은 바울이 인간의 육신을 어떻게 이해하고 있는지를 알지 못한 상태에서 그의 신학 사상을 연구한다는 것은 불가능하다는 주장이 제기 되었기 때문이다.[1]

이들의 주장이 어떤 결과를 가져온다고 할지라도 하나님과 그리스도의 사역의 목적이 인간을 구원하는 일이기 때문에, 구원의 대상인 인간을 이해한다는 것은 엄청나게 중요한 신학적 결과를 얻게 될 것이다. 던(Dunn)은 바울이 이러한 전제를 가지고 있었기 때문에, 로마서 서론에서 인간의 범죄 부분을 다루었다고 보았다.[2] 바울의 인간 이해를 연구하기 위해서는 "몸"(body)과 "육체"(flesh)라는 용어를 그가 어떻게 사용하고 있는지를 확인하는 것이 중요하다.[3] 사실 "몸"이란 단어는 바울서신 전반에 나타난다. 바울은 "몸"을 인간의 몸을 묘사하는데 사용했지만, 그 사용은 아주 다양하다. 바울은 인간의 몸을 "죄의 몸"과 "사망의 몸"(롬 6:6; 7:24), 그리스도의 육체도 몸(골 1:22; 2:11)으로 표현했다.[4] 이외에도 부활의 몸(고전 15:44), 주의 만찬의 몸(떡)(고전 10:16-17)으로 묘사했다.[5] 이렇게 "몸"에 대한 다양한 묘사는 바울신학을 관통하는 하나의 주제가 될 수도 있을 것이다. 반면에 "육체"는 복음에 반대하고 영적생활에 반대하는 개념으로도 자주 사용됐다(롬 8:4-13; 갈 6:8).[6] 그러므로 바울의 인간론은 그가 인간과 관련된 용어를 어떻게 사용하고 있는지를 살펴보는 것이다. 하지만 우리가 분명히 기억해야 할 것은 바울의 인간학은 그가 신학자가 아닌 목회로서 주장한 내용이라는 것이다.

9.1 인간의 구조적 양면성

과연 인간은 어떻게 구성되어 있는가? 이 논쟁은 창조 이래 가장 민감한 주제 가운데 하나인 것 같다. 바울은 인간의 내적 성질과 외적 성질을 동시에 말함으로 인간의 구성을 이원론으로 보여 주고 있는 것 같다. 예를 들면 "내 속 사람으로는 하나님의 법을 즐거워하되" 또는 "겉 사람은 낡아지나 우리의 속사람은 날로 새로워지도다"라고 하였으며 "그의 영광의 풍성을 따라 그의 성령으로 말미암아 너의 속사람을 능력으로 강건하게 하시오며"라고 하였다(롬 7:22; 고후 4:16; 엡 3:16).[7] 이러한 성경 구절은 바울의 인간론이 이원론 구조를 가진 것으로 이해될 수 있다. 따라서 학자들은 인간을 영과 육 또는 육과 혼으로 구분하는 주장이 어떤 영향에서 비롯되었는지를 확인하고자 하였다.

일반적으로 바울이 보여준 이원론 인간은 헬라철학과 유대교 사상에서 온 것으로 본다. 그러나 두 사상 가운데 어느 쪽이 바울의 인간론에 더 많은 영향력을 미쳤는지에 대한 지루한 논쟁은 지금까지도 결론을 내리지 못하고 있다.[8] 20세기에 들어오면서 이 논쟁의 방향은 바울의 인간론이 영지주의 영향을 받은 것이라는 측면으로 발전하였다.[9] 하지만 바울의 인간론을 유대교 관점에서 이해하려는 연구 경향도 여전히 활발하게 진행되고 있다. 그러므로 어느 한쪽 관점에서 바울의 인간론을 연구한다고 할지라도 바울의 인간 이해는 헬라와 유대교 양쪽의 영향을 적절히 받은 것으로 보인다.

헬라철학은 인간을 분리(partitively)될 수 있는 존재로 이해하고 있었다. 여기서 말하는 분리는 인간을 영, 혼, 육체로 구분한다는 의미다. 반면에 히브리 사상은 인간을 구분할 수 있는 존재로 보지 않고 하나의 면(aspectively)으로 이해하려는 개념이 있었다.[10] 즉 히브리 사상은 인간을 여러 면을 가진 하나로 본 것이다. 구약성경의 기록을 살펴보면, 히브리 사상이 함의된 인간의 존재를 보다 실질적으로 확인할 수 있다. 첫째, "여호와 하나님이 흙으로 사람을 지으시고 생기를 그 코에 불어 넣으시니 사람이 생령이 되었다"(창 2:7). 흙으로 구성된 육체와 생령이 되게 만든 영은 분리될 수 없다. 분리가 불가능하다는 것은 인간의 육과 영이 분리된다는 것으로 죽음을 의미하기 때문이다. 둘째, "하나님의 영이 나를 지으셨고, 전능자의 기운이 나를 살리시니라"라고 말한다(욥 33:4). 욥 역시 하나님이 창조한 인간은 분리될 수 없는 하나의 면으로 묘사한 것이다. 즉 인간의 구성을 구조적 이 분설로 볼 수 있음을 인정했지만, 내적 본질로 본 인간은 근본적으로 인격의 통일성이 있음을 강조한 것이다(엡 1:9-10; 4:4-6; 고전 6:17; 15:44).

9.2 인간의 몸과 영

인간의 육신에 대한 바울의 관점은 단순하고 보편적인 인간의 경험의 견지에서 나온 생각을 말한다. 하나님이 창조한 인간의 몸에는 가장 고귀하고 위대하며 순결한 일들을 할 수 있는 능력이 잠재되어 있다. 그리고 하나님은 이러한 일들을 하도록 인간을 창조한 것이다(롬 1:19-20; 1:28).[11]

그러나 인간의 몸은 실제생활에서 완벽한 모습을 보이지 못한다는 사실을 누구나 체험하게 된다. 인간의 몸은 행동과 생각으로 죄를 짓게 하거나 죄에 매인 생활을 하게 한다. 인간의 몸에 이러한 육체적 연약함이 있는 것은 예수 그리스도의 인격적인 성품에 참여하지 못했기 때문이다. 예수 그리스도를 인격적으로 만나지 못한 인간의 본성은 무기력함 자체이다. 인간은 완벽하지 못하여 많은 오류를 범하기 쉽다. 그러므로 인간의 삶은 죄를 벗어날 수 없는 존재 자체라고 할 수 있다. 더욱이 그리스도 없는 인간의 성품은 세상 유혹 앞에서 아무런 힘도 쓰지 못하고 넘어지고 만다. 이러한 연약한 모습이 육의 본성을 가진 인간이다.[12]

다른 한편으로 인간은 육신에게져 육신이 원하는 대로 살아서는 안 된다. 바울은 인간이 육신대로 살면 반드시 죽게 되지만 하나님의 영을 따라 몸의 행실을 죽이면 산다는 신앙을 고백했다(롬 8:12-13). 예수 그리스도 안에 있는 자들은 육체의 욕심을 따라 살지 말아야 한다. 이것은 바울의 갈라디아서 2:20의 고백처럼, 이제 우리 옛 사람은 그리스도와 함께 십자가에 못 박혔고, 우리는 옛 사람에 대하여는 죽은 자요 새 사람이 되었기 때문이다.

그러나 인간은 십자가에 못 박힌 예수 그리스도를 따라 새 사람이 되었다고 주장하지만, 인간은 여전히 육체의 소욕을 따르고 있다. 물론 이 세상에 육체의 소욕을 떠나 살 수 있는 인간은 아무도 없다. 그렇지만 이제 하나님의 자녀된 자들은 더 이상 육체의 소욕을 따라 살지 말아야 한다. 왜냐하면 성도는 그리스도의 영으로부터 통치를 받기 때문이다. 예수 그리스도 안에 있는 우리는 더 이상 육체를 따라 살지 않고 그리스도의 영인 성령을 따라 살기 때문이다(고후 5:13-16; 갈 5:16-17, 24-25; 참고 벧전 4:1-2). 그렇다면 성령을 따라 산다는 것은 어떤 의미의 삶을 말하는 것인가? 인간은 육체 안에 거하지만 하나님의 아들을 믿는 믿음으로 살아야 한다는 것이다(갈 2:20; 빌 1:20-21; 롬 14:7-8). 즉 인간적인 본능에 의해 지배를 받을 때는 죄를 짓는 재료였던 본능, 열정, 감정, 욕구들이지만, 그리스도의 지배를 받게 될 때는 선을 위한 영적인 모습으로 변화된다(롬 8:28).[13]

이와 같이 바울은 인간이 육적인 부분과 영적인 부분으로 구성되었다는 사실을 인정하면서도, 두 측면으로 구성된 인간의 영과 육이 완전한 연합을 이루는 완성으로서의 인간을 바랐고, 그렇게 될 것을 믿었다. 구조적으로 양분된 인간의 특성은 오직 예수 그리스도 안에서만 완전한 연합을 이루게 된다.[14] 즉 바울은 한 인간의 영과 육이 그리스도의 십자가 사건을 통해 연합을 이룰 수 있음을 다음 구절을 통해 언급했다. "만일 우리가 그의 죽으심을 본받아 연합한 자가 되었으면 또한 그의 부활을 본받아 연합한 자가 되리라"(롬 6:4-5; 10-11). 또한 "그런즉 누구든지 그리스도 안에 있으면 새로운 피조물이라 이전 것은 지나갔으니 보라 새 것이 되었도다," 하였으며 "주와 합하는 자는 한 영이니라"고 하였다(고후 5:17; 고전 6:17).

따라서 바울은 인간의 육체와 영혼을 별개로 구분하여 생각하지 않았으며, 인간은 본질적으로 육과 영 모두가 하나님의 섭리와 역사 속에 창조되어 한 인격을 이루었으며, 바울은 이것이 하나님의 뜻을 이루어야 할 피조물의 모습으로 본 것이다(엡 1:3-6; 고전 3:16, 19).

그러므로 인간의 육과 영은 하나님을 영화롭게 해야 한다(롬 15:5-6; 고전 6:20; 10:31; 빌 1:20). 그리고 인간은 예수 그리스도 안에서 믿음으로 하나님의 구속, 은혜 그리고 사랑을 체험하게 된다(롬 8:20-25; 고전

15:35-49; 살전 5:19-24). 이처럼 인간은 예수 그리스도 안에서 '성전이 되어가고' 또한 성령 안에서 하나님의 거하실 처소가 되기 위하여 그리스도 안에서 지어져간다(참조. 고전 6:19).[15] 그러므로 인간의 몸은 "하나님께로부터 받은바 성령의 전이며," "누구든지 하나님의 성전을 더럽히면 하나님이 그 사람을 멸하시리라"고 하였다(엡 2:21-22; 고전 3:17; 6:19-20).

다시 환언한다면, "창세 전에 그리스도 안에서 우리를 택하사 우리로 사랑 안에서 그 앞에 거룩하고 흠이 없게 하시려고 모든 일을 그의 뜻의 결정대로 일하시는 이의 계획을 따라 우리가 예정을 입어 그 안에서 기업이 되었으니," "이는 그가 사랑하는 자 안에서 우리에게 거저 주시는 바 그의 은혜의 영광을 찬송하게 하려는 것이라"고 하였다(엡 1:4, 6).

결론적으로 인간의 몸과 영을 둘로 나누어 생각한다는 것은 헬라와 히브리 문화배경 모두에 기인한 것으로 보인다. 그러나 문화 배경을 떠나 바울은 몸과 영이 그리스도 안에서 완전해짐을 주장하였다. 예수 그리스도를 떠나서는 범죄의 도구로 사용될 몸이 예수 그리스도 안에서 하나님의 영광을 드러내는 선한 도구가 된다. 더욱이 성도의 몸은 예수 그리스도의 영이 거하는 처소이다. 인간의 몸과 영은 대립적인 측면도 있지만, 예수 그리스도 안에서 연합을 통해 하나님을 영화롭게 할 선한 도구이다. 이와 같이 바울의 인간 이해는 예수 그리스도 안에서 하나님께 영광을 돌려야 한다는 신학사상이 담겨 있음을 드러낸 것이다.

9.3 인간을 지칭한 용어

본 단락에서는 바울서신에 언급된 인간을 지칭하는 용어에 대해서 살펴보자. 일반적으로 학자들은 바울이 인간을 지칭한 용어를 "몸," "육체," "정신," "마음," "영," "혼"으로 본다. 이 용어들은 인간이 가진 품성이나 외모를 지칭하는 용어로 보이지만, 이들 용어에는 바울의 인간 이해가 담겼다. 따라서 바울이 사용한 인간을 지칭하는 용어에는 그의 신학이 담긴 것으로 보아도 될 것이다.

우리는 이러한 용어의 의미를 살피기전에 바울이 말한 인간론이 어떤 배경에서 형성되었는지를 확인할 필요가 있다. 물론 바울의 인간론 형성은 헬라와 히브리 사상을 배경으로 하고 있음을 이미 확인하였다. 헬라사상은 인간을 확연하게 다른 요소들의 연합체라는 개념을 가지고 있다. 반면에 히브리 사상은 인간을 여러 가지 다른 요소가 하나로 연결된 '전인'으로 본다.[16] 헬라사상은 인간을 구분되는 상이한 측면이 있는 존재로 이해한 반면 히브리사상은 인간을 하나의 "면으로" 본다.[17] 따라서 헬라와 히브리 사상은 인간을 분명히 다른 측면을 가지고 있는 존재로 이해한 것이다.

그러나 이러한 주장은 물리적 사고에 의해서 인간을 구분한 것에 불과한 것으로 보여진다. 팔레스타인 유대인은 히브리사상에 기인한 인간 개념을 유지하고 있었을 것으로 보인다. 하지만 디아스포라 유대인은 헬라 사상에서 정의한 인간론의 영향을 받을 수밖에 없었을 것이다. 따라서 동일 시대의 헬라와 유대 문화를 함께 경험한 바울의 인간론은 헬라와

히브리 사상이 혼용되었을 것이다.[18]

이것은 바울이 주장한 인간론의 기준을 문화적 관점에서 고정시켜 고찰한다는 것은 올바른 방법이 아님을 말한 것이다. 그러므로 바울의 인간론은 헬라나 히브리 사상 배경에서 이해하지 말고 바울의 용어 사용법을 통해 정의해야 할 것이다.

9.3.1 소마(몸)

바울서신에는 인간의 '몸'이란 단어가 50회 이상 나타난다. 이 단어는 대부분 독립적으로 사용되었다. 따라서 로마서를 제외하고는 '몸'이 다른 단어와 같이 사용된 경우는 거의 없는 것으로 보인다(롬 8:11-13). 바울이 '몸'이란 용어를 어떻게 사용했는지 정확하게 확인하기는 쉽지 않다. 그나마 다행인 것은 바울이 '몸'을 고린도전서에서 집중적으로 사용했다는 것이다. 이 단어가 고린도전서에 집중된 것은 성(性) 문제를 다루는 과정에서 인간의 '몸'을 설명했기 때문이다.[19] 따라서 바울이 '몸'이란 용어를 어떻게 사용했는지를 고린도전서를 통해 확인해 보자.

인간의 '몸'은 다음과 같이 정의할 수 있을 것이다. '몸'은 물질로 구성된 유기체로 볼 수 있을 것이다. 물리학 차원에서 본다면 '몸'은 말 그대로 하나의 유기체이다. 그리고 죽은 '몸'은 시체다. 이러한 견해는 인간의 육체를 '몸'으로 본 것이다. 그러나 바울은 그의 서신에서 인간의 '몸'을 단순히 물질적 유기체로만 말하지 않았다.[20]

9.3.1.1 '몸'의 공동성

바울이 인식한 '몸'은 하나의 유기체이지만 활동성을 가지고 있다. '몸'은 소외된 하나의 독립체가 아니라 개개인이 서로 협력하는 공동성을 가지고 있다는 것이다. 육체를 구성하는 '몸'은 사람을 다른 사람과 구분하려는 것이 아니라 모든 사람과 더불어 사는 공동성을 위한 것이다.[21] 그러므로 '몸'은 각 개인과 분리된 것이 아니라 상호성과 협력의 매개체이다. 그러므로 개인의 '몸'은 공동의 목표를 위해 함께 일하는 동역 자를 의미한다.

9.3.1.2 공동체 관계의 '몸'

바울이 말한 몸은 전인적인 '몸'으로서 독립된 개체지만 그리스도의 지체로서의 공동성을 가진다. 바울은 너희 '몸'은 하나님의 전이라고 했다. 그리고 성령이 너희 안에 계신다는 것을 깨달아야 한다고 했다. 공동체의 한 부분으로 그리스도인은 '몸'의 한 부분인 유기체임으로 삶을 통해 하나님께 영광을 돌려야 한다.[22] '몸'으로 하나님께 영광을 돌리라는 말은 그들 자신이 하나님이 기뻐하는 삶을 살도록 하는 것이다. 이것은 '몸'을 통해 성령의 열매를 맺음으로 하나님께 영광을 돌리는 것이다.

'몸'은 상호 작용을 통해 공동체를 이룬다. '몸'의 상호 작용은 두 가지 측면에서 이루어진다. 첫째, 부부관계와 성(sex) 생활을 통해 '몸'의 연합을 이룬다. 인간은 자신의 '몸'을 정욕대로 사용하여 악을 행한다(롬 1:24). 그리고 남편과 아내는 자신의 '몸'을 마음대로 주장할 수 없음을 말한다(고전 7:4). 그러나 더욱 주목할 부분은 바울이 비정상적인 성

관계를 설명하면서 '몸'이란 단어를 반복적으로 사용했다는 것이다. 창녀와의 육체적인 관계를 통해 육신적인 만족은 얻을 수 있을 것이다(고전 6:13, 16, 18). 그러나 바울은 너희 '몸'이 그리스도의 지체임을 분명히 알라고 말한다(고전 6:15). 인간의 '몸'을 육신의 만족을 얻기 위한 도구로 보지 않았다. 따라서 '몸'은 단순히 육체의 개념을 넘어선 더 큰 의미를 함의하고 있다. 그리스도인에게 '몸'은 자신의 신앙 정체성을 결정짓는 중요한 요소이다. 그러므로 이렇게 거룩한 '몸'을 창기와 합한다는 것은 있을 수 없는 일이다. 바울이 말하는 '몸'은 그리스도와 연합을 이루는 하나됨을 상징하기 때문이다. 왜냐하면 하나님의 자녀는 '몸'으로 하나님께 영광을 돌려야 한다(고전 6:20).

둘째, 로마서 12:1은 '몸'을 인격체로 표현한다. 바울은 "너희 몸을 하나님이 기뻐하는 제물로 드리라"고 한다. 여기서 바울이 말한 '몸을 제물로' 라는 것은 고대사회에서 행해진 인신(人身) 제사처럼 사람의 신체의 일부를 제물로 드리라는 의미가 아니다. 이러한 주장이 가능한 것은 자신을 제물로 드림으로 하나님의 자녀로서 교회공동체와 사회에서 성숙한 그리스도인으로 살라는 가르침이 본 구절의 배경이기 때문이다(롬 12:1-21).

셋째, '몸'은 교회의 구성원으로서 상호 작용하는 지체를 의미하기도 한다. 그리스도인 개인은 독립된 지체가 아니라 연합을 위한 하나의 독립적 존재이기 때문이다. 성도의 연합이 없다면 교회는 그리스도의 신부가 될 수 없다. 바울은 성도는 교회를 형성하는 하나의 몸이라고 말했다(고전 12:12-31).[23]

넷째, '몸'과 '몸'의 상호작용이다. 이것은 성도와 성도 간에 이루어지는 교회 내부 관점이 아니라 넓은 의미로 사회와의 상호작용을 의미한다. 몸(성도)은 사회 구성원으로서 상호 작용을 통하여 다른 사람들과 협력하며 연결된 사회 구성체이기 때문이다.[24]

다섯째, 바울은 '몸'을 현재의 '몸'과 부활의 '몸'으로 구분하였다. 고린도전서 15장은 죽음의 문제와 부활을 기대하는 성도의 '몸'을 말한다.[25] 분명한 사실은 현재의 '몸'과 부활의 '몸'은 완전히 별개가 아니라 서로 연관이 있다는 것이다. "네가 뿌리는 씨가 죽지 않으면 살아나지 못하겠고, 하나님이 주시는 형체를 가진다고" 말하기 때문이다(고전 15:36-38). 하지만 바울은 사람의 '몸'을 하늘의 '몸'과 땅의 '몸'으로 구분함으로, 성도를 하나님 나라의 영광에 참여할 썩지 않는 부활의 '몸'과 이 땅에서 썩어질 '몸'으로 구분하였다(고전 15:45). 즉 육의 '몸'은 아담을 따라 흙으로 돌아가지만 영의 '몸'은 그리스도의 부활의 몸을 따르는 것이다(고전 15:45-49).[26] 그러므로 하나님 나라에 들어갈 '몸'은 '육신의 몸'이 아니라 썩지 않을 '영의 몸'이다(고전 15:50). 그러므로 구속 받은 인간은 완전히 다른 형태의 육체를 가지게 됨을 의미한다. 즉 부패와 죽음이 없는 영적인 몸을 말한다(고전 15:51-54).[27]

따라서 바울이 말한 인간의 '몸'은 하나님이 창조한 세계의 일부이다. '몸'은 유기체이지만 공동성을 가지고 상호 작용을 한다. 이러한 상호작용은 그리스도를 머리로 하는 교회와 연합한 공동체를 의미한다. 또한 보다 넓은 사회와 상호 작용을 해야 하는 몸이다. 하나님 나라에 들어갈 '몸'은 '영적인 몸'이다. 따라서 바울은 소마(몸)를 나눌 수 있는 것이 아니라 하나의 면으로 보려는 경향을 드러낸 것으로 보인다.

9.3.2 사륵스(육체)[28]

'사륵스'(육체)는 바울서신에서 인간론을 이해하기 위해서 꼭 연구해야 할 중요한 부분 가운데 하나이다. 물론 바울이 사륵스를 가장 먼저 사용한 것은 아니다. 그러나 다른 신약성서 본문들과 비교해 보면 바울이 사륵스를 가장 많이 사용한 것으로 보인다. 바울서신에는 사륵스가 91회 언급되었으며, 특별히 로마서에만 26회나 나타난다. 바울의 인간론 이해의 중요한 용어인 사륵스를 다음과 같은 관점에서 살펴보자. 첫째는 바울이 사용한 사륵스가 어떤 영향을 받았느냐는 것이다. 즉 이 논쟁은 바울의 사륵스가 헬라 문화와 히브리 문화 가운데 어느 문화에 더 많은 영향을 받았는지를 확인하는 것이다.[29] 둘째는 바울이 사륵스를 어떻게 그의 서신에서 사용하고 있는지 사용법을 살펴볼 것이다. 바울의 사륵스 사용법은 그의 인간에 대한 이해를 확인할 수 있는 중요한 증거이다.

9.3.2.1 사륵스의 배경

바울은 사륵스를 상당히 넓은 의미로 사용했다. 사륵스를 물질을 나타내는 의미로부터 하나님을 대적하는 의미로까지 사용됐기 때문이다.[30] 학자들은 바울이 이렇게 한 단어를 폭넓은 의미로 사용했다는 것은 사륵스가 하나의 문화 배경에서 나온 것이 아니라는 결론에 도달하게 한다. 바울이 이해하고 사용한 사륵스는 헬라와 히브리 문화 배경에서 형성되었다는 것이다. 그러므로 바울의 사륵스는 헬라와 히브리 문화의 다양한 영향들이 합쳐진 것으로 보아야 할 것이다. 히브리 문화에서 육체를 물질적인 부분으로 말할 때는 '바사르'라는 히브리어를 사용하였다. 즉 바울이 물질적 개념으로 육체를 말할 때는 히브리 문화의 영향을 받은 상태에서 사륵스라는 단어를 사용한 것이다.[31] 반면에 하나님을 대적하는 육체를 나타낼 때 헬라 사상의 영향을 받은 '사륵스'를 사용했다.[32] 결론적으로 바울이 사용한 사륵스는 히브리와 헬라 문화 양쪽의 영향을 모두 받은 것으로 보인다.

9.3.2.2 바울의 사륵스(육체) 사용법

이미 앞 단락에서 확인한 것처럼, 바울은 사륵스를 아주 다양하게 사용하였다. 신앙적인 차원에서 바라본다면 바울의 사륵스 사용법은 하나님을 반대하지 않는 용어로부터 하나님을 대적하는 용어까지 다양하다. 하나님을 반대하는 측면으로 사용할 때는 '육체와 죄'로 표현되었다. 하나님을 반대하지는 않지만 '육체적인 쾌락'을 의미할 때도 같은 형태로 사용하였다. 물론 학자들은 이러한 주장에 반감을 가질 수도 있을 것이다. 그러나 본서에서는 사륵스의 가장 근본적인 측면만 살펴보기 때문에 깊이 있는 내용들은 다루지 않을 것이다. 그러므로 바울이 언급한 사륵스는 단 하나의 개념을 가지고 있다고 해석해서는 안 된다. 바울이 사용한 사륵스의 중요한 용법들을 살펴보자.[33]

첫째, 부정적인 의미가 전혀 가미되지 않은 일반적인 육체를 의미할 때 사용하였다(롬 11:14; 고전 6:16).[34] 이것은 인간의 몸을 물질적인 차원에서 표현한 것이다.

둘째, 사륵스는 육체적인 연약함을 의미하기도 한다. 육체가 연약하다고 표현한 것은 히브리 사상의 영향으로 보인다. 바울은 인간의 육체는 썩어질 것임으로 하나님의 유업을 받지 못한다고 했다(고전 15:50). 인간의 썩어질 육체를 연약하다고 표현하기도 하기 때문이다.

셋째, 육체의 연약함을 윤리적으로 나타낼 때도 사용하였다. 하나님 앞에는 자랑할 육체가 없다는 것은 물질적 육신이 약한 것이 아니라 윤리적으로 연약함을 나타낸다(고전 1:29). 즉 윤리적으로 하나님 앞에 설 육체가 없다는 것이다. 또한 윤리적으로 하나님의 의에 이룰 수 없다고 표현할 때도 육체라는 말을 사용했다.

넷째, 육체는 죄의 본성을 가지고 있다. "육체로는 죄의 법을 섬기느니"라고 할 때도 사륵스를 사용했다(롬 7:25).

다섯째, 사륵스는 영과 반대를 나타낼 때도 사용되었다. "육체의 소욕은 성령을 거스르고 성령은 육체를 거스르나니"라고 할 때 사륵스를 사용했다(갈 5:16-17).

여섯째, 하나님을 반대하는 사람을 지칭할 때 사륵스를 사용하였다. 그 예가 육신의 생각은 하나님과 원수가 된다는 구절에 나타난다(롬 8:7).

지금까지 바울이 그의 서신에서 언급한 사륵스 전체를 살펴본 것은 아니지만, 가장 많이 언급된 주요한 표현들만 살펴본 것이다. 그러나 우리가 주목해야 할 것은 바울이 인간의 몸을 '육체'로 표현할 때마다 그 용법이 다르게 표현되었음을 기억해야 할 것이다. 그리고 이러한 표현은 기본적으로 그 뒤에는 헬라와 히브리 문화적 배경이 있다는 것이다.

그렇다면 소마와 사륵스는 어떻게 이해해야 할 것인가? 두 용어는 서로 다르게 사용되었지만 같은 의미를 함의하는 특별한 경우도 있다. 따라서 바울이 이 두 용어를 어떻게 사용했는지에 대한 상호 관계를 명확히 해야 할 것이다. 두 용어는 인간의 몸을 지칭한다는 관점에서는 동일한 범주에서 사용되지만 사륵스는 일반적으로 몸을 부정적으로 표현할 때 많이 사용되는 측면이 있다(롬 6:6; 7:24). 반면에 소마는 중립적인 의미로 사용된다. 결론적으로 소마는 세상에 존재하는 일반적인 인간을 의미할 때 사용하는 용어이고 사륵스는 세속에 속한 인간을 나타낼 때 사용하는 용어로 보인다.[35]

9.3.3 누스(정신)

바울서신에 '누스'(정신)는 21회 나타난다. 바울이 사용한 '누스'는 헬라 문화의 영향을 받은 것으로 보인다. 던(Dunn)은 '누스'가 칠십인역에 잘 나타나지 않는 것으로 보아 히브리 사상에 기인하지 않았다고 보았다. 그렇다면 바울이 사용한 '누스'는 헬라 사상의 영향을 받은 것으로 보아야 할 것이다.[36] 헬라 문화에서 누스는 인간을 구성하고 있는 요소 중에서 가장 고상하고 귀한 것으로 생각했다. 바울은 인간의 '누스'는 하나님의 존재를 가장 정확하게 인식한다고 보았다.

바울은 다음과 같은 상황에서 '누스'라는 단어를 사용하였다.[37] 첫째, 죄의 법과 마음의 법이 싸운다고 할 때 사용하였다(롬 7:23). 둘째, 예배하는 자의 자세를 언급할 때 사용하였다. 하나님을 참되게 예배하기 위해서는 영과 마음을 다해야 한다(고전 14:14-15). 셋째, 이원론적으로 사용하기도 했다. 즉 영과 마음을 대립시킬 때 사용하였다(고전 14:15). 물론 이러한 용법에 대해서 동의를 하지 않는 경우들도 있다. 이것은 '소마'를 사용한 바울의 의도와 함께 '누스'를 이해해야 할 경우들이 있기 때문이다.

9.3.4 카르디아(마음)

"카르디아"는 의미적으로는 '누스'와 구분하기 어려워 보인다. 두 용어의 뜻을 억지로 나눈다면, '누스'는 사람의 '정신'을 '카르디아'는 사람의 '감정' 자리를 의미한다고 볼 수 있을 것이다.[38] 물론 '카르디아'는 사람의 생각과 의지를 의미한다고도 볼 수 있을 것이다.

바울은 카르디아를 다음과 같이 사용하였다. 첫째, 하나님은 사람의 마음을 살피시는 분이시다(롬 8:27). 그러므로 하나님은 사람의 마음을 어루만지는 분으로 이해 가능할 것이다. 둘째, 순종은 마음으로부터 시작된다(롬 6:17). 순종은 정신으로 하는 것이 아니라 마음으로 하는 것이다. 셋째, 믿음도 마음으로 하는 것이다(롬 10:9-10). 넷째, 하나님의 은혜도 마음으로 받는다(롬 5:5). 즉 하나님의 사랑을 느끼는 것은 마음으로 가능하다는 것이다. 다섯째, 결단을 내리는 결정을 하는 것도 마음이다(고후 9:7).

바울이 정의한 '누스'와 '카르디아'는 사람을 이성과 감정을 가진 존재로 본 것이다. 인간은 이성적이며 합리적인 판단도 할 수 있지만 감정을 가져 흥분하는 경우도 있다는 것이다. 결론적으로 바울은 사람을 하나의 합리적인 전인성을 가진 존재로 보지 않고 합리, 감정 그리고 의지적인 측면을 가진 것으로 보았다.[39]

9.3.5 프쉬케(혼)

'프쉬케'는 우리말로 '혼'으로 번역 가능하다. 바울서신에는 '프쉬케'가 총 13회 나타난다. 먼저 '프쉬케'의 문화적 배경을 살펴보자. 헬라 문화에서 사람의 몸은 하나의 면으로서 분리가 가능하다. 분리가 가능하다는 것은 사람이 죽으면 몸은 멸하지만 혼은 멸하지 않는다는 사상 때문이다.[40] 그러나 히브리 사상에서 '프쉬케'는 조금 다르다. 즉 구약성서에는 히브리어 '네페쉬'로 사용되었는데, 이는 "생령"으로 번역된다. 이것은 살아 있는 영으로 인간의 전인을 의미한다.[41] 바울은 그의 서신에서 '프쉬케'를 '전인'(全人)을 나타내는 단어로 사용하였다(롬 2:9; 13:1; 16:4; 고전 15:45). 그렇다면 바울의 '프쉬케'는 히브리 사상에 기인한 것이다. 물론 '프쉬케'는 인간의 목숨이나 생명을 나타내는 단어로도 사용된다(롬 11:3; 빌 2:30).

9.3.6 프뉴마(인간의 영)

바울 서신에는 '프뉴마'가 수없이 많이 사용되었다. 그러나 문제는 바울이 사용한 '프뉴마'가 인간의 영을 의미하는지 아니면 하나님의 성령을 의미하는지를 구분하기 쉽지 않다는 것이다(고전 고전 4:21; 14:15, 32; 고후 4:13; 갈 6:1).[42]

특별히 바울의 이러한 사용법이 우리에게 혼돈을 주는 것은 다음과 같다. 하나님의 영이 사람에게 역사하고 머문다는 개념 때문이다. 그렇다면 하나님의 영이 사람 안에 머문다는 것을 어떻게 해석해야 하는가? 하나님의 영으로 해석해야 하는지 아니면 사람의 영으로 해석을 해야 하는지를 결정하기가 어렵다. 바울은 '프뉴마'를 다음과 같이 사용하였다. 성령이 친히 우리의 영과 더불어 우리가 하나님의 자녀인 것을 증거한다고 했다(롬 8:16). 인격적인 차원이다.

그러나 바울이 '프뉴마'를 어떤 방법으로 사용했다고 할지라도, '프뉴마'는 인간이 하나님과 만남 또는 교제를 나눈다는 의미로 사용된 것이다. 반면에 '프쉬케'는 인간의 생명을 나타낼 때도 사용되었다.[43]

9.4 결론

바울의 인간론은 인간이 어떻게 구성되었는지부터 이해해야 한다. 인간을 여러 측면으로 분리하여 볼 수 있느냐 아니면 하나의 면으로 보아야 하느냐 문제로부터 시작된다. 그리고 인간은 다양한 기능을 가진 존재로 보아야 한다. 이것은 인간 존재 자체에 다양한 측면이 있음을 의미한다. 인간은 육신을 범죄와 질병에 노출시킴으로 욕망을 채우는데 사용하기도 한다. 반면에 인간의 영은 하나님과 교제하는 역할을 한다. 그리고 인간은 독립적인 존재이지만, 믿음 안에서 서로 연합하여 하나가 되기도 한다. 인간은 자신이 속한 사회에서 상호 관계를 형성하고 생활하는 존재이다. 바울은 이렇게 다양한 인간의 모습을 표현하기 위해 서로 다른 용어들을 통해 인간을 묘사한 것이다.

주(註)

1) W. Barclay, 「바울신학개론」, 박문재 역 (고양: 크리스챤 다이제스트, 2004), 161.

2) J. D. G. Dunn, 「바울 신학」, 박문재 역 (고양: 크리스챤 다이제스트, 2003), 147.

3) 다음을 참조하라. S. Son, "Implications of Paul's "one flesh" Concept for His Understanding of the Nature of Man," *Bulletin for Biblical Research* 11/1 (2001), 107-22.

4) D. Abernathy, "Paul's Thorn in the Flesh: a Messenger of Satan?" *Neotestamentica* 35/1-2 (2001), 74-77.

5) J. D. G. Dunn, 「바울 신학」, 박문재 역 (고양: 크리스챤 다이제스트, 2003), 106.

6) R. Russell, "Redemptive Suffering and Paul's Thorn in the Flesh," *Journal of the Evangelical Theological Society*, 39/4 (1996), 561.

7) 다음을 참조하라. G. Zerbe, "Paul on the Human being as "Psychic Body": Neither Dualist nor Monist," *Direction* 37/2 (2008), 170.

8) G. Zerbe, "Paul on the Human being as "Psychic Body": Neither Dualist nor Monist," *Direction* 37/2 (2008), 170-73.

9) W. D. Stacey, *The Pauline View of Man in Relation to Its Judaic and Hellenistic Background* (London: Macmillan, 1956), 40-55.

10) D. E. H. Whiteley, *The Theology of St Paul* (Oxford: Blackwell, 1964), 36.

11) W. Barclay, 「바울신학개론」, 박문재 역 (고양: 크리스챤 다이제스트, 2004), 168.

12) Ibid., 168-69.

13) H. D. Maultsby, "Paul, Black Theology and Hermeneutics," *Journal of the Interdenominational Theological Center* 3/2 (1976), 49-64.

14) F. A. Morgan, "Romans 6:5a: United to a Death like Christ's," *Ephemerides theologicae Lovanienses* 59/4 (1983), 267-302.

15) N. K. Gupta, Which "Body" Is a Temple (1 Corinthians 6:19)? Paul beyond the Individual/Communal Divide," *Catholic Biblical Quarterly* 72/3 (2010), 520-21.

16) J. D. G. Dunn, 「바울 신학」 (고양: 크리스찬 다이제스트, 2003), 108.

17) D. E. H. Whiteley, *The Theology of St Paul* (Oxford: Blackwell, 1964), 36, 41-44.

18) 바울이 사용한 인간에 대한 용어들은 다음과 같다. 프쉬케(혼)는 히브리어 네페쉬와 직접 연결된다. 사륵스(육체), 프뉴마(영), 소마(몸), 누스(정신), 시네이데이스(양심). 참조, Dunn, 앞의 책 109.

19) B. Byrne, "Sinning against One's own Body : Paul's Understanding of the Sexual Relationship in 1 Corinthians 6:18," *Catholic Biblical Quarterly* 45/4 (1983), 608-16.

20) J. D. G. Dunn, 「바울 신학」 (고양: 크리스찬 다이제스트, 2003), 111.

21) J. A. T. Robinson, *The Body: A Study in Pauline Theology* (Philadelphia: Westminster, 1997), 15.

22) J. D. G. Dunn, 「바울 신학」 (고양: 크리스찬 다이제스트, 2003), 114.

23) B. Daines, "Paul's use of the Analogy of the Body of Christ: with Special Reference to 1 Corinthians 12," *Evangelical Quarterly* 50/Ap-Je (1978), 71-78.

24) M. J. Gorman, "Romans 13:8-14," *Interpretation* 62/2 (2008), 172.

25) 다음을 참조하라. J. L. Jerry, "Post-mortem Existence and Resurrection of the Body in Paul," *Horizons in Biblical Theology* 31/1 (2009), 12-26.

26) J. D. G. Dunn, *Christology in the Making: A New Testament Inquiry in the Origins of the Doctrine of the Incarnation* (London: SCM, 1989), 107-8.

27) 다음을 참조하라. G. Watson, "The Development of Paul's Theology of the Resurrection of the Body," *Journal of Theta Alpha Kappa* 15/1 (1991), 23-32.

28) 사륵스를 육체로 번역하는 것이 올바른가에 대한 논쟁이 있다. 그러나 본서에서는 그러한 논쟁을 다루지 않고 육체로 번역을 할 것이다.

29) 다음을 참조하라. J. Frey, "Flesh and Spirit in the Palestinian Jewish Sapiential Tradition and in the Qumran Texts: an Inquiry into the Background of Pauline Usage," in Hempel, C and Lange, A and Lichtenberger, H eds 367-404, *Wisdom*

texts from Qumran and the development of sapiential thought Leuven: Leuven University Press.

30) J. D. G. Dunn, 「바울 신학」 (고양: 크리스찬 다이제스트, 2003), 119.

31) V. Branick, "The Sinful Flesh of the Son of God(Rom 8:3): a Key Image of Pauline Theology," *Catholic Biblical Quarterly* 47/2 (1985), 246-47.

32) J. D. G. Dunn, 「바울 신학」 (고양: 크리스찬 다이제스트, 2003), 119.

33) 사륵스의 용법은 Dunn의 견해를 따랐음을 밝혀둔다. 「바울 신학」 (고양: 크리스찬 다이제스트, 2003), 122-24.

34) 다음을 참조하라. J. N. Aletti, "Interpreting Romans 11:14: What is at Stake?" 245-264 in Spitaler, Peter. Ed. *Celebrating Paul: Festschrift in Honor of Jerome Murphy-O'Connor, O. P., and Joseph A. Fitzmyer, S.J* (Washington DC: Catholic Biblical Association of America, 2011).

35) J. D. G. Dunn, 「바울 신학」 (고양: 크리스찬 다이제스트, 2003), 119; J. A. T. Robinson, *The body: a study in Pauline theology* (Philadelphia: Westminster, 1997), 25, 31.

36) J. D. G. Dunn, 「바울 신학」 (고양: 크리스찬 다이제스트, 2003), 135.

37) R. Scroggs, New Being: Renewed Mind: New Perception: Paul's View of the Source of Ethical Insight," *Chicago Theological Seminary Register* 72/1 (1982), 1-12.

38) J. A. T. Robinson, *The Christian Doctrine of Man* (Philadelphia: Westminster, 1977), 106.

39) R. Jewett, Paul's Anthropological Terms: A Study of Their Use in Conflict Settings (Leiden: Brill, 1971), 306-08.

40) J. D. G. Dunn, 「바울 신학」 (고양: 크리스찬 다이제스트, 2003), 139.

41) Ibid.

42) Ibid.

43) J. A. T. Robinson, *The Christian Doctrine of Man* (Philadelphia: Westminster, 1977), 19-20, 109.

제10장 바울의 기독론

10.1 서론

바울의 기독론을 이해하는데 가장 기본적인 용어는 '성육신,' '죽음,' '부활'이다. '성육신'은 하나님이 인류를 구원할 목적으로 예수를 이 땅에 보낸 사건을 말한다.[1] 이것은 예수가 하나님이라는 정체성을 제시하려는 목적으로 보인다. 예수의 죽음은 인류를 구원하려는 하나님의 사랑이 십자가 위에서 이루어졌음을 말한다(롬 5:8). 예수 그리스도의 부활은 바울에게 있어서 가장 핵심 신학 교리 가운데 하나이다. 바울은 죽고 부활한 예수가 인류에게 어떤 영향력과 결과를 미쳤는지에 대한 깊은 통찰을 가지고 있다.[2] 이것은 바울의 기독론을 구원론 관점에서 바라보아야만 이해할 수 있음을 의미하기도 한다. 하지만 바울은 지상에서 사역한 예수에 대해서는 별로 관심이 없는 것으로 보인다. 이러한 기독론 관점을 기초로 하여 좀 더 구체적으로 바울이 예수를 어떻게 이해했는지를 살펴보자.

10.2 예수

바울은 '예수'의 이름을 독립적으로 사용한 경우는 거의 없으며, 대부분 '예수 그리스도,' '주 예수'의 경우처럼 합성어로 사용하였다.[3] 물론 바울서신에는 호칭 '예수'를 독립적으로 사용한 경우도 있다(롬 3:26; 8:11; 고전 12:3; 고후 4:5, 10, 14; 11:4; 갈 6:17; 빌 2:10; 살전 1:10; 4:14). 그렇다면 바울은 어떤 관점에서 '예수' 칭호를 사용했는지 살펴보자. 일반적으로 '예수'는 하나님의 아들이 인간의 몸으로 이 땅에 왔음을 설명할 때 사용한 표현이다. 그리고 예수가 십자가에 높이 달림을 암시할 때도 예수라는 칭호를 사용했다.[4] 하지만 이미 주지한 것처럼, 바울은 나무에 높이 들린 예수에 관해서는 별로 관심이 없었다. 물론 바울이 십자가에 달린 예수에 대해서 전혀 관심이 없었다는 것은 아니다. 바울이 예수가 십자가에서 들림을 받았다고 말한 것은 거짓 사도들이 예수의 십자가 사건을 영광의 신학으로 만들려는 의도에서 나온 것으로 보인다. 왜냐하면 바울은 영광의 예수를 말하기보다는 예수의 죽음과 부활에 초점을 맞추었기 때문이다.[5] 따라서 바울에게 예수의 이름은 그의 영광이 아니라 죽음과 부활을 묘사하려는 신학적 가르침이 함의된 것이다.

10.3 그리스도

바울은 예수를 "그리스도"(Christos)로 자주 지칭했는데, 마치 "그리스도"를 고유명사처럼 사용한 경향이 있다.[6] 바울이 이렇게까지 예수를 그리스도로 호칭했다는 것은, 당시 사회가 이미 예수를 그리스도로 받아들였다는 보편성을 보여준 것이다.[7] 따라서 바울의 편지를 받는 수신자들 역시 예수가 그리스도라는 것에 대해 논란의 여지가 없었음을 반증한 것이다. 이것은 바울이 예수를 메시아로 확고히 믿고 복음을 전하며 선교사역을 했음을 의미한다. 하지만 기독교를 유대교의 새로운 한 분파로 생각한 유대인은 예수를 유대인이 기대한 메시아, 즉 그리스도로 받아들이지 않았다(롬 9:33). 유대인들이 예수가 그리스도임을 받아들이지 않았다는 것은 바울의 사역에서 그들의 반대가 상당히 심했음을 보여주는 증거다.[8] 이것은 바울의 복음을 접한 유대인들의 정체성 문제를 언급한 것으로 볼 수 있다(롬 9:3-5). 유대인은 그들의 유대교 정체성을 유지하기 원했기 때문에 예수를 그리스도로 수용할 수 없었다. 따라서 바울은 복음을 전하면서 예수를 그리스도로 칭함으로, 그가 십자가에 못 박힌 메시아임을 분명히 선포했다. 이것은 그리스도 예수가 유대인임을 제시하려는 의도로 보인다(롬 1:3; 15:8; 갈 4:4).[9]

10.4 아담

바울은 예수를 아담에 비유하는 독특한 기독론을 전개했다. 첫 번째 아담이 세상에 죄를 가져옴으로 인류가 죄 아래 있음을 말한다(롬 5:12-21). 두 번째 아담인 예수는 인류를 구원할 메시아로 등장한다(고전 15:21-22). 바울은 첫 번째 아담을 인류에 죄를 가져온 모종의 대표성을 띤 인물로 묘사한다.[10] 즉 아담은 인류를 대표하는 인물인 것이다. 반면에 두 번째 아담은 오실 자인 그리스도의 표상이다(롬 5:14).[11] 두 번째 아담은 첫 번째 아담이 이 땅에 가져온 죄를 해결하기 위해 온 종말적 메시아를 의미한다. 그러므로 구원을 받지 못한 자들은 첫 번째 아담에게 속한 자들이고, 하나님의 자녀가 된 자들은 두 번째 아담인 예수 그리스도에게 속한자이다.

첫 번째 아담은 실패한 아담이다. 아담은 하나님의 명령을 순종하기를 거부한 인간이다(창 2:17).[12] 그러나 바울이 묘사한 아담은 선악을 구분하기에는 너무나 어리석은 인간이었다(롬 1:22). 즉 인간은 스스로 지혜 있다고 생각하지만 창세기에 기록된 아담이 행한 어리석은 행동을 반복하고 있기 때문이다. 결국 인간의 야망이 스스로 자신을 망치게 한 것이다. 인간이 이렇게 야망을 추구하다 실패한 것은 하나님의 인도하심 아래에 있다는 것을 망각했기 때문이다. 던(Dunn)은 이러한 인간의 욕망을 하나님과 똑같이 되고자 하는 유혹에 빠진 것 때문이라고 주장한다.[13]

그러므로 이제 죄 아래 있는 인류는 모두 아담이 된 것이다. 바울은 인류가 자신의 지혜와 노력으로는 죄를 벗어버릴 수 없음으로 모든 사람이 죄 아래 갇혔다고 보았다(롬 3:23). 아담의 죄가 하나님의 영광을 가린 것처럼 인류는 하나님의 영광에 이르지 못하게 된 것이다. 이와 같이 바울은 구체적으로 아담의 이름을 언급하지는 않았지만 인류의 죄악이 아담의 죄와 같음을 보여준 것이다.

하지만 바울은 아담의 죄가 인류의 죄를 의미한다고 보았다(롬 5:12-14). 첫째, 사망은 죄를 통해 이 땅에 들어왔다는 것이다(롬 5:12).[14] 죄가 사망 안에서 왕이 되어 인간을 지배하려고 한다(롬 5:21). 바로 죄가 사망을 가져왔다고 강조한다. 따라서 죄가 사망을 가져온 것은 첫 아담의 불순종의 죄로부터 시작된 것이다. 둘째, 바울은 아담의 죄가 연속적으로 인간에게 전가됨을 말한다. 첫 아담의 불순종이 많은 사람을 죄인 만들었기 때문이다(롬 5:19).[15] 셋째, 바울은 죄를 하나의 인격화된 세력으로 묘사하고 있다. "죄가 세상에 들어오고"라는 표현은 죄가 주체성을 가지고 움직인다는 것이다(롬 5:12). "죄가 사망 안에서 왕 노릇하고"라는 표현을 통해 죄를 지배력을 가진 존재로 묘사했다(롬 5:21). 결국 바울은 인류가 죄와 사망에 굴복하고 있다고 보았다. 또한 죄를 인간 개인의 범법 행위로 보기도 하지만 사회 구조 속에서 주어진 것으로도 보았다.[16] 하지만 바울이 예수를 두 번째 아담이라고 묘사한 것은 상당한 의미가 함의되어 있다. 두 번째 아담은 인류를 구원할 권세를 가진 하나님의 대리자이기 때문이다.[17]

10.5 성육신한 예수 그리스도

바울이 말하는 기독론의 핵심은 예수의 성육신이다. 이러한 성육신은 예수가 선재하신 하나님이었다는 주장을 근거로 하고 있다. 하나님과 동등한 위치에 있던 예수 그리스도가 인간의 형상으로 이 세상에 나타난 것이다(갈 4:4; 빌 2:8-9). 하나님인 예수가 스스로 인간이 된 것은 자기 비하를 통해 인류의 고통과 아픔을 이해하려는 목적을 담고 있다. 바울은 이러한 성육신 교리를 두 가지 면에서 설명하고 있다.

10.5.1 하나님 관점에서 본 예수의 성육신

바울에게 있어서 예수의 성육신은 하나님의 절대적인 권한이며, 인간을 향한 사랑의 실천이었다. 하나님은 자기 백성들을 구원하려고 사람의 형상인 육신을 입은 자기 아들을 이 땅에 보냈다(롬 8:3; 갈 4:4-5). 바울은 하나님의 사랑이 예수 그리스도를 통해 인류에게 확증되었다고 했다(롬 5:8). 이것은 예수 그리스도의 성육신 목적이 인간을 구속하려는 하나님의 뜻임을 드러낸 것으로 보아야 할 것이다. 또한 하나님은 세상(인간)과 화목하게 하려고 독생자 예수를 이 땅에 보냈다(고후 5:19; 골 1:19-20). 그러므로 하나님 입장에서 본 예수 그리스도의 성육신 사건은, 하나님이 인간을 구속하기 위한 계획이 예수 그리스도를 통해 완성됐음을 의미한다. 하나님 편에서 예수의 성육신 사건은 인류 구원을 위한 하나님의 직접적인 간섭으로 하나님이 스스로 역사 안으로 들어온 것이다.

10.5.2 바울의 관점에서 본 예수 그리스도의 성육신

바울은 예수 그리스도의 성육신을 하나님인 예수가 자기를 비하한 사건으로 보았다. 하나님의 자기 비하 사건을 가장 잘 드러내 주는 성경 구절은 빌립보서 2:5-11이다. 그러나 우리는 다음 사항을 유의해야 한다. 이미 오래 전부터 본문 비평가들은 빌립보서 2:5-11의 자료에 대한 관심을 가지기 시작했다. 빌립보서 2:5-11은 바울이 초대교회 전승을 인용한 것이라는 주장이 대두었다.[18] 오랫동안 지속된 연구의 결과 대부분의 학자들은 본 단락을 초대 기독교 공동체의 전승이라고 결론내렸다. 다만 바울이 초대교회의 찬송 전승을 본 단락에 삽입한 것은 빌립보 공동체를 교훈하려는 목적으로 본다.[19] 그러나 보다 중요한 것은 바울이 본 단락에서 묘사한 예수 그리스도의 모습이다.

바울은 예수를 하나님과 동등하며, 신적인 권위를 가졌지만 당신의 신적 권위를 포기하고 자기를 비워 종의 형체로 변하여 인간이 되었음을 강조하고 있다. 하나님이 스스로 종이 된 것이다. 그러므로 예수 그리스도 관점에서 성육신은 자기 비하이며 종이 되는 것이다. 바울은 예수가 십자가에 죽음으로 섬김의 종으로서 사랑을 실천하였다(롬 5:19; 히 5:8). 바울은 하나님인 예수가 인간이 되었음을 말하고 있다. 예수의 십자가 죽음은 인류를 구원하려는 하나님의 선택이고 방법이었다. 그러므로 바울의 입장에서 예수는 십자가에 죽음으로 인간에게 생명 얻는 구원을 주었다. 이것이 바로 바울의 관점에서 본 예수의 성육신 목적이다. 즉 바울이 묘사한 예수 그리스도의 성육신 사건은 인류 구원을 위한 하나님의 선택적 사랑이었다(롬 5:8). 바울서신은 이러한 사실을 다음과 같이 묘사하고 있다. "사망이 사람으로 말미암았으니 죽는 자의 부활도 사람으로 말미암는 도다. 아담 안에서 모든 사람이 죽은 것 같이 그리스도 안에서 모든 사람이 삶을 얻으리라" 하였다(고전 15:21-22).

그러므로 예수 그리스도 편에서 바라본 성육신은 생명을 살리는 것이다.[20] 아담을 예로든 바울은 모든 인간이 아담 안에서 문자 그대로 실제로 죄를 범했다는 것이다. 즉 아담이 범한 죄로 인하여 모든 사람은 죄인이 된 것이다. 인간이 죄인이라는 사상은 아담으로부터 시작되었다고 정의하였다.[21] 즉 모든 사람은 인류의 조상인 아담이 범한 죄와 관련되어 있다는 것이다. 이것은 인류의 조상인 아담이 하나님을 불순종하여 범죄하였기 때문에 아담의 모든 후손인 인류도 자동적으로 죄인이 되었다. 바울은 로마서 5장에서 아담의 죄가 인류에 전가되었음을 증거하였다. 바울은 아담의 죄가 인간의 범한 죄로 전가되었음을 단계별로 논증하고 있다.

첫째, 바울 논증의 출발점은 '죽음'은 죄의 결과라는 것이다(롬 5:12; 6:20-21, 23). 죄가 없었다면 죽음도 결코 없었을 것이다. 하나님은 거룩한 분으로 죄를 미워하고 싫어하기 때문에 죄인은 하나님 앞에 설수가 없다. 따라서 죄인된 인간은 영생을 소유하지 못하며 죄의 결과로 인하여 사망에 이르게 된다는 바울의 사상이 들어 있다.[22]

둘째, 아담의 죄로 인하여 모든 인간은 죄인이 되었다. 왜냐하면 율법을 어기는 것이 죄이기 때문이다. 그러므로 모세 이전에 죄가 이미 세상에 왔으나, 율법이 없을 때에는 죄를 죄로 여기지 아니하였다.[23] 바울은

"그럼에도 불구하고 사람은 죽었다"고 논증하였다(롬 5:13-14).

셋째, "한 사람의 범죄로 말미암아 사망이 왕 노릇한다고 하였다"(롬 5:17; 6:12).[24] 아담의 죄로 인해 모든 사람들이 죄인되었다는 것이다. 그러나 그리스도가 이 세상에 오셔서 하나님께 온전한 의와 순종을 드렸다. 예수 그리스도가 하나님께 온전히 순종함으로 아담 안에서 죄인된 인간을 죄와 죽음의 결박으로부터 해방하였다(롬 8:1-2; 히 5:8-9).

즉 모든 사람이 아담의 죄 안에서 죄인되었듯이, 예수 그리스도의 순종 안에서 의로운 자가 되었다. 아담 안에서 죄로 인해 인류는 사망에 이르게 되었지만, 그리스도 예수 안에서 죄인이 의인으로 변한다는 것이다(롬 3:23-24; 갈 3:16; 빌 3:9). 이것은 결국 바울이 성육신 한 예수 그리스도가 인간을 거룩하게 한다는 것을 말한다. 바울은 죄인이 예수 그리스도 안에서 의인됨을 강조하였다. 결론적으로 바울의 관점에서 본 성육신 사건은 죄된 인간을 구속하고 의롭다고 칭하는 하나님의 자기 비하인 것이다.

10.6 바울의 관점에서 본 예수 그리스도의 십자가

바울서신에 묘사된 예수 그리스도의 십자가 죽음과 부활은 바울의 신학 연구에 국한된 주제가 아니라 기독교 신학의 핵심 주제라고 말할 수 있다. 바울은 그의 서신에서 예수의 십자가 사건을 반복해서 강조하고 있다. 바울이 예수의 십자가에 대해서 묘사한 구절 몇 가지만 살펴보면 다음과 같다. "우리는 십자가에 못 박힌 그리스도를 전하니"(고전 1:23). "내가 너희 중에서 예수 그리스도와 그의 십자가에 못 박히신 것 외에는 아무것도 알지 아니하기로 작정하였음이라"(고전 2:2). "내게는 우리 주 예수 그리스도의 십자가 외에 결코 자랑할 것이 없으니"라고 했다(갈 6:14).

바울은 위에서 제시한 성경 구절에서 예수의 십자가를 하나의 종교적 상징으로 생각하지 않았다는 것이다. 바울이 십자가를 자기 사역의 핵심이라고 말한 것은 그가 십자가의 능력을 확신하고 있었음을 반영한 것이다. 그래서 바울은 갈라디아 교인들이 예수 그리스도의 복음을 보고도 왜 실족했는지 이해할 수 없다고 했다(갈 3:1).[25] 예수 그리스도의 십자가 복음을 믿는 자는 하나님의 놀라운 구원의 능력을 경험하기 때문이다.

그렇다면 바울이 십자가 복음을 통하여 말하고자한 핵심은 무엇인가? 첫째, 십자가는 하나님과 인간의 화목이다. 십자가에서 죽으신 예수 그리스도는 구원자이다(빌 3:20).[26] 인류가 죄를 범하여 하나님과 원수되었을 때 예수 그리스도가 십자가에 죽음으로 화목의 길을 열어 놓은 것이다(롬 5:10). "때가 차매 하나님이 그 아들을 보내사 여자에게서 나게 하시고 율법 아래 나게 하신 것은 율법 아래 있는 자들을 속량하시고 우리로 아들의 명분을 얻게 하려 하심이라"고 했다(갈 4:5). 이것은 분명히 예수 그리스도가 십자가를 지심으로 인류를 구원하려는 목적이 있음을 밝히고 있다. 예수의 십자가 사건이 인류를 구속하기 위함이라는 사실을 보다 분명하게 보여주는 구절은 다음과 같다. 바울은 "우리가 아직 죄인되었을 때에 그리스도께서 우리를 위하여 죽으셨다"고 기록하고 있다(롬 5:6, 8). 바울은 이 구절들을 통해 예수의 십자가 죽음이 하나님과 인간의 관계 회복을 위한 화목 제물이 된 것으로 본 것이다.[27] 그러나 바울이 말하는 하나님과 인간의 화목은 인간의 힘과 노력의 결과가 아니다. 인간은 거룩하지 못하면 절대로 하나님께 나아갈 수가 없다. 인간이 하나님께 나아가는 유일한 길은 흠 없고 죄 없는 누군가가 길을 열어주어야 하는데, 그 길을 열어 준 분이 바로 예수 그리스도이다(롬 5:8; 14:8; 고전 7:23-24).

둘째, 바울은 예수의 십자가 죽음을 희생으로 보았다. 예수의 십자가 사건을 희생으로 본 구절은 다음과 같다. "나를 사랑하사 나를 위하여 자기 자신을 버리신 하나님의 아들"이다(갈 2:20). "그는 우리를 위하여 자신을 버리사 향기로운 제물과 희생 제물로 하나님께 드리셨느니라"이다(엡 5:2). 그리고 "우리의 유월절 양 곧 그리스도께서 희생되셨느니라"이다(고전 5:7). 바울이 예수의 십자가 사건을 희생으로 보려는 이유는 아무래도 유월절과 관련이 있는 것 같다. 이스라엘 백성에게 가장 중요한 절기 가운데 하나가 바로 유월절이다. 출애굽을 앞둔 이스라엘 백성에게 하나님의 약속이 임했는데, 어린양의 피를 문설주에 바른 이스라엘 백성의 집에는 죽음의 신이 임하지 않는다는 것이다. 하나님의 말씀을 따르지 않던 애굽인 가정의 장자에게는 죽음이 임하였다. 이스라엘 백성 가정의 장자가 구원을 얻은 것은 인류를 구원할 예수의 피를 상징하는 희생적 예표이다. 즉 유월절 어린양은 이스라엘 백성을 구원하기 위해 희생되었듯이 예수는 인류를 위한 희생양이 된 것이다.

셋째, 바울은 예수의 십자가 사건을 '속량'(redemption)으로 보았다.[28] 구약시대 유대인은 죄를 지으면 참회의 표시와 증거로 소나 염소를 희생 제물로 드렸다. 인간의 죄를 대신 진 짐승을 제단에 제물로 바치거나 아사셀의 양이 되어 광야로 보내져 야생 들짐승의 먹이로 희생되었다. 그러나 예수가 이 땅에 오심으로 더 이상 짐승을 희생시켜 죄를 대속하는 아사셀 의식이 필요 없게 되었다. 예수가 십자가에 달림은 구약시대에 아사셀 양이 희생된 것처럼, 그 희생으로 인간의 죄가 속죄됐기 때문이다(엡 1:7).

바울의 관점에서 인간의 구속은 죄에서 해방됨을 의미한다. 예수 그리스도를 믿음으로 하나님의 자녀가 되는 축복을 누리지 못한 인간은 죄의 노예임을 전제로 한 것이다. 죄를 지은 모든 인류는 복음의 자유를 누릴 수 없다. 그러므로 인간은 죄의 속박으로부터 벗어나 구원받아야 한다. 1세기 사회에서 노예가 자유를 얻으려면 몸값을 지불해야 했다. 죄 많은 인간이 그 죄에서 해방되려면 누군가가 그 죄 값을 치르기 위하여 희생을 해야 하는데, 그분이 바로 예수 그리스도이시다(갈 3:13).[29] 그러므로 바울은 예수의 십자가를 구속으로 본 것이다.

넷째, 바울은 예수의 십자가 사건을 '양자'(the Spirit of Sonship) 삼음으로 보았다. 1세기 지중해 연안에서 한 가족의 구성원이 되는 방법은 양자가 되는 것이다. 당시 사회에서 가족이 되는 방법은 결혼과 출산이 있었다. 결혼은 서로 다른 남녀가 만나 가정을 형성하는 아주 근본적인 가족 구성 방법이었다. 결혼한 가정은 자녀를 출산함으로 자연스럽게 가족 구성원을 증가시킨다. 결혼과 출산은 직접적으로 가족 구성원이 되는 방법인 만면 입양은 전혀 피가 다른 사람을 가족 구성원으로 받아들이는 것으로, 이것은 간접적으로 가족 구성원을 만드는 방법이다. 한 사람이 특정한 가정의 양자가 되면 그 가정과 양 아버지가 가진 모든 사회 지위와 재물을 상속 받을 수 있는 권리를 부여받는다. 따라서 양자는 양부의 친 아들과 동일한 사회적 지위와 권한을 위임받는 것이다. 하나님은 죄 지은 인간을 구원하기 위해 양자 삼는 방법을 사용하였다. 즉 초대교회에서 양자됨의 영적인 의미는 하나님의 자녀됨을 의미한다.

바울은 로마서에서만 양자라는 용어를 사용하였다. 그는 "너희는 다시 무서워하는 종의 영을 받지 아니하고 양자의 영을 받았으므로"라고 했다(롬 8:15). "우리 곧 성령의 처음 익은 열매를 받은 우리까지도 속으로 탄식하여 양자될 것 곧 우리 몸의 속량을 기다리느니라"라고 했다(롬 8:23). 바울이 로마서에서 말한 양자됨이란 영적인 자녀를 의미한다. 우리가 구속함을 받으면 하나님의 양자가 되는데, 이것은 영적으로 하나님의 자녀됨을 의미한다.[30]

다섯째, 바울은 예수 그리스도의 십자가를 인간이 갚아야 할 빚으로 보았다. 물론 바울은 그의 서신에서 우리가 예수 그리스도의 십자가에 빚진 자라고 직접적으로 언급하지는 않았다. 이것은 인간이 갚아야 할 물질적인 의미의 빚을 의미하는 것이 아니다. 바울이 말한 하나님께 회계할 것이 있다는 것은 복음을 들은 사람으로서 다른 사람들에게 복음을 전해야 할 의무가 있음을 강조한 것이다(롬 1:14). 우리를 살리려고 예수가 십자가를 지고 죽으셨기 때문에 구원에 빚진 인간은 예수가 십자가에서 치룬 희생의 빚을 갚아야 할 의무가 있다는 것이다(롬 8:11-

12).³¹⁾ 예수의 십자가 사건을 믿는 자는 자신의 힘과 의지로는 도저히 지불할 수 없는 빚을 지고 있다. 그렇다면 어떻게 이 빚을 갚을 수 있을까? 빚을 갚을 수 있는 유일한 길은 복음전파의 의무를 행하는 것이다. 이것이 십자가에 빚진 자들이 빚을 갚을 수 있는 유일한 길이다.

10.7 부활하신 그리스도

예수 그리스도의 부활은 기독론의 핵심중의 핵심이다. 예수의 부활은 기독교 교리의 핵심이기 때문에 바울은 예수의 부활을 그의 서신 전반에 걸쳐 언급하고 있다(롬 1:4; 6:5; 고전 15:21; 빌 3:10; 살전 4:14; 갈 1:1; 엡 1:20; 딤후 2:8). 바울이 각 서신에서 언급한 부활에 대한 중요한 구절들을 해석학적 관점에서 살펴보자.

첫째, 바울은 예수 그리스도의 부활을 하나님의 능력으로 보았다.³²⁾ 하나님은 예수 그리스도 안에서 역사하사 죽은 자들 가운데서 그를 다시 살아나게 하셨다. "아버지의 영광으로 말미암아 그리스도를 죽은 자 가운데서 살리심과 같이 우리로 또한 새생명 가운데서 행하게 하려 함이라"고 했다(롬 6:4). "예수 그리스도와 및 죽은 자 가운데서 그리스도를 살리신 하나님 아버지"라고 했다(갈 1:1). 이것은 사람의 관점에서 예수의 부활 사건을 인식한 것이 아니라 부활은 하나님이 직접 간섭하시고 역사하신 인류 구속 사건임을 제시한 것이다. 따라서 부활의 주체는 인간이 아니라 하나님이시다. 하나님이 그분의 계획과 의지에 따라 예수의

부활을 계획하고 실행하신 것이다.[33]

둘째, 바울은 예수 그리스도의 부활을 세상에 증거해야 한다고 역설하였다. 고린도전서 15장은 예수 그리스도의 부활에 관해서 풍부한 내용을 보여준다. 바울은 부활에 대한 명확한 이해가 부족한 고린도교회 성도들에게 자신이 경험한 부활을 전한다고 하였다(고전 15:3). 바울이 부활을 세상에 전해야 한다고 강조한 것은 부활이 예수 그리스도 복음의 핵심이기 때문이다.[34] 초대 기독교 공동체는 부활공동체라고 불릴 만큼 이미 부활 전승이 깊이 인식된 상태였다.[35] 하지만 일부 부활에 대한 부정적인 시각을 가진 자들이나 부활을 잘못 인식한 자들이 있었기 때문에, 바울은 예수 그리스도의 부활을 가르쳐야 할 책임감을 느낀 것이다. 그러나 바울이 말한 예수 그리스도의 부활에서 더욱 중요한 것은 그의 부활 사상이 단순히 초대 기독교 공동체의 전승만을 의존한 것이 아니라는 것이다. 바울은 자신이 직접 경험한 부활의 예수를 언급했다(고전 15:8; 고후 12:7). 아마도 고린도전서 15장에서 바울이 수많은 부활의 증인이 있다고 말한 것은 그가 초대 기독교의 전승 자료를 인용한 것으로 보인다. 바울은 초대 기독교 공동체 증인들의 증언을 소개한 후 자신도 부활의 증인임을 확언했다. 바울은 "맨 나중에 만삭되지 못하여 난자 같은 내게도 보이셨느니라"고 고백 했다(고전 15:4-8).

그러므로 바울에게 있어서 예수 그리스도의 부활은 그가 간접적으로 전해들은 다른 사람들의 부활 체험을 증언한 것이기도 하지만, 그가 직접 예수의 부활을 목격한 경험의 사건이었다. 바울은 예수 그리스도의 부활 사건이 하나님의 역사였음을 확신했다. 하나님이 죽은 자 가운데서 예수 그리스도를 일으켰다는 것이었다. 바울에게 있어서 예수 그리스도의 부활은 하나님의 능력의 결과임으로 당연히 부활을 증거해야 한다.

셋째, 예수 그리스도의 부활 사건은 전승을 통해 초대 바울 공동체에도 영향을 미친 것으로 보인다.[36] 이것을 그리스도의 부활과 초대 기독교 공동체 사이에 있을 긴장을 해소 하려는 주장으로 보기도 한다. 즉 바울은 초대 기독교 공동체 구성원에게 부활을 올바로 인식시키려는 의도를 드러낸 것이다. 다음 구절은 바울의 이러한 의도를 더욱 분명하게 드러내고 있다. "하나님이 주를 다시 살리셨고 또한 그의 권능으로 우리를 다시 살리시리라"고 했다(고전 6:14). 바울은 예수의 부활 목적이 성도를 살리고자 함임을 분명히 했다. 따라서 예수 그리스도의 부활은 초대교회 성도들에게 중요한 의미를 가진다. 바울은 예수 그리스도의 부활의 의미가 초대교회 공동체 구성원의 삶에 그대로 적용되기를 원한 것이다.

넷째, 바울은 부활한 예수를 마지막 날 죄인을 심판할 심판자로 보았다.[37] 역사적 예수는 아무런 죄가 없었지만, 세상 재판장에서 유죄 판결을 받고 십자가에서 처형당했다. 예수의 십자가 처형을 주도한 자들은 로마 총독과 군병들이었지만, 그를 정죄하고 십자가에 못 박게 유도한 자들은 유대 종교 지도자들이었다. 물론 십자가 처형을 직접 집행한 자들은 로마 군병이었다. 부활한 예수를 심판자로 묘사한 구절은 다음과 같다. "이를 위하여 그리스도께서 죽었다가 다시 살아나셨으니 곧 죽은 자와 산 자의 주가 되려 하심이라 네가 어찌하여 네 형제를 비판하느냐 어찌하여 네 형제를 업신여기느냐 우리가 다 하나님의 심판대 앞에

서리라"(롬 14:9-10). 이 구절에 묘사된 예수는 부활하여 마지막 날에 심판할 심판자이다.[38]

다섯째, 바울은 부활한 예수 그리스도를 따르는 것이 그리스도인 삶의 목표가 되어야 한다고 보았다. 이것은 그리스도인은 부활의 능력으로 살아야 함을 강조한 것이다. 그리스도인이 부활한 예수를 본받아 새로운 삶을 살아야 한다는 내용은 다음 구절들을 통해 확인할 수 있다. "그러므로 우리가 그의 죽으심과 합하여 침례를 받음으로 그와 함께 장사되었나니 이는 아버지의 영광으로 말미암아 그리스도를 죽은 자 가운데서 살리심과 같이 우리도 또한 새생명 가운데서 행하게 하려 함이니라"고 했다(롬 6:4). 또한 "그러므로 내 형제들아 너희도 그리스도의 몸으로 말미암아 율법에 대하여 죽임을 당하였으니 이는 다른 이 곧 죽은 자 가운데서 살아나신 이에게 가서 우리가 하나님을 위하여 열매를 맺게 하려 함이니라"고 하였다(롬 7:4). 그리고 "그리스도께서 약하심으로 십자가에 못 박히셨으나 하나님의 능력으로 살아 계시니 우리도 그 안에서 약하나 너희에게 대하여 하나님의 능력으로 그와 함께 살리라"이다(고후 13:4).

그리스도인이 부활의 주님이 준 능력으로 살아야 함을 다음과 같이 강조했다. 그리스도인은 새로운 생명을 가졌다는 사실을 기억해야 한다. 새 생명이란 그리스도를 알기 전 과거의 삶은 이제 주 안에서 죽었음을 의미한다(고후 5:17). 새 생명을 얻은 자는 이제 육신을 따라 사는 것이 아니라 성령을 따라 살아야 한다. 부활의 믿음을 소유한 자는 성령의 능력을 의지하며 살아야 하기 때문이다. 부활을 믿는 성도의 삶은 아름답고 성숙한 신앙의 열매를 맺어야 한다. 바울이 강조한 성도가 맺어야 할 열매는 갈라디아에서 언급된 성령의 열매이며, 이것은 인격적으로 성숙한 그리스도인으로 변화되어 감을 나타낸 것이다. 그러므로 부활의 능력으로 산다는 것은 성령의 능력을 힘입어 삶으로 맺게 될 영적 열매를 말한다(갈 5:16-24). 바울은 자신은 비록 연약하지만 예수 그리스도 안에서 강하다고 했다. 성도의 삶은 하나님의 능력 안에 있기 때문이다. 인간 예수는 비록 연약했지만 부활 후 하나님의 높임을 받은 것처럼 부활의 주님을 믿는 자는 하나님의 능력을 경험하게 될 것이다.[39]

여섯째, 부활은 기독교 신앙의 핵심으로 보았다. 부활은 분명한 역사적 사실이며, 그리스도인의 삶에 실제적으로 나타나는 능력으로 본 것이다. "그리스도께서 만일 다시 살아나지 못하였으면 우리가 전파하는 것도 헛것이요 또 너희 믿음도 헛것이며, 우리가 하나님의 거짓 증인으로 발견되리니 우리가 하나님이 그리스도를 다시 살리셨다고 증언 하였음이라, 만일 죽은 자가 다시 살아나는 일이 없으면 하나님이 그리스도를 다시 살리지 아니하셨으리라, 만일 죽은 자가 다시 살아나는 일이 없으면 그리스도 다시 살아나신 일이 없었을 터이요, 그리스도께서 다시 살아나신 일이 없으면 너희의 믿음도 헛되고 너희가 여전히 죄 가운데 있을 것이요, 또한 그리스도 안에서 잠자는 자도 망하였으니 만일 그리스도 안에서 우리의 바라는 것이 다만 이 세상의 삶뿐이면 모든 사람 가운데 우리가 더욱 불쌍한 자이리라"고 했다(고전 15:14-19).

위에서 제시한 구절은 바울이 고린도 교인에게 부활의 확신을 가지고 살아가도록 권면하는 내용이다. 만약 그리스도인들에게 죽은 자가 다시 사는 부활이 없다면 기독교 신앙의 근간이 흔들릴 수밖에 없다. 다른 한편으로 바울은 부활의 확신을 가진 자라면 능히 환난과 곤고함을 극복할 수 있음을 강조한 내용이기도 하다. 바울은 그리스도인이 믿음으로 살려면 반드시 부활의 확신을 가져야 한다고 강조했다. 바울에게 있어서 예수 그리스도의 부활은 단순한 역사적 사건 이상이었다.

10.8 바울서신에 나타난 그리스도의 개념과 호칭

바울이 묘사한 예수 그리스도의 모습은 복음서나 공동서신에서 제시한 예수의 모습과 기본적으로는 유사성이 있지만, 많은 부분에서 상이함이 있음도 배재할 수 없다. 이 견해는 바울이 예수 그리스도에 대한 자신만의 신학적 개념과 호칭을 사용하고 있음을 통하여 증명된다. 물론 바울이 특별한 교리적 목적에 따라 예수 그리스도를 신학적으로 묘사한 것은 아니다. 단지 초대교회 목회 현장에서 일어난 일련의 사건들을 해결하려는 관점에서 그의 서신을 쓰다 보니 자연스럽게 그리스도에 대한 신학 개념들을 정립했을 것이고, 이러한 내용들이 그의 서신들에 신학적으로 묘사되었을 것이다. 다시 말해서, 바울의 그리스도 사상은 그의 가르침이나 설교에 담겨 있는데, 이것은 교회의 당면한 문제를 해결하려는 과정에서 그리스도의 가르침과 정체성을 드러냈다는 것이다. 따라서 바울의 설교와 권면에는 그리스도의 구원과 종말 사상이 담겨 있다. 이러한 특이한 점에 역점을 둔 학자들은 바울이 그리스도를 기독론 관점에서 묘사한 것이 아니라, 바울의 기독론 선포가 그리스도론을 만들었다고 보았다. 이러한 배경을 토대로 바울이 묘사한 예수 그리스도의 정체성과 호칭에 대한 내용들을 살펴보자.

10.9 '하나님의 아들'

신약성경에서 예수를 '하나님의 아들'(Son of God)로 호칭한 것은 아주 중요한 용어 가운데 하나이다.[40] 바울 역시 예수를 '하나님의 아들'로 호칭했다(갈 2:20; 4:4; 6:1; 골 1:13). 그러나 신약성경 전체에 공유되고 있는 '하나님의 아들'은 바울이 개인적으로 만든 용어가 아니다. 또한 '하나님의 아들'이란 용어는 초기 기독교 공동체만 사용한 유일한 용어도 아니었다. 1세기 지중해 연안에서 '하나님의 아들'은 이미 종교와 정치적 용어로 폭넓게 사용되고 있었다.[41] 이집트의 파라오 왕도 이 용어를 즐겨 사용하였다. 로마 황제들은 신적 권위를 통치에 활용하려고 자신을 '신의 아들'로 호칭하도록 명령하였다.[42] 따라서 '하나님의 아들'이란 호칭을 문화 사회적 관점에서 연구하려는 노력이 지속되고 있다.

하지만 '하나님의 아들'의 기원은 구약성경에서 찾아야 할 것 같다.[43] 구약성경에도 '하나님의 아들'이 나타나기 때문이다(욥 1:6; 시 29:1). 구약성경의 하나님은 이스라엘 백성을 돌봐주는 분으로 묘사되어 있는데, 하나님은 이스라엘 백성의 하나님이 되고 이스라엘 백성은 그분의 자녀가 된다(참조, 삼하 7:14). 이러한 구약 개념이 1세기 유대 문화에 그대로 적용되어 '하나님의 아들'이라는 용어가 보편적으로 사용된 것 같다.

이미 앞에서 살펴보았듯이, 바울이 '하나님의 아들'의 호칭을 사용한 것은 초대교회의 전승을 기초로 한 것으로 보인다.[44] 초대교회는 예수가 하나님의 아들임을 인식함과 동시에 그가 죽음과 부활을 넘어 하나님의 성령의 능력 가운데 있음을 말하고 있었다. 사도행전은 예수가 하나님의 아들이며 부활의 주라는 초대교회 전승 자료를 그대로 보여준다. 예를 들면 "그를 죽은 자 가운데서 다시 살리신 것으로 모든 사람에게 믿을 만한 증거를 주셨음이니라"고 했다(행 17:31). 바울은 사도행전에 반영된 초대교회 전승을 그의 서신에 간접적으로 인용했다. 바울서신에 언급된 초대교회 전승은 다음과 같다. "성결의 영으로는 죽은 자들 가운데서 부활하사 능력으로 하나님의 아들로 선포되셨으니 곧 우리 주 예수 그리스도시니라"(롬 1:4). 즉 바울은 단편적인 초대교회 전승들을 기초로 해서 예수가 '하나님의 아들'이라는 용어를 사용한 것 같다. 그러므로 우리는 바울이 사용한 '하나님의 아들'이라는 용어가 초대교회 전승을 기초로 하고 있음을 확인할 수 있다.[45] 초대교회 전승은 구약과 유대교 배경을 바탕으로 하고 있지만, 이미 그들에게는 그들의 문화와 종교적 배경에서 예수를 '하나님의 아들'로 인식하고 있었다는 것이다. 하나의 용어나 개념은 동일한 문법적 어형을 가지고 있지만, 시대 배경이 다르면 의미 자체가 변할 수 있기 때문이다. 즉 구약성경과 유대교에서 인식한 '하나님의 아들'과 초대 기독교 공동체가 인식한 하나님의 아들은 의미적으로 차이가 있을 수 있다는 것이다. 구약성경에서 '하나님의 아들'(자녀)은 하나님의 백성이라는 의미가 강하지만, 초대 기독교 공동체는 예수를 유일한 '하나님의 아들'이며 하나님으로 인식한 것이다. 바울이 예수 그리스도와 하나님이 동등하다고 표현한 것은 예수 그리스도의 선재함을 제시하려는 신학적 관점으로 보인다.

바울이 '아들'이란 단어를 사용할 때는 특이한 면이 있다. 하나님이 예수를 사랑한다고 표현할 때 '아들'로 불렀다. 하지만 구약성경은 하나님이 이스라엘 민족을 사랑하는 분으로 묘사했다. 이것은 구약성경에서 '아들'은 하나님이 인간을 사랑한다는 의미가 함의된 것이 아니라 '백성'이란 용어가 더 중요하다는 것이다.[46] 즉 '백성'이란 단어에는 하나님이 그들을 사랑한다는 의미가 함의된 것이다. 하지만 신약성서에서 하나님이 사랑하는 아들은 예수를 의미한다. 바울은 죄 많은 인류를 사랑하시는 하나님을 언급하면서 하나님의 '유일한 아들'은 예수임을 증명했다. 바울의 이러한 관점은 하나님의 아들인 예수가 하나님이라는 사실을 확증하고 있는 것이다(롬 9:5). 바울은 예수가 하나님의 아들로서 하나님께 순종함으로 하나님의 구원 계획을 이룬 것이다.

10.10 예수 그리스도는 유일한 주(Lord)

바울은 '주'(Lord)라는 용어를 아주 두드러지게 많이 사용하였다. 바울 서신에서 '주'는 당연히 예수를 지칭하는 용어로 받아들여야 한다. 이렇게 많이 사용된 '주'는 헬라어로 κύριος이다. 학자들은 κύριος가 구약 배경을 가지고 있는지 아니면 헬라 배경을 가지고 있는지 연구하였다.[47]

κύριος가 구약적인 배경을 가졌다는 견해는 다음과 같다. 바울이 κύριος를 사용할 때는 구약적인 용어를 신약에 인용하거나 설명하는 형태를 취했기 때문이다. 그러나 구약적인 배경의 κύριος를 사용했다는 견해에 대해서 부정적인 시각도 있다. 바울이 사용한 κύριος가 예수를 지칭하지 않는 경우들도 나타나기 때문이다(롬 4:8; 9:29). 바울은 '주'라는 단어가 예수를 지칭할 때만 사용한 것이 아니라 여호와 하나님을 지칭할 때도 사용됐기 때문이다. 따라서 학자들은 바울이 예수를 '주'로 호칭할 때는 칠십인 역을 따랐다는 가능성을 제시하기도 한다. 바울은 '주'라는 호칭이 예수를 지칭할 때는 언제나 정관사를 붙여 사용함으로 그가 유일한 '주'임을 분명히 구분하였다. 이러한 사실들은 바울이 '주'란 용어를 구약에서 인용했다는 증거로 받아들여진다.[48]

반면에 '주'란 단어가 헬라 문화 배경에서 나왔다는 견해를 주장하는 학자들도 있다. 바울이 헬레니즘 배경의 κύριος를 사용한 것은 당시 사회 문화 배경에서 이해해야 할 것이다. 당시 헬라 사회에는 신(gods)이라고 불리는 자들과 주(lord)라고 불리는 자들이 많았다(고전 8:5). 정치적으로도 '주'라는 용어가 사용되었다. 로마 제국의 황제들은 자신의 통치권을 강화하려고 자신을 신이나 '주'로 호칭하라는 법을 제정하기도 했다. 또한 그레코-로마 문화에서는 유일신 사상만이 존재한 것이 아니라 다신론이 보편화되어 있었다. 바울은 헬라 세계에서 말하는 이러한 신들과 예수 그리스도를 동일하게 호칭할 수가 없었다. 그래서 바울은 '주'라는 호칭을 사용할 때는 언제나 유일한 '주'라는 의미로 정관사를 붙인 것이다.

바울이 예수의 호칭을 유일한 '주'로 표현한 이유를 좀 더 세밀하게 살펴보자. 바울의 관점에서 예수를 유일한 분으로 호칭한 것은 구원론과 관계있다. 예수는 죽음에서 부활하신 '주'며 인류를 구원하고 영광을 받으실 분이기 때문이다. 바울은 예수를 단순히 인간적인 차원에서 바라본 인자가 아니라 하나님과 동등된 위치에서 인간을 구원할 자로 인식한 것이다.[49] 즉 바울은 예수를 유일한 '주'며 하나님으로 인식한 것이다.

10.11 머리되신 그리스도

바울은 예수 그리스도를 '머리'라는 단어로 표현하기를 좋아했다(참조. 롬 12:5; 고전 12:12-31; 엡 1:22; 4:15, 5:23; 골 1:18; 2:10).[50] 바울이 묘사한 '예수 그리스도가 머리'라는 표현은 세 부분으로 나누어서 연구해야 할 것이다.

첫째, 예수와 성도의 관계를 나타낼 때 사용했다. 로마서 12:5은 몸의 지체라는 비유를 들어 예수 그리스도와 성도의 관계를 묘사하고 있다. 사람의 몸에는 많은 지체가 있는데, 각 지체가 서로 연합하여 하나가 되었듯이 많은 사람이 예수 그리스도 안에서 하나로 연합되었음을 의미한다. 바울은 모든 성도가 그리스도 안에서 하나됨을 강조했다.[51] 고린도전서 12:12-31은 그리스도인이 하나됨을 강조한다. 27절은 특별히 모든 믿는 성도는 예수 그리스도 안에서 한 몸이라고 했다. 바울은 예수와 그리스도인은 하나의 유기체 관계를 가지고 있으며 나누어질 수 없음을 주장한 것이다.

둘째, 예수 그리스도는 교회의 머리이다. 로마서와 고린도전서에서 바울이 강조한 그리스도와의 연합은 교회다. 교회 구성원의 연합을 통하여 협력하고 서로를 돌보는 사역을 감당해야 한다. 구원받은 성도는 그리스도의 몸이며 예수 그리스도는 성도의 머리가 된다. 그렇다면 예수가 교회의 머리가 된다는 것은 구체적으로 어떤 의미가 있는가? 예수가 교회의 머리됨은 공동체 구성원을 대표 하는 권위자를 의미한다. 모든 교회 지체들은 머리되신 예수 그리스도에게 순종해야 한다. 또한 머리되신 예수 그리스도는 교회의 대표성을 가진다.

셋째, 그리스도의 '주'되심은 믿는 자들의 주가 된다는 의미를 넘어 모든 창조 세계의 주가 됨을 포함하고 있다. 즉 창조된 모든 세계의 피조물은 예수 그리스도에게 속한다. 바울의 이러한 가르침은 예수 그리스도가 모든 피조물보다 선재했고 그리스도가 창조 사역에 하나님과 함께 동참했음을 의미한다(골 1:15-16).[52] 천지를 창조하신 예수는 교회의 머리인 동시에 모든 피조물의 머리가 된다. 예수 그리스도가 모든 피조물의 머리됨은 그가 세상을 다스리고 통치한다는 의미에서 권위자와 구원자의 모습을 보여주는 것이다.

10.12 바울이 사용한 예수 그리스도의 다른 호칭과 역할

바울은 위에서 살펴본 중요한 예수의 호칭 외에도, 그의 서신 여러 곳에서 그리스도를 호칭하는 다른 단어들을 사용했다. 그 가운데 중요하다고 여겨지는 호칭들만 고찰해 보자.

첫째, 바울서신에 나타난 이러한 특성들 가운데 가장 주목할 명칭은 '첫 번째 나신 분'이다(골 1:15). 이 문구와 비슷한 다른 단어인 '처음' 또는 '시작'이라는 용어도 사용되었다. 바울서신에서 '첫 번째 나신 분'이란 호칭은 두 가지 유형으로 사용되었다. 예수 그리스도가 하나님의 창조 사역에 같이 동참했다는 뜻에서 그분의 선재를 나타낼 때 사용되었다.[53] 바울이 예수를 선재하고 하나님과 함께 창조 사역에 동참했음을 묘사한 목적은 예수가 하나님과 동등한 분이라는 사실을 강조하기 위해서 일 것이다. 또한 예수의 부활을 설명할 할 때 '첫 번째 나신 분'이란 용어가 사용되었다. 이것은 죽음에서 부활한 첫 번째 분이란 의미로 사용된 것이다. 우리는 바울이 '첫 번째 나신 분'이란 용어를 사용한 것이 하나님의 창조 활동에 동참한 것과 부활의 첫 열매가 됨을 묘사하려는 것으로 보인다. 부활의 첫 열매는 다른 용어로 '제 이 아담'이라는 용어로도 사용되었다(고전 15:45). 바울은 이외에도 예수 그리스도를 '근본'(the beginning) 또는 '첫 열매'라는 호칭으로 묘사하기도 했다(골 1:18, 고전 15:20).

둘째, 바울서신에 나타난 또 다른 표현은 '그리스도 안에'(in Christ)와 '그리스도와 함께'(with Christ)이다.[54] 바울서신에서 아주 많이 나오는 이 단어는 죽음에서 부활하신 예수 그리스도가 성도들과 함께 한다는 것을 강조하는 내용이다. '그리스도 안에'라는 용어에는 결과론적 의미를 함의하고 있다고 보아야 할 것이다. 예수 그리스도가 행한 일이 성도 개인에게 어떠한 영향을 미쳤느냐가 중요한 요소다. 즉 예수 그리스도의 십자가 사건이 개인을 구원으로 인도하였고, 그 결과로 인하여 성도는 '그리스도 안에' 있게 된 것이다. 그러므로 이것은 구원받았음을 확증하는 의미로 사용될 수 있다. 물론 광의적 의미에서 '그리스도 안에'는 예수 그리스도를 믿고 따르는 모든 자들이 예수 그리스도 안에 있음을 의미한다.

'그리스도와 함께'는 예수 그리스도가 행한 일에 성도가 함께 동참하여 복음전도 사역에 동역함을 의미한다. 예수의 사역에 동참한다는 것은 십자가의 고난을 나의 삶에 짊어짐으로 그리스도와 함께 동역하는 것이다. 성도가 복음전도 사역에 함께 한다는 것은 그리스도의 죽음과 부활을 증거하는 증인의 삶을 말한다. 결론적으로 "그리스도 안에"와 "그리스도와 함께"는 그리스도인의 삶에 미치는 예수 그리스도의 능력을 의미한다. 이것은 예수 그리스도가 모든 그리스도인과 함께 한다는 것이다.

마지막으로 '하나님의 형상'(the image of God)이다. 학자들은 바울이 예수를 하나님의 이미지를 묘사한 것은 구약성경에 기인한 것으로 본다. 바울이 하나님의 영광으로서 예수의 모습을 묘사하려고 한 것이다. 이미 살펴보았듯이, 창조 사역에 동참한 예수는 하나님의 형상을 입고 이 땅에 온 것이다. 특별히 고린도후서 4:4에서 '그리스도를 하나님의 형상'

이라고 했는데, 본 구절은 그리스도의 형상으로 이 땅에 나타난 하나님을 사탄의 세력이 믿지 못하도록 방해함을 강조하기 위해 사용한 것이다.[55] 바울은 골로새서 1:15에서도 그리스도를 '하나님의 형상'으로 묘사했다(골 1:15). 바울이 묘사한 하나님의 형상으로서 예수 그리스도는 보이지 않는 하나님을 의미한다. 즉 보이지 않는 하나님이 예수 그리스도를 통하여 나타난 것이다. 바울은 성도들에게 예수 그리스도를 보이지 않는 하나님의 형상으로 묘사했다.

10.13 결론

지금까지 바울서신에 나타난 예수 그리스도에 대한 일반적인 요소들을 살펴보았다. 첫째 바울이 예수 그리스도의 성육신, 죽음 그리고 부활을 어떻게 묘사하고 있는지를 확인했다. 바울의 성육신 사건은 하나님이 인간이 되어 역사에 들어왔음을 의미한다. 물론 하나님이 역사 안으로 들어왔다는 것은 예수 그리스도를 통해서다. 그리고 예수의 십자가 죽음은 마침이 아닌 새로운 시작을 의미한다. 이러한 관점에서 바울은 예수의 생애보다는 그의 죽음에 더 큰 의미를 부여하고 있다. 예수의 부활은 성도의 미래 희망과 관계가 있다. 예수 그리스도를 따르는 성도에게 희망은 부활의 주(Lord)가 다시 온다는 희망이다.

둘째, 바울이 사용한 예수에 대한 호칭이다. 예수를 칭한 호칭에는 상당히 중요한 신학적 의미가 함의되어 있다. 그렇다면 바울이 사용한 예수 그리스도에 대한 다양한 호칭은 어디에서 기인한 것인가? 유대교 사상에도 예수를 메시아로 지칭한 용어가 상당부분 나타난다. 예수를 호칭한 용어가 헬라 사상에서 기인한 것도 부인할 수 없는 사실이다. 따라서 예수의 칭호에는 유대교와 헬라 사상이 함께 함의되었다고 보아야 할 것이다. 하지만 더욱 중요한 것은 바울이 예수의 이름을 다양하게 지칭할 때는 반드시 그 호칭에 신학적 의미가 함의되었다는 것이다. 예수 그리스도의 정체성을 나타내는 선재(先在)와 교회의 머리됨을 통해 권위를 강조하려는 경향도 있다. 바울은 교회 구성원과 예수, 예수와 성도 그리고 성도와 세상의 관계를 나타낼 때도 예수에 대한 호칭을 색다르게 사용했다. 결론적으로 바울은 예수의 죽음과 부활을 강조했으며, 그의 호칭을 다양하게 사용함으로 예수의 정체와 사역을 신학적으로 정립한 것이다.

주(註)

1) 다음을 참조하라. W. C. Robinson, "Christology and Christian life: Paul's use of the Incarnation Motif," *Andover Newton Quarterly* 12/2 (1971), 108-17.

2) G. L. Borchert, "The Resurrection: 1 Corinthians 15," *Review & Expositor* 80/3 (1983), 401-15.

3) 다음을 참조하라. D. Tripp, "1 January 2007 New Year's Holy Name of Jesus Mary Mother of God," *Homily Service* 40/2 (2007), 4-5.

4) J. D. G. Dunn, 「바울 신학」 (고양: 크리스챤 다이제스트, 2003), 292.

5) C. E. Chalme, "Death and Resurrection in Paul's Letters," *Journal of Bible and Religion* 274 (1959), 291-98.

6) J. D. G. Dunn, 「바울 신학」 (고양: 크리스챤 다이제스트, 2003), 294.

7) "그리스도"는 정치적 의미도 함의한 것으로 보인다. J. R. Harrison, "The Brothers as the "Glory of Christ"(2 Cor 8:23): Paul's Doxa Terminology in Its Ancient Benefaction Context," *Novum testamentum* 52/2 (2010), 162-63.

8) 다음을 참조하라. W. Russell, "Who were Paul's Opponents in Galatia," *Bibliotheca sacra* 147/587 (1990), 329-50.

9) P. Fredriksen, "Jesus the Jewish Christ," *Studia Theologica* 66/1 (2012), 5-7.

10) 다음을 참조하라 Y. Lee, *The Son of Man as the Last Adam: The Early Church Tradition as a Source of Paul's Adam Christology* (Eugene: Pickwick, 2012).

11) E. Käsemann, *Commentary on Romans* (London, SCM, 1980), 151.

12) M. D. Hooker, *From Adam to Christ: Essays on Paul* (Cambridge: Cambridge University Press, 1990), 300-1.

13) J. D. G. Dunn, 「바울 신학」 (고양: 크리스챤 다이제스트, 2003), 160.

14) P. J. Leithart, "Adam, Moses, and Jesus: A Reading of Romans 5:12-14," *Calvin*

Theological Journal 43/2 (2008), 258.

15) P. J. Leithart, "Adam, Moses, and Jesus: A Reading of Romans 5:12-14," *Calvin Theological Journal* 43/2 (2008), 266.

16) R. Bultmann, *Theology of the New Testament I* (London: SCM, 1952), 252-53.

17) S. J. Hultgren, "The Origin of Paul's Doctrine of the two Adams in 1 Corinthians 15:45-49," *Journal for the Study of the New Testament* 25/3 (2003), 368-69.

18) V. Taylar, *The Person of Christ in New Testament Teaching* (London: Macmillan, 1959), 63.

19) B. K. Peterson, "Philippians 2:5-11," Interpretation 58/2 (2004), 178-80.

20) W. C. Robinson, "Christology and Christian Life: Paul's use of the Incarnation Motif," *Andover Newton Quarterly* 12/2 (1971), 110.

21) Reymond, R. L., 「바울의 생애와 신학」, 원광연 역 (고양: 크리스찬 다이제스트, 2003), 388.

22) Ibid., 391-92.

23) Ibid., 404.

24) Ibid., 395-96.

25) D. L. Balch, "The suffering of Isis/Io and Paul's Portrait of Christ Crucified (Gal 3:1): Frescoes in Pompeian and Roman Houses and in the Temple of Isis in Pompei," *Journal of Religion* 83/1 (2003), 27.

26) 다음을 참조하라. G. L. Nebeker, "Christ as Somatic Transformer (Phil 3:20-21): Christology in an Eschatological Perspective," *Trinity Journal* 21/2 (2000), 165-87.

27) J. D. G. Dunn, 「바울 신학」 (고양: 크리스찬 다이제스트, 2003), 336.

28) 예수의 죽음은 다음 책을 참조하라. M. Hengel, *The Atonement: The Origins of the Doctrine in the New Testament* (Philadelphia: Fortress, 1981), 34-39.

29) F. J. Matera, "Christ in the Theologies of Paul and John: A Study in the Diverse Unity of New Testament Theology," *Theological Studies* 67 (2006), 243.

30) M. Perrard, "Adopted and Begotten Sons of God: Paul and John on Divine Sonship," *Catholic Biblical Quarterly* 73 (2011), 95-102.

31) Reymond, R. L, 「바울의 생애와 신학」, 원광연 역 (고양: 크리스찬 다이제스트, 2003), 476-77.

32) H. Schlier, *Grundzüge einer Paulinischen Theologie* (Freiburg: Herder, 1978). 142-43.

33) J. D. G. Dunn, 「바울 신학」 (고양: 크리스찬 다이제스트, 2003), 345.

34) 다음 책을 참조하라. D. M. Stanley, *Christ's Resurrection in Pauline Soteriology* (Rome: Pontifical Biblical Institute, 1961).

35) B. Lindars, *New Testament Apologetic* (London: SCM, 1961), 59-63.

36) 다음을 참조하라. R. J. Sider, "St Paul's Understanding of the Nature and Significance of the Resurrection in 1 Corinthians 15:1-19," *Novum testamentum* 19/2 (1977), 124-41.

37) S. H. Travis, "Christ as Bearer of Divine Judgement in Paul's Thought about the Atonement," 21-38. ed. Goldingay, J. in *Atonement Today: a Symposium at St John's College, Nottingham*(London: SPCK, 1995).

38) 다음을 참조하라. J. Holleman, *Resurrection and Parousia: A Traditional-Historical Study of Paul's Eschatology in 1 Corinthians 15* (Leiden: Brill, 1996).

39) 신인철, 「고뇌하는 목회자를 위하여: 고린도후서 연구」 (대전: 엘도론, 2008), 216-17.

40) 다음을 참조하라. C. G. Whitsett, "Son of God, Seed of David: Paul's Messianic Exegesis in Romans 1:3-4," *Journal of Biblical Literature* 119/4 (2000), 661-81.

41) 다음을 참조하라. M. Peppard, "The Son of God in the Roman World: Divine Sonship in its Social and Political Context," (New York: Oxford University Press, 2011).

42) 신인철, 「신약성경 석의와 설교」 (대전: 엘도론, 2008), 28.

43) 다음을 참조하라. R. Good, "The Son of God and Messiah in the Old Testament,"

Affirmation & Critique 14/1 (2009), 65-74.

44) J. D. G. Dunn, 「바울 신학」 (고양: 크리스찬 다이제스트, 2003), 283-292. 다음을 참조하라. L. J. Podles, "Sons in the Son: God and Man in Early Christianity," *Touchstone* 12 (1999), 15-20.

45) 다음을 참조하라. L. J. Podles, "Sons in the Son: God and Man in Early Christianity," *Touchstone* 12 (1999), 15-20.

46) A. B. Milton, "Ethnicity and the People of God," *Theologica Xaveriana* 59 (2009), 309-30.

47) M. Rösel, "The Reading and Translation of the Divine Name in the Masoretic Tradition and the Greek Pentateuch," *Journal for the Study of the Old Testament* 31/4 (2007), 411-28.

48) J. D. Derrett, "Ho Kyrios Ebasileusen apo tou Xylou," *Vigiliae christianae* 43/4 (1989), 378-92.

49) Livingston. Blauvelt, "Does the Bible Teach Lordship Salvation," *Bibliotheca sacra* 143 (1986), 37-45.

50) A. J. Köstenberger, "The Mystery of Christ and the Church: Head and Body, "One flesh"" *Trinity Journal* 12/1 (1991), 79-94.

51) J. D. G. Dunn, 「바울 신학」 (고양: 크리스찬 다이제스트, 2003), 733.

52) Ibid., 385.

53) J. D. G. Dunn, 「바울 신학」 (고양: 크리스찬 다이제스트, 2003), 384.

54) Ibid., 545-46.

55) 신인철, 「고뇌하는 목회자를 위하여: 고린도후서 연구」 (대전: 엘도론, 2008), 68.

제11장 그리스도인 삶의 새로운 시작인 성령

바울의 성령론을 구체적으로 살펴보기 전에 바울서신에 나타난 성령에 대한 묘사들을 확인해야 할 것이다.[1] 첫째, 로마서 8장은 예수 그리스도 믿고 하나님의 성령 안에서 새로운 삶을 시작한 성도의 모습을 설명하고 있다. 로마서에 나타난 성령은 율법과 죄의 길을 떠난 사람이 어떻게 성령의 법을 따라 살아야 하는지를 보여준다.[2] 하나님의 자녀는 죄악된 세상을 멀리해야 한다. 그리고 율법을 따르던 과거의 삶을 버리고 성령을 따라 살아야 한다.[3]

둘째, 고린도후서 3장에서는 거듭난 성도의 새로운 삶과 성령의 관계를 모세의 수건 비유를 들어 설명하고 있다. 예수 그리스도는 영이니 그리스도 안에 있는 자들은 자유함을 얻는다(고후 3:17).

셋째, 성령의 은사에 대해서 언급 했다(고전 12-14장).[4] 바울은 고린도전서에서 성령의 은사를 일방적으로 부정적이거나 긍정적으로 묘사하지 않았다. 오순절 성령 강림 사건은 성령의 은사를 외형적으로 나타난 것이다. 성령의 은사는 고린도 교회에 엄청난 영향을 미쳤다. 하지만 바울의 의도와는 관계없이 고린도 교회의 은사 활동은 부정적인 영향을 더 많이 받았다. 따라서 바울은 성령의 은사를 적절하게 사용할 것을 권면했다. 바울은 어디까지나 교회의 질서 안에서 은사가 적절하게 활용되기를 원한 것이었다. 또한 바울은 외형적 은사인 질병 치유와 방언의 은사도 중요하게 생각했지만, 사랑의 은사보다 더 중요한 은사는 없다는 견해를 분명히 했다. 그러므로 교회에서 성령의 은사가 필요한 것은 지체들의 연합을 위해서이다. 그리스도인은 각자 받은 은사로 교회를 섬기면서 하나되어야 한다.

마지막으로 바울은 갈라디아서 5장에서 성령의 열매에 대해서 언급한다. 성령의 열매는 그리스도인 개인의 삶에서 나타나야 한다. 고린도전서에서 언급한 성령의 은사가 외형적인 성령의 역사를 나타낸 것이라면, 갈라디아서에 언급된 성령의 열매는 성도의 내면적 성숙을 나타낸 것이다. 성도 안에 내주한 성령은 선과 악을 구분하는 깊은 통찰력과 인격적 성숙을 도모한다. 참된 믿음의 사람은 성숙된 인격의 결과로 성령의 열매를 맺어야 한다.[5]

11.1 초대교회와 성령

지금까지 바울서신에 언급된 성령에 대한 중요한 본문들을 살펴보았다.

그렇다면 이제 성령을 역사적(Historically) 관점에서 살펴보자. 학자들은 지금까지 성령을 역사적인 관점에서 연구하기보다는 믿는 자에게 내주하는 하나님의 영 또는 신비적인 현상으로 이해해 왔다. 특별히 개신교는 성령을 칭의 관점에서 이해했다.[6] 반면에 가톨릭은 신비주의와 성례전적으로 성령을 이해했다. 그리고 성령의 은사를 카리스마틱 기독교 운동과 관련된 것으로 보았다.[7]

이스라엘 백성은 성령의 역사나 은사를 추구하는 민족이 아니라 예언을 중시하는 민족이었다. 이스라엘 백성은 예언의 영에 상당히 민감한 민족이다. 그러므로 이스라엘 백성은 예언을 삶의 기초로 둔 민족이다.[8] 그러나 초기 교회는 예언을 다음과 같이 생각하고 있었다. 이스라엘 백성은 예언의 영이 제 2 성전 기를 지나면서 사라지거나 약해졌다는 의식이 팽배했다.[9] 하지만 예수 당시 에세네파와 쿰란 공동체를 비롯한 일부 유대교 단체들은 여전히 예언을 중요시 여겼고 적극적으로 예언활동을 하였다.[10] 던(Dunn)의 심도 있는 분석에 의하면, 침례 요한의 등장은 예언의 시대가 마무리되고 성령의 시대가 도래 하고 있음을 암시한 것이라고 보았다.[11] 즉 침례자 요한의 등장은 이제 이스라엘 백성에게 예언의 시대가 종결되고 새로운 시대를 알리는 기준점이 되었다는 견해를 피력한 것이다. 이러한 관점에서 접근한다면, 바울이 제시한 초대교회에서 성령의 역할은 구약의 예언 역할을 대신한 역사의 변혁으로 이해해도 될 것이다. 이스라엘 역사에서 이제 예언의 시대는 지났고 성령의 시대가 온 것이다. 만약 성령의 임재가 없었다면 초대교회 그리스도인은 종말론적 갈등에 사로잡혀 있었을 것이다. 성령이 그리스도인의 삶에 인격적으로 임재함으로 종말론적 긴장은 희미해지기 시작한 것이다. 초대교회 성도는 예수 그리스도의 내주하심에 확신을 가졌다. 그러므로 초대교회에서 성령은 종말론적 긴장의 완화를 이루는 촉매 역할을 했다.

또 하나 기억해야할 사실은 예언은 이스라엘 백성이 주축이 되어 이루어진 활동이다. 예언의 대상 역시 이방인이 아니라 오직 이스라엘 백성을 향하고 있다. 그러나 신약에서 성령은 유대인만을 위한 것이 아닌 이방인에게도 주어졌다.[12] 사도행전은 성령의 역사가 이방인에게 어떻게 일어났는지를 확인해주는 중요한 자료이다. 이방인에게 성령이 임했다는 것은 '유대-기독교'(Jewish Christian)인 중심인 예루살렘 교회를 무척 당혹하게 만들었다(행 10:45). 사도들과 유대-기독교인들은 이방인이 할례와 율법 준수 없이도 예수를 믿음으로 구원을 얻을 수 있음을 인정할 수밖에 없었다(갈 3:2-5, 14; 4:1-7; 행 10:44-47). 결론적으로 초대교회는 예언의 시대가 마무리되고 성령의 시대가 열리고 있음을 보여준 것이다.

11.2 성령 받음

초대교회 그리스도인에게 있어서 성령의 역할은 신앙의 내면적 확신을 의미한다고 볼 수 있을 것이다. 바울은 인간의 삶에 성령이 들어온 것을 기독교의 시작을 의미하는 하나의 중요한 특징이라고 인식하고 있었기 때문이다. 이러한 이유로 인하여 그의 서신에는 성령에 대한 언급이 많이 나타난다. 그렇다면 바울의 관점에서 성도가 성령을 받았다는 것은 어떤 변화를 의미하는지 확인해 보자.

첫째, 하나님은 그리스도를 믿는 자에게 성령을 주시는 분이다(살전 4:8). 바울이 하나님을 믿는 자에게 성령 주시는 분으로 묘사한 것은 기독교 신앙과 하나님과의 관계를 설정하는 표현으로 보인다. 물론 초기 바울서신에는 구원론과 관계된 성령에 대한 사상이 나타나지 않는다. 구원론이 성령과 결부된 것은 발전된 후기 바울의 신학사상이라는 의미이다.[13] 하지만 바울은 성령이 성부 하나님과 초대교회 성도의 관계를 설정하는데 중요한 역할을 한 것으로 보았다.

둘째, 성령 받음은 새로운 시대의 체험 속으로 들어가는 것이다(갈 4:6). 특별히 이방인은 성령 받음으로 새롭게 태어난 것이다. 성령이 그들을 친히 하나님의 자녀로 인정했기 때문이다.

셋째, 성령은 하나님의 능력이고 그리스도인의 영성 형성에 가장 중요한 역할을 하는 핵심이다(고전 2:4). 영적으로 나약한 사람에게 새 힘을 주고 불가능한 일을 능히 행하도록 하는 것이 성령의 역할이다. 따라서 성령이 믿는 자들과 함께하면 영적인 사람이 되어진다(고전 2:11-14).[14] 이렇게 사람이 성령을 통해서 능력을 발휘할 수 있는 것은 주님과의 연합 때문이다(고전 6:17). 인간은 스스로의 능력으로는 아무것도 할 수 없는 존재이지만, 하나님의 성령은 인간이 능히 모든 일을 할 수 있도록 은혜의 축복을 주기 때문이다.

넷째, 성령은 그리스도인을 그리스도 안에서 돌보고 지키는 역할을 한다

(고후 1:21-22). 이미 요한복음은 성령의 오심이 믿는 자들을 보호하고 돌보는 것이라는 전제를 말하고 있다. 예수가 제자들을 남겨두고 떠난다고 할지라도 그들이 염려하지 말아야 할 것은 성령이 임하여 제자들의 생각과 마음을 지키기 때문이다(요 17). 바울서신도 요한복음과 동일하게 성령을 그리스도인의 후원자임을 잘 드러내고 있다.

바울서신 전체에 다양하게 묘사되어 있는 성령에 관한 바울의 가르침은 그의 신학 사상에서 성령이 차지하고 있는 위치가 얼마나 중요한가를 보여주고 있다. 아마도 바울 공동체는 이미 초대교회 전승을 이어받아 성령에 대한 일반적인 지식과 이해를 상당히 가지고 있었던 것 같다. 바울의 관점에서 성령을 받았다는 것은 성도가 구원을 받음에서부터 실제적인 생활까지 성령의 지배와 인도하심을 받는 것을 의미한다.

11.3 성령과 삼위일체

바울의 성령론에서 가장 먼저 고려해야 할 부분은 그가 성령을 어떻게 보고 있느냐하는 것이다. 다른 말로 한다면, 바울이 묘사한 성령은 하나님 그리고 예수 그리스도와 어떤 상관관계를 형성하고 있는지를 확인해야 할 것이다. 바울이 이해한 성령은 하나님 자체이다. 이미 기독론 관점에서 살펴본 것처럼 예수 그리스도는 하나님의 이미지를 가지고 있으며, 하나님의 창조 사역에 동참한 하나님의 본체이다. 바울은 또한 그리스도를 '영'이시라고 했다(고후 3:17). 바울의 이러한 고백은 성령의 본질,

목적, 권능에 있어서 그리스도와 동일하다는 의미로 이해된다(롬 8:9-11). 그러므로 바울이 언급한 성령과 관련된 성경 구절들을 자세히 살펴보면 성령은 삼위일체 관점에서 하나님이다.

바울서신에는 삼위일체라는 용어는 나타나지 않지만 삼위일체를 나타내는 다음과 같은 요소들이 있다.[15] 삼위일체에 대한 바울의 언급에서 먼저 주목해야 할 성경 구절은 로마서 1:1-4이다. 하나님은 세상을 창조하신 분으로 구원의 주체이다. 구원의 주체가 되신 하나님은 그의 아들을 다윗의 자손의 계보를 통해 인간 세상에 보냈다. 성령은 하나님의 아들 예수를 죽음에서 부활하게 했다. 바울의 이러한 견해는 결국 성부 하나님, 성자 예수 그리스도 그리고 성령이 함께 일하며 완벽하게 조화를 이루고 있음을 의미한다.

11.4 성령과 그리스도

바울의 성령과 그리스도의 관계는 가장 어려우면서도 바울신학에서 중요한 논쟁적 화두이다. 바울은 성령과 그리스도를 아주 가까운 관계로 묘사한다. 이러한 주장은 다음과 같은 견해로까지 확대 해석되기도 하는데, 부활한 그리스도는 성령과 하나라는 견해다. 다른 말로 하자면, 바울의 관점에서 그리스도는 성령과 그리스도의 연합이라는 것이다. 학자들이 이러한 주장을 한 이유는 성령과 예수 그리스도는 독립된 객체로 인식되지만, 구속사 관점에서는 성령과 그리스도가 분리될 수 없는 하나이기 때문이다. 이러한 관점을 바탕으로 하여 그리스도와 성령의 관계를 좀 더 구체적으로 살펴보자.[16]

첫째, 성령과 그리스도는 독립된 객체처럼 보이지만 서로에게 소속되어 있다. 또한 성령은 하나님께 속해 있다(롬 8:9, 14; 15:19; 고전 2:11, 12, 14). 그러나 바울은 '그리스도의 성령'(영)으로 표현하기도 했다(롬 8:9; 빌 1:19; 갈 4:6; 고후 3:17). 이것은 그리스도가 하나님 그리고 성령과 동일하다는 것을 의미한다. 즉 하나님의 성령이라는 표현처럼 그리스도와 성령은 서로가 하나임을 나타내는 표현이다.

둘째, 바울은 성령과 그리스도가 하나라는 표현을 통해 동일한 위격을 말한다(고후 3:17). 바울의 이러한 표현은 성령이나 그리스도가 어느 한 쪽에 지배된 것이 아니라 동일한 지위에서 서로에게 귀속되어 있음을 나타낸 것이다. 특별히 우리는 바울의 다음과 같은 표현에 주목해야 한다. "첫 사람 아담은 생령이 되었다 함과 같이 마지막 아담은 살려주는 영이 되었나니"(고전 15:45). 인류의 조상인 아담은 하나님이 불어 넣어 준 살아 있는 영을 받아 생령이 되었다. 반면에 마지막 아담은 예수를 상징하는데 예수가 살려주는 '영'이 되었다는 것은 성령과 예수 그리스도가 동등한 위격을 가진 하나라는 표현이다.

셋째, 성령과 예수 그리스도는 독립된 위격이지만 구속사 관점에서는 보면 둘은 하나다.[17] 여기서 말하는 하나라는 표현은 구속사적 관점에서 성령과 그리스도는 분리될 수 없다는 것이다. 이것을 가장 잘 표현한 문구는 "그리스도의 영"이다. 바울은 부활한 예수 그리스도가 성결의 영이 되었다고 하였다(롬 1:4). "너희가 아들이므로 하나님이 그 아들의 영을 우리 마음 가운데 보내사 아빠 아버지라 부르게" 했다(갈 4:6). 그러므로 구원받았다는 것은 예수 그리스도를 믿음으로 가능한 것이고, 이것은 구원받은 자에게는 성령의 임재도 함께 임함을 나타낸 것이다.

11.5 성령과 신자

위에서 다룬 성령에 관한 내용들은 역사적이며 삼위일체론 관점에서 접근한 내용들이다. 이제부터는 성령과 신자의 관계에 대해서 살펴보자. 바울은 상당히 많은 지면을 할애하여 성령과 신자 관계를 묘사했다.

11.5.1 성령 안에서의 신자

성령이 믿는 자에게 주어진 가장 큰 선물이란 말은 하나님 앞에서 그들의 위치가 달라진 것을 의미한다. 이것은 죄의 자녀로 살아가던 사람들이 그리스도의 구속으로 성령 안에서 새로운 신분이 된 것이다. 새로운 신분으로 변화 받은 영적인 자들은 성령과 동행하는 삶을 살아야 한다. 성령이 성도와 함께 한다는 것을 보다 구체적으로 표현한다면, 예수를 구세주로 믿는 자들에게 은혜를 허락한다는 뜻이다. 아직 예수 그리스도를 알지 못하는 자는 죄로 인하여 하나님과 멀어졌지만, 죄인은 예수 그리스도를 믿음으로 화해를 통해 하나님과의 관계가 회복된다(롬 5:1). 더욱이 이미 위에서 언급한 것처럼 성령은 예수 그리스도를 통하여 인간이 구원 얻었음을 확증해 준다. 따라서 성도는 성령 안에서 다음과 같은 상태가 된다.

첫째, 믿는 자에게 새로운 시대가 도래했느냐는 것이다. 이것은 이미 학자들이 오랫동안 논쟁하고 있는 논점으로, 하나님의 나라가 예수 그리스도의 죽음과 부활로 인하여 이미 이 땅에 도래했는지 아닌지에 대한 논쟁이다. 이것은 종말론 논쟁으로까지 확대 전개될 수 있을 것이다. 하지만 이러한 논쟁이 어떠한 결과로 도출되든지 성도는 이미 예수 그리스도 안에서 새로운 상태가 되었다. 비록 성도가 현실적으로는 죄와 부패 아래 있다고 할지라도 그들은 이미 새로운 세계에 속해 있다.[18] 따라서 누구든지 예수 그리스도 안에 있으면 새로운 피조물이다(고후 5:17).

둘째, 성령 안에서 새로운 출생이 이루어진다. 한 사람이 예수 그리스도를 믿음으로 하나님의 자녀가 되었다는 것은, 이미 그가 성령 안에서 하나님의 백성이 되어 영원한 생명을 소유했음을 의미한다. 예수 그리스도 안에 있는 우리를 생명의 성령의 법이 죄와 사망의 법에서 해방했기 때문이다(롬 8:2). 따라서 한 개인이 예수 그리스도를 영접했다는 것은 이미 육신적으로 죄에 대해서 죽었고 영으로는 의롭다함을 입었다는 것이다. 모든 믿는 자들은 성령을 통하여 새로운 삶을 위한 거듭난 출생을 한 것이다.

셋째, 위에서 제시한 것과 비슷한 견해이지만, 성령은 믿는 자가 하나님의 양자(adoption as children of God)됨을 증거한다.[19] 바울은 누구든지 하나님의 성령을 받으면 하나님의 자녀가 된다고 하였다. 하나님의 영을 받은 자는 죄의 종이 아니라 자유자이며, 성령은 믿는 자가 하나님의 자녀임을 증거 한다(롬 8:14-16). 하나님의 영으로 인도함을 받는 자가 하나님의 자녀가 된다는 것은 성도가 성령을 통해 하나님의 자녀 되었음을 강조한 것이다.

넷째, 바울은 성령 안에서 누리는 자유에 대해서 말했다. 바울이 말하는 믿는 자의 자유는 죄와 관련이 있다. 세상에서 죄의 종이 된 자는 진정한 의미의 자유가 없는 삶을 사는 것이다. 이스라엘 백성이 출애굽을 통하여 자유를 얻은 것처럼, 믿는 자는 죄로 부터 자유함을 얻는다. 바울은 이러한 자유함을 다음과 같이 말했다. "주는 영이시니, 주의 영이 계신 곳에는 자유가 있느니라"(고후 3:17).[20]

11.5.2 성령의 역사와 신자

성령은 그리스도인의 삶의 현장에서 역사한다. 바울은 성도의 삶과 함께하는 성령의 활동을 두 가지 측면에서 묘사하고 있다. 첫째는 교회와 함께 하는 성령이다. 이미 기독론에서 살펴본 것처럼 교회는 믿는 자들의 연합체로 하나의 유기체인 몸과 같다.[21] 그렇다고 교회를 건물적인 의미로 이해해서는 안 되며, 교회는 성령으로 거듭난 지체들의 연합체이다. 따라서 교회는 예수 그리스도를 믿음으로 성령 안에 있는 지체들의 연합을 의미한다. 둘째로 바울은 성도를 거룩한 하나님의 성전이라고 하였다(고전 6:15-20). 그리고 각 지역에 있는 모든 교회들 역시 성령 안에서 하나님의 성전이다. 이러한 이유로 인하여 모든 성도는 하나님의 성전으로 성령 안에서 지어져 가는 것이다(엡 2:19-22). 셋째로 바울은 하나님의 자녀가 성령 안에서 누리는 교제에 대해서 말했다. 성령은 믿는 자 안에서 역사한다. 바울은 성령이 교제의 영임을 분명히 했다. 그러므로 바울은 성도가 성령의 교제를 나눌 때 한 마음으로 사랑과 의지를 가지고 행하라고 했다(빌 2:1-4). 이것은 성령 하나님이 성도의 교제 가운데 함께 하심을 나타내는 말이다. 즉 환언한다면, 한 성령이 모든 믿는 자에게 역사하기 때문에 성도의 교제는 성령 안에서 이루어지는 것이다. 성령 안에서 이루어진 지체들의 연합은 서로 평안과 기쁨을 누리는 관계로 지속되어야 한다(엡 4:3).

11.6 성령의 은사와 열매

바울이 언급한 성령의 은사 부분은 두 가지 측면으로 나누어 살펴볼 필요가 있다. 첫째는 성령의 은사 측면이다. 성도들이 받은 은사의 종류와 목적을 살펴봄으로 바울이 가진 성령의 은사에 대한 사상을 확인할 수 있다. 둘째는 성령의 열매이다. 성령의 열매는 눈에 보이는 가시적인 현상으로 나타나지 않기 때문에 외형적인 측면에서는 은사로 보기 어렵지만, 성령의 열매는 성도의 성숙함을 보여주는 증표임으로, 성령의 열매를 성령의 외형적 은사로 보았다.

11.6.1 성령의 은사

성령의 은사는 하나님의 자녀된 자들이 받고 누리는 하나님의 선물이며 축복을 의미한다.[22] 하지만 성령의 은사에 관련된 모든 내용을 본 단락에서 다룰 수는 없다. 바울이 언급한 성령의 은사는 너무나 방대하기 때문이다. 바울의 관점에서 성령의 은사는 예수 그리스도를 믿는 자에게 주어지는 것이다. 그러나 이러한 은사는 개인적 목적이 아니라, 예수 그리스도의 몸된 교회를 세우는데 유익한 방향으로 사용되어야 한다. 바울은 고린도전서 12-14장에서 은사의 종류와 활용 목적을 자세히 언급하고 있다. 바울이 강조하고 있는 성령의 은사에 대한 내용들을 살펴보자.

첫째, 바울은 성령의 은사 역할에 관심을 두었다. 성도가 성령의 은사를 받은 목적은 몸의 연합으로 설명했다.[23] 즉 성도는 성령의 각양 은사를 통해 하나가 되는 것이다(고전 12:12-27). 바울은 은사를 가진 모든 자를 예수 그리스도의 지체라고 주장한다. 은사의 크고 작음에 관계없이 모든 믿는 자들은 하나님의 자녀로 하나가 되어야 함을 강조한 것이다.

둘째, 바울은 은사의 주체가 성령임을 분명히 했다. 이것은 아마도 고린도 교회가 지나친 은사주의를 추종함으로 인하여 잘못된 은사에 미혹되었기 때문일 것이다. 이들은 교회의 질서와 유익을 저해하는 방종적인 은사 활동을 통해 많은 문제를 야기시켰는데, 성령의 은사를 위장한 신령 주의가 성도들의 삶에 부정적인 영향을 준 것이다. 따라서 바울이 은사의 수여자를 성령이라고 밝힌 것은 미혹의 영을 조심하라는 의도가 담겨 있다. 하지만 바울은 성령의 은사가 성도 서로 간에 유익이 되기를 원하는데, 이것은 믿는 자에게 성령을 준 목적이기 때문이다(고전 12:7).

셋째, 성령의 은사는 다양하지만 성도 각자의 필요에 따라 나누어준다(고전 12:11). 바울이 언급한 은사는 외형적인 형태로 나타나는 신비적인 것과 개인이 태어나면서부터 받은 자연적 은사로 구분할 수 있다. 고린도교회는 신비로운 은사에 대한 지대한 관심을 가졌음으로, 방언과 예언 그리고 신유 은사를 적극적으로 활용하였다. 그 외에도 방언 통역과 능력 행함 등의 다양한 은사들이 있었음을 말한다(고전 12:7-11). 그러나 바울은 이러한 신비로운 은사만이 최고는 아니라고 보았다.[24] 신비로운 은사를 가진 자보다 교회에서 더욱 중요한 역할을 감당한 직분은 사도, 선지자, 교사이다. 교회의 구조는 신비로운 은사를 가진 자들에 의해서 좌우되는 것이 아니라 교회를 돌보는 사역자 역시 하나님이 주신 은사로 일한다는 것이다. 따라서 신비로운 은사만 중요한 것이 아니라 교회 지도자들 역시 하나님의 은사를 통해 교회를 섬기고 있다는 것이다. 은사는 다양하며 모든 교회 지체가 연합하여 교회를 세우기 위해 필요한 것이다.

넷째, 바울은 은사를 중요하거나 그렇지 않은 것으로 나누지 않았다. 모든 은사는 역할이 있으며, 교회를 세우는데 사용되어야 한다. 고린도교회는 교회 구조에 따라 형성된 전통 리더십이 은사주의자들에 의해 도전을 받고 있었다. 이것은 신비로운 은사를 받은 자들이 교회의 질서를 무시하고 자신들의 은사를 최고라고 자랑하여 교회를 혼란에 빠지게 했기 때문이다. 은사주의자들은 신비로운 은사만을 강조하고 중요시하였다. 바울은 이러한 주장이 선하지 못하다는 사실을 권고하며 모든 은사가 교회를 세우는데 중요하다는 것을 가르쳤다.[25]

다섯째, 바울은 교회의 덕을 세우는데 필요한 은사를 예언이라고 보았다(고전 14:4). 고린도교회는 방언 은사에 치중하는 경향이 있었다. 하지만 방언의 은사는 교회의 덕을 세우기보다는 혼란을 가중시켰다. 물론 바울이 방언의 은사 자체를 부인한 것이 아니라 교회의 유익 차원에서 방언을 자제할 것과 방언 은사는 반드시 통역이 필요함을 강조한 것이다. 방언의 은사는 개인적인 유익을 위해 필요한 은사이지만, 예언은 교회의 유익을 위해 필요한 은사임을 강조하였다. 아무도 알아듣지 못하는 방언 은사보다는 교회의 유익을 위해 하나님의 말씀을 풀어 해석해 주는 예언의 은사가 더욱 유익하다는 것이다. 이러한 견해는 서로 다른 은사를 비교하여 더 중요한 은사가 무엇이지를 확인하려는 것이 아니라 은사는 교회의 유익을 위해 사용되야 함을 강조한 것이다. 결론적으로 바울의 관점에서 본 하나님이 성령의 은사를 준 목적은 믿는 자의 연합을 위해서이다. 그리고 은사의 사용 목적은 교회를 세우는 것이다.

11.6.2 성령의 열매

성령이 성도에게 내주하게 되면 외형적인 은사로도 나타나지만, 삶의 열매로도 나타나야 한다.[26] 성도가 성령의 열매를 맺는 다는 것은 성령의 능력으로 살고 있음을 의미한다. 바울은 하나님의 영을 성령의 능력이라고 했다(딤후 1:7). 즉 하나님의 영은 역사하는 힘이 있는데, 이것이 성령을 통하여 나타난다. 그리고 성령의 능력이 나타날 때는 하나님과 깊은 영적인 관계가 있을 때 가능하다(롬 15:13; 고전 2:2-5). 이것은 하나님의 모든 기쁨과 평강이 성령의 능력으로 임한다는 바울의 가르침을 통하여 알 수 있다.

그러므로 성령의 역사가 믿는 자에게 일어남은 그의 삶에 새로운 힘과 능력이 임하는 것이다. 즉 그리스도인의 삶이 예수 그리스도를 닮아가는 모습으로 나타나는 것이다. 바울은 이것을 성령의 열매라고 했는데, 갈라디아서 5:22-23절은 사랑, 희락, 화평, 오래 참음, 자비, 양선, 충성, 온유, 절제의 목록을 제시했다.

바울은 성령의 열매에 관해서 언급했지만 반대로 육신의 일에 관해서도 말했다. 갈라디아서 5:19-21은 음행, 더러운 것, 호색, 우상숭배, 주술, 원수 맺음, 분쟁, 시기, 분냄, 당 짓는 것, 분열, 이단, 투기, 술 취함, 방탕함을 말한다. 이러한 육신의 일은 성도가 성령을 따라 살지 않을 때 나타나는 현상이다. 바울은 참된 믿음을 가진 자는 이러한 육신의 일을 멀리하고 성령의 열매를 맺는다고 하였다.

11.7 결론

성령에 대한 바울의 관점은 다양하면서도 분명한 일치점을 향하고 있다. 성령론 역시 독립된 신학 주제로 이해하기보다는 바울신학의 전체적인 맥락에서 보아야 한다. 따라서 우리는 바울이 주장한 성령에 대한 다음과 같은 관점을 직시해 할 것이다. 첫째, 초대교회는 예언의 시대가 지나고 성령의 시대가 왔음을 알린다. 이스라엘 백성은 예언을 중시한 민족이었지만 이제는 성령을 따라 사는 새로운 삶으로 변화를 받았는데, 이러한 자를 성도라고 부른다. 둘째, 바울은 성령 받음을 강조한다. 이것은 종교적으로 새로운 시대가 열림을 의미한다. 그리고 성령의 사역은 돌봄이다. 셋째, 바울은 교리적인 관점에서 성령과 삼위일체의 연관성을 언급했다. 이것은 구원과 성숙한 그리스도인의 삶이 삼위의 한 위격에 의해 주관되는 것이 아니라 삼위의 하나님이 동일하게 사역하고 있음을 반영한 것이다. 넷째, 바울은 성령의 은사와 열매를 교회와 연관시켜 언급하기를 좋아했다. 그러므로 성령의 은사와 열매는 그리스도인 개인의 능력과 지혜로만 보아서는 안 된다. 하나님이 성도에게 은사를 주었다는 것은 교회의 연합과 평안을 위한 것이다. 그리고 성령의 열매는 교회의 성숙한 모습과 관계가 있다. 결론적으로 바울은 성령의 사역을 구원과 교회론 관점과 연관시켜 언급한 경향이 있다.

주(註)

1) 바울의 성령론에 대한 기본적인 관점은 다음을 참조하라. B. Richard, ""Life-Giving Spirit": Probing the Center of Paul's Pneumatology," *Journal of the Evangelical Theological Society* 41/4 (1998), 573-89.

2) 물론 로마서의 성령론 자체가 율법과 죄로부터의 해방만 주장하는 것은 아니다. 하지만 로마서 8장에 묘사된 성령에 관한 내용은 죄악된 과거의 삶을 버리고 성령을 따라 살라는 의미로 충분히 해석 가능하다.

3) A. Adewuya, "The Holy Spirit and Sanctification in Romans 8.1-17," *Journal of Pentecostal Theology* 9 (2001), 71-84.

4) M. Turner, "Spiritual Gifts and Spiritual Formation in 1 Corinthians and Ephesians," *Journal of Pentecostal Theology* 22/2 (2013), 187-205.

5) G. M. H. Loubser, "Life in the Spirit as Wise Remedy for the Folly of the Flesh: Ethical Notes from Galatians," *Neotestamentica* 43/2 (2009), 354-371.

6) J. D. G. Dunn, 「바울 신학」(고양: 크리스찬 다이제스트, 2003), 575.

7) Ibid., 569-570.

8) 다음 책을 참조하라. A. Chalmers, *Exploring the Religion of Ancient Israel: Prophet, Priest, Sage and People* (Downers Grove: IVP Academic, 2012).

9) H. R. Levison, "Did the Spirit Withdraw from Israel?: An Evaluation of the Earliest Jewish Data," *New Testament Studies* 43 (1997), 35-57.

10) Josephus, Ant.. 13.311-13; 15.373-79; 17.435-48.

11) J. D. G. Dunn, 「바울 신학」(고양: 크리스찬 다이제스트, 2003), 571.

12) S. J. Strauss, "The Purpose of Acts and the Mission of God," *Bibliotheca sacra* 169 (2012), 448-52.

13) T. Turner, *The Holy Spirit and Spiritual Gifts Then and Now* (Carisle: Paternoster,

1996), 103-13.

14) J. D. G. Dunn, 「바울 신학」 (고양: 크리스찬 다이제스트, 2003), 575.

15) 다음을 참조하라. G. D. Fee, Paul and the Trinity: the Experience of Christ and the Spirit for Paul's Understanding of God 49-72 in eds. Davis, S. T. Kendall, D. O'Collins, G. *The Trinity: an interdisciplinary symposium on the Trinity* (Oxford: Oxford University Press, 1999).

16) 이곳에 논의된 내용의 보다 깊은 연구는 다음 책을 참조하라. G. D. Fee, Christology and Pneumatology in Romans 8:9-11 - and Elsewhere: Some Reflections on Paul as a Trinitarian 312-331 in eds. Green, J. B and Turner, M. *Jesus of Nazareth: Lord and Christ: Essays on the Historical Jesus and New Testament Christology* (Grand Rapids: Eerdmans 1994).

17) 하나님의 성령을 통하여 예수를 구주로 고백하고 양자됨을 얻게 된다. J. D. G. Dunn, 「바울 신학」 (고양: 크리스찬 다이제스트, 2003), 594.

18) J. D. G. Dunn, 「바울 신학」 (고양: 크리스찬 다이제스트, 2003), 581.

19) Ibid., 594.

20) M. D. Litwa, "2 Corinthians 3:18 and its Implications for Theosis," *Journal of Theological Interpretation* 2/1 (2008), 117-33.

21) J. D. G. Dunn, 「바울 신학」 (고양: 크리스찬 다이제스트, 2003), 732-35.

22) J. Brockway, "One Body, Many Parts: Reclaiming the Ecclesial Context of the Spiritual Gifts," *Brethren Life and Thought* 59/1 (2014), 59-68.

23) W. J. Bartling, "Congregation of Christ: A Charismatic Body-An Exegetical Study of 1 Corinthians 12," *Concordia Theological Monthly* 40/2 (1969), 67-80.

24) E. Schweizer, *Church Order in the New Testament* (London: SCM, 1961), 99, 102.

25) J. D. G. Dunn, 「바울 신학」 (고양: 크리스찬 다이제스트, 2003), 754.

26) 성령의 열매가 사랑과 섬김이라는 주장은 다음 논문을 참조하라. J. Painter, "The Fruit of the Spirit is Love: Galatians 5:22-23, an Exegetical note," *Journal of Theology for Southern Africa* 5 (1973), 57-59.

제12장 바울이 본 구원의 길

　유대인은 구원이 이스라엘 민족만을 위한 하나님의 특별한 계획이라고 믿는다. 이러한 관점이 가능한 것은 구약성경이 이스라엘 백성의 출애굽 사건을 단순한 개인의 구속이 아닌 이스라엘 민족의 구원을 배경으로 하기 때문이다.[1] 이스라엘 백성은 문화와 종교적으로 공동체 의식이 강하기 때문에 출애굽 사건을 공동체적 사건으로 규정짓는다. 우리는 이러한 사실을 로마서를 통해서 더욱 명확하게 이해할 수 있는데, 특별히 로마서 6장에서 '죄로부터 자유'를 얻는다는 것은 특정한 개인을 위한 구원을 염두에 두고 있지는 않는 것 같다.[2] 신약성경이 일정 부분 공동체 구원을 언급한 것처럼, 바울 역시 그의 서신에 공동체적 구원을 묘사했다.[3] 바울의 공동체적 구원관은 구약성경에 묘사된 이스라엘 백성의 구원 개념과 동일하다. 출애굽을 앞둔 이스라엘 백성은 애굽 전역에 내려진 모든 태생의 장자의 죽음인 마지막 재앙을 피할 수 있는 방법을 제시 받았다. 바울이 이러한 공동체적 구원을 제시했다는 것은 그의 구원관이 히브리 사상을 배경으로 하고 있으며, 이러한 관점에서 예수 그리스도의 구원을 이해하고 바라보고 있음을 의미한다.[4]

히브리 사상의 구원관은 하나님의 '의'에 기초를 두고 있다.[5] 하나님의 '의'란 말은 단순히 인간의 죄악을 벌하시는 선하신 하나님을 의미하는 것은 아니다. 인간의 입장에서 하나님이 의롭다는 것은 고난받는 자들을 구원하시는 분이다. 그리고 좌절과 낙망에 빠져 삶에 대한 소망이 전혀 없는 인간을 도우신다는 의미가 있다. 이러한 사상은 바울의 구원론에 그대로 드러나 있다. 바울의 관점에서 하나님이 의롭다는 것은 그의 아들인 예수 그리스도를 십자가 죽음에 내어줌으로 죄인을 구속한 사역을 의미한다.[6] 따라서 바울이 구원에 대해서 언급하면서 '하나님의 의'라는 문구를 사용한 것은 예수의 죽음과 부활을 통한 구원을 의미한 것이다.

바울은 로마서에서 한 사람 아담으로 인하여 죄가 세상에 들어왔고 예수로 인하여 구원을 얻었음을 선포했다. 이것은 바울이 유대교 개념의 공동체 구원을 개인 구원으로 변형시킨 것이다. 하나님의 관점에서 구원은 모든 인간들에게 닫혀 있지만, 인간의 반응적 차원에서 바라본 구원은 개인적인 것이다. 하나님의 구원 계획은 전 인류를 향해 예비 되었지만, 이러한 계시적 은혜에 대해 인간은 반드시 반응해야 한다.

지금까지 살펴본 내용을 전제로 바울의 구원 개념을 다루도록 할 것이다. 바울신학의 핵심이 구원론이라는 사실을 부정하는 자들은 아무도 없을 것이다. 그러나 구원론이 단지 바울신학의 핵심이라고 이야기하는 것은 그의 구원론을 충분히 이해하지 못한 것이라고 말할 수도 있다. 따라서 바울의 구원론은 그의 신학 주제들을 재구성하는 전반적인 배경이 된다. 그러므로 바울신학의 주제들은 모두 구원론으로 귀결된다고 보아도 과언이 아닐 것이다.

바울은 조직 신학적인 구원론을 말하지 않았다. 그는 복음을 증거하면서 구원의 필요성을 여러 가지의 표현과 개념 그리고 이미지로 설명했을 뿐이다. 이러한 전제를 바탕으로 바울서신에 나타난 바울의 구원론에 관련된 구절들을 살펴보자.

12.1 하나님의 구원의 동기

예수 그리스도가 복음전파와 가르침을 시작한 이래 많은 사람은 왜 하나님이 인류를 구원하기 원하는지에 대한 질문을 반복했다. 하나님이 인류를 구원하려고 예수 그리스도를 이 땅에 보낸 목적이 무엇인지에 대한 질문은 초대교회에도 존재했을 것이다. 바울서신은 이러한 질문에 대해 어떻게 대답하고 있는지 살펴보자.

바울은 하나님이 인류를 구원하겠다는 것은 하나님의 일방적 결정으로 본다. 하나님의 이러한 결정은 인류를 향한 그의 무한한 사랑이다(롬 5:8).[7] 하나님의 인류 구원 계획은 인간의 힘이나 의지가 아닌 전적인 하나님의 의지와 결정에 의해 이루어진 것이다(고전 2:7). 바울은 하나님의 인류 구속의 동기를 그분의 은혜와 사랑으로 보았다(롬 3:24; 5:2, 8).

그러므로 하나님의 인류 구원의 동기는 인간적인 의지나 힘으로 이루어진 사건이 아니라 오직 하나님으로부터 온 것이다.[8]

12.2 구원의 필요성과 죄

인간은 주위 환경, 교육, 기타 이 땅에서 가능한 어떠한 방법으로도 죄악의 만연과 그 위력 및 도덕적 비열성을 설명할 수 없다. 또한 죄악의 반대인 선을 알지 못하고는 절대로 악을 설명할 수 없다. 선의 반대는 악이며 죄이다. 바울은 죄에 대한 실체와 본성을 정의했는데, 그 기준은 창조주 하나님께서 정한 법을 불순종할 때 이를 죄라 한다. 인간은 자신의 죄악된 모습을 발견할 때 죄인임을 인식하게 된다. 하지만 불신자는 자신이 하나님 앞에서 죄인임을 인식하지 못한다.[9]

바울은 죄를 깨닫게 되는 방법도 정의하였다. 율법은 죄를 깨닫게 하는 기능을 하며, 죄의 삯은 사망이다(롬 3:20; 4:5; 7:7; 고전 15:56). 즉 율법의 기능이 죄를 깨닫게 하는 역할을 한다. 바울은 인간이 구원을 얻으려면 믿음이 있어야 한다고 분명히 밝히고 있다. 하지만 인간이 죄인임을 인식하려면 죄를 깨달아야 하는데, 율법이 바로 죄를 깨닫게 한다.[10] 율법으로 인하여 죄를 깨달은 인간은 죄의 결과로 사망에 이르게 됨을 알게 된다. 그러므로 율법 아래 있는 사람은 누구도 하나님의 심판을 면할 수 없다(롬 2:6-9; 3:19). 바울은 죄의 심판을 피할 방법을 제시했는데, 이것은 예수 그리스도를 믿음으로 구원을 얻는 것이다.

12.2.1 죄의 보편성

바울은 죄를 규정하고 평가하는 개념을 가지고 있었다. 따라서 바울이 언급한 '죄'(sin)를 살펴보면 죄에 대한 그의 사상을 확인할 수 있다. 바울이 가장 일반적으로 사용한 '죄'는 헬라어로 '하마르티아'이다. 바울은 '죄'를 주로 로마서에서 많이 언급했다.[11] 이러한 주장은 로마서를 제외한 그의 서신이 죄를 강조하지 않았다는 의미로 해석할 수도 있을 것이다. 물론 그의 서신 가운데 죄를 언급하지 않은 서신은 거의 없다. 하지만 이 견해는 바울이 지나치게 죄를 부정적으로 보려는 경향에 반론을 제시한 중요한 단서이다. 바울은 죄의 심각성을 강조했지만 죄로 인간을 억압하려는 의도가 전혀 없었다.

바울은 특정한 민족이나 사람에게만 죄가 있다고 말하지 않았다. 로마서 3:9은 유대인이나 이방인 모두가 죄인이라고 말한다. 또한 모든 사람이 죄를 범하였으매 하나님의 영광에 이르지 못한다고 했다(롬 3:23). 이것은 죄에 대해서 자유로운 사람은 아무도 없다는 것으로, 바울은 인류를 아담의 후손인 보편적인 죄인으로 보았다(롬 5:12-21). 그러므로 아담 이후 인류는 죄에서 벗어나지 못하는 존재가 되었다.

바울은 인간의 죄를 두 가지 측면에서 설명한다. 조직신학에 의하면 인간은 태어나면서부터 유전된 죄와 살면서 자기 스스로 범한 죄를 벗어나지 못하는 존재이다. 첫째, 아담이 죄를 범한 이후로 모든 인류는 죄를 범하였다고 말하는데, 이것은 죄의 영향력이 인간에게 미쳤음을 의미하기보다는 실제로 인간이 삶의 자리에서 말과 행동으로 죄를 반복해서 범하고 있다는 것이다. 아담의 범죄로 죄가 죽음의 형벌로 인류에게 들어온 것이다. 유대인은 공동체 의식이 강하기 때문에 한 사람의 범죄를 공동체 구성원 모두의 범죄로 인식했다. 그러므로 아담의 죄를 자신들의 죄로 받아들인 것이다.[12] 둘째, 인류의 역사는 인간을 반복해서 죄를 범하는 연약한 존재임을 보여준다. 죄의 본성을 가진 인간은 의로운 존재가 아니라 항상 죄의 그늘에서 벗어날 수 없는 존재이다. 인간은 죄를 범함으로 죄인이 된 것이 아니라 모든 인간은 근본적으로 죄 아래 있다는 죄의 보편성을 살펴보았다.

12.2.2 죄와 율법

인간은 죄를 어떻게 깨달을 수 있는가? 인간이 죄를 죄로 깨닫게 위해서는 율법의 기능을 이해해야 한다. 바울은 율법과 죄를 긴밀하게 연관시켰다.[13] 하지만 율법은 모세로부터 시작되었는데, 모세의 율법이 존재하기 이전에는 죄를 죄로 여기지 않았다. 바울의 이러한 견해는 율법이 죄를 밝히 드러낸다는 두 가지 개념에서 출발한다. 첫째로 율법은 죄가 무엇인지를 규정짓는 기준 역할을 한다. 따라서 율법이 없으면 인간은 죄를 죄라고 인식하지 못한다. 바울은 율법과 죄에 관해서 다음과 같이 말했다. "율법으로는 죄를 깨달음이니라"(롬 3:20). "율법이 없을 때는 죄를 죄로 여기지 아니하였느니라"(롬 5:13). 율법이 있기 전까지는 아무도 율법을 범할 수 없었다. 그러므로 율법은 죄가 무엇인지 깨닫게 하는 역할을 한다.

둘째로 율법은 인간이 죄를 인식하게 한다. 바울은 "율법으로 말미암지 않고는 내가 죄를 알지 못하였으니 곧 율법이 탐내지 말라 하지 아니하였더라면 내가 탐심을 알지 못하였으리라"(롬 7:7). "율법이 없으면 죄는 죽은 것이라. 전에 내가 율법을 깨닫지 못했을 때에는 내가 살았더니 계명이 이르매 죄는 살아나고 나는 죽었도다"(롬 7:8-9). 이와 같이 율법의 기능은 죄를 규정하고 어떤 의미에서는 죄를 범한 인간이 자신의 죄가 무엇인지를 인식하게 한다.

율법은 죄를 유발시키는 결과를 가져오기도 한다. 인간의 본성은 금지된 일에 대해 더욱 강한 욕구를 가진다. 죄를 억제하고 금하려고 만든 율법이 죄를 유발하는 결과를 가져온 것이다. 바울은 율법과 죄의 관계는 분리할 수 없으며 항상 연결되어 있다고 보았다.

12.2.3 죄와 죽음

바울은 죄와 죽음의 특별한 연관성을 제시했는데, 이것은 죄의 결과가 사망을 낳는다는 것이다.[14] 율법의 기능이 죄를 규정하는 것이라면 죄의 결과는 죽음을 가져오는 원인이 된다. 죄가 죽음의 결과를 낳는다는 말은 이중적인 의미를 내포하고 있다. 즉 죄는 도덕적인 의미와 영적인 의미에서 죽음이라는 결과를 가져온다는 것이다. 바울은 죄의 결과가 죽음을 가져온다는 것을 다음 구절들에서 분명히 드러내고 있다. "죄가 기회를 타서 계명으로 말미암아 나를 속이고 그것으로 나를 죽였는지라"(롬 7:11). "몸은 죄로 말미암아 죽은 것이라"(롬 8:10).

또한 바울은 육체적 죽음의 원인이 죄 때문이라고 했는데, 만일 이 세상에 죄가 존재하지 않았다면 사망이 있지도 않았을 것이라고 했다. "사망은 죄로 말미암아 세상에 들어 왔다"(롬 5:12). "죄는 사망 안에서 왕 노릇한다"(롬 5:21). 인간은 그러므로 "죄의 종으로 사망에 이르고 혹은 순종의 종으로 의에 이르게 될 수 있다"(롬 6:16).

바울의 이러한 관점은 인간이 죄를 범함으로 전능하신 하나님을 모독하는 것이 된다. 하나님의 법을 떠난 인간은 타락하여 죄의 권세 아래 거하게 되었다. 결국 타락한 인간은 하나님의 심판을 받게 되는데, 바울은 이러한 인간의 범죄와 타락의 근원이 아담으로부터 기인한 것으로 보았다(롬 5:12-14). "한사람으로 말미암아 죄가 세상에 들어오고 죄로 말미암아 사망이 들어왔나니 이와 같이 모든 사람이 죄를 지었으므로 사망이 모든 사람에게 이르렀느니라"(롬 5:12). 누구든지 하나님의 법 아래 있지 않는 자들은(불순종하는 자들) 죄에 매인 자들이며 억제할 수 없는 정욕의 희생물이 되어 죄와 악으로 인하여 타락하여 사망을 면치 못하게 되며, 불완전한 인간은 자신의 힘으로는 구원받을 길이 없다. 따라서 인류는 죄악에 빠진 인간을 구속할 절대 능력을 가진 능력자, 즉 구세주가 필요하게 된 것이다.

죄는 사람 밖에서는 죄의 본성과 능력을 행하지 못한다. 죄는 사람의 마음과 심령에 들어가 그 사람의 영적인 힘과 윤리적 가치관을 무력화시킨다. 바울은 자기 안에는 마음의 법과 죄의 법이 있으며 죄의 법이 마음의 법과 싸워 죄의 법 아래로 이끌어간다고 말한다(롬 7:23). 죄의 법이 육신을 주장함으로 결국 연약한 인간은 의로운 하나님을 반대하고 복음전파를 방해하는 죄의 종으로 전락하게 된다. 바울은 이러한 죄의 본성이 인간의 육신을 통해 나타난다고 보았다. 이것은 단순한 육신으로 지은 죄만을 나타내는 것이 아니라 하나님을 거역하는 불신앙으로도 나타난다(롬 1:28).

12.3 구원의 도구인 복음

인간이 구원받을 수 있는 유일한 길은 하나님의 능력인 복음을 믿는 것이다.[15] 이것은 구약성서 선지자들의 예언을 통해 약속된 것이다. 특별히 아브라함이 모든 민족의 복의 근원이 될 것을 언급한 것은 분명히 죄인에게는 복음과 같은 기쁜 소식이었다(창 22:17-18; 참조. 사 7:14; 11:1-2). 물론 구약성경의 구원관과 신약성경의 구원관이 동일하다는 의미는 아니다. 신약성경과 구약성경의 구원관은 근본적으로 상당한 차이가 있다.[16] 하나님을 믿음으로 구원을 얻는다는 구약성경의 개념은 신약성경에서 말하는 예수를 믿음으로 구원을 얻는다는 것과는 분명히 차이가 있다. 구약성경의 구원관은 하나님과 이스라엘 백성과의 언약 관계를 중요하게 여긴다. 하지만 신약성경은 하나님께 나아가는 유일한 방법을 예수 그리스도를 믿는 것이다(행 2:29-32; 롬 1:16; 빌 2:6-11; 엡 2:1-5).

바울은 "복음은 모든 믿는 자에게 구원을 주시는 하나님의 능력이라"고 하였다(롬 1:16). 다시 살펴보겠지만, 복음은 믿음과 상관관계가 있다.[17]

믿음은 복음을 자기의 것으로 받아들이는 자에게 주어지는 구원의 특권이다. 이것은 "예수 그리스도는 하나님의 능력이라"는 사실을 받아들이는 것이다(고전 1:24). 이 구절은 복음이 예수 그리스도와 하나님을 믿는 것임을 말해주고 있다. 바울은 또한 복음은 이미 예언되었다고 보았다. "이 복음은 하나님이 선지자들을 통하여 그의 아들에 관하여 성경에 미리 약속하신 것이라. 그의 아들에 관하여 말하면 육신으로는 다윗의 혈통에서 나셨다"고 했다(롬 1:2-3). 이는 하나님께서 아브라함에게 약속하신 대로 그의 혈통에서 육신의 몸으로 태어남을 강조한 것이다.

바울은 구원의 주체인 예수를 하나님이 이 땅에 보낸다고 했다. "때가 차매 하나님이 그 아들을 보내사 여자에게서 나게 하시고 율법아래 나게 하신 것은 율법아래 있는 자를 속량하시고 우리로 아들의 명분을 얻게 하려 하심이라"고 했다(갈 4:4-5).[18] 또한 로마서 8:3-4에서 "율법이 육신으로 말미암아 연약하여 할 수 없는 그것을 하나님은 하시나니 곧 죄로 인하여 자기 아들을 죄 있는 육신의 모양으로 보내어 육신에 죄를 정하사 육신을 따르지 않고 그 영을 따라 행하는 우리에게 율법의 요구가 이루어지게 하려 하심이니라"고 했다. 즉 바울은 우리를 죄와 사망에서 구원하려고 죄 없는 하나님의 아들 예수를 인간의 모양으로 이 세상에 보내서 인간의 죄를 대신하여 십자가에 죽게 했다(빌 2:5-11).

하나님은 당신이 계획한 인류 구원을 이루기 위해 독생자 예수를 보냈지만, 인간들의 반응은 냉담했다. 사람들이 복음의 가치를 제대로 인식하지 못한 것이다. "십자가의 도가 멸망하는 자들에게는 미련한 것이요 구원을 받는 우리에게는 하나님의 능력(복음)이라"고 했다(고전 1:18).

하나님의 능력은 복음을 통하여 죽은 자들을 살리는 것이다. "그리스도 안에서 역사하사 죽은 자들 가운데서 다시 살리신" 능력이다(엡 1:20). 하나님이 예수 그리스도의 십자가 사건을 통해 인류에게 복음을 제시한 것이다. 이 복음은 죄로 사망 아래 놓인 인간을 구속하시는 하나님의 축복이다. 사람들은 이 놀라운 구원의 사건과 복음의 능력을 인정하지 않으려 했다. 반면에 이미 복음의 능력을 경험한 바울은 복음을 부끄러워하지 않았다(롬 1:16).[19] 복음에는 하나님의 의가 나타났으니 의인은 믿음으로 살아야 함을 강조한 것이다(롬 1:17). 바울에게 있어서 복음은 예수 그리스도의 십자가 사건이며, 그의 죽음과 부활을 의미한다. 이 복음은 모든 믿는 자에게 구원을 주시는 하나님의 능력이며 축복이다.

12.4 구원의 방법

하나님이 인간을 구원하는 방법은 하나님의 '의'로만 가능하다(롬 1:17; 갈 2:16; 엡 4:23-24).[20] 바울은 인간이 의로워지는 방법은 행위가 아니라 하나님의 긍휼이라고 했는데, 여기서 말하는 하나님의 긍휼은 은혜를 의미한다. 바울은 "모든 사람이 죄를 범하였으매 하나님의 영광에 이르지 못하더니, 그리스도 예수 안에 있는 속량으로 말미암아 하나님의 은혜로 값없이 의롭다 하심을 얻은 자 되었느니라, 이 예수를 하나님이 그의 피로써 믿음으로 말미암는 화목 제물로 세우셨으니, 이는 하나님께서 길이 참으시는 중에 전에 지은 죄를 간과하심으로 자기의 의로우심을 나타내려 하심이니 곧 이때에 자기의 의로우심을 나타 내사 자기도 의로우시며 또한 예수 믿는 자를 의롭다 하려 하심이라"고 하였다(롬 3:23-26). 로마서 10:9-10에서는 "네가 만일 네 입으로 예수를 주로 시인하며 또 하나님께서 그를 죽은 자 가운데서 살리신 것을 네 마음에 믿으면 구원을 받으리라 사람이 마음으로 믿어 의에 이르고 입으로 시인하여 구원에 이르느니라"고 하였다.

따라서 이미 위에서 언급한 것처럼 하나님의 의는 예수 그리스도 안에 있다. 즉 하나님의 의가 예수 그리스도를 통하여 나타난 것이다(롬 2:21-22). 예수 그리스도가 의로 나타난 것은 인간을 향한 하나님의 적극적인 사랑의 표현이다. 이것은 절대적인 하나님의 은혜로 이루어진 인류 구원 사건이다. 바울은 이렇게 인간을 구원하시는 하나님의 은혜를 가리켜 "너희는 그 은혜에 의하여 믿음으로 말미암아 구원을 받았으니 이것은 너희에게서 난 것이 아니요 하나님의 선물이라 행위에서 난 것이 아니니 이는 누구든지 자랑하지 못하게 함이라"고 했다(엡 2:8-9). 바울은 믿음으로 인간이 의로워지는 것은 하나님의 은혜이며 선물이라고 보았다.[21]

이것을 다른 말로 확언한다면, 인간이 하나님 앞에 의롭다고 칭함을 받는 유일한 길은 오직 예수 그리스도를 믿음으로 말미암아 믿는 자에게 미치는 하나님의 의다. 바울이 말한 '칭의'는 예수 그리스도 안에서 이루어지는 하나님의 의다. 즉 예수 그리스도 안에 있는 우리도 하나님 앞에 의롭다고 여김을 받는다(갈 3:16; 엡 4:22-24).

12.5 구원의 수단으로서 믿음

바울의 관점에서 인간이 구원을 얻는 유일한 방법은 오직 예수 그리스도를 구세주로 받아들이는 믿음이다. 그렇다면 초대교회가 주장한 믿음은 무엇인지 살펴보자. 믿음이란 예수 그리스도에 대한 충성과 신의를 의미한다고 볼 수 있다.[22] 이것은 그리스도인이 박해 아래에서도 예수를 배신하지 않고 지속적으로 신앙을 유지함을 말하는데, 아직 이들의 구원관은 바울이 말한 구원론 개념으로까지는 발전하지 못한 것이다. 이러한 측면에서 바울의 칭의 이론은 신학적으로 상당히 발전된 구원론임이 틀림없다. 바울의 칭의 이론이 원시 교회 공동체와 달리 발전적 모습을 가진 것은 그의 회심 사건과 관련이 있다. 바울은 다메섹 도상에서 살아계신 예수를 직접 목격함으로 그가 구세주라는 철저한 확신을 가지게 되었다. 바울의 이러한 예수 그리스도를 믿음으로만 구원을 얻는다는 신앙 사상은 그의 서신들에 잘 나타나 있다.[23]

따라서 바울이 주장한 칭의를 살펴보자. 이것은 바울이 그의 서신에서 어떻게 예수를 유일한 구원자라고 묘사했는지를 확인하는 것이다. 즉 바울은 예수를 어떻게 믿음의 대상으로 주장하고 있는지를 살펴볼 것인데, 바울이 예수 그리스도의 무엇을 믿었는지 살펴보는 것이다.

12.5.1 보혈로 이룬 구속

바울은 예수의 피 흘림의 결과를 인간을 구원할 구속 사건으로 보았다.

하나님은 인간을 죄에서 구원하려고 독생자 예수를 인간의 몸으로 이 땅에 보낸 것이다.[24] "그리스도께서 하나님 곧 우리 아버지의 뜻을 따라 이 악한 세대에서 우리를 건지시려고 우리 죄를 대속하기 위하여 자기 몸을 주셨으니"라고 했다(갈 1:4). 그리고 바울은 보다 분명히 예수 그리스도의 피 흘림의 결과를 언급했다. "우리가 그리스도 안에서 그의 은혜의 풍성함을 따라 그의 피로 말미암아 속량 곧 죄 사함 받았느니라"고 했다(엡 1:7). 또한 "그리스도 예수 안에 있는 구속으로 말미암아 하나님의 은혜로 값없이 의롭다 하심을 얻은 자 되었느니라, 이 예수를 하나님이 그의 피로써 믿음으로 말미암는 화목제물로 세우셨으니 이는 하나님께서 길이 참으시는 중에 전에 지은 죄를 간과하심으로 자기의 의로우심을 나타내려 하심이니"라고 했다(롬 3:24-25). 하나님께서 예수를 십자가에서 피 흘리게 함으로 인간과 하나님을 화해케 하는 화목제물이 되게 하셨다(롬 3:25; 엡 2:16).

위에서 제시한 성경 구절을 근거로 볼 때 예수 그리스도의 피 흘림을 믿는 것이 구원의 조건이라는 것이다. 예수 그리스도를 믿는 것이 결국 하나님을 믿는 것이다. 이 믿음의 중심에는 예수 그리스도의 피 흘림이 있다.[25]

12.6 구원의 실제적 목적

구원의 실제적 목적이란 하나님이 인간을 구원함으로 나타난 결과를 논하는 것이다. 첫째, 하나님의 구원 목적은 인간을 그 대상으로 하고 있다는 것이다. 하나님의 구원 계획은 예수가 주의 만찬을 행하면서 자신의 몸과 피를 우리를 위해 준다는 예언의 고백에 함의되었다(고전 11:24; 고후 5:21). 바울의 이러한 관점은 예수 그리스도가 구원 할 대상은 인류라는 것이며, 우주론적 구원을 의미하는 말이다. 물론 고린도후서 5:21의 "우리를" 누구로 보느냐에 따라서 그 해석은 차이가 있을 것이다. 구약성경의 속제 제사 개념에서 본다면 "우리"는 희생과 관련되어 죄인의 죄를 용서한다는 의미가 내포되었다. 구약의 희생 제사의 목적은 개인의 죄악이 용서받음을 나타내기도 한다. 반면에 신약적인 의미에서 "우리"는 예수 그리스도를 믿음으로 죄 사함을 받은 모든 사람을 지칭한 것이다.[26)]

둘째, 구원의 실제적인 목적은 예수 그리스도를 구주로 믿는 자들이 누리는 자유다. 바울은 인간이 근본적으로 죄의 본성을 가진 존재로 죄의 결과로 죽음에 귀속된다고 보았다. 그러나 죄 아래 거하던 인간은 예수 그리스도를 믿음으로 죄로부터 행방되어 자유인이 되었다(고전 7:22). 하지만 바울이 말하는 자유는 신앙적 방종을 의미하지 않으며 성령의 지배를 받는 가운데 누리는 성숙한 삶의 모습을 말한다.

셋째, 바울은 하나님의 인간 구원의 목적을 하나님과 인간의 화해로 보았다. 하나님은 예수 그리스도를 통해 인간이 하나님과 화해하는 길을 제시한 것이다(롬 5:10). 바울이 말하는 하나님과 인간의 화목은 관계의 회복이다. 피조물인 인간은 죄로 인하여 하나님과 관계가 단절되었지만, 예수 그리스도로 말미암아 새로운 관계로 회복되었다. 여기서 말하는 관계의 회복은 죄 아래 거하는 인간이 하나님의 자녀로 거듭났음을 의미한다.

12.7 구원의 결과(성화)

바울신학자들은 성화의 교리보다는 칭의에 대해서 더욱 큰 관심을 가진 경향이 있었다. 학자들은 바울신학의 핵심을 칭의로 보았기 때문이다.[27] 반면에 바울은 성화의 교리를 구체적으로 언급하지 않았다. 물론 이 견해는 바울서신과 공동서신의 성화론을 비교 연구했을 경우에 나타나는 결론이다. 공동서신은 그리스도인의 성화를 삶의 중심으로 제시하면서 성도의 사회 참여와 기독교인의 실제적인 윤리적 삶을 다루는 경향이 있다. 하지만 바울서신은 교리적인 부분이 두드러지며 특별히 칭의 교리가 핵심을 이룬다.

바울은 인간이 그리스도 안에서 성화의 삶을 살려면 "오직 심령으로 새롭게 되어 하나님을 따라 의와 진리의 거룩함으로 지으심을 받은 새 사람을 입으라"는 말씀의 실천을 강조했다(엡 4:24). 더욱이 바울은 성화의 필요성과 목적을 보다 구체적으로 언급했다. "그러므로 너희는 하나님이 택하사 거룩하고 사랑받는 자처럼 긍휼과 자비와 겸손과 온유와 오래 참음을 옷 입고, 누가 누구에게 불만이 있거든 서로 용납하여 피차 용서하되 주께서 너희를 용서하신 것과 같이 너희도 그리하고 이 모든 것 위에 사랑을 더하라, 이는 온전하게 매는 띠니라"고 했다(골 3:12-

14). 바울의 이러한 주장은 이제 예수 그리스도를 믿는 자들은 자신을 죄에 대해서는 죽고 예수 그리스도 안에서 하나님을 향하여 산자로 여기라는 것이다(롬 6:11).

그렇다면 바울이 주장하는 성화가 무엇을 의미하는지 보다 구체적으로 살펴보자. 일반적으로 성화는 성도가 도덕적으로 정결해지고 하나님의 말씀인 진리 안에서 거룩해짐을 말한다.[28] 본 단락에서 제시한 성화는 구원의 완성을 의미하는데, 즉 구원의 확신을 받은 성도가 자신의 삶에서 그리스도의 형상을 닮아가는 성숙한 성도의 삶을 실천하며 살아가는 것을 의미한다. 이것은 성도가 단순히 하나님께 성별되어 택한 백성이 되는 것을 나타내지는 않는다. 성도는 성화를 이루기 위해 삶의 실제 현장에서 마음의 악한 생각과 죄의 권세로부터 해방되어 진리를 추구하며 살아야 한다.

바울은 성도가 성화의 삶을 이루기 위해서 다음과 같은 실천이 필요하다고 제시하였다. "그러므로 이제 그리스도 예수 안에 있는 자에게는 결코 정죄함이 없나니 이는 그리스도 예수 안에 있는 생명의 성령의 법이 죄와 사망에 법에서 너를 해방하였음이라"고 했다(롬 8:1-2). 죄와 사망에서 해방된 성도는 성화의 삶을 위한 출발점에 서 있는 것과 같다. 이는 죄인이 구원을 받음으로 죄 없다 함을 인정받은 것이다. 하지만 이것이 성숙한 그리스도인이 되었음을 의미하는 것은 아니다. 따라서 거듭난 성도는 성숙한 그리스도인이 되기 위해 성화의 삶을 향해 새로운 출발을 시작해야 한다. 갈라디아서 5장 1절에는 "그리스도께서 우리로 자유롭게 하려고 자유를 주셨으니 그러므로 굳건하게 서서 다시는 종의 멍에를 메지 말라"고 하였다. 구원 얻은 성도는 다시 죄의 종이 되지 말고 죄로부터 벗어나라는 것이다. 더욱이 바울은 죄로부터 구원받음으로 얻은 자유를 육신의 욕심을 이루는데 사용하지 말라고 했다. "형제들아 너희가 자유를 위하여 부르심을 입었으나 그러나 그 자유로 육체의 기회를 삼지 말고 오직 사랑으로 서로 종노릇하라"고 하였다(갈 5:13). 이 구절에 함의된 바울의 가르침은 구원받은 성도는 날마다 그 삶이 새로워져야 함을 강조한 것이다.

이제 성화가 어떻게 완성되는지 바울의 관점을 살펴보도록 하자. 바울은 구원받은 성도가 성화의 삶을 완성하는 시점을 육신의 죽음을 맞이하는 때로 보았다. 이미 살펴본 것처럼 성화를 추구하는 삶의 출발은 예수 그리스도를 믿는 순간부터 시작되었다. 이것은 성도가 믿음으로 중생하여 새생명을 얻음으로 하나님의 자녀가 되었지만, 성화의 삶을 완성한 것은 아니란 뜻이다(롬 7:22-24). 따라서 구원받은 성도가 성화를 추구하는 것은 현재 진행형이다.

성화가 현재 진행형이라는 것은 하나님이 성도에게 준 은혜인 동시에 하나님을 향한 성도의 의무이다. 바울은 "이러므로 내가 하늘과 땅에 있는 각 족속에게 이름을 주신 아버지 앞에 무릎을 꿇고 비노니, 그의 영광의 풍성함을 따라 그의 성령으로 말미암아 너희 속사람을 능력으로 강건하게 하옵시며 믿음으로 말미암아 그리스도께서 너희 마음에 계시게 하옵시고 너희가 사랑 가운데서 뿌리가 박히고 터가 굳어져 능히 모든 성도와 함께 지식에 넘치는 그리스도의 사랑을 알고 그 너비와 길이와 높이와 깊이가 어떠함을 깨달아 하나님의 모든 충만하신 것으로 너희에게 충만하게 하시기를 구하노라"고 했다(엡 3:14-19). 성도가 하나님의 뜻을 따라 거룩한 믿음의 삶을 살아야 함을 강조한 것이다. 이렇게 믿음의 삶을 사는 목적이 바로 성화를 이루어가는 과정이다. 또한 바울은 영적 성숙이라는 관점에서 성화를 다음과 말했다. "이는 그리스도 예수안의 너희의 믿음과 모든 성도에 대한 사랑을 들음이요. 너희를 위하여 하늘에 쌓아둔 소망으로 말미암음이니 곧 너희가 전에 복음 진리의 말씀을 들은 것이라. 이 복음이 이미 너희에게 이르매 너희가 듣고 참으로 하나님의 은혜를 깨달은 날부터 너희 중에서와 같이 또한 온 천하에서도 열매를 맺어 자라는도다"라고 하였다(골 1:4-5). 성화의 삶은 자신의 삶에서 하나님의 형상을 이루며 그 삶이 진실로 영적이며 윤리적으로 변화되고 성숙되어가는 과정이다.

12.8 결론

하나님이 인간을 구원하고자 하는 동기는 사랑이다. 그러나 인간은 구원의 은총을 받기에는 너무나 문제가 많은 존재이다. 그것은 바로 죄 때문이다. 인간은 죄를 피할 수도 없으며 누구도 죄를 벗어날 수 없다. 인간이 자신의 죄를 인식하는 것은 율법에 의해서다. 율법은 인간이 행한 행동을 죄로 규정하기 때문이다. 죄의 결과는 사망이다. 하나님을 떠난 인간의 운명은 죄로 인하여 멸망하는 것이다. 바울은 죄로 인하여 사망에 이르게 된 인간이 구원받을 수 있는 유일한 방법은 복음을 믿는 것이라고 말한다. 예수 그리스도의 복음을 믿음으로 인간은 의롭다 칭함을 받는 것이다. 그리고 바울은 예수의 보혈을 믿는 것이 구원의 조건임을 분명히 한다. 하나님이 인간을 구원한 목적은 화해이다. 하나님과 화목한 관계를 회복하는 것이다. 구원받은 성도는 하나님의 자녀로서 성화의 삶을 살아야 한다. 따라서 바울의 구원관은 죄로 인하여 하나님과 멀어진 인간이 의롭다고 칭함을 받아 하나님과 새로운 관계를 형성하여 성화의 삶을 걸어가는 것이다. 그리스도인의 성화의 삶은 하나님의 형상 회복을 위해 윤리적 성숙함을 이루는 것이다.

주(註)

1) M. A. Rydelnik, "The Jewish People and Salvation," *Bibliotheca sacra 165* (2008), 455-58.

2) 이스라엘 민족의 구원에 대한 논쟁은 다음 논문을 참조하라. M. Baker, "Paul and the Salvation of Israel: Paul's Ministry, the Motif of Jealousy, and Israel's Yes," *Catholic Biblical Quarterly* 67/3 (2005), 469-84.

3) 바울의 구원관을 다음 논문을 참조하라. D. M. Davis, "The Centrality of Wonder in Paul's Soteriology," *Interpretation* 60/4 (2006), 404-18.

4) T. Holland, 「바울 신학 개요」, 박문재 역 (고양: 크리스찬 다이제스트, 2005), 141.

5) L. Hartman, "Comfort of the Scriptures"-an early Jewish Interpretation of Noah's Salvation, 1 En 10:16-11:2," *Svensk exegetisk årsbok* 41-42 (1977), 87-96.

6) T. Holland, 「바울 신학 개요」, 박문재 역 (고양: 크리스찬 다이제스트, 2005, 141), 205.

7) J. Piper, Are there two wills in God: Divine Election and God's Desire for all to be Saved, 107-131 in eds. Schreiner, T. R. and Ware, B. A. *The grace of God, the bondage of the will, vol 1: Biblical and practical perspectives on Calvinism* (Grand Rapids: Baker Book House, 1995).

8) J. J. Williams, "Violent Atonement in Romans: the Foundation of Paul's Soteriology," *Journal of the Evangelical Theological Society* 53/3 (2010), 579-99.

9) J. D. G. Dunn, 「바울 신학」 (고양: 크리스찬 다이제스트, 2003), 187-188.

10) A. J. Bandstra, "The Centrality of Christ. Part one, Christ, the Law, and Sin," *Reformed Journal* 15/6 (1965), 15-18.

11) 바울은 '죄'라는 단어를 62회 사용했는데 로마서에서만 48회 언급하였다.

12) R. G. Hamerton-Kelly, "Sacred Violence and Sinful Desire: Paul's Interpretation of

Adam's Sin in the Letter to the Romans," 35-54 in Fortna, R. T. and Gaventa, B. R. *The Conversation Continues: Studies in Paul & John in Honor of J Louis Martyn* (Nashville: Abingdon Press, 1990).

13) D. Napier, "Paul's Analysis of sin and Torah in Romans 7:7-25," *Restoration Quarterly* 44/1 (2002), 15-32.

14) T. Barrosse, "Death and Sin in Saint Paul's Epistle to the Romans," *Catholic Biblical Quarterly* 15/4 (1953), 438-59.

15) R. G. Hoerber, "Paul's gospel," *Concordia Journal* 7/4 (1981), 137-38.

16) 신약과 구약의 구원론의 연관성은 다음 논문을 참조하라. J. G. Van der Watt, "Soteriology of the New Testament: some Tentative Remarks," 505-22 in ed. Van der Watt, J G. *Salvation in the New Testament: Perspectives on Soteriology* (Leiden: Brill, 2005).

17) 다음 책을 참조하라. D. Patte, *Paul's Faith and Power of the Gospel: A Structural Introduction to the Pauline Letter* (Philadelphia: Fortress, 1983).

18) J. R. Reber, "A New Perspective on Paul's Doctrine of Justification in Galatians 3: 2, 5," *Evangelical Journal* 30/1 (2012), 40-48.

19) D. S. Dockery, "Romans 1:16-17," *Review & Expositor* 86/1 (1989), 87-91.

20) L. Abbott, "Paul's Theology, pt 1: Justification by Faith," *Andover Review* 8 (1887), 468-80.

21) Gundry는 구원을 하나님의 은혜로 보았다. R. H. Gundry, "Grace, Works, and staying Saved in Paul," *Biblica* 66/1 (1985), 1-38.

22) W. Barclay, 「바울신학개론」, 박문재 역 (고양: 크리스챤 다이제스트, 1993), 112.

23) 다음 논문을 보라 M. J. Joseph, "Paul's Understanding of Righteousness," *Indian Journal of Theology* 26/3-4 (1977), 150-58.

24) G. D. Cloete, "Christmas: Heirs of God, the Father, through Jesus, the Son, Incarnated" (Galatians 4:4-7), *Journal of Theology for Southern Africa* 85 (1993), 53-60.

25) D. A. Carson, "Why Trust a Cross? Reflections on Romans 3:21-26," *Evangelical Review of Theology* 28/4 (2004), 353-54.

26) 다음 논문을 참조하라. M. D. Hooker, "On Becoming the Righteousness of God: Another Look at 2 Cor 5:21," *Novum testamentum* 50/4 (2008), 358-75.

27) 다음을 참조하라. A. Rainbow, "Justification according to Paul's Thessalonian Correspondence," *Bulletin for Biblical Research* 19/2 (2009), 249-74.

28) C. E. B. Cranfield, "Paul's Teaching on Sanctification," *Reformed Review* 48/3 (1995), 217-29.

제13장 바울이 추구한 그리스도인 공동체

　신약성경에서 '교회'에 대한 언급은 당연히 바울서신에 압도적으로 많이 나타나 있다. 복음서 가운데는 마태복음만 교회라는 단어를 유일하게 두 번 언급하고 있을 뿐이다(마 16:18; 18:17). 반면에 바울서신에는 교회라는 단어가 무려 60회 이상 나온다. 이것은 바울의 선교사역의 핵심 목표는 교회를 세우는 것이었으며, 그의 복음전도 사역에 교회가 차지하는 위치가 얼마나 중요한지를 가히 짐작할 수 있게 하는 부분이다. 그렇다면 바울이 어떠한 관점에서 교회라는 단어를 사용했는지, 그리고 바울이 주장하는 교회는 어떠한 모습을 의미하는지 살펴보도록 하자.

13.1 바울 이전의 교회의 개념

신약성경에 나타난 교회 개념을 이해하기 위해서는 베드로의 신앙고백을 눈여겨 보아야 한다. 이것은 예수가 베드로의 신앙고백 위에 교회를 세우겠다고 말했기 때문이다. 신앙고백 위에 교회를 세우겠다는 예수의 예언적 선포는 그의 제자들에 의해 여러 지역에 기독교 공동체가 세워짐으로 실현되었다. 원시 기독교 공동체는 아직 온전한 교회의 모습을 갖추지 못했지만, 그리스도를 따르는 무리들은 유대교에서 분리되어 독자적인 신앙공동체를 형성하게 되었다. 이러한 신앙공동체가 교회로서 모습을 갖추기 시작한 것은 오순절에 예루살렘에 모인 제자들과 순례자가 중심이 되어 예루살렘 교회가 세워졌고, 그 여파로 지중해 연안 여러 지역에 교회가 세워지는 계기가 되었다(마 16:16-19; 행 1:4-5, 12-14; 2:1-14). 물론 위에서 언급한 지중해 연안의 교회 역시 두드러진 교회 구조를 형성하고 있지는 못했다.

바울은 이미 예루살렘에 초대교회가 세워진 이후 다메섹 도상에서 특별한 회심 체험을 통하여 기독교인이 되었다. 이미 앞에서 살펴본 것처럼, 바울이 회심하는 과정에서 새로운 신앙관을 확립했을 것이라고 주장하는 학자들도 있지만, 대부분의 학자들은 바울이 아리비아에서 3년을 보내는 동안 기독교에 대한 사상을 발전시켰고 교회에 대한 기초 교리를 확립하였다고 보았다. 바울은 아라비아에서 3년을 보낸 후 예루살렘을 방문했는데, 그때는 이미 예수를 따르는 무리들이 예루살렘 교회를 형성하고 있었다. 바울은 바나바의 도움으로 예루살렘 교회 형제들과 친교의 관계를 시작할 수 있었다.[1] 따라서 바울이 그의 서신에 언급한 교회에 관한 개념은 초대교회의 전승을 바탕으로 한 가르침이었을 가능성을 배제할 수 없다. 하지만 사도들이 중심이 된 예루살렘 교회는 바울 서신에 언급된 교회론 사상과 상당한 차이를 보이고 있는데, 이것은 바울의 교회 개념이 초대 예루살렘 교회하고는 일정부분 다른 면을 가지고 있음을 반영하고 있다. 대체로 학자들은 예루살렘 교회가 바울이 언급한 교회만큼 내부 구조가 발달되지는 못했다는 결론을 내리고 있다. 예루살렘 교회가 원시 기독교 공동체적 형태를 벗어났다는 견해를 받아들인다고 할지라도 여전히 유대교와 깊은 관계위에서 세워진 교회이기 때문에 교리와 구조면에서 완전한 기독교의 독특성을 보유한 모습은 아니라고 보았다.[2] 따라서 바울 이전의 교회는 예수를 따르는 신앙공동체 또는 아직 내부 구조가 완전히 발달하지 않은 원시 기독교 공동체 형태의 모습을 취하고 있었다고 보아야 할 것이다.

13.2 교회의 정의

교회는 하나님으로부터 '부름을 받은 자들'의 모임으로 정의할 수 있다.[3] '부름을 받은 자'라는 표현은 신자들의 단체를 의미하는 적절한 표현이라고 볼 수 있을 것이다(롬 8:30). 그러나 바울이 사용한 에클레시아는 일반 대중 모임을 지칭하는 의미를 나타내는 단어는 아닌 것으로 보인다. 에클레시아의 의미를 단순한 회중으로 이해한다면, 바울은 하나님의 부름을 받은 자들을 지칭하는 회중과 사회단체 모임에 참석한 회중을 구분하지 못하고 있음을 의미하기 때문이다. 바울은 에클레시아를 사회단체의 비기독교인 모임과는 분명히 다른 의미로 사용했을 것이다.[4] 이 부분에 대해서는 차후에 자세히 살펴볼 것이다.

바울서신에 등장하는 교회에 대한 정의는 바울이 확립하고 있던 공동체 사상으로부터 출발해야 할 것이다. 과거 유대교 배경을 바탕으로 한 바울의 공동체 사상은 유대인은 다른 민족과 구분된 하나님의 선택된 백성을 의미한다고 믿고 있었다. 유대인들은 자기 민족만이 유일하게 하나님의 선택된 백성이라는 자부심과 긍지를 가졌다. 유대인 공동체는 모세 율법을 지키고 아브라함의 직계자손이라는 우월감으로 이방인을 배제시킨 하나님의 신앙공동체였다. 이러한 신앙공동체 개념이 바울의 교회관을 정립하는데 영향을 미쳤을 것으로 보인다.[5] 그러나 예수 그리스도의 이름으로 사도가 된 바울은 유대인과 이방인 모두의 하나님이라는 신관을 주장한다(롬 9:24). 이것은 유대인들의 전통 개념인 유대인만 하나님의 백성이라는 사상이, 이제는 이방인도 하나님의 백성이 될 수 있다는 것으로 변한 것이다(롬 3:29-30). 이제 바울의 신학 관점에서 하나님 백성은 더 이상 유대인들만의 모임을 의미하지 않는다. 바울은 이방인을 하나님 나라 백성으로 포용하는 이러한 사상을 이미 구약시대부터 예비한 하나님의 계획으로 보았다. 역사적으로 이방인이나 객이라고 할지라도 하나님을 경외하는 모든 사람들을 유대인 공동체 구성원으로 받아들였기 때문이다.[6]

바울은 유대 공동체 모임의 유형을 통해 교회라는 새로운 사상을 이끌어

내는데, 물론 이러한 형태의 교회 개념이 바울의 독창적인 아이디어는 아니다. 바울의 사역시대에 이미 교회의 개념이 일반적으로 사용되고 있었기 때문이다.[7] 하지만 바울의 독특한 개념은 그가 교회를 하나님의 교회로 인식하였다는 것이며 개종한 이방인 공동체를 그리스도의 교회로 부르기 시작했다는 것이다(살전 2:14).

바울이 사용한 교회라는 용어는 구약과 깊은 관련이 있는 것으로 보이는데, 구약성경은 이스라엘 백성을 "하나님의 백성"으로 언급했기 때문이다(민 16:3; 20:4; 신 23:1-3, 8; 대상 28:8; 느 13:1; 미 2:5). 바울이 구약적인 의미의 교회 개념을 가지고 있었다고 할지라도, 그는 교회를 하나님의 백성이라는 문구보다는 이미 주지한 것처럼 '하나님의 교회'라는 문구로 표현하는 것을 더욱 좋아한 것 같다.[8] 아마도 이것은 바울이 유대인 중심의 회당에서 사용한 하나님의 백성이라는 용어를 반대하고 이방인을 수용할 수 있는 의미를 담은 '하나님의 교회'라는 용어를 선택한 것 같다.[9] 예수 그리스도를 교회의 중심이며 머리로 표현한 바울의 교회관에는 유대교 성전에서 행한 제사 제도는 존재하지 않는다. 바울은 유대교의 중심 사상의 핵심이며 중요한 의식으로서의 성전 역할을 거부함으로 제사장, 제사 의식 그리고 희생 제사 등의 유대 공동체 의식을 거부했다.

바울의 관점에서 교회는 하나님의 부름을 받은 사람들의 모임이다. 여기서 부름을 받았다는 것은 자신의 죄를 회개하고 예수를 믿어 그리스도인이 되었음을 의미한다. 하나님을 경배하기 위해 세상으로부터 분리되어 나온 사람들을 교회라고 한다. 좀 더 넓은 의미로 살펴본다면,

교회는 예배뿐만 아니라 신앙교육 단체로 인식될 수 있다. 하지만 교회가 회당을 반대하는 개념으로 신앙교육을 지향한 것은 아니다. 단지 교회와 회당은 신앙교육 기관으로서 동일한 역할을 했기 때문에 일정 부분 신앙공동체로서의 교감은 존재했을 것으로 보인다.[10] 결론적으로 바울은 교회를 하나님을 섬기려고 예수 그리스도의 이름으로 모인 백성들로 보았다. 바울의 관점에서 교회는 모든 지역 모든 나라에 있는 그리스도를 믿는 신자들의 전체 모임을 의미한다.[11] 예수 그리스도는 교회의 머리며 교회는 그리스도의 몸이다(엡 1:22-23). 교회는 예수 그리스도를 통하여 하나님을 믿는 믿음을 소유한 무리들로 하나님 나라의 표상으로 이 땅에 존재한다.

이러한 바울의 관점은 결코 교회가 눈으로 인식되어지는 외형적 형태를 가진 건물을 지칭하는 것이 아니라는 것이다. 바울은 교회를 그리스도를 믿는 성도의 모임 자체이지 건물을 의미하지 않는다고 보았다. 따라서 바울이 언급한 교회는 유형 교회라기보다는 무형 교회이다. 교회의 정의를 무형 교회라고 해서 교회가 일반 단체들과 동일한 의미를 가지지는 않는다. 교회가 일반 단체와 다른 점은 하나님을 예배하기 위해 예수 그리스도를 구주로 고백한 사람들의 모임이기 때문이다.

13.3 교회에 대한 명칭

교회란 용어는 헬라 세계에서 유래를 찾을 수 있는데, 신약성경에 묘사된 교회는 헬라어로 '에클레시아'인데, 정치적인 용어로는 지배받고 있는 도시의 상태를 나타낼 때 사용한 것을 그 어원으로 보기도 한다. 따라서 도시에 살고 있는 시민들의 회합을 나타낼 때 '에클레시아'를 사용하기도 했는데, 시민들이 한 자리에 모이는 이유는 그들이 가진 문제를 토론하기 위해서이다. 더욱이 사업적인 목적을 가진 실업가들의 모임을 지칭할 때도 '에클레시아'가 사용되었다.[12] 하지만 '하나님의 교회'라는 표현은 디아스포라 유대인을 위해 헬라어로 번역한 칠십인 역에서 왔다고 보아야 한다. 왜냐하면 '에클레시아'는 칠십인 역에 상당히 많이 등장하기 때문이다.[13]

그러나 바울은 교회라는 용어를 이렇게 정의하고 있지만, 필요에 따라서 '에클레시아'를 다르게 사용하였다. 바울이 교회라는 명칭을 대신해 사용한 대표적인 용어들을 살펴보면 다음과 같다. 첫째, 교회를 '그리스도의 몸'이라고 했다(고전 12:27; 엡 1:23). 이 용어는 신약성경에서 바울만이 사용한 전형적인 교회의 명칭이다. 바울은 '그리스도의 몸'으로서 교회가 세워져 가기를 원한다고 했다(엡 4:12). 몸은 수많은 지체가 서로 연합하여 하나의 형태를 만들고 몸으로서의 기능을 한다. 그러므로 몸은 지체들이 모인 그리스도인들의 공동체를 상징한다고 볼 수 있을 것이다(고전 10:16-17). 즉 예배 공동체로서의 교회를 은유적 표현으로 몸이라고 한 것이다.[14] 그리스도의 몸으로 교회가 세워져 간다는 것은 교회의 성장을 의미하는데, 학자들은 이것을 교회의 외형적 성장을 나타내는 표현으로 해석하기도 하지만, 영적인 성숙을 의미하는 것으로 보기도 한다.

둘째, 교회를 '그리스도의 이름으로 부름을 받은 자들'이라고 했다(고전 1:2). 이것은 비슷한 의미로 '성도' 또는 '하나님의 약속된 무리'로도 사용된다.

셋째, 바울은 교회를 비유적인 차원에서 다양한 용어를 사용해서 표현했다. 믿는 자들(교회)을 '빛'으로 묘사하였다(엡 5:8). 이외에도 '신부,' '편지'라고 명칭했다(엡 5:22; 고후 3:2).

이러한 교회에 대한 다양한 사용법은 교회의 기능에 대한 각각 다른 의미를 전달하고 있다. 그러나 바울이 다양한 명칭으로 교회를 묘사한 것은 교회가 그리스도의 몸이라는 근본적인 사상에 기인한 것으로 보인다.

13.4 교회구성원에 대한 호칭

바울은 교회 형성의 기본이 되는 구성원을 묘사하는데 다양한 용어를 사용하고 있다. 바울이 사용한 교회 구성원에 대한 호칭은 교회의 기능과 역할에 대한 의미들을 전달해 준다. 바울서신에서 가장 많이 사용되고 있는 교회의 호칭 가운데 중요한 세 가지만 살펴보도록 하자.

13.4.1 성도

바울이 가장 많이 사용한 교인들에 대한 호칭은 성도이다. 바울서신에는 성도라는 단어가 약 40회 가량 나온다. 바클레이는 헬라어 '하기오스'(성도)가 분리로 해석되는 것에 대해 부정적인 시각을 가지고 있다.[15] 바클레이의 관점은 바울이 사용한 '성도'라는 용어가 세상 단체에서 분리를 뜻한다는 것을 부인한 것은 아니다. 성도는 세상으로부터 분리되어 나온 사람이다. 하지만 하나님을 섬기기 위해 세상에서 분리되어 나왔기 때문에 그냥 세상에서 분리되어 모임을 형성한 사람들과는 다른 존재라는 것이다. 이러한 개념들이 바울이 언급한 '성도'라는 단어 안에는 충분하게 함의되어 있지 않다는 것이다. 물론 학자들의 이러한 견해를 그대로 받아들이기는 어려울 것이다. 그러나 우리는 바울이 '성도'를 예수 그리스도를 따르는 자들과 불신자를 구분하려는 목적으로 사용했다는 것에 대해서는 동의해야 할 것이다.

바울의 이러한 관점은 성도가 세상과 구분된 삶을 살아야 함을 강조한 것이다. 물론 이것이 세상 사람들과의 관계를 단절하라는 의미로 사용된 것은 아니다. '성도'란 용어는 그리스도의 명령을 신중하게 듣고 그 명령들을 지키려고 애쓰며 산다는 의미가 있다. 구원받은 '성도'의 삶의 현장은 여전히 세상이지만, 그러나 성도는 세상의 가치 기준을 따라 사는 것이 아니라 그리스도를 기준으로 삼고 사는 삶이다. 성도란 말은 실제로 그리스도께 헌신한 사람이란 뜻이다. 그러므로 성도는 자신의 삶을 예수 그리스도께 드리는 생활을 지속해야 한다.

13.4.2 형제

바울은 교회에 보낸 서신의 마지막 부분에서 축도와 문안 인사를 하면서, 서신의 수신자를 '형제'라 명하기를 즐겨했다(롬 16:14; 고전 16:20; 엡 6:23; 골 4:5; 살전 5:26). 바울이 서신의 서문과 마지막 문안 인사에 "형제들"이라는 단어를 많이 사용한 것은 특별한 의미가 있다.

1세기 지중해 사회는 가족 공동체 사회였다. 이러한 가족 공동체 사회에서 형제라는 용어는 가족을 의미한다. 바울은 선교사역을 감당하는 내내 그리스도인 형제들의 도움을 받았다. 그러나 바울을 도운 형제들이 혈연관계로 맺어진 친형제를 의미한 것은 아니다. 영적인 의미를 부여한다면 예수 그리스도를 믿는 모든 성도들은 형제가 된다. 만약 초대교회 상황에서 믿는 형제를 자기 친형제처럼 대하지 않는다면, 그는 이미 기독교 신앙을 버린 것으로 간주될 수도 있다. 그러므로 바울이 언급한 형제라는 단어는 하나님의 자녀들을 하나로 묶어주는 중요한 역할을 했다.

13.4.3 신자

신자라는 말은 성도라는 말과 비슷하게 인식될 수 있다. 그러나 성도가 거룩한 구분을 강조한다면 신자는 믿음을 가진 자라는 의미로 사용된다. 바울의 관점에서 신자가 되었다는 것은 믿음을 기초로 하여 살아가는 사람을 의미한다. 이러한 믿음을 가진 자들은 다음과 같은 관계를 유지해야 한다. 첫째, 그리스도를 믿음의 대상으로 받아들이고 그분에게 순종하는 자세를 가져야 한다. 신자의 의무는 바로 그리스도의 말씀에 순종하는 것이기 때문이다. 둘째, 신자는 교회 회원들과 친밀한 교제를 나누어야 한다. 그러나 이러한 친밀한 교제의 중심은 그리스도이어야 한다. 셋째, 신자는 세상에 대해서 믿음을 선포하며 살아야 한다. 신자가 믿음이 없다면 세상 사람과 다를 것이 없기 때문이다. 즉 신자는 그리스도를 삶의 표준으로 삼아야 한다.[16] 이와 같이 바울 서신에는 교회의 구성원을 '성도,' '형제,' '신자'라고 호칭하였다.

13.5 그리스도의 몸으로서 교회

이미 살펴본 것처럼, 바울은 교회의 연합을 사람의 몸으로 비유하였다. 바울의 이러한 사상은 에베소서와 골로새서에 집중적으로 나타난다.[17] 그리스도는 교회의 머리이시며, 교회는 그의 몸이라 하였다. 학자들은 바울이 그리스도가 교회의 머리임을 강조한 것은 그리스도가 모든 권위와 영적 사역의 근원이 된다고 보았기 때문이라고 주장한다(엡 1:22-23; 골 1:15-18). 그러므로 교회의 권위는 예수 그리스도에게서 나오는 것이다. 한때 그리스도의 '몸'에 대한 연구가 영지주의 관점에서 제기되기도 했다.[18] 바울이 몸에 대한 개념을 영지주의가 주장하는 원인(原人) 신화에서 가져왔다는 것이다. 영지주의는 인간의 몸이 여러 부분으로 구성된 개개인으로 보았다. 그러나 이러한 개념은 설득력을 잃고 있다. 바울이 보여준 인간의 몸 개념과 너무나 큰 차이를 나타내기 때문이다. 필로가 말하는 몸의 개념도 영지주의 개념의 몸과 다르기 때문이다.[19]

따라서 바울이 말한 '몸'은 그리스도와 교회 사이에 존재하는 일체성을 주장하는 새로운 개념으로 보아야 할 것이다. 물론 이러한 개념이 완전히 창의적인 것은 아니다. 바울이 말하는 일체성이란 "우리가 한 몸에 많은 지체를 가졌으나 모든 지체가 같은 기능을 가진 것이 아니니, 이와 같이 우리 많은 사람이 그리스도 안에서 한 몸이 되어 서로 지체가 되었느니라"고 하였다(롬 12:4-5). 또한 "너희는 그리스도의 몸이요 지체의 각 부분이라"고 하였다(고전 12:27). 바울의 관점은 교회가 하나의 유기체임을 강조하는 것이다. 즉 교회는 연합체라는 것이다. 하지만 성도의 연합체인 교회는 고정되거나 틀에 박힌 것은 아니다.[20] 이것은 하나님의 몸인 교회가 하나의 완전한 틀에 고정된 것이 아니라 지역과 상황에 따라서 유연한 모습을 가짐을 의미한다.

바울이 말하는 교회의 연합이란 두 가지 의미를 가지고 있다. 첫째는 예수 그리스도와 성도의 연합이다. 바울은 "주와 합하는 자는 한 영"이라고 했다(고전 6:17). 둘째는 성도의 연합이다. 성도들이 한 몸처럼 서로 연결되어 연합하는 것이다.

그러므로 바울의 관점에서 교회란 성도 개개인이 예수 그리스도와 연합을 통해 하나가 되는 것이다. 그리고 교회의 회원으로서 각 신자들은 하나로 연합되었음으로 분리할 수 없는 존재라는 것이다. 바울의 이러한 사상을 확연히 보여주는 성경 구절은 다음과 같다. "너희는 사도들과 선지자들의 터 위에 세우심을 입은 자라. 그리스도 예수께서 친히 모퉁이 돌이 되셨느니라. 그의 안에서 건물마다 서로 연결하여 주 안에서 성전이 되어 가고 너희도 성령 안에서 하나님의 거하실 처소가 되기 위하여 그리스도 예수 안에서 함께 지어져 가느니라"고 했다(엡 2:20-22).

바울의 교회관은 그리스도의 몸으로서 모든 성도가 예수와 연합을 이루는 것이다. 그리고 성도들은 서로 연합하여 하나가 되어 성숙해가는 것이다(엡 4:4-6; 고전 3:16-17; 6:19-20).

13.6 교회의 조직

복음서 가운데 마태복음에는 교회라는 단어만 언급되었을 뿐, 교회의 조직에 관해서는 전혀 언급이 없는 것으로 보아야 할 것이다. 물론 원시 기독교 공동체의 모습을 통해 공동체 내부의 구조에 대한 인식은 가능하다고 본다. 하지만 바울서신에는 교회의 조직과 직분에 대한 내용이 상당히 많이 나타나 있다. 그러므로 본 단락에서는 교회 조직으로서 직분과 은사, 여성 사역자의 사회적 인식에 대해서 알아보자.

13.6.1 직분과 은사

바울은 고린도전서 12장에서 교회공동체의 직분과 각 지체들의 은사 사역에 대해서 말한다. 바울이 언급한 교회의 직분과 은사를 어떻게 해석해야 하는지는 지금까지도 그 논쟁이 지속되고 있다. 즉 바울이 언급한 은사와 직분이 성직주의와 관료주의를 표방한 것인지 아니면 섬김을 의미인지를 확인하려는 노력이다.[21] 이러한 관점과 함께 은사를 카리스마적 활동으로 보려는 오순절 계통의 주장도 연구의 대상이 되었다.

학자들의 결론은 다음과 같은 몇 가지 견해를 돌출시켰다. 첫째, 개교회는 자율적이었다. 둘째, 민주적인 결의에 따라서 교회는 중요한 결정을 내렸다. 셋째, 교회의 직분은 직임이라기보다는 기능들로 이해했다.[22] 그렇다면 원래 바울이 추구한 교회란 법적인 조직이 아니다. 교회는 은사를 받은 성도들의 단체로서 서로 돌보고 섬기는 자의 모습을 가지고 있어야 한다. 그러나 인간이 세운 교회의 전통과 법은 교회 구조의 핵심 역할인 은사의 기능을 무시하고 말았다.[23]

바울이 꿈꾼 교회는 영적 은사와 직임이 상호작용을 통해 형성된 자유로운 공동체이다. 영적 은사의 작용으로 이루어진 교회는 권위에 의해서 움직이는 교회가 아니다. 그러므로 교회의 은사는 모든 지체에게 주어진 적절한 기능을 통해 나타나는 것이지, 우월한 직위나 직임에 의해 나타나는 것은 아니다.[24] 이러한 주장은 유대교 전통에 기인한 장로 제도가 바울 교회에 들어온 것은 후대의 일임을 시사하고 있다.[25] 그리고 직임과 은사가 더욱 권위적인 형태로 자리를 잡은 것은 가톨릭교회의 조직에 잘 나타나 있다. 즉 자연스러운 성령의 은사와 직임보다 위계질서를 더욱 중요시 여기는 경향이 나타난 것이다.[26] 그러므로 바울이 추구한 교회는 성령의 은사가 모든 성도들에게 적절하게 배분됨을 의미한다. 교회는 위계질서 구조에 의해 형성된 것이 아니라 그 보다 더 근본적인 은사 구조에 의해서 형성된 것이다. 이것은 모든 신자의 제사장직과 사역자로서의 교회의 직임을 말한다. 교회는 위계질서에 의해 특정한 계층에 의해 지배되는 구조를 가진 것이 아니라 성령의 은사와 성도 개개인이 맡은 직임에 의해 움직인다는 것이다.

13.6.2 여성 사역자

바울이 교회에서 여성의 역할과 위치에 대해 가르친 내용은 바울신학의 많은 부분을 차지하지는 않는다. 하지만 이 주제는 현대 한국 기독교의 주요 관심의 대상이다. 교회 구성원의 절반 이상을 차지하는 한국교회에서 여성의 역할에 대한 재정립이 필요하기 때문이다. 특별히 대부분의 현대 교회가 여성 목사 안수를 허용하는 시점에서, 초기 교회의 여성 사역자의 역할과 기능을 살펴본다는 것은 당연한 것이다. 따라서 바울서신에 나타난 여성에 대한 가르침을 살펴보아야 할 것이다.

여자 성도에 대한 바울의 가르침은 두 가지 면에서 접근해야 한다. 첫째는 당시 교회에 여성 사역자가 존재했느냐는 것이다. 오늘날 초기 교회에서 여성이 교회의 사역자로 활동했다는 것을 부정하는 사람은 거의 없다(빌 4:2-3; 골 4:15). 둘째는 여성 사역자의 권위 부분이다. 여성이 당시 사회와 교회에서 어떤 권위를 가졌으며, 행사했는지에 대해서는 논란의 대상이 된다. 따라서 이 부분들을 좀 더 구체적으로 살펴보자.

13.6.2.1 여성 사역자의 활동

바울서신에 나타난 여성 사역자들의 활동을 살펴보자. 첫째, 로마서 16:1-2에 나오는 "뵈뵈"이다. 바울에 의하면, 뵈뵈는 겐그리아 교회의 집사였다. 우리 성경에 "일꾼"으로 번역된 '디아코노스'는 집사로 번역 가능하기 때문이다. 본 구절에서 헬라어 '디아코노스'는 남성 명사 단수 대격으로 사용되었다. 이 단어의 원래 의미는 봉사하고 섬긴다는 것이지만, 특정한 직분을 의미한다고 보기도 한다. 그러나 당시 사회에는 가부장적 문화가 존재했다는 것에 주목해야 한다. 이러한 사회 분위기에서 여성의 이름이 공식 문서에 등장한다는 것은 뵈뵈가 사회적으로 상당한 지위에 있었음을 나타낸다. 학자들은 그녀가 사회적인 지위뿐만 아니라 부를 가진 겐그리아 교회의 지도자였을 것으로 추측한다. 아마도 그녀는 겐그리아 교회를 돕는 가장 큰 후원자였을 가능성이 있다.[27] 이미 1세기 지중해 연안에서 여성들이 종교적 헌신자로 활동하는 것은 보편적인 일이었다는 주장도 있다. 상당수의 여성들은 종교 제의에 참석하기도 했다.[28]

바울이 언급한 후원자를 자세히 살펴보자. "뵈뵈"는 바울과 여러 사람들의 후원자였을 것이다. 그녀가 후원자 역할을 했다는 것은 당시 사회에서 여성은 공식적인 지위를 가지지 못하는 환경이었다고 할지라도 그녀가 상당한 영향력을 행사할 수 있는 사람이었다는 것을 암시한다. 재정적인 능력을 가진 그녀는 겐그리아 항구를 방문하는 유대인과 기독교인들에게 많은 편의를 제공하는 역할을 했을 것이다. 바울 역시 그녀의 후원을 받아 사역을 한 것 같다. 뵈뵈의 이러한 후원은 교회에 큰 영향을 미쳤을 것이다. 그리고 그녀는 자연스럽게 겐그리아 교회의 지도자가 되었을 것이다. 바울은 뵈뵈를 로마 교회에 추천하고 그녀를 극진히 영접하라고 요청한다. 이것은 그녀가 겐그리아 교회의 대표자라는 의미로까지 해석 가능할 것이다.

둘째, 로마서 16:7은 "안드로니고와 유니아"라는 두 명의 여자를 추천한다.[29] 바울과 함께 감옥에 있었던 안드로니고와 유니아는 사도들로부터 인정을 받는 유명한 자들이었다. 바울이 말한 사도는 예수의 직접적인 제자를 의미하지는 않는다. 넓은 의미로서의 사도를 나타낸다(고전 15:7). 즉 역사적 예수를 직접 목격한 제자들이 아니라는 것이다. 여러 지역을 순회하는 복음 사역자를 사도로 지칭한 것 같다. 바울은 그녀들이 사도들 중에서도 두드러진 역할을 했다고 한다. 그렇다면 그녀들이 로마 교회의 사도일 가능성을 배제할 수 없다는 것이다. 바울과 같이 수감되었다는 것 역시 종교적인 문제일 것이다. 그렇다면 로마 교회에서 그녀들의 지위는 교회에서 상당히 중요한 기능을 감당한 지도자일 가능성이 있다.

바울은 로마서에서 또 다른 여성인 마리아, 드루배나, 드루보사, 버시의 이름도 언급했다(롬 16:6, 12). 그러나 그들을 향하여 "많이 수고한" 사람들이라고만 표현했다. 이러한 표현만으로는 그녀들이 교회에서 어떤 역할을 했는지 알 수 없음으로 논의를 하지 않는 것이 좋을 것 같다. 하지만 바울은 여성 사역자들이 교회에서 중요한 임무를 수행했음을 분명히 밝히고 있다.

13.6.2.2 여성의 권위

바울이 세운 교회에서 여성이 사역자로서 활동했을 가능성에 대해서 논하였다. 그러나 바울은 여성의 교회 지도자 지위를 인정하면서도 여성의 권위에 대해서는 부정적인 시각을 보여주고 있다.

첫째, 바울은 남성과 여성의 위계질서를 확실하게 했다. 남성 중심의 위계질서를 위해서 하나님은 그리스도의 머리이고, 그리스도는 남자의 머리이고, 남자는 여자의 머리라고 했다(고전 11:3). 바울은 가정에서 남편과 아내의 동등됨을 강조했다(엡 5:22-33). 그러나 바울서신은 기본적으로 여자는 남자에게 종속된다고 표현하고 있다.

둘째, 여자는 교회에서 잠잠하라고 했다(고전 14:33-36). 바울은 만일 여자들이 배우기를 원한다면 집에서 남편을 통하여 배우라고 한다. 그러나 바울은 여자들이 기도하고 예언하는 일을 행하는 것이 가능하다고 말한다(고전 11:5). 교회에서 잠잠하라고 하면서 여자가 어떻게 예언하고 기도할 수가 있는가? 이것은 해결하기 어려운 문제일 것이다. 그리고 여자는 머리에 무엇을 쓰고 예언하거나 기도해야 한다고 했다. 이러한 바울의 가르침은 분명히 당시 사회가 가부장적 사회였음을 반영하고 있다. 여성들은 독립적인 모습을 가진 것이 아니라 가족 구성원 중 남성의 후원을 받아야 하는 입장이었다.

학자들은 이 문제를 당시 교회론 입장에서 접근하였다. 바울이 개척한 지중해 연안의 교회들은 가정 교회 형태를 취하고 있었다. 가정에서 공식적인 모임이 있다는 것은 사적인 장소에서 공적 모임이 진행되고 있음을 의미한다.[30] 공적 모임을 가정에서 가질 때 아내들은 남편의 가부장적 권위를 인정해야 한다. 그러므로 남편의 권위를 무시하고 예언하는 것은 문제가 되었다. 예언자이며 한 사람의 아내인 여성은 가정에서 공식적인 모임을 가질 때 예언하는 일로 남편의 권위를 무시하지 말아야하며, 그녀들이 남편의 권위를 존중하고 있다는 것을 다른 사람들에게 확인시킬 필요가 있었다.

바울은 여성의 가르침과 남자를 주관하는 문제에 대해서 부정적인 측면을 부각시켰다. 그러나 이것은 여성의 은사 활동 자체를 거부하기보다는 가부장적 사회에서 공식적인 모임이 가정에서 이루어지기 때문에 남편의 권위를 인정해야 함을 강조한 것이다.

13.7 성도의 권위와 교회

바울은 성도들에게 어떠한 권한과 의무를 부여했는가를 살펴보자. 바울은 자신의 사역을 지배적이고 권위주의적 사역으로 이끌지 않았다. 사도의 권한을 주장했지만, 이것은 복음전파를 위한 수단이었지 교회 구성원들을 향한 권위는 아니었기 때문이다. 바울은 자신이 추구하는 교회가 되기를 원한 것이 아니라 성도들에 의해 움직이는 자발적인 교회가 되도록 하였다.

첫째, 교회의 모든 지체는 교회 사역을 동역하는 연합체가 되어야 한다. 바울은 권면하기를 형제들은 가르치는 자가 되어야 한다(롬 15:14). 너희는 권면하는 자가 되어야 한다(고후 2:7). 말씀이 충만하여 가르치고 권면하고 같이 찬양하라고 한다(골 3:16). 서로 격려하며 연약한 자를 붙들어주라고 한다(살전 5:14). 이러한 바울의 가르침은 모든 성도가 함께 동역하는 교회를 의미한다.

둘째, 바울은 교회의 특별한 지도자를 언급하지 않았다. 그는 한 사람의 교회 지도자에게 권면이나 교훈을 한 것이 아니라 항상 회중 전체를 향한 권면과 독려를 하고 있다. 결국 바울의 권면에 응답해야 할 대상은 회중 전체라는 것이다.[31] 이것은 바울서신이 각 교회의 개인 지도자에게 교회 문제를 해결하라고 권면한 것이 아님을 반영하는데, 특별히 고린도전서는 교회 지도자가 아닌 회중 전체를 향한 권면으로 구성되어 있다. 이것은 교회 지도자에게 그 지역 교회를 지도할 유일한 권위를 부여하고 있지 않음을 의미한다. 물론 빌레몬서에서 교회 지도자를 언급하기는 했지만, 이것은 개인과 관계된 문제를 다루기 위함이다(몬 1:1).

그러나 교회 예언자의 리더십에 대해서는 학자들의 논란이 있다. 바울이 예언자의 권위를 인정했다는 주장도 있다.[32] 하지만 예언자들은 영적 은사를 받아 하나님의 말씀을 해석하고 전달하는 일을 했지만, 그것이 특별한 지도력을 가지지는 못했다. 왜냐하면 예언의 사역도 성령의 사역이기 때문이다. 일반적으로 바울은 교회의 특별한 무리들의 리더십을 강화시키는 권면은 하지 않았다.

셋째, 영적인 가르침은 한 사람에게 집중되지 않았다. 성도는 모두 한 성령을 받은 사람이고 하나님의 가르침을 직접받았다는 뜻이다. 그러므로 예언의 은사는 특별한 사건에 대해 교회 전체가 판단하고 헤아리는 능력을 가졌음을 말한다(살전 5:20-22). 바울은 은사 부분에 있어서 특별한 사람의 은사를 지나치게 강조하거나 주장하려는 부분에 대해서는 동의를 하지 않았다.

이러한 바울의 견해를 통하여 알 수 있는 것은 초기 그리스도 교회가 특정한 무리들의 리더십에 의해서 움직이지 않았다는 것이다. 바울은 회중의 권위를 존중했다. 교회 구성원 전체가 소유한 영적 권위를 통해 교회의 사역이 진행되기를 원한 것이다.

13.8 주의 만찬

고린도전서는 주의 만찬에 대한 바울의 중요한 관점을 보여주고 있다. 이러한 바울의 관점이 여전히 현대교회에 영향력을 미치고 있음을 간과할 수 없다. 그러므로 주의 만찬에 대한 바울의 주장을 살펴보는 것은 그의 신학을 이해하는 기초가 될 것이다. 바울이 주장한 주의 만찬을 살펴보기 위해서는 다음과 같은 내용들을 확인해야 한다. 첫째, 주의 만찬의 유래이다. 둘째, 주의 만찬은 이방 종교의 영향을 받았는가? 셋째, 고린도 교회의 주의 만찬에 대한 사회학적 이해가 필요하다. 마지막으로 주의 만찬에 나타난 바울의 신학이다.

13.8.1 주의 만찬의 유래

우리는 초대교회가 주의 만찬을 행했다는 것을 부인하지 않는다. 주의 만찬은 기독교 공동체 생활의 핵심이었다. 따라서 우리는 초대교회의 주의 만찬 전통이 어디서부터 유래되었는지를 확인하는 것이 중요하다. 우리는 예수가 창기와 세리들과 더불어 식탁 교제를 나누었다는 사실을 알고 있다(마 11:19; 막 2:16-17; 눅 15:2; 19:7). 그리고 유대교에는 식탁 교제가 있었다. 특별히 바리새인과 에세네파에게 식탁 교제는 아주 중요한 삶의 요소로 여겨졌다.

그러나 바울의 주의 만찬은 위에서 살펴본 이러한 식탁 교제의 전승에서 기인했다기 보다는 예수가 그의 제자들과 함께한 마지막 만찬에 기인하고 있다. 바울은 주께서 친히 주의 만찬을 명하셨다고 말한다(고전 11:23).[33] 아마 초기 그리스도 교회가 전승으로 받아들인 주의 만찬은 예수와 그의 제자들이 마가의 다락방에서 행한 마지막 만찬을 말하는 것이 확실해 보인다.

학자들은 예수와 그의 제자들이 행한 만찬이 두 가지 형태로 바울에게 전승되었다고 믿는다. 마가복음 14:22-24/마태복음 26:26-28을 하나의 전승 형태로 받아들인다. 반면에 고린도전서 11:23-25/누가복음 22:19-20을 또 다른 형태의 전승을 의미한다고 믿는다. 물론 이러한 전승에 대해서 단지 판본의 차이일 뿐이라는 주장이 제기되기도 한다.[34] 즉 두 개의 주의 만찬 전승은 별 차이점이 없다는 것이다. 그러나 이렇게 주의 만찬 판본이 두 개라는 것은 이것이 공통된 하나의 판본일 것이라는 주장에는 변함이 없지만 바울/누가 판본이 더욱 원형에 가깝다는 주장이 제기 되기도 한다.[35] 그러나 분명한 사실은 두 판본 모두 서로에게 영향을 주지 않았다는 것이다. 그러므로 두 판본은 원래의 판본에서 유래됐다고 받아들여야 할 것이다. 즉 우리는 바울의 주의 만찬이 공통의 전승에서 기인했음을 확인하는 것에 만족해야 할 것이다. 바울이 말한 주의 만찬은 자신의 것이 아니라 전승된 자료를 바탕으로 했다는 것이다. 불행하게도 우리는 마가의 다락방에서 주님이 행하신 주의 만찬에 대한 원형은 가지고 있지 못하다.

13.8.2 주의 만찬과 이방 종교의 영향

일반적으로 초대 그리스도 교회가 행한 주의 만찬이 예수님과 그의 제자들이 행한 마지막 만찬에서 유래했다는 견해를 받아들이지만, 일부 학자들은 바울의 주의 만찬에는 이러한 형태의 신학적 특징이 나타나지 않는다고 보았다.[36] 이러한 주장은 바울이 아직 주의 만찬에 대한 신학을 형성하지 못했으며, 헬라 종교의 영향을 받아 주의 만찬을 신학적으로 정립했다는 가설을 주장하기도 한다. 이러한 주장이 더욱 설득력을 얻는 것은 고린도 주변의 신비 종교에 대한 연구가 실행되면서부터였다.[37]

초기 종교사학파들은 주의 만찬을 신과 교제를 위해 먹고 마시는 행사로 이해하고 있었다. 이러한 종교 행사는 공동식사의 형태를 띠게 되었고, 이러한 이교도의 공동식사가 바울의 주의 만찬에 영향을 주었다는 것이다.[38] 그렇다면 고린도의 어떠한 신비 종교 요소가 주의 만찬과 흡사한지를 살펴보자. 디오니소스(Dionysos) 신비 종교는 제사를 드리면서 술을 마시고 춤을 추며 잔치를 하였다. 치유의 구원자인 아스클레피

우스(Asclepius)를 섬기는 제의는 식당에서 공동 식사를 하며 숙식을 같이 하는 것이었다.[39] 학자들은 이러한 형태의 제의들을 발견하고 흥분하여 바울의 주의 만찬에 이교도 신비 요소가 영향을 미쳤다고 보았다. 그러나 한 종교의 기본적인 의식이 다른 종교의 의식과 전혀 유사성을 가지지 않는다면, 우리는 이 사실을 어떻게 받아들여야 하는가? 바울은 우상에게 바친 음식을 먹는 것에 대해서는 부정적인 생각이 강하지 않았다(고전 10:25-27). 바울이 우상 숭배 자체에 부정적인 관점을 가지고 있었지, 우상에게 드려진 음식에 대해서는 특별한 권면을 하지 않았음을 의미한다. 더욱이 바울은 우상숭배로 자신이 더러워지지 말아야 함을 강조한다. 그러므로 바울이 고린도전서에서 강조한 것은 식탁 교제 자체를 강조한 것이 아니라 우상을 섬기지 말아야 함을 드러낸 것이다. 이것은 주의 만찬이 식탁을 같이 나누는 것에 목적이 있는 것이 아님을 말한다. 그렇다면 식탁 교제를 중요시 여기는 이교도의 신비주의 요소가 바울의 주의 만찬에 영향을 미치지 않았을 가능성이 높다는 것이다.

그렇다면 주의 만찬의 유래를 유대교에서 찾을 수 있는지를 살펴보자. 바리새인과 에세네파 사람들은 식사를 통해 교제를 나누는 특성이 있다. 그리고 예수도 죄인 그리고 사회 하류층 사람들과 식탁 교제를 나누었다(막 2:16-17; 마 11:19; 눅 15:2; 19:7). 따라서 유대인들 사이에서도 식탁교제가 이미 존재했음으로, 이러한 식탁 교제가 당시 사회에 보편화되었다고 보아야 할 것이다. 예수와 제자들이 마지막 만찬을 나눈 것도 유대인들의 식탁 교제의 형식을 따른 것이다. 바울은 주의 만찬이 예수와 그의 제자들이 행한 마지막 만찬에서 기인한 것으로 말한다(고전

11:23).⁴⁰⁾ 그러므로 주의 만찬이 이방 종교의 영향보다는 유대교 전승에서 유래됐음이 확실해 보인다.

13.8.3 고린도 교회와 주의 만찬

고린도전서에 언급된 주의 만찬으로 인한 교회의 내적 갈등은 학자들의 관심을 끌기에 충분했다. 특별히 고린도전서 10-11장을 사회학적 관점에서 해석하려는 시도가 있었다.⁴¹⁾ 학자들은 가정 교회 형태의 고린도 교회는 부자와 가난한 자들이 함께 모이는 계층화된 공동체라고 주장하였다.⁴²⁾ 성도들 간의 부와 가난의 문제로 인한 경제적 갈등이 식탁 교제인 주의 만찬을 먹는 과정에서도 나타난 것이다(고전 11:21-22).

고린도전서 11장 본문에 의하면, 고린도 교회 성도들은 성도의 가정에서 함께 모여 공동 만찬을 먹으면서 부자 성도들은 자기들끼리 모여 식사를 하였고, 가난한 성도들은 그들끼리 모여 식사한 것으로 보인다. 즉 부자들은 식당에서 식사를 하였지만 나중에 온 자들은 식당에 들어가지도 못하고 통로에 앉아서 식사를 한 것 같다.⁴³⁾ 당시 고린도 지역의 재력가들은 넓은 대지에 다양한 구조의 집을 짓고 살았기 때문에 이러한 현상이 가능했을 것이다. 당시 사회의 상황으로 짐작할 때 부자들은 좋은 음식을 풍성하게 준비하여 식사를 하였고, 가난한 자들은 형편없는 음식을 먹었을 가능성이 있다.⁴⁴⁾ 고린도의 일반 가정에서 이루어진 이러한 식사 교제 문화가 고린도교회 공동체에서도 일어났다는 것이 문제이다. 교회는 한 자리에 모여 다 같이 식사를 해야 하는데, 부자들은 좋은 음식을 준비해 와서 먼저 식사를 하였다. 가난한 자들은 음식을 준비할 여유와 돈도 별로 없었을 것이다(고전 11:21).

바울은 이러한 주의 만찬에 대해서 그들의 잘못을 지적했다. 그들의 모임이 교회 공동체에 유익을 주지 못한다는 것이다(고전 11:17). 더욱이 이 문제는 교회 안에 분쟁이 일어나게 만들었다. 주의 만찬을 먹는 중에 일어난 이러한 갈등은 그리스-로마의 식사 형식을 살펴봄으로 이해를 더해야 할 것이다. 일반적으로 식사 파티는 첫 번째 상이 들어오면 식사를 하고 잠시 휴식을 취한다. 그리고 두 번째 음식이 들어오는데 이것은 정찬이 아니라 일부 음식과 디저트를 나누는 시간이다. 이때 새로운 사람들이 합류하여 심포지엄을 여는 형태의 식사를 했다. 고린도교회 부자들은 주의 만찬을 두 번째 식사로 인식하는 잘못을 범한 것 같다.[45] 이러한 형태의 식사는 고린도 교인들 사이에서 주의 만찬의 의미를 퇴색시켰을 뿐 아니라 성도들 간의 갈등을 야기시켰다. 바울은 고린도 교회가 주의 만찬을 먹는 문제로 파당이 생겼다는 것을 지적하며 그들을 권면했다(고전 11:19). 물론 주의 만찬 사건을 통하여 고린도교회의 다양한 측면을 논할 수 있겠지만, 주의 만찬 먹는 사건은 고린도 교회의 성도 계층 간의 갈등이 핵심인 것 같다.[46] 이러한 갈등이 교회 외부적인 요인이 아닌 것은 확실해 보인다. 고린도전서에서 언급한 우상숭배 후 열리는 만찬에 많은 사람들이 참석한 것과는 다르게 주의 만찬 의식은 기독교인들만 모이는 모임이기 때문이다.[47]

13.8.4 바울의 주의 만찬 신학

학자들은 고린도전서의 주의 만찬을 통해 몇 가지 중요한 신학 논점을 찾아냈다. 특별히 학자들의 관심을 받은 단어는 "신령한 음식"과 "한 몸에의 참여"이다. 그리고 주의 만찬은 기독론과 깊은 관련이 있다. 이 세 가지 부분을 살펴보자.

첫째, "신령한 음식"이다. 바울은 고린도전서 10:3-4에서 "모두가 같은 신령한 음식을 먹으며 모두가 같은 신령한 음료를 마셨다"고 했다. 학자들은 이러한 바울의 가르침은 주의 만찬에 참여하는 자들이 이미 구원받은 하나님의 백성임을 의미한다고 보았다. 출애굽한 이스라엘 백성은 하나님이 예비한 음식과 물을 마셨음을 인용한 구절들로 여겨진다(출 16:4-30; 17:1-7). 그렇다면 주의 만찬은 단순히 음식과 음료를 나누는 시간이 아니라 정상적인 식사를 의미하는 것으로 보인다(고전 10:16-17). 즉 오늘날 한국 교회가 행하는 떡과 잔을 나누는 것이 아니라 식탁 교제로 보아야 한다는 것이다.

그럼에도 불구하고 '신령한 음식과 물'이라는 표현에서 '신령한'이 어떤 의미를 가지고 있는지를 정확하게 확인하는 것은 쉬운 일이 아니다. 신령한 이란 말 자체가 무엇을 의미하는지 명확하지 않기 때문이다. '신령한'은 헬라어로 "πνευματικός"인데 '영에 속한'으로 해석 가능하다. 따라서 '신령한'은 성령과 관계있다는 견해도 있다. 즉 성령을 전달해준다는 의미로 해석되기도 한다.[48] 그러므로 '신령한'이란 용어에는 고린도 교회가 선조들이 물려준 신앙 유산을 이어받아야 함을 강조한 것이다.

또한 후대에 남겨줄 아름다운 신앙 유산을 만들자는 것으로 이해 가능할 것 같다. 또한 '신령한'이 은사 활동과 관계있다는 주장이 제기 되었다 (고전 12:1-4, 31; 14:1).

둘째, '한 몸에의 참여'이다. 바울이 교회를 하나의 연합된 몸으로 보려는 경향에 관해서는 이미 살펴보았다. 주의 만찬을 그리스도의 몸으로 보았다는 것은 교회론 관점이 결부되어 있음을 의미한다. 바울의 이러한 관점은 "떡이 하나요 많은 우리가 한 몸이니 이는 우리가 다 한 떡에 참여하리라"는 권면에서 알 수 있다(고전 10:17). 또한 바울은 주의 만찬을 먹기 위해 '함께 모임'을 강조하였다. 함께 모임을 강조한 것은 바울이 주의 만찬 나누는 일을 권면하면서 의도된 자신의 배경을 드러내고 있는 것 같다(고전 14:23, 26). 바울은 떡과 잔을 나누는 것을 통해 하나됨을 강조한다. 회중의 하나됨을 강조한다는 것은 아마도 고린도교회가 가진 갈등을 주의 만찬을 통해 성도들이 하나가 됨으로 해결되기를 의도한 것 같다.

따라서 주의 만찬에 참여해야 한다는 당위성을 강조하려고 '참여'라는 단어를 많이 사용한 것이다(고전 10:16, 17, 18, 20, 21, 30). 아마도 바울은 떡과 잔을 강조하기보다는 참여라는 단어에 더 큰 의미를 부여한 것 같다. 바울은 떡과 잔을 나누는 만찬을 통해 고린도교회 성도가 하나되는 연합이 이루어지기를 원한 것으로 보인다. 고대 지중해 사회에서 식사 자리에 동참한다는 것은 동반자 관계가 형성되었음을 의미하기 때문이다.[49] 바울이 성도의 연합을 강조했다는 것은 모임의 유익함을 강조한 것이다(고전 11:17). 그러므로 음식을 나누는 것보다 더욱 중요한 것은 함께 모이는 것이다. 그리고 떡을 몸에 비유한 것도 모임을 강조한 것으로 보인다(고전 11:24). 결과적으로 바울은 주의 만찬에서 언급한 연합을 통해 고린도 교회가 하나됨을 강조한 것이다.

마지막으로 바울은 주의 만찬에서 예수 그리스도를 부각시키고 있다. 이것은 바울이 그리스도를 "신령한 음식과 물로" 표현한 것에서 알 수 있다. 그리고 주의 만찬은 그리스도의 피와 몸을 먹고 마시는 것이다. 바울은 축사한 잔과 떡이 그리스도의 피와 몸에 참여하는 것을 말하기 때문이다(고전 10:16-17). 그리고 주의 만찬은 주의 식탁이며 주님이 주인이시다(고전 10:21). 그러므로 학자들은 오랜 기간 동안 주의 만찬을 행할 때 그리스도의 임재의 성격에 대해서 논했다.[50] 물론 주의 임재가 어떤 의미를 가지는지에 대해서는 정확한 추론을 하지 못하는 아쉬움이 있다. 하지만 분명한 것은 바울이 주의 만찬을 통해 고린도 교회가 그리스도 중심으로 연합해야 함을 강조한 것으로 보인다.

또 하나 중요한 논제는 '나를 기념하라'는 표현이다(고전 11:24-25). 이것을 단지 십자가에 죽은 주님을 기억하라는 뜻으로 받아들일 필요는 없을 것 같다. 예수 그리스도의 죽음과 부활하심을 기념하라는 것으로 받아들이는 것이 보다 타당성이 있을 것 같다.[51] 즉 성도 개인과 그리스도인 공동체가 주의 만찬을 먹으면서 주의 죽으심과 부활을 기억하며 무엇을 해야 하는지를 상고하는 것이다. 이것이 바로 그리스도를 기념하는 것이다.

13.9 결론

　바울이 하나님의 교회를 인식한 것은 베드로의 신앙고백과 초대교회 전승을 통해서 일 것이다. 이것은 바울이 새로운 개념의 교회를 창조한 것이 아니라 유대교 배경의 교회관을 발전시켰을 가능성이 있다. 구약에서 하나님의 백성은 이방인을 제외한 이스라엘 백성만을 의미한다. 이스라엘 공동체는 자연스럽게 교회의 모형 역할을 했을 것이다. 그러므로 교회는 하나님을 따르는 믿음을 소유한 사람들의 모임으로 정의할 수 있다. 바울이 교회를 이렇게 호칭한 것은 교회를 구원받은 하나님의 백성으로 보았기 때문이다.

　바울이 교회를 그리스도의 몸에 비유한 것은 성도의 연합을 주장하기 위한 것이다. 조직화된 교회는 성도 각자의 직분과 은사에 따라 서로 섬기고 봉사해야 한다. 바울은 성도가 교회에서 자신의 은사에 따라 사역해야 함을 분명히 한 것이다. 이것은 성도 간에 일어나는 갈등의 문제를 방지하며 성숙한 교회로 발전할 수 있기 때문이다. 교회의 직무는 여성에게도 적용되었다. 일부 현대 학자들은 바울이 여성의 교회 사역을 부정했다고 주장하지만, 바울서신에는 여성 사역자의 특별한 사역들이 소개되어 있다. 아마도 초대교회에서 여성의 역할을 부정적으로 본 것은 당시 사회가 남성중심이었기 때문일 것이다. 따라서 바울은 남성과 여성이 각자의 은사에 따라 하나님을 섬기는 교회를 생각한 것으로 보인다.

　교회의 지도력에 대한 바울의 견해는 특정한 개인에게 전적인 권위를 부여하지 않았다. 바울은 교회의 권위가 회중에게 있는 것으로 묘사했다. 그러므로 교회의 조직적인 권위는 회중에게 있는 것이다. 교회의 권위가 회중에게 있다는 것은 예수 그리스도로 말미암아 구원받은 믿음의 공동체 자체가 하나님의 사명을 감당하는 기관이기 때문이다. 결론적으로 교회는 하나님의 부름을 받은 성도들이 하나되어 복음을 전하는 믿음의 공동체이다.

주(註)

1) 바울과 바나바의 사역에 대해서는 다음 논문을 참조하라. H. E. Hoefer, "Principles of Cross-Cultural/Ethnic Ministry: the Stories of Barnabas and Paul and the Jerusalem Council," *Missio apostolica* 13/2 (2005), 139-53.

2) 원시 기독교 공동체라는 단어 자체를 어떻게 보느냐는 초대교회를 이해하는데 아주 중요한 역할을 한다. 일반적으로 학자들은 원시 기독교 공동체를 사도행전부터 교부 시대까지로 보려는 입장을 취하고 있다. 하지만 신약성경에 나타난 교회의 모습은 사도행전과 바울서신 그리고 공동서신에서 각각 다른 모습을 보여주고 있기에 이것을 원시 기독교 공동체라는 틀 안에서 구분하여 살펴보았다. 따라서 바울의 교회는 예루살렘 교회보다 구조와 신앙 형태가 더욱 발달되었다고 보았다.

3) J. Gnika, *Theologie des Neuen Testament* (Freiburg: Herder, 1994), 111.

4) J. D. G. Dunn, 「바울 신학」 (고양: 크리스찬 다이제스트, 2003), 718.

5) H. Merklein, "Die Ekklesia Gottes. Der Kirchenbegriff bei Paulus und in Jerusalem," *Biblische Zeitschrift*, 23/1 (1979), 48-70.

6) D. G. Dunn, Jesus, *Paul and the Law: Studies in Mark and Galatians* (London: SPCK, 1990), 143-47.

7) 바울의 교회론 형성에 미친 영향력은 다음 논문을 참조하라. H. Boers, "Judaism and the Church in Paul's Thought," *Neotestamentica*, 32/2 (1998), 249-66.

8) J. D. G. Dunn, 「바울 신학」 (고양: 크리스찬 다이제스트, 2003), 718.

9) Ibid.

10) Ibid., 719.

11) W. Barclay, 「바울 신학 개론」, 박문재 역 (고양: 크리스찬 다이제스트, 1993), 189.

12) W. A. Meek, *The First Urban Christians: The Social World of the Apostle Paul* (New Heaven: Yale University, 1983), 222.

13) J. D. G. Dunn, 「바울 신학」 (고양: 크리스찬 다이제스트, 2003), 718.

14) J. A. Fitzmyer, *According to Paul: Studies in the Theology of the Apostle* (New York: Paulist, 1993), 91.

15) W. Barclay, 「바울신학개론」, 박문재 역 (고양: 크리스찬 다이제스트, 1993), 193.

16) Ibid., 195.

17) 다음 책을 참조하라. C. E. Arnold, "Jesus Christ: "head" of the Church" (Colossians and Ephesians), 346-366 in. eds. Green, J. B and Turner, M. *Jesus of Nazareth: Lord and Christ: Essays on the Historical Jesus and New Testament Christology* (Grand Rapids: Eerdmans, 1994).

18) Jewett, *Paul's Anthropological Terms: A Study of their use in Conflict Settings* (Leiden: Brill, 1971), 231.

19) J. D. G. Dunn, 「바울 신학」 (고양: 크리스찬 다이제스트, 2003), 734.

20) Ibid., 733.

21) 다음을 참조하라. E. H. Broadbent, *The Pilgrim Church* (London: Pickering and Inglis, 1931).

22) U. Brockhaus, *Charisma und Amt. Die paulinische Charismenlehre auf dem Hintergrund der frühchristlichen Gemeindefunktionen* (Wuppertal: Brockhaus, 1972), 8.

23) Ibid., 15.

24) E. Schweizer, *Church Order in the New Testament* (London: SCM, 1961), 99, 102.

25) H. Van Campenhausen, *Ecclesiastical Authority and Spiritual Power in the Church of the First Three Centuries* (London: Black, 1969), 68, 70-71, 76-123.

26) 다음을 참조하라. R. Schnackenburg, *The church in the New Testament* (New York: Herder & Herder, 1965).

27) J. D. G. Dunn, *Romans* (WBC 38, 2vols; Dallas: Word, 1988), 888-89.

28) R. Mac Mullen, *Paganism in the Roman Empire* (Yale University, 1981), 116-17.

29) 유니아가 여성의 이름인지에 대한 연구가 있었다. 학자들은 유니아가 여성이라는 결론을 내렸다. R. S. Cervin, "A Note regarding the Name 'Junia(s)' in Romans 16.7," *NTS* 40 (1994), 464-70.

30) S. C. Barton, "Paul's Sense of Place: An Anthropological Approach to Community Formation in Corinth," NTS 32 (1986), 225-46.

31) T. M. Lindsay, *The Church and the Ministry in the Early Centuries* (London: Hodder and Stoughton, 1902), 32-33, 58-59.

32) H. Greeven, "Propheten, Lehrer, Vorsteher bei Paulus," ZNW 44 (1952-53), 35-36.

33) G. Bornkamm, *Early Chrisian Experience* (London: SCM, 1969), 131.

34) J. D. G. Dunn, 「바울 신학」 (고양: 크리스챤 다이제스트, 2003), 805-806.

35) J. D. G. Dunn, *Unity and Diversity in the New Testament* (London: SCM, 1990), 166-68.

36) W. Bousset, *Kyrios Christos* (Nashville: Abingdon, 1970), 특별히 3-4장에서 이 부분을 다루고 있다.

37) 다음 책을 참조하라, M. W. Meyer(ed), *The Ancient Mysteries: A Source book* (San Francisco: Harper and Row, 1987).

38) J. D. G. Dunn, 「바울 신학」 (고양: 크리스챤 다이제스트, 2003), 798.

39) R. Mac Mullen, *Paganism in the Roman Empire* (New Heaven: Yale, 1981), 34-42.

40) G. Bornkamm, "Lord's Supper, with Church in Paul," in *Early Christian Experience* (London: SCM Press, 1969), 131.

41) G. Theissen, *The Social Setting of Pauline Christianity* (Philadelphia: Fortress, 1982), 4장을 참조하라(Social Integration and Sacramental Activity: An Analysis of 1 Cor. 11, 17-34).

42) G. Theissen, *The Social Setting of Pauline Christianity* (Philadelphia: Fortress, 1982), 4장을 참조하라(Social Integration and Sacramental Activity: An Analysis of 1 Cor. 11, 17-34).

43) J. Murphy-O'Connor, *St. Paul's Corinth: Text and Archaeology* (Collegeville:

Liturgical/Glazier, 1983), 168-69.

44) I. H. Marshall, *Last Supper and Lord's Supper* (Exter: Paternoster, 1980), 109.

45) Klauck, "Presence in the Lord's Supper: 1 Corinthians 11:23-26 in the Context of Hellenistic Religious History" in B. F. Meyer ed. *One Loaf, One Cup: Ecumenical Studies of 1 Cor. 11 nd other Eucharistic Texts* (Macom: Mercer University, 1993), 65-66.

46) M. M. Mitchell, *Paul and the Rhetoric of Reconciliation: An Exegetical Investigation of the Language and Composition of 1 Corinthians* (Louisville: Westminster/John Knox, 1993), 138-57.

47) G. Bornkamm, "Lord's Supper, with Church in Paul" in *Early Christian Experience* (London: SCM, 1969), 147-48.

48) E. Käsemann, *Essay on New Testament Themes* (London: SCM, 1964), 113-14.

49) H. Merklein, *Studien zu Jesus and Paulus* (WUNT 43; Tübingen: Mohr, 1987), 334-35.

50) 다음 책을 참조하라. J. Reumann, *The Supper of the Lord: The New Testament, Ecumenical Dialogues, and Faith and Order on Eucharist* (Philadelphia: Fortress, 1985).

51) O. Hofius, "The Lord's Supper and the Lord's Supper Tradition: Reflections on 1 Corinthians 11:23-25" in B. F. Meyer ed, *One Loaf, One Cup: Ecumenical Studies of 1 Cor. 11 and other Eucharistic Texts* (Macon: Mercer University, 1993), 103-09.

제14장 바울이 소망한 마지막 날

종말을 다른 말로 표현하면 그리스도의 재림을 의미한다. 바울은 그리스도의 재림에 대해 분명한 신학사상을 가지고 있었던 것 같다.[1] 그러나 우리는 바울의 종말 사상을 살피기 전에 먼저 종말의 의미에 대한 정의를 내려야 할 것이다. 종말이란 말은 두 개의 헬라어 단어가 하나로 합쳐진 합성어이다. 즉 escatos와 logos가 합쳐져서 종말이라는 단어가 되었다. 이미 우리가 알고 있듯이 '로고스'는 말씀이라는 의미를 가지고 있다. 물론 '로고스'는 가르침이나 교리라는 의미로도 사용 가능하다. 그리고 '에스카토스'는 마지막이란 의미가 있다. 그러므로 바울이 말한 종말이라는 용어에는 마지막 때에 일어날 일이란 의미가 있다.

14.1 바울이 인식한 종말로서의 현실

바울의 종말론은 구원론과 관련이 있다. 구원은 과거와 미래적인 사건이다. 각 개인은 예수 그리스도를 구주로 영접함으로 구원을 얻었다. 그리고 이것은 곧 과거의 사건이 된다. 그렇다면 그리스도를 영접한 후 성도가 죽어 내세에 이르기 전까지의 기간을 어떻게 이해해야 하는가의 문제에 봉착한다. 즉 바울의 종말론은 구원의 시작과 과정을 표현한 것으로 볼 수 있다.[2] 그러므로 바울의 종말론은 구원을 기준으로 형성되었다고 보아야 한다. 구원받은 성도의 신앙적 확신은 그의 삶을 통해 지속적으로 나타나야 한다. 이러한 지속성은 결국 종말론에 대한 신학으로 나타나기 때문이다.[3] 따라서 바울의 종말론은 구원받음으로부터 시작하여 미래의 하나님의 나라를 바라보는 신앙으로 현실을 살아가는 것이다.

그러므로 바울의 종말론은 시작과 마지막이라는 히브리 직선사관에 기인한 것으로 보인다. 히브리 사상에 의하면, 시간은 단계적으로 구성되어 있다. 하나의 시간대가 지나면 새로운 시간대가 형성되는 것이다. 즉 현세가 있고 내세가 있다는 것이다.[4] 바울은 현세와 내세가 존재한다는 사실을 인식 하고 있었다. 그러므로 바울의 종말론 관점에 의하면 사람은 죽음이라는 상황을 통해 내세로 들어가게 된다.

그러나 예수 그리스도를 믿고 난 후 바울의 종말론 개념은 달라졌다. 현세와 내세가 있다는 것은 예수 그리스도를 만난 후에도 변화가 없다. 그러나 바울은 인간의 죽음의 시점을 재림의 시점으로 바꾸어 놓았다.

즉 현세에서 내세를 연결시키는 기준이 재림이라는 것이다. 그러나 더욱 중요한 것은 구원을 받은 성도가 재림이 이루어지기 전까지 구원받은 자로서 현세를 산다는 것이다. 성도는 육신적으로 아담 안에 있기 때문이다. 그러나 성도는 영적으로는 그리스도 안에 있다. 그러므로 죽음 이전의 성도의 상태는 아직 부활의 온전한 체험과 몸을 가지지 못한 것이다.[5] 그리스도를 믿음으로 구원은 이미 이루어졌지만, 아직 그 구원은 완전히 이루어지지 않았다. 성도는 신앙적으로는 내세에 속해 있지만, 또한 여전히 현세에 속해 살아가고 있기 때문이다.

14.2 이미 그리고 아직

학자들은 성도의 이러한 상태를 종말론의 긴장 가운데 있다고 표현한다. 이것은 예수 그리스도를 통한 구원이 현실에서 이미 이루어졌지만 아직 내세에 들어가지 않았다는 뜻이다.[6] 즉 종말론적 긴장인 이미와 아직에는 구원에 관한 신학적 의미가 담겨 있다. 그러므로 바울이 말한 종말론적 긴장은 이미와 아직의 견지에서 살펴보아야 한다.[7]

첫째, 하나님의 구속이다. 예수를 믿는 순간에 이미 구속은 이루어졌다. 성도는 예수 안에 있는 구속으로 말미암아 하나님의 은혜로 이미 의로워졌다(롬 3:24; 골 1:14). 현실에서 이미 구속이 이루어졌음을 의미한다. 그러나 바울은 성도의 구속은 아직 완전히 이루어지지 않았다고 했다. 성령의 처음 익은 열매를 받은 성도는 우리 몸의 속량을 기다린다(롬

8:23). 현실에서는 이미 구원을 받았지만 아직 몸의 속량을 기다리는 종말론적 긴장 상태 속에 있다는 것이다.[8] 이것은 하나님의 나라가 여전히 미완임을 말한다. 그러므로 바울이 '그리스도 안에'와 '그리스도와 함께'라고 표현한 것은 성도가 초림과 재림 사이에 있다는 것으로 보아야 한다.

둘째, 바울은 자유에 대해서도 종말론적 긴장 상태를 말한다. 성도는 이미 죄로부터 해방되어 의의 종이 되었다(롬 6:18, 22; 8:2; 갈 2:4). 그러나 아직 하나님의 영광에 이르는 자유에 도달하지는 못했다(롬 8:21). 이 땅에서는 죄로부터 자유함을 얻었지만 하나님의 영광에 이르는 참된 자유는 아직 미완성이다. 이것은 재림 이후에 가능한 것이기 때문에 아직 이루어지지 않았다.

셋째, 바울은 성도가 받을 유업도 종말론적 긴장 상태로 설명한다.[9] 성도는 이미 하나님의 유업이 확정되었고 받을 자이다(갈 4:7). 그러나 하나님의 유업은 아직 이루어지지 않았다. 그리고 불의한 자들은 유업을 받지 못한다(고전 6:9-10). 물론 본 구절의 의미는 고린도 교인들 가운데 불의한 자는 하나님의 나라를 유업으로 받지 못한다는 권면이다. 바울의 관점에서 구원받은 자는 하나님 나라를 유업으로 받은 자들이다. 그러나 여전히 육신적인 삶을 추구하는 자들은 하나님 나라를 유업으로 받지 못한다. 이것은 이미 하나님 나라를 유업으로 받았다는 표현도 가능하고, 아직 하나님 나라를 확실히 유업으로 받지 못했다는 표현도 된다.

넷째, 성도는 죄인인 동시에 의인이다. 사람은 그리스도를 믿음으로 이미 의인이 되었다(롬 5:1). 그러나 종말론적 긴장 안에서 성도는 아직 죄인이다. 성도는 여전히 의의 소망을 기다리는 상태에 있기 때문에 현실에서 죄를 벗어나지 못한다(갈 5:5).

다섯째, 성도의 성화 차원에서도 여전히 종말론적 긴장이 나타난다. 바울은 성도가 그리스도를 닮는 성화를 지속하는 과정을 현재로 보았다(롬 12:2; 고후 3:18). 하지만 성도는 아직 하나님의 형상을 닮아야 하는 성화의 목표에는 도달하지 못하고 있다(롬 8:29; 빌 3:21). 성도는 날마다 성화를 이루어 가면서 이미 상당 부분 성화의 삶을 살지만 아직 성화가 완성되지는 않았다는 것이다.

지금까지 종말론적 긴장을 바울이 묘사한 이미와 아직을 통해 살펴보았다. 바울에게 있어서 이미와 아직은 성도의 구원을 전제로 하고 있다. 구원받은 성도로서 미래에 다가올 종말을 바라보며 현실을 살아가는 것이다. 따라서 이미와 아직은 현실을 살아가는 성도의 윤리적 삶의 가치 기준이라는 새로운 관점도 존재하게 된다.

14.3 구약과 바울의 종말

바클레이(Barclay)는 예수 그리스도의 종말 사상의 근원을 구약성서에서 찾으려고 시도하였다.[10] 예수의 종말사상은 바울의 종말 사상에도 영향을 미친 것으로 보인다. 따라서 바울도 종말에 관하여 선포할 때 구약적인 배경을 기초로 하고 있다. 이러한 추론은 아마도 바울이 유대교 교육을 받는 과정에서 종말에 대한 사상을 습득한 것으로 보인다. 바울은 특히 이사야 26장과 27장에 언급된 내용을 통해 종말론 사상의 영향을 받은 것 같다.[11] 이러한 영향이 데살로니가전후서에 그대로 나타나는데, 그 내용을 좀 더 구체적으로 살펴보자.

바클레이는 바울이 이사야서에 언급된 종말 언어를 네 단계로 나누어 인용했다고 보았다.[12] 첫째, 데살로니가후서 2:1에 언급한 '주의 오심'은 이사야 26:21을 근거로 한 간접 인용으로 보았다. 둘째, 데살로니가후서 1:9과 2:8에 언급한 '심판의 임함' 역시 이사야 26:21을 근거로 한 간접 인용으로 보았다. 셋째, 데살로니가전서 4:16에 언급된 '죽은 자의 부활'은 이사야 26:19을 근거로 인용 했다고 보았다. 데살로니가전서 4:16의 '나팔 소리'는 이사야 27:13을 배경으로 하고 있다고 주장하였다. 다섯째, 데살로니가전서 4:17에 언급된 '하나님이 택한 자들을 불러 모은다는' 유대교 사상은 이사야 27:12을 인용한 것으로 보았다. 특별히 하나님이 택한 자들을 불러 모은다는 사상은 유대교 종말론의 핵심이다.[13] 그러므로 바울의 종말론 사상은 구약적인 배경에서 인용되거나 상당한 영향을 받은 것으로 보아야 할 것이다.

14.4 재림 소망

바울은 예수 그리스도의 재림에 관해 그의 서신 여러 곳에서 언급했지만, 예수 그리스도의 재림에 대한 소망은 데살로니가전후서에 나타난 재림 사상을 통해서 살펴보아야 할 것이다. 일반적으로 학자들은 데살로니가전서가 바울 서신 중에서 가장 먼저 기록되었다고 믿는다.[14] 바울의 초기 서신인 데살로니가전후서는 바울서신 가운데 재림에 대한 내용을 아주 중요한 주제로 다루고 있다. 따라서 바울의 종말론 주제를 다루기 위해서는 꼭 연구해야 할 서신이 바로 데살로니가전후서다. 그러나 이미 확인한 것처럼 우리는 데살로니가전서후서가 바울의 초기 서신이라는 부분을 염두에 두어야 한다.[15] 이것은 바울의 종말론 사상이 그의 후기 사역 기간 동안에 발전될 수 있음을 전제로 한 것이다.[16]

바울은 데살로니가전서 1:9-10에서 데살로니가 교인들에게 재림을 기다려야 한다고 권면한다. 이미 우리가 알고 있듯이 데살로니가 교회는 바울이 아주 짧은 방문 기간 동안 복음을 전함으로 세워진 교회이다(행 17:1-9). 바울이 급히 데살로니가를 떠난 것은 유대인의 박해와 선동 때문이었다. 바울이 데살로니가를 떠나면서 디모데를 그곳에 남겨두었다. 데살로니가 교인들은 신앙에 대한 궁금한 부분을 디모데를 통해 바울에게 질문하였다. 디모데는 데살로니가에서 목회를 하며 바울과 데살로니가 교회를 연결시켜주는 가교역할을 한 것이다.

그렇다면 우리는 바울이 데살로니가를 떠난 후 그곳에서 무슨 일이 일어났는지를 재구성해 보아야 할 것이다. 바울에게 복음을 듣고 기쁨이 넘치는 생활을 하던 데살로니가 교인 중에 갑자기 죽음을 맞이한 사람들이 생긴 것 같다(살전 4:13). 이 사건은 바울에게 복음을 듣고 예수를 메시아로 받아들인 데살로니가 교인들에게는 큰 충격이었다. 그들에게는 자연스럽게 죽은 자들의 부활이 어떻게 이루어지는 지에 대한 의문이 생기기 시작했다(살전 4:14). 바울은 데살로니가 교인들의 질문에 대해 응답을 주어야 했고, 그들에게 부활에 대한 소망을 심어주어야 했다.

바울은 "형제들아 자는 자들에 관하여는 너희가 알지 못함을 우리가 원하지 아니하노니, 이는 소망 없는 다른 이와 같이 슬퍼하지 않게 하려 함이라. 우리가 예수께서 죽으셨다가 다시 살아나심을 믿을진대 이와 같이 예수 안에서 자는 자들도 하나님이 그와 함께 데리고 오시리라. 우리가 주의 말씀으로 너희에게 이것을 말하노니 주께서 강림하실 때까지 우리 살아 남아 있는 자도 자는 자보다 결코 앞서지 못하리라"고 그들에게 재림과 부활이 분명히 있음을 확신시켰다(살전 4:13-15). 그러므로 바울의 관점에서 그리스도의 재림은 성도들에게는 소망이다. 더욱이 이미 죽은 자들도 부활에 참여하며 불이익을 당하지 않을 것임을 분명히 한 것이다.

14.5 그리스도의 재림 모습

바울은 예수 그리스도의 재림을 아주 구체적으로 묘사하고 있다(살전 4:16-17).[17] 이러한 구체적인 묘사는 바울의 종말 신학이 담겨 있음을 의미한다. 첫째, 예수 그리스도가 재림할 때 주의 호령과 천사장의 소리와 하나님의 나팔 소리가 난다. 주의 '호령'은 군사적인 용어로 명령적인 의미가 담겨 있다. 하나님의 호령은 세계 남방에 있는 모든 민족들을 하나로 모으는 능력의 주님을 의미한다(필로 De praem. et poen. 117). 하나님의 호령 소리는 죽은 자들을 일어나게 한다. 천사장의 소리가 들린다. 유대 전승에 의하면 일곱 명의 천사장이 있는데 이들의 역할은 성도들의 기도를 하나님께 전달하는 일이다(Tob 12:15). 바울은 하나님의 나팔을 구약성경 이사야 27:13을 인용한 것 같다. 일반적으로 유대인들은 전쟁에서 포로된 자들이 석방될 때 큰 나팔을 불었다. 그러므로 바울의 관점에서 주님의 재림은 세상을 이기는 승리의 나팔 소리일 것이다. 학자들은 천사장의 소리와 나팔 소리를 주의 백성을 모으는 소집으로 보기도 한다.[18]

둘째, 죽은 자들이 일어나고 살아 있는 자도 구름 속으로 끌려 올라간다(살전 4:17). 죽은 자들이 먼저 부활한다. 이것은 믿음을 소유한 상태에서 죽은 자에게는 부활이 분명히 있음을 말한 것이다. 이미 살펴본 것처럼 데살로니가 교인들은 죽은 자들의 부활 문제를 염려하고 있었기 때문에 부활의 분명함을 재차 강조한 것이다. 그리고 바울은 데살로니가 교회 성도들과 같이 신앙생활 하다가 죽은 자들이 먼저 살아난다는 것을 강조함으로 먼저 죽은 자들이 부활 때 불이익이 없음을 말했다.

셋째, '구름 속으로'라는 단어에는 재림의 의미가 있다. 바울은 예수 그리스도가 재림하면 성도들을 구름 속으로 끌어 올린다고 말한다. 유대교와 헬라 세계에서는 '하늘로 끌어 올린다'는 말을 일상적으로 사용하곤 했다(창 5:24; 고후 12:2, 4; 행 8:39).[19] 그리고 유대교 사상에서 구름은 신적 현현을 상징하기도 한다. 모세가 하나님을 만났을 때도 구름 가운데 하나님이 임하셨다고 기록하고 있다(출 19:16). 따라서 '구름 속으로'라는 말에는 신적 현현인 예수 그리스도의 재림을 나타내는 의미가 담겨 있다.

넷째는 '공중에서'이다. 재림하는 예수 그리스도와 성도들이 만나는 장소를 공중으로 묘사한 것이다. 바울은 성도들이 공중에서 재림하는 예수 그리스도를 영접하게 될 것이라고 묘사했다. 바울의 이러한 묘사는 왕이나 개선장군이 입성할 때 신하들이 성 밖에서 영접하여 왕과 같이 성으로 들어옴을 연상한 것 같다. 공중에서 주님을 만난 성도는 재림하는 주님을 따라 지상으로 내려온다. 바울은 재림한 예수 그리스도가 늘 성도들과 함께 있을 것이라고 했다(살전 4:17).

14.6 재림의 시기

바울은 데살로니가 교인들이 요구한 재림의 시기에 관하여도 답변하였다. 그러나 재림의 시기에 대한 바울의 관점이 데살로니가전서와 후서에서 서로 다르게 나타나고 있다. 데살로니가전서는 임박한 종말을 강조한다. 주의 재림이 데살로니가 교회 성도들이 죽기 전에 있을 재림의 임박함을 나타내고 있다. 그러나 데살로니가후서는 임박할 종말을 강조하기보다는 마지막 날에 나타날 징조에 초점을 두고 있다. 즉 지연된 종말에 대한 견해가 더욱 강하게 나타나 있다. 학자들은 데살로니가전후서의 임박한 종말과 지연된 종말의 차이점 연구에 관심을 두고 있다.[20]

그러나 중요하게 생각해야 할 부분은 바울이 언급한 임박한 종말이 언제 일어날 것인가에 대한 일시(日時)의 문제이다. 시간의 개념을 헬라어로

Chrónos와 Kairós로 구분한다. "크로노스"는 일반적인 시간을 의미한다. 그러므로 "크로노스"는 인간들의 시간 개념을 의미한다. "카이로스"는 하나님의 시간 개념이다. 바울의 관점에서 임박한 종말론은 그가 하나님의 관점에서 종말을 이해한 것으로 보아야 할 것이다. 인간적인 시간 개념으로는 하나님의 시간 개념을 이해할 수 없기 때문이다. 바울은 종말의 때를 인간의 시간이 아닌 하나님의 시간 개념으로 선포한 것이다. 그러므로 마지막 날은 하나님이 결정하고 행하는 것이지 인간의 시간 개념에 의해 오는 것이 아니다.

14.7 재림의 결과

바울의 신학사상에서 예수 그리스도의 재림은 예수 그리스도와 성도의 영원한 연합을 의미하며, 성도가 영적인 몸으로 부활함을 의미한다.[21] 이로서 성도의 죽을 몸이 '그의 영화로운 몸처럼 되도록' 변화(성화)를 받게 되며 이는 성도들이 부름 받은 아들로 완성됨을 뜻할 뿐만 아니라 휴거는 심판도 의미하고 있다(롬 8:28-30; 고전 15:42-49; 6:7).[22]

그러나 예수 그리스도를 믿고 구원받은 성도에게는 심판이 있을 수 없다. 바울은 믿는 성도는 심판을 받지 않는다고 했다(롬 8:1-2). 그러나 예수 그리스도를 믿지 않는 자들에게는 휴거가 아닌 심판이 임하게 된다(심판 대상자, 롬 3:29; 고전 16:22; 살후 1:8-9; 2:12). 바울은 예수 그리스도의 재림 시에는 다음과 같은 일들이 있을 것이라고 했다.

첫째, 이방인의 완전한 수가 달성된다(롬 11:25).

둘째, 이스라엘에 대한 하나님의 약속이 최종적으로 실현된다(롬 11:26-27).

셋째, 피조물이 인간의 죄로 인해 받던 운명의 쇠사슬에서 해방된다(롬 8:19-21).

넷째, 모든 권세가 예수께 굴복하게 된다(고전 15:27; 엡 1:21-22; 빌 3:21).

다섯째, 죽음 곧 마지막 원수가 파멸된다(고전 15:24-25).

여섯째, 이렇게 해서 모든 것이 예수 그리스도에게 굴복당하게 될 때 아들 자신도 당신에게 모든 것을 굴복시켜준 하나님께 굴복함으로 하나님께서 만물을 완전히 지배하시게 된다(고전 15:28; 엡 4:5-6).

죄악 세상에 구세주로 오신 예수 그리스도의 역사적 사역의 성취는 이미 완성된 일이다. 그러나 주님의 역사하심은 성령 안에서 지금도 우리를 도우시고, 우리로 하여금 구원의 소망을 견고케 하여 믿음의 결실을 이루게 한다. 그리스도인은 예수 그리스도 안에서 부활의 새생명 가운데 참 사랑을 체험하고 있다. 따라서 성도들이 하나님의 참 아들로 완성되어가는 구원의 완전한 성취는 예수 그리스도가 재림할 때 이루어진다. 바울은 이 일이 반드시 이루어질 것을 열망하고 믿고 기다리라고 권면한다(롬 8:24; 빌 3:10-14).

14.8 결론

　예수 그리스도의 재림은 종말을 의미한다. 그러나 바울의 종말은 구원받는 순간부터 시작된다고 보아야 한다. 구원받은 성도가 아니라면 종말에 대한 기대도 없기 때문이다. 하지만 바울의 종말 사상은 유대교 사상에서 기인한 것이다. 그러므로 성도의 죽음을 재림의 시점으로 보아야 한다. 구원받은 성도는 종말을 기다리며 현실을 살기 때문이다.

　바울은 성도의 종말을 이미와 아직으로 보았다. 이미 구원받아 하나님의 자녀가 됨으로 재림을 기대하는 종말 사상으로 현재를 사는 것이다. 그렇지만 성도는 이미 현재 종말이 이루어진 것이다. 구원받은 하나님의 자녀가 되었기 때문이다. 바울의 이러한 종말 사상은 구약의 영향을 받은 것으로 보인다. 특별히 이사야 26장과 27장을 인용한 것으로 보인다. 이것은 바울의 종말 사상이 유대교에 바탕을 두고 있음을 의미한다. 예수 그리스도가 재림하게 되면 성도는 영적인 몸으로 변화되어 예수 그리스도를 맞이하게 될 것이다. 하지만 바울은 예수 그리스도의 재림 시점에 대해서는 아무도 알지 못한다고 말한다. 바울은 임박한 종말과 지연된 종말을 함께 언급하고 있지만, 이것은 하나님의 시간과 인간의 시간 개념이 다름으로 인한 차이에서 기인한 것으로 보인다. 결론적으로 바울은 종말을 구원의 완성으로 본 것이다.

주(註)

1) 다음을 참조하라. J. Plevnik, "Paul's Eschatology," *Toronto Journal of Theology* 6/1 (1990), 86-99.

2) J. D. G. Dunn, 「바울 신학」 (고양: 크리스챤 다이제스트, 2003), 623.

3) Ibid.

4) Ibid., 624.

5) J. D. G. Dunn, 「바울 신학」 (고양: 크리스챤 다이제스트, 2003), 625-27.

6) A. T. Lincoln, *Paradise Now and Not Yet: Studies in the Role of the Heavenly Dimension in Paul's Thought with Special Reference to His Eschatology* (Grand Rapids: Baker Bk House, 1991).

7) 이곳에 제시한 종말론적 긴장으로서 바울의 표현은 Dunn의 견해를 기초로 했다. 그의 책 「바울 신학」 (고양: 크리스챤 다이제스트, 2003), 629-30.

8) J. D. G. Dunn, 「바울 신학」 (고양: 크리스챤 다이제스트, 2003), 629.

9) A. A. Hoekema, "Already, not yet: Christian living in tension," *Reformed Journal* 29/1 (1979), 15-18.

10) W. Barclay, 박문재 역 「바울신학개론」 (고양: 크리스챤 다이제스트, 1993), 182.

11) Ibid.

12) M. C. Boer, "Second Isaiah and Paul's Eschatology in the Letter to the Galatians," 35-43 in eds. Postma, F. and Spronk, K. Talstra, E. *The New Things: Eschatology in Old Testament Prophecy: Festschrift for Henk Leene* (Uitgeverij Shaker Pub, 2002).

13) W. Barclay, 「바울 신학 개론」, 박문재 역 (고양: 크리스챤 다이제스트, 1993), 182.

14) W. G. Kümmel, *Introduction to the New Testament* (Nashville: Abingdon, 1975), 257.

15) R. N. Longenecker, "The Nature of Paul's Early Eschatology," *New Testament Studies* 31/1 (1985), 85-95.

16) D. G. Dunn, 「바울 신학」, 박문재 역 (고양: 크리스찬 다이제스트, 2003), 424.

17) 다음을 참조하라. J. Plevnik, "The taking up of the Faithful and the Resurrection of the Dead in 1 Thessalonians 4:13-18," *Catholic Biblical Quarterly* 46/2 (1984), 274-83.

18) B. Lindars, "The Sound of the Trumpet: Paul and Eschatology," *Bulletin of the John Rylands University Library of Manchester* 67/2 (1985), 766-82.

19) A. W. Zwiep, *The Ascension of the Messiah in Lukan Christology* (Leiden: Brill, 1997), 36-76.

20) 바울의 변화된 종말사상은 다음 논문을 참조하라. C. L. Mearns, "Early Eschatological Development in Paul: the Evidence of 1 Corinthians," *Journal for the Study of the New Testament* 22 (1984), 19-35.

21) T. F. Royds, "Christ's Ressurrection and Ours," *Modern Churchman* 18/5 (1928), 261.

22) S. Sobanaraj, *Diversity in Paul's Eschatology: Paul's view on the Parousia and Bodily Resurrection* (Delhi: Indian Society for Promoting Christian Knowledge, 2007).

제15장 바울의 윤리

　신약성서 학자들은 바울의 윤리에 대하여 많은 관심을 두지 않았다. 그들은 바울의 윤리는 바울신학의 부수적인 부분에 불과하다고 믿었기 때문이다. 그래서 바울의 윤리를 연구하는 학자들은 바울의 윤리를 독자적으로 연구하기보다는 그의 신학과 윤리의 상호 작용에 관심을 가졌다.[1] 이것은 바울의 윤리가 바울신학을 연구하는데 방향을 제시해 주는 것으로 보았기 때문이다. 왜냐하면 바울의 윤리는 현실을 살아가는 도덕적 거룩함을 장차 물려받을 하나님의 나라와 그리고 심판과 연계해서 말하기 때문이다.[2] 바울은 그리스도인이 현실에서 심판을 피하려면 윤리적 삶을 살아야 함을 말한 것은 아니다. 단지 하나님의 자녀로서 성숙하고 거룩한 삶을 살아야 하는 당위성을 제안한 것이다. 이러한 당위성은 삶의 실천을 통해 자연스럽게 그리스도인의 윤리적 삶에 영향을 미친 것이다. 다른 한편으로, 바울의 신학은 그가 가진 윤리 사상을 연구할 때 어떠한 방법으로 접근해야 하는지를 결정하는데 영향을 미친다고 보았다. 이러한 바울의 신학과 윤리의 상호 관계는 결국 예수의 십자가와 부활 사건에 대한 바울 자신의 이해가 반영되었다고 볼 수 있을 것이다.[3] 즉 바울이 예수의 사역과 십자가 사건을 어떻게 이해하고 있느냐가 그의 신학과 기독교 윤리 사상으로 표출되었다는 것이다.

무엇보다도 중요한 사실은, 바울의 윤리 진술이 추상적이거나 신학적 토론이 아니라는 것이다. 이것은 그의 윤리 사상이 항상 교회의 구체적인 상황과 연결되어 있기 때문이다. 즉 바울의 윤리는 실제적이라는 것이다. 더욱이 바울의 윤리적 실천은 교회를 넘어 사회생활에서도 그대로 적용되었다. 당시 그리스도인은 믿음의 공동체를 넘어 사회공동체에서 윤리적 삶을 실천하는 것이었다. 삶의 현장에서 마주치는 다양한 문제들을 바라보면서 그리스도인으로서 자신의 정체성을 분명히 하는 것을 윤리적 삶이라고 보았다. 다양한 사회 갈등 현상들을 조정하는 과정에서 나타나는 신앙의 정체가 바로 윤리적 삶인 것이다. 따라서 바울의 윤리는 종종 특별한 문제를 해결하거나 어떤 일을 결정할 때 영향을 미쳤다.

15.1 바울 윤리의 근원

학자들은 바울의 윤리가 근본적으로 그의 윤리인지 아니면 다른 사람이나, 어떤 사상에서 영향을 받았는지에 대해서 관심을 가졌다. 일반적으로 학자들은 바울의 윤리는 형성 과정에서 다른 요소들의 영향을 받은 것으로 보았다. 이것은 바울서신에 언급된 윤리 사상이 당시 사회와 역사 그리고 전통적인 윤리 사상의 영향을 받았음을 나타내기 때문일 것이다.[4]

15.1.1 유대교 윤리 사상

바울은 자신이 근본적으로 유대 전통과 문화 배경을 소유한 사람이라는 것을 숨기지 않았다(고후 11:22; 갈 1:13). 이것은 바울의 윤리 근원이 구약성경을 전제로 하고 있음을 암시한다. 예를 든다면, 아담과 예수의 비유를 통해서 새로운 생명에 대한 설명을 하고 있다(롬 5:1). 바울은 출애굽 사건 역시 죄의 삶에서 새로운 회복을 외치는 윤리적 기준으로 보았다(고전 10:1-13).

랍비 전통 역시 바울의 윤리사상에 영향을 준 것 같다. 바울은 랍비 전통에서 윤리 개념, 윤리적 주석 방법, 윤리의 동기 등의 영향을 받았다. 랍비들의 율법 교육과 해석은 당시 유대인들의 윤리 기준 역할을 한 것은 부인할 수 없는 사실이다. 그러나 주의해야 할 사실은 바울의 윤리 형태가 랍비 전통 중심이라고 결론 내릴 수는 없을 것이다. 왜냐하면 바울신학이 구약성경의 핵심인 토라와 깊은 관련이 있지만, 토라가 바울신학 형성의 근본적인 토대가 되지는 않았기 때문이다.

15.1.2 헬라 배경

바울이 강조한 윤리가 일정 부분 헬라문화의 영향을 받았다는 것은 그가 사용한 단어들에서 기인한다. 바울이 자주 사용하는 '경쟁'이라는 단어는 헬라 운동 경기에서 사용된 용어다. 또한 바울은 헬라 문화 관점에서 회중을 교훈하기도 했다(고전 8:7-12; 10:25-30). 하지만 바울은 헬라 문화 요소들을 그의 윤리 사상에 그대로 옮겨놓지는 않았다. 바울은 단지 자신의 윤리적 해석을 위해 윤리 개념들을 헬라 사상에서 빌려왔을 뿐이다.

15.1.3 초대교회 전승

바울의 윤리는 예수와 바울의 관계 연구에서도 찾을 수 있다. 바울서신에는 초대교회 전승이 담겨 있는데, 그는 초대 기독교 전승을 회중들에게 전달하는 역할을 했다. 이것은 예수의 가르침을 중심으로 자신의 윤리 기준을 세웠음을 의미한다(고전 7:10, 25; 9:14). 예수가 선포한 내용은 초대교회 성도들의 삶의 기준이 되었다. 바울은 예수의 가르침에서 윤리적 요소들을 재구성해서 자신의 회중에게 전달한 것이다.

15.2 바울 윤리의 전제

바울의 윤리는 유대교, 헬라 사상 그리고 초대교회 전통의 영향을 받았음을 살펴보았다. 그러나 바울의 윤리를 이해하기 위해서는 그의 윤리 기준이 어디에 있는지를 확인하는 것이 더욱 중요하다. 바울은 윤리적 삶의 출발점을 다음과 같다.

15.2.1 그리스도 안에서 새로운 삶

모든 그리스도인들의 개인적 또는 공동체적 삶의 행동 기준은 구원받은 성도로서 하나님의 뜻을 따르는 새로운 삶에 기인한다. 사람은 육신의 모습으로 살 때는 죄의 지배를 받는 인생이었다. 그러나 그리스도 안에서 새로운 피조물이 되었다(고후 5:17). 성도는 그리스도 안에서 새로워짐으로 과거의 모든 것은 지나감으로 새로운 존재가 되었다. 이것이 바로 바울 윤리의 출발점이다.

15.3 새로운 삶으로 윤리

위에서 살펴본 것처럼 바울의 윤리는 예수 그리스도 안에서 새로운 삶과 함께 시작되었다. 새로운 피조물이 된 인간이 하나님의 말씀을 따라 어떻게 살아야 하는지를 신학적으로 정립한 것을 바울의 윤리라고 한다.

그러므로 바울의 윤리는 신학적 관점에서 시작되었다. 바울신학의 실천적인 부분들은 모든 윤리와 관련이 있다. 바울의 신학적 주제들과 윤리의 관계를 간단하게 살펴보자.

15.3.1 그리스도의 십자가와 윤리

바울은 믿는 자는 예수 그리스도의 십자가를 힘입어 죄로부터 승리해야 한다고 했다(롬 6:1-10). 예수의 십자가 사건은 개인적 사건이 아니라 골고다에서 이루어진 인류를 구원한 역사적 사건이며, 신자는 이미 구원 받은 것으로 보았다. 그러므로 예수 그리스도의 십자가는 새로운 윤리적 판단의 기준이 되었다. 누구든지 그리스도와 함께 죽은 자들은 그리스도와 영원히 사는 것이다(롬 6:8). 그러므로 윤리적 실천의 기초는 예수 그리스도의 십자가 사건이다.[5] 예수 그리스도의 십자가 죽음은 기독교인이 윤리적 삶을 살아야 할 가장 중요한 동기부여이다.

15.3.2 성령을 따라 사는 삶

예수 그리스도를 믿음으로 구원받은 자는 새로운 삶을 시작한 그리스도인이다. 예수 그리스도의 사람은 성령을 따라 살아야 한다(갈 5:25). 특별히 로마서 8장은 예수 그리스도를 믿음으로 구원받은 신자의 새로운 삶은 성령을 의지해야 함을 잘 묘사하고 있다.[6] 율법을 우선으로 삼고 살아온 자들은 이제 율법과 죄로부터 해방되었다. 예수 그리스도 안에서 새로운 삶은 성령을 따라 사는 것이며 이것이 윤리의 기준이다. 성령은 그리스도인들의 삶이 열매를 맺고 풍성하도록 인도하는 역할을 한다. 그러므로 윤리적 실천의 현장에는 항상 성령의 인도하심과 역사가 있어야 한다.

15.3.3 종말을 기대하는 윤리

종말론 차원의 윤리는 "이미와 아직"으로 구분된다. 로마서 8:18-25의하면 바울은 구원이 아직 최종적인 완성에 이르지 않았다고 보았다. 성령의 첫 열매를 언급하며 여전히 소망을 가지고 기다려야 함을 강조했다(롬 8:25). 반면에 지금은 깰 때이며 우리의 구원의 때가 처음보다 가까이 왔다고 보았다(롬 13:11; 14:2). 그러므로 그리스도인은 종말이 올 때까지 윤리적 실천을 해야 한다.[7] 종말론 관점에서 본 윤리적 삶의 실천은 바울의 윤리에서 가장 두드러진 부분 중의 하나다.

15.3.4 인간 이해를 통한 윤리

바울은 인류학적 차원에서 윤리를 설명했다. 하나님의 자녀가 된 성도 가운데 남자들의 윤리 기준에 대한 새로운 시각을 제시했다. 1세기 지중해 연안은 남성중심 사회였다. 남성중심 사회에서 여성과 아이들은 남자인 아버지의 재산으로 간주되었다. 그러나 예수 안에서 윤리적 삶을 사는 그리스도인은 더 이상 가족을 재산으로 생각하지 말아야 했다.

당시 남성 중심 사회 구조에서 여성들의 위치가 새롭게 정립된 것이다. 남성 중심 사회의 형성은 남성이 하나님의 형상과 이미지를 가지고 있다는 것에서 비롯되었다(엡 4:24; 고후 4:4; 롬 8:29). 그러나 이것 때문에 남성을 사회 지배자로 바라보아야 한다는 해석을 만들어서는 안 된다. 아내는 남편의 사랑을 받아야 할 대상이다. 남편은 아내를 자기 몸처럼 사랑해야 할 대상으로 보아야 한다. 그러므로 바울은 남성과 여성의 평등을 강조한 것이다.

15.3.5 성례와 윤리

바울은 주의 만찬과 침례 역시 윤리적 기준이 있다고 보았다. 새로운 삶의 시작은 더 이상 죄의 자녀로 살아가는 것이 아니라 예수 그리스도를 따라 사는 것이다. 이것을 증명하는 기준이 바로 침례를 받는 것이다. 침례를 받는다는 것은 죄인이 회개하고 예수 그리스도와의 연합을 이루었음을 의미한다(롬 6:6). 그러므로 예수 그리스도와 연합한 자는 죄에서 벗어나 윤리적 삶을 실천하며 살아야 한다. 즉 거룩한 하나님과 연합을 이룬 성도는 윤리적 삶을 살아야 한다.

주의 만찬은 예수 그리스도를 기념하는 것이다(고전 11). 바울의 관점에서 주의 만찬을 행하는 것은 아주 강한 윤리적 삶을 실천하는 것이다(고전 11:27).[8] 헛되이 만찬을 먹는 것은 주의 몸과 피를 범하는 죄가 된다. 주의 만찬에는 하나님을 향한 윤리적 기준과 교회에서 지켜야 할 윤리적 기준이 있었다. 바울은 고린도 교회가 부한 사람들만 모여서 주의 만찬을 즐겼다는 소식을 듣고 엄중하게 질책하며 권면 했다. 성도 각자는 사회 계층에 관계없이 교회에 모여 다같이 그리스도의 피 흘림과 육체의 찢김을 기념하길 원한 것이다. 바울은 사회 계층별로 주의 만찬을 먹었다는 것은 윤리적으로 큰 범죄임을 지적했다. 바울은 교회가 평등의 윤리를 지향해야 함을 강조한 것이다.

15.3.6 자유

어떤 학자들은 바울이 강조한 '자유'를 그의 윤리의 중심으로 보기도 한다.[9] 바울이 말하는 자유는 죄와 죽음으로부터 자유함을 얻는 것이다(롬 8:2). 또한 율법으로부터 자유하는 것이다(갈 3:13). 그러므로 바울은 그리스도인이 성령 안에서 자유함을 누리기를 원했다(고후 3:17). 물론 자유가 방종이 되어서는 안 된다. 그러나 율법에 매여 자유함이 없다면, 이것은 윤리적 삶이 아니다. 율법에 매여 사는 것은 진정한 의미에서 윤리적 삶을 실천하는 것이 아니기 때문이다. 그리고 율법에 매인 사람은 다른 사람의 잘못을 용서하지 못함으로 윤리적 삶을 실천하는데 문제가 있을 수도 있다. 그러나 바울이 말하는 자유는 성도가 예수 그리스도 안에서 얻은 구속의 은혜를 의미한다. 예수 그리스도를 믿음으로 구원을 얻지 못했다는 것은 참된 자유가 없다는 것이며 윤리적 삶을 실천할 수 있는 은혜가 없다는 것이다.

15.3.7 사랑

바울 윤리의 가장 중요한 부분은 사랑을 실천하는 것이다(고전 12:31). 바울은 모든 은사 가운데 사랑을 가장 큰 은사로 보았다. 아무리 능력 있는 은사를 행한다고 할지라도 사랑이 없으면 소용이 없다는 주장은 바로 이러한 윤리적 기준에서 나온 것이다(고전 13). 그러므로 바울에게 가장 중요한 윤리적 실천과 강령은 이웃을 사랑하는 삶을 사는 것이다.

15.4 실제 세계에서 윤리

실제 세계에서 윤리란 바울이 직접 경험한 세계에서 행한 윤리적 실천을 의미한다. 이미 서론 부분에서 언급한 것처럼 바울의 사역 배경은 헬라와 유대 세계였다. 그러므로 그의 사역지는 지역과 문화 배경에 따라 달랐다고 보아야 한다. 바울은 이러한 환경에서 어떻게 윤리를 실제 삶에 적용했는지를 살펴보자.

15.4.1 성(性) 윤리

바울은 성에 대한 분명한 윤리적 가르침을 제시하고 있다.[10] 그는 부정한 성행위에 대해서는 단호한 입장을 취했다. 말리나는 바울이 비정상적인 성 윤리를 강력하게 비난한 것은 성의 오용과 불법적인 성적 행위와 음행을 막기 위해서라고 주장했다.[11] 당시 지중해 사회는 성의 자유가 상당히 열려 있었다. 성 생활은 일반적으로 남성들에게는 열려 있었지만, 여성들에게는 닫혀 있었다. 이러한 시대에 바울이 성 윤리를 강조한 것은 기독교가 다른 사회 문화나 종교에 비해 상당히 윤리적인 시각을 가지고 있었음을 의미한다.

바울서신에서 성 윤리를 다룬 부분은 크게 로마서와 고린도전서이다. 두 서신 가운데 로마서는 그리스도인의 성 생활에 대한 권면이다. 즉 세상과 비교하며 교회 내의 성적 문제를 권면한 것이다(롬 1:26-27). 이것은 교회 내에서 일어난 성 문제를 다루고자 하는 목적이 함의된 것으로 보인다. 그러나 고린도전서에는 세상과 그리스도인 간에 일어나고 있는 성 윤리의 문제도 다루고 있다(고전 5-6장).[12] 고린도교회가 외부 세계와 성적인 문제로 갈등을 야기했다는 것은 교회가 주변 세계와 가치관의 명확성을 구분하지 못했기 때문으로 보인다. 신자들 가운데 어떤 사람은 주변사회의 비윤리적 가치 기준을 그대로 교회에 적용함으로 기독교인의 윤리 기준과 상반된 모습을 보인 것이다.[13]

그렇다면 바울의 성 윤리의 근원은 어디서 왔는가? 그의 성 윤리의 바탕은 유대 전승이다.[14] 바울은 당시 사회가 지향하던 강압적인 성 윤리를 받아들이지 않고 유대교 입장에서 성 윤리를 바라보았다. 이것은 유대교가 성에 대해 보수적인 위치에 있었음을 의미하기도 한다. 유대교 교훈은 그의 성 윤리를 보수적으로 이끌었을 뿐 아니라, 성적 부도덕이 인간을 타락으로 치닫게 만든다고 믿었다.

그렇다면 바울이 거론한 성 윤리를 고린도전서에서 확인해 보자. 누구라고 밝히지는 않았지만 고린도 교회에는 도저히 묵인할 수 없는 음행이 있었다. 이것은 이방인 중에서도 볼 수 없는 일이라고 했다(고전 5:1). 아버지의 아내를 취한 음행의 사건이 생긴 것이다. 학자들은 아버지의 첩과의 음행이 있었을 것이라고 추측한다.

그러나 이러한 음행의 문제에 대한 바울의 태도가 더욱 중요하다. 바울은 음행을 행한 당사자가 여전히 교회 구성원으로 남아 있다고 질책했다(고전 5:2). 그러나 바울의 질책은 음행을 행한 자를 향하기보다는 교회 공동체를 향하고 있다. 교회 공동체가 음행한 자를 치리하지 못함에 대한 질책과 비난이다. 던(Dunn)은 교회 공동체가 음행한 자를 질책하지 않은 이유는 그가 교회에 상당한 영향력을 행사하고 있었기 때문이라고 보았다.[15] 아마도 계모와 음행을 행한 아들의 입장은 아버지로부터 물려받아야 할 재산이 계모에게로 상속될 것을 미리 방지하려는 의도로 보인다.[16] 고린도 교회가 성 윤리에 대해서 비교적 느슨한 측면을 보이고 있는 것은 헬라 세계의 문화적 배경 때문인 것으로 보인다. 남자들의 성 생활은 자연스럽고 당연한 현상으로 보려는 경향이 강했다. 반면에 여성들은 성적인 표현의 자유가 없었고, 엄격한 기준에 의해 성적으로 지배를 받아야만 했다.[17] 하지만 바울은 음행의 문제에 대한 단호한 결단을 내렸다. 만약에 음행한 자를 그냥 둔다면 다른 성도들 역시 음행에 전염될 소지가 있었기 때문이다. 이미 제시한 것처럼, 고린도 지역은 음행을 큰 범죄로 여기지 않았기 때문에 이러한 행위를 단죄하지 않으면 교회의 윤리 기준이 무너질 위기로 치달을 수 있었다.[18] 교회론 관점에서 상호 지체인 성도들 가운데 한 사람의 윤리적 질병은 다른 지체에게 치명적인 영향을 미칠 수 있기 때문이다. 바울은 악한 음행을 저지른 자를 출교 시키라고 결정하였다(고전 5:13). 이것은 교회가 합당한 치리를 실행하지 못했다는 지적으로 보인다. 바울은 개인적인 성적 타락이 교회에 미칠 영향력을 더욱 심각하게 생각하고 받아들인 것 같다.

15.4.2 결혼

바울은 고린도전서 7장에서 결혼, 금욕생활 그리고 이혼에 대해 다루고 있다. 결혼에 대한 바울의 일반적인 가르침은 결혼하지 않고 독신으로 하나님을 섬기는 것이 가장 영광스러운 방법이라고 믿었다. 이러한 전통적인 가르침은, 기독교인은 금욕생활을 하는 것이 좋으며, 결혼은 인생의 필수가 아니라는 주장을 제기하게 했다.[19] 그러나 바울의 가르침은 자신의 의도된 생각이라기보다는 고린도 교회의 질문에 기인한 것이다(고전 7:1). 바울은 단순히 자신의 입장에서 결혼과 성에 대한 견해를 제시했을 뿐이지, 바울의 가르침이 결혼과 성을 부정적으로 본 것은 아니다(고전 7:7, 38). 고린도 교회는 결혼 생활에서 일어날 수 있는 많은 문제들을 어떻게 처리해야 하는지를 알고 싶어 했다. 그러므로 바울의 답변은 고린도 교회의 상황을 전제로 한 것이다.[20] 이것은 바울이 결혼에 관한 신학을 정립하지 않았다고 보는 것이 좋을 것이다. 즉 결혼에 대한 기본적인 가르침 없이 바로 고린도 교회의 상황에 대한 대답을 했기 때문이다. 그러므로 7:1에서 시작되는 남자가 여자를 가까이 아니함이 좋다는 표현은 결혼에 대한 바울의 신학관점을 의미하는 것이 아니라 이미 고린도 교회의 음행 상황을 배경으로 한 답변이라는 것이다.[21] 이러한 관점에서 바울의 결혼 윤리를 살펴보자.

결혼에 대한 바울의 권면 자세는 아주 진지하고 심각했다. 그리고 자신이 가지고 있는 지식이 예수 그리스도의 가르침이 되기를 원하는 마음이었다. 아마도 이것은 바울이 결혼에 대한 자신의 가르침을 제시하면서도 예수의 전승을 전달하려는 의도를 반영한 것으로 보인다(고전 7:10-11).

첫째, 결혼은 합법적으로 성 생활을 즐길 수 있는 방법이다. 그러므로 성적 욕구를 결혼생활에서 해결하는 것은 당연하고 합법적이다.[22] 그러므로 바울은 결혼 생활 안에서 이루어진 성 생활을 부정적으로 보지 않았다. 더욱이 결혼 안에서 이루어지는 성 생활을 아름답게 보았다. 그래서 기도 하려고 분방하는 경우에도 기간을 정해 놓으라고 했다(고전 7:5). 바울은 성적 욕구를 자제할 수 있는 것도 하나의 은사로 이해했다.

둘째, 독신과 과부를 향한 윤리적 권면이다(고전 7:8-9). 바울은 독신자와 과부는 홀로 지내는 것이 좋다고 하였다. 그러나 이러한 권면은 독신의 은사를 가진 자에게만 해당되는 권면이다.[23] 성령의 은사로 독신생활을 유지할 수 있는 사람은 홀로 지내는 것이 하나님께 영광이 될 수 있지만, 정욕을 절제하지 못한다면 결혼하고 성 생활을 지속하는 것이 좋다. 따라서 바울이 결혼과 성에 대해서 권면하려고 한 것은, 고린도교인들에게 금욕주의를 장려하려고 한 것이 아니다. 단지 그리스도인으로서 우선순위를 분명히 정하고 신앙생활할 것을 권면한 것이다.

셋째, 이혼을 고려하는 자를 향한 윤리적 권면이다(고전 7:8-16). 결혼

생활에 문제가 있는 자들 가운데 이혼을 고려하는 자들에 대한 바울의 윤리적 권면은 근본적으로 이혼은 불가능하다는 것이다. 그러나 이혼을 고려해야 하는 불가분의 상황이라면 재혼은 불가하다고 가르쳤다(고전 7:10-11). 고린도 교회의 이혼 문제는 불신자와 결혼하여 살고 있는 자들의 신앙 갈등 때문으로 보인다. 바울은 이런 경우 결혼생활의 지속은 불신자 배우자의 동의 여부에 따라야 한다고 말한다.[24] 불신자와 가정을 이룬 기독교인이 세상적인 기준을 따라 심하게 갈등하며 싸우는 것은 본이 되지 못함을 말한다.

바울은 근본적으로 결혼과 성 생활을 반대하지 않았다. 결혼을 하던 혼자 살던 모두 범죄가 아님을 확실히 했다(고전 7:27-28). 다만 결혼 생활이 신앙생활에 유익이 되어야 한다는데 초점을 두고 있다(고전 7:40). 바울은 고린도 교인들이 결혼과 성 생활에 대한 권면을 수용하고 신앙생활의 우선순위를 반드시 지켜야 함을 강조한 것이다.

15.4.3. 노예 제도

바울서신에서 노예 문제를 집중적으로 다루고 있는 본문은 빌레몬서와 고린도전서 7:20-23이다. 현대 사회에서 노예 제도는 인권 문제로 다루어지고 있다. 하지만 바울서신이 기록될 당시 지중해 사회에서 노예 제도는 당연한 사회현상으로 받아들였다. 그렇다면 그리스도의 사랑을 가르치고 실천한 바울은 노예 제도를 어떻게 보고 있었는지 살펴보자.

당시 사회는 노예 제도를 부도덕한 사회 문제로 인식하지 않았다. 1세기 지중해 사회는 집약적 노동력이 필요한 농업 중심 사회였다. 노동력 없이는 경제가 운영될 수 없었기 때문에, 노예 제도는 당연시 되고 있었다. 따라서 경제적으로 극단적인 상황에서는 자신을 노예로 팔아 채무를 갚는 수단으로도 사용하곤 했다. 그러나 자신을 노예로 파는 극단적인 결정은 일상적이지는 않았다.[25] 이것은 당시 사회에서 노예가 하류층에 속한 경제력이 전무한 사람이 아닐 수도 있다는 반증이다. 노예들은 자유민보다 경제적으로 더욱 윤택한 생활을 하는 경우도 있었다.[26] 따라서 바울이 말하는 노예 상태는 현대인들이 생각하는 강압적이고 압제를 받는 상태를 의미하지 않을 수도 있다. 바울은 그리스도인 노예에게 양면적 권면을 하였다. "각 사람은 부르심을 받은 그 부르심 그대로 지내라"이다(고전 7:20, 24). 물론 이것은 노예제도 자체를 인정하면서 사역자로 부름을 받았다는 의미라는 논란이 있을 수 있다. 그러나 고린도전서 7:21-22에서 "종으로 있을 때 부르심을 받았느냐"고 질문한 것으로 보아 노예 상태에서 부름을 받은 것이 확실해 보인다. 더욱이 바울은 노예에서 놓임을 받기 원하면 자유하라고 권면한다(고전 7:21). 당시 사회는 자신의 환경만 바뀐다면 노예 생활을 청산할 수도 있었다.[27]

바울이 보여준 노예 제도의 양면성은 신앙적인 관점에서 이해해야 할 것이다. 노예든 자유인이든 하나님과 어떤 관계를 형성하느냐가 중요하다. 하나님과의 관계를 올바르게 정립한 사람이라면 하나님의 사역을 감당하는데 아무런 문제가 없다는 것이다. 즉 신앙의 우선순의를 올바르게 가지고 있다면 신분적인 문제는 이차적인 부분이라는 것이다.

15.4.4. 연보

연보는 교리적 차원에서 이해하는 것이 타당할 것이다. 연보의 당위성을 주장할 수 있는 연구가 진행되고 있기 때문이다. 연보에 대한 이러한 자세는 현대 교회에 중요한 이슈가 되고 있다. 이런 차원에서 연보에 대한 바울의 윤리관을 확인하는 것은 오늘날 교회에 큰 도움이 되리라 믿는다.

한국 교회는 대부분 헌금이라는 단어를 많이 사용한다. 그러나 헌금은 자신을 헌신해서 드린다는 의미로 해석되어 물질을 내는 자가 중심이 된다. 그러나 연보는 즐겨낸다는 의미다. 하나님의 은혜에 감사해서 나의 가진 것을 즐겨낸다는 뜻임으로 연보라는 표현이 더욱 좋을 것 같다. 바울 서신의 연보에는 예루살렘 교회를 돕는 부분이 두드러지게 나타나 있다(롬 15:25-32; 고전 16:1-4; 고후 8-9장). 그러므로 바울서신 전반에 흐르는 연보에 대한 바울의 사상을 살펴보자.

첫째, 연보는 은혜로 드려야 한다. 마케도니아 교인들이 힘에 넘치는 연보를 하게 된 배경은 은혜였다(고후 8:2-3). 바울은 연보가 하나님의 은혜라고 가르치면서, 이것은 하나님이 사람들에게 준 것이라고 하였다. 은혜를 받은 사람은 다른 사람에게 다시 은혜를 베풀고 감사하는 것이다. 그리고 이러한 감사는 다시 하나님께 감사와 영광을 돌리는 것이다.[28] 그러므로 바울의 연보관은 은혜와 감사로 요약할 수 있다. 하나님께 연보를 드리는 자는 먼저 은혜를 받아야 한다. 은혜를 받은 자는 이웃을 위해 하나님을 위해 연보를 드리고, 이러한 은혜를 주신 하나님께 감사한다.

둘째, 연보의 사용처에 대해서도 가르치고 있다. 하나님의 은혜로 드려진 연보는 성도들이 받아야 한다(롬 15:25, 26, 31; 고전 16:1; 고후 8:4; 9:1, 12). 물론 바울이 연보를 모아 예루살렘 교회 성도들에게 보낸 배경을 바울과 예루살렘 교회의 화해로 보려는 경향도 있다.[29] 그러나 바울은 연보가 가난한 지체들을 위해 필요하다고 하였다(롬 15:26). 그리고 더욱 중요한 것은 이방인 교회가 예루살렘 교회를 돕기 위해 연보를 나누는 것은 예루살렘 교회로부터 영적으로 받은 사랑을 육적인 것으로 섬기겠다는 목적이 담겨 있다(롬 15:27). 그러므로 연보의 사용은 가난한 지체들을 위한 것이란 교훈은 나눔을 통한 성도의 교제를 나타내기도 한다(롬 15:26; 고후 8:4; 9:13).

셋째, 연보는 명령이 아니다. 고린도전서 8-9장에는 연보에 대한 바울의 관점이 자세히 나타나 있다. 그러나 이미 확인한 것처럼, 바울은 연보를 '명령'하지 않았다. 이것은 자신의 '의견'(그노메)일 뿐이라고 하였다(고후 8:10). 바울은 재정 문제로 일어날 수 있는 불상사를 이미 언급했다(고후 8:19-21; 9:5). 따라서 연보는 사람들이 받은 은혜로 인하여 흘러나오는 관심과 행위로 보아야 한다.[30] 연보에 대한 이러한 바울의 치밀한 가르침은 다른 사람들의 의견을 존중하면서 연보를 독려했다는 것이다.[31] 즉 바울은 목회자로서 성도들이 연보에 자발적으로 참여하도록 유도했다는 것이다. 결국 연보를 드리는 것은 성도 개인의 결정이며 하나님의 은혜로 이루어진다는 확신을 가지고 있었다.

15.5 결론

바울은 분명한 윤리적 기준에 따라 성도들을 권면했다. 하지만 바울이 성도들에게 적용한 원칙은 획일적이지는 않았다. 즉 초대교회 성도 개개인의 영성과 외부적인 상황을 대립적인 관계가 아닌 균형적인 감각을 통해 권면 한 것이다. 이러한 측면에서 바울의 윤리적 요구는 실제적이었다. 바울은 윤리를 유대교와 헬라 사상 그리고 초대교회 전승을 통해 확립한 것으로 보인다. 하지만 바울 윤리의 전제는 지중해 세계의 윤리 기준이 아니었다. 그는 구원받은 성도가 예수 그리스도 안에서 새로운 삶을 시작하는 것을 윤리의 출발로 보았다. 그러므로 성도의 신앙생활 자체가 윤리적 삶이 되어야 한다. 바울의 윤리는 모든 삶의 현장에서 하나님의 자녀로 살아가는 것이다.

주(註)

1) W. B. L. Barcley, *Christ in you": a Study in Paul's Theology and Ethics* (University of America Press, 1999).

2) J. D. G. Dunn, 「바울 신학」 (고양: 크리스챤 다이제스트, 2003), 881.

3) H. H. D. Williams III, "Living as Christ Crucified: The Cross as a Foundation for Christian Ethics in 1 Corinthians," *Evangelical Quarterly* 75/2 (2003), 117-31.

4) 다음을 참조하라. A. Hiebert, "The Foundations of Paul's Ethics," 50-62 in ed. Gaffney, J. *Essays in Morality and Ethics* (New York: Paulist Press, 1980).

5) 다음 논문을 참조하라. H. H. Williams III, "Living as Christ Crucified: The Cross as a Foundation for Christian Ethics in 1 Corinthians," *Evangelical Quarterly* 75 (2003), 117-31.

6) A. Adewuya, "The Holy Spirit and Sanctification in Romans 8.1-17," *Journal of Pentecostal Theology* 9 (2001), 71-84.

7) S. P. Chia, "The Role of Eschatology in Paul's Ethics," *Sino-Christian Studies* 3 (2007), 37-59.

8) 다음을 참조하라. M. Godin, "That the Sacrament is Always there: Towards a Eucharistic Ethic," *Theology & Sexuality* 14/1 (2007), 53-62.

9) G. M. H. Loubser, "Paul's Ethic of Freedom: no Flash in the Galatian Pan," *Neotestamentica* 39/2 (2005), 313-38.

10) T. Callan, "Toward a Psychological Interpretation of Paul's Sexual Ethic," *Proceedings* 6 (1986), 57-71.

11) B. Malina, "Does Proneia Mean Fornication?" *NovT* 14 (1972), 10-17.

12) Dunn, D. G, 「바울 신학」, 박문재 역 (고양: 크리스챤 다이제스트, 2003), 904.

13) Ibid.

14) B. S. Rosner, *Paul, Scripture and Ethics: A Study of 1 Corinthians 5-7* (Leiden: Brill, 1994), 40-60.

15) Dunn, D. G, 「바울 신학」, 박문재 역 (고양: 크리스찬 다이제스트, 2003), 905; A. D. Clarke, *Secular and Christian Leadership in Corinth: A Social-Historical and Exegetical Study of 1 Corinthians 1-6* (Leiden: Brill, 1993), 89-108.

16) A. C. Thiselton, 「고린도전서: 해석학적 & 목회적으로 바라 본 실용적 주석」, 권연경 역 (서울: SFC, 2006), 158.

17) S. B. Pomeroy, *Goddesses, Whores, and Slaves: Women in Classical Antiquity* (New York: Schocken, 1975), 149-89.

18) 다음을 참조하라. M. Douglas, *Purity and Danger: An Analysis of the CONCEPTS OF Pollution and Taboo* (London: Routledge and Kegan Paul, 1966).

19) W. Deming, *Paul on Marriage and Celibacy: The Hellenistic Background of 1 Corinthians* (Cambridge: Cambridge University, 1995), 1-28.

20) W. Schrage, *The Ethics of the New. Testament* (Philadelphia: Fortress, 1988), 226-227.

21) Dunn, D. G, 「바울 신학」, 박문재 역 (고양: 크리스찬 다이제스트, 2003), 910.

22) V. P. Furnish, *The Moral Teaching of Paul: Selected Issues* (Nashville: Abingdon, 1979), 35-37.

23) 바울이 독신을 은사로 주장하지 않았다는 견해를 가진 학자들도 있다. W. Deming, *Paul on Marriage and Celibacy: The Hellenistic Background of 1 Corinthians* (Cambridge: Cambridge University, 1995), 127-28.

24) D. G. Dunn, 「바울 신학」, 박문재 역 (고양: 크리스찬 다이제스트, 2003), 912.

25) 다음을 참조하라. W. A. Meek, *The First Urban Christians: The Social World of the Apostle Paul* (New Heaven: Yale University, 1983), 20-21.

26) D. G. Dunn, 「바울 신학」, 박문재 역 (고양: 크리스찬 다이제스트, 2003), 915.

27) D. G. Horrell, *Social Ethos of Corinthian Correspondence* (Edinburgh: T & T Clark, 1996), 162-66.

28) D. G. Dunn, 「바울 신학」, 박문재 역 (고양: 크리스찬 다이제스트, 2003), 927.

29) D. G. Dunn, *The Partings of the Ways between Christianity and Judaism* (London: SCM, 1990), 130-35.

30) D. G. Dunn, 「바울 신학」, 박문재 역 (고양: 크리스찬 다이제스트, 2003), 929.

31) V. P. Furnish, *2 Corinthians* (AB 32A; New York: Doubleday, 1984), 428.

참고문헌

| 국문 자료 |

강유중. 「바울연구사」. 서울: 예수교문서선교회, 1979.

김세윤. 「예수와 바울」. 서울: 두란노서원, 2001.

김한인. 「바울과 옥중서신」. 서울: 예루살렘사, 1991.

도양술. 「사도 바울의 신학」. 서울: 기독교문서선교회, 1992.

전경연. 「신약성서신학」. 서울: 사상계사, 1995.

조선출. 「로마서」. 서울: 대한기독교서회, 1971.

박용규. 「초대교회사」. 서울: 총신출판사, 1994.

박윤선. 「로마서」. 서울: 영음사, 1972.

박헌욱. 「바울의 생애와 신학」. 서울: 대한기독교서회, 2005.

서중석. 「바울 서신 해석」. 서울: 대한기독교서회, 1998.

신인철. 「고뇌하는 목회자를 위하여: 고린도후서 연구」. 대전: 엘도론, 2008.

신인철. 「신약성경 석의와 설교」. 대전: 엘도론, 2008.

이성호. 「성구대사전」. 서울: 혜문사, 1969.

| 번역서 |

Baker, C. J. 「사도 바울」. 장상 역. 서울: 한국 신학연구원, 1991.

Banks, R. J. 「바울의 그리스도인 공동체 이상」. 장동수 역. 서울: 여수룬, 1991.

Barclay, W. 「바울신학개론」. 박문재 역. 서울: 크리스찬다이제스트, 1993.

Barclay, W. 「바울의 인간과 사상」. 서기간 역. 서울: 기독교문사, 1997.

Bruce, F. F. 「바울 신학」. 정원태 역. 서울: 기독교문서선교회, 1987.

Bruce F. F. 「바울과 예수」. 이길상 역. 서울: 아가페출판사, 1988.

Bultmann, R. 「신학성서 신학」. 허혁 역. 서울: 한국성서연구원, 1976.

Carson, D. A. and Moo, D. J. and Morris, L. 「신약 개론」. 서울: 은성출판사, 1993.

Dibelius, M. P. 「바울의 인물, 사상, 역사」. 전경연 역. 서울: 종로서적, 1977.

Drane, J. W. 「바울」. 이중수 역. 서울: 두란노서원, 1989.

Dunn, D. G. 「바울 신학」. 박문재 역. 고양: 크리스찬 다이제스트, 2003.

Bornkamm, G. 「신약성서이해」. 박창환 역. 서울: 현대신서.

Kasemann, E. 「바울신학의 주제」. 전경연 역. 서울: 대한기독교서회, 1989.

Fitzmyer, J. A. 「바울의 신학: 생애. 선교. 신학」. 배용덕 역. 서울: 솔로몬, 1996.

Gorman, M. J. 「신학적 방법을 적용한 새로운 바울연구개론」. 소기천외 공역. 서울: 대한기독교서회, 2014.

Green, M. 「초대교회 복음전도」. 박영호 역. 서울: 대한기독교서회, 1988.

Hengel, M. 「바울: 그릿도 이전의 바울」. 강한표 역. 서울: 한돌, 1999.

Holland, T. 「바울 신학 개요」. 박문재 역. 고양: 크리스찬 다이제스트, 2005.

Koperski, V. 「최근 바울과 율법 연구 동향」. 김병모 역. 서울: 기독교문서선교회, 2008.

Ladd, G. E. 「신약 신학」. 신성종, 이한수 역. 서울: 대한기독교서회, 2007.

Longenecker, R. N. 「갈라디아서」. 이덕신 역. WBC 서울: 솔로몬, 2003.

Longenecker, R. N. 「바울의 선교와 메시지」. 노상국 역. 서울: 대한기독교서회, 1992.

Plevnik, J. 「최근 바우신학 동향」. 배용덕 역. 서울: 기독교문서선교회, 2000.

Reymond, R. L. 「바울의 생애와 신학」. 원광연 역. 고양: 크리스찬 다이제스트, 2003.

Ridderbos, H. 「바울신학」. 박영희 역. 서울: 개혁주의 신행협회, 1985.

Ridderbos, H. 「바울과 예수」. 이한수 역. 서울: 한국로고스연구원, 1984.

Picirilli, R. E. 「사도바울」. 배용덕 역. 서울: 도서출판 솔로몬, 1993.

Sanders, E. P. 「바울」. 이영립 역. 서울: 시공사, 1999.

Sloan, W. W. 「신약성서해설」. 안재복 역. 서울: 대한기독교교육협회, 1971.

C. 트레스 몬타드. 「바울의 생애와 사상」. 이기양 역. 서울: 여일사, 1992.

Thiselton, A. C. 「고린도전서: 해석학적 & 목회적으로 바라 본 실용적 주석」. 권연경 역. 서울: SFC, 2006.

Wenham, D. 「바울과 예수」. 이한수 역. 서울: 크리스찬 출판사, 2004.

원서

| 단행본 |

Aletti, J. N. "Interpreting Romans 11:14: What is at Stake?" 245-264 in Spitaler, Peter. Ed. *Celebrating Paul: Festschrift in Honor of Jerome Murphy-O'Connor, O. P., and Joseph A. Fitzmyer, S.J.* Washington DC: Catholic Biblical Association of America, 2011.

Arnold, C. E. "Jesus Christ: "head" of the Church(Colossians and Ephesians)," 346-366 in. eds. Green, J. B and Turner, M. *Jesus of Nazareth: Lord and Christ: Essays on the Historical Jesus and New Testament Christology.* Grand Rapids: Eerdmans, 1994.

Baker, J. C. *Paul the Apostle: The Triumph of God in Life and Thought.* Philadelphia: Fortress, 1980.

Barcley, W. B. L. *Christ in you": a Study in Paul's Theology and Ethics.* University of America Press, 1999.

Bornkamm, G. "Lord's Supper, with Church in Paul," 123-60 in *Early Christian Experience.* London: SCM Press, 1969.

Bornkamm, G. *Paul.* Minneapolis: Fortress, 1995.

Bousset, W. *Kyrios Christos.* Nashville: Abingdon, 1970.

Broadbent, E. H. *The Pilgrim Church.* London: Pickering and Inglis, 1931.

Brockhaus, U. *Charisma und Amt. Die paulinische Charismenlehre auf dem Hintergrund der frühchristlichen Gemeindefunktionen*. Wuppertal: Brockhaus, 1972.

Bruce, F. F. *Commentary on the Book of Acts*. Grand Rapids: Eerdmans, 1954.

_____. *New Testament History*. London: Nelson, 1969.

_____. *Jesus and Paul*. Grand Rapids: Baker, 1974.

_____. *The Book of Acts* (revised edition: The New International Commentary on the New Testament: Grand Rapids: Eerdmans, 1988), 161.

_____. *Paul: Apostle of the Heart Set Free*. Grand Rapids: Eerdmans, 1996 (1977).

Bultmann, R. *Theology of the New Testament I*. London: SCM, 1952.

_____. R. K. Bultmann, *Theology of the New Testament* 1, Tr. trans. by K. Grobel. New York: Charles Scribner's Son, 1951., 191.

Carson, D. A, Moo, D. J, Morris, L. *An Introduction to the New Teste Unknown Years*, Tr. J. Bowden. Grand Rapids: Zondervan Publishing House, 1992.

Chalmers, A. *Exploring the Religion of Ancient Israel: Prophet, Priest, Sage and People*. Downers Grove: IVP Academic, 2012.

Ciampe, R. E. *The Presence and Function of Scripture in Galatians 1 and 2*. WUNT 2/202; Tübingen: Mohr-Siebeck, 1998.

Käsemann, E. *Commentary on Romans*. London, SCM, 1980.

Clarke, A.D. *Secular and Christian Leadership in Corinth: A Social-Historical and Exegetical Study of 1 Corinthians 1-6*. Leiden: Brill, 1993.

Conybeare, W. J and Howson, J. S. *The Life and Epistles of St. Paul*. Grand Rapids: Eerdmans, 1971.

Conzelmann, H. *An Outline of the Theology of the New Testament*. London: SCM, 1969.

Dahl, N. A. "The Particularity of the Pauline Epistles as a Problem in the Ancient Church," 267-71. in *Neotestamentica et Patristica: Eine Freundesgabe, Herrn Professor Dr. Oscar Cullmann zu seinem 60. Geburstage überreicht*. Leiden: E.

J. Brill, 1962.

Deming, W. *Paul on Marriage and Celibacy: The Hellenistic Background of 1 Corinthians*. Cambridge: Cambridge University, 1995.

Dissmann, A. *Light from the Ancient East*. Grand Rapids: Baker, 1965.

Douglas, M. *Purity and Danger: An Analysis of the Concepts of Pollution and Taboo*. London: Routledge and Kegan Paul, 1966.

Dunn, J. D. A. Paul's Understanding of the Death of Jesus 125-141 in ed. Banks, R. *Reconciliation and hope: New Testament Essay on Atonement and Eschatology*. Grand Rapids: Eerdmans, 1974.

_____. *Romans*. WBC 38, 2 vols; Dallas: Word, 1988.

_____. *Jesus, Paul and the Law: Studies in Mark and Galatians*. London: SPCK, 1990.

_____. *Christology in the Making: A New Testament Inquiry in the Origins of the Doctrine of the Incarnation*. London: SCM, 1989.

_____. *The Partings of the Ways between Christianity and Judaism*. London: SCM, 1990.

_____. *The Epistle to the Galatians*. BNTC; London: Hendrickson, 1993.

_____. *The Theology of Paul the Apostle*. Grand Rapids: Eerdmans, 1998.

Drane, J. *Paul: Libertine or Legalist?* London: SPCK, 1975.

Fee, G. D. Christology and Pneumatology in Romans 8:9-11–and Elsewhere: Some Reflections on Paul as a Trinitarian 312-331 in eds. Green, J. B and Turner, M. *Jesus of Nazareth: Lord and Christ: Essays on the Historical Jesus and New Testament Christology*. Grand Rapids: Eerdmans 1994.

_____. Paul and the Trinity : the Experience of Christ and the Spirit for Paul's Understanding of God 49-72 in eds. Davis, S. T. Kendall, D. O'Collins, G. *The Trinity : an interdisciplinary symposium on the Trinity*. Oxford: Oxford University Press, 1999.

French, D. 'Acts and the Roman Roads of Asia Minor', in D. W. J. Gill and C. Gempf (eds), *The Bok of Acts in Its First Century Setting*, vol. 2: *The Book of Acts in Its Graeco-Roman Setting* (Grand Rapids: Eerdmans, 1994), 46-58.

Frey, J. "Flesh and Spirit in the Palestinian Jewish Sapiential Tradition and in the Qumran Texts: an Inquiry into the Background of Pauline Usage," in Hempel, C and Lange, A and Lichtenberger, H eds 367-404, *Wisdom texts from Qumran and the development of sapiential thought* Leuven: Leuven University Press.

Furnish, V. P. *The Moral Teaching of Paul: Selected Issues.* Nashville: Abingdon, 1979.

_____. *2 Corinthians.* AB 32A; New York: Doubleday, 1984.

Gnika, J. *Theologie des Neuen Testament.* Freiburg: Herder, 1994.

Haenchen, E. *The acts of the Apostles* tr R. M. Wilson. Philadelphia: Westminster Press, 1971.

Hamerton-Kelly, R. G. "Sacred Violence and Sinful Desire: Paul's Interpretation of Adam's Sin in the Letter to the Romans," 35-54 in Fortna, R. T. and Gaventa, B. R. *The Conversation Continues: Studies in Paul & John in Honor of J Louis Martyn.* Nashville: Abingdon Press, 1990.

Hays, R. B. *The Faith of Jesus Christ: An Investigation of the Narrative Substructure of Galatians 3.1-4.11.* Chico: Scholars, 1983.

Hengel, M. "The Origins of the Christian Mission" in *Between Jesus and Paul: Studies in the Earliest History of Christianity.* London: SCM, 1983.

_____. *The Atonement: The Origins of the Doctrine in the New Testament* Philadelphia: Fortress, 1981.

_____. *The Zealots: An Investigation into the Jewish Freedom Movement in the Period from Herod I until 70 A. D,.* David Smith. Edinburgh: T & T Clark, 1989.

Hengel, M and Schwemer, A. M. *Paul Between Damascus and Antioch: The Unknown Years.* London: SCM, 1997.

Hengel, M & Schwerner, A. M. *Paul between Damascus and Antioch: the Unknown*

Years. trans J. Bowden. Louisville: John Knox, 1997.

Hiebert, A. "The Foundations of Paul's Ethics," 50-62 in ed. Gaffney, J. *Essays in Morality and Ethics*. New York: Paulist Press, 1980.

Hofius, O. "The Lord's Supper and the Lord's Supper Tradition: Reflections on 1 Corinthians 11:23-25" in B. F. Meyer ed, *One Loaf, One Cup: Ecumenical Studies of 1 Cor. 11 and other Eucharistic Texts*. Macon: Mercer University, 1993.

Holleman, J. *Resurrection and Parousia: A Traditional-Historical Study of Paul's Eschatology in 1 Corinthians 15*. Leiden: Brill, 1996.

Hooker, M. D. *From Adam to Christ: Essays on Paul*. Cambridge: Cambridge University Press, 1990.

Horrell, D. G. *Social Ethos of Corinthian Correspondence*. Edinburgh: T & T Clark, 1996.

Jervell, J. *Luke and the people of God: A New look at Luke-Acts*. Minneapolis: Augsburg, 1972.

Jewett, R. *Paul's Anthropological Terms: A Study of Their Use in Conflict Settings*. Leiden: Brill, 1971.

_____. *A Chronology of Paul's life*. Philadelphia: Fortress, 1979.

_____. "Paul, Phoebe, and the Spanish Mission" in *The Social World of Formative Christianity and Judaism*. 142-161 eds. H. C. Kee, J. Neusner, S. S. Frerichs, B. bORGEN, R. Hosley. Philadelphia: Fortress, 1988.

Johnson, L. T. *The Acts of the Apostles, Sacra Pagins 5*. Collegeville: Liturgical, 1992.

Käsemann, E. *Essay on New Testament Themes*. London: SCM, 1964.

_____. *Das Neue Testament als Kanon*. Göttingen: Vandenhoeck, 1970.

_____. *Commentary on Romans*. Grand Rapids: Eerdmans, 1980.

Klauck, H. J. "Presence in the Lord's Supper: 1 Corinthians 11:23-26 in the Context of Hellenistic Religious History" in B. F. Meyer ed. *One Loaf, One Cup: Ecumenical*

Studies of 1 Cor. 11 nd other Eucharistic Texts. Macom: Mercer University, 1993, 65-66.

Kok, E. "The Truth of the Gospel: A study of Galiatians 2:15-21" Durham: Durham University unpublished Ph.D. thesis, 1993.

Kümmel, W. G. *Introduction to the New Testament*. Nashville: Abingdon, 1975.

Ladd, G. E. *A Theology of the New Testament*. Grand Rapids: Eerdmans, 1987.

Lee, Y. *The Son of Man as the Last Adam: The Early Church Tradition as a Source of Paul's Adam Christology*. Eugene: Pickwick, 2012.

Lincoln, A. T. *Paradise Now and Not Yet: Studies in the Role of the Heavenly Dimension in Paul's Thought with Special Reference to His Eschatology*. Grand Rapids: Baker Bk House, 1991.

Lindars, B. *New Testament Apologetic*. London: SCM, 1961.

Lifshitz, S. *Prolegomenon to the reprint of CIJ*. New York: Ktav Publishing House, 1975.

Lohfink, G. *The Conversion of Paul*. Chicago: Franciscan Herald, 1975.

Lohse, L. *Paulus Eine Biographic*. Munich: Beck, 1996.

Longenecker, R. N. *Galatians*. WBC 41; Dallas: Word, 1990.

Machen, J. G. *The Origin of Paul's Religions*. London: Hodder & Stoughton, 1921; Reprint, Grand Rapids: Eerdmans, 1965.

Machen, J. G. *Machen's Notes on Galatians*, Ed J. H. Skilton. Philadelphia: Presbyterian and Reformed, 1972.

MacMullen, R. *Paganism in the Roman Empire*. New Heaven: Yale, 1981.

Malina, B. J & Neyrey, J. H. *Portraits of Paul: An Archaeology of Ancient Personality*. Louisville: Westiminster John Knox, 1996.

Marchai, J. A. *Hierarchy, Unity, and Imitation: A Feminist Rhetorical Analysis of Power Dynamics in Pauls Letter to the Philippians*. Atlanta: Society of Biblical Literature,

2006.

Martin, R. P. *Reconciliation: A Study of Paul's Theology*. rev.ed. Grand Rapids: Zondervan, 1989.

Marshall, I. H. *Last Supper and Lord's Supper*. Exter: Paternoster, 1980.

_____. *The Acts of the Apostles: An Introduction and Commentary*. Grand Rapids: Eerdmans, 1980.

Meek, W. A. *The First Urban Christians: The Social World of the Apostle Paul*. New Heaven: Yale University, 1983.

Mitchell, M. M. *Paul and the Rhetoric of Reconciliation: An Exegetical Investigation of the Language and Composition of 1 Corinthians*. Louisville: Westminster/John Knox, 1993.

Merklein, H. *Studien zu Jesus and Paulus*. WUNT 43; Tübingen: Mohr, 1987.

Munk, J. *Paul and Salvation of Mankind*. Richmond: J. Knox, 1959.

Murphy-O'Corner, J. *St Paul's Corinth: Texts and Archaeology*. Good News Studies 6; Wilmington, DE: Glazier, 1983.

Lentz, J. C. *Luke's Portrait of Paul*. Cambridge: Cambridge University Press, 1993.

Patte, D. *Paul's Faith and Power of the Gospel: A Structural Introduction to the Pauline Letter*. Philadelphia: Fortress, 1983.

Peppard, M. *The Son of God in the Roman World: Divine Sonship in its Social and Political Context*. New York: Oxford University Press, 2011.

Piper, J. Are there two wills in God: Divine Election and God's Desire for all to be Saved, 107-131 in eds. Schreiner, T. R. and Ware, B. A. *The grace of God, the bondage of the will, vol 1: Biblical and practical perspectives on Calvinism*. Grand Rapids: Baker Book House, 1995.

Pomeroy, S. B. *Goddesses, Whores, and Slaves: Women in Classical Antiquity*. New York: Schocken, 1975.

Räisaänen, H. *Paul and the Law*. WUNT 29; Tübingen: Mohr, 1983.

Rainbow, A "Justification according to Paul's Thessalonian Correspondence," *Bulletin for Biblical Research* 19/2(2009): 249-74.

Rapske, B. *The Book of Acts and Paul in Roman Custody*. Grand Rapids, 1994.

Reumann, J. *The Supper of the Lord: The New Testament, Ecumenical Dialogues, and Faith and Order on Eucharist*. Philadelphia: Fortress, 1985.

Ridderbos, H. *Paul: An Outline of His Theology*. Grand Rapids: Eerdmann, 1975.

Rigaux, B. *Letters of Paul Modern Studies*. Chicago: Franciscan Herald, 1968.

Robinson, J. A. T. *The Body: A Study in Pauline Theology*. Philadelphia: Westminster, 1997.

Rosner, B. S. *Paul, Scripture and Ethics: A Study of 1 Corinthians 5-7*. Leiden: Brill, 1994.

Sanders, E. P. *Paul and Palestinian Judaism*. Minneapolis: Fortress Press, 1977.

_____. Sanders, *Paul, the Law and the Jewish People*. Philadelphia: Fortress, 1983.

_____. Sanders, *Paul and Palestinian Judaism: A Comparison of Patterns of Religion*. Philadelphia: Fortress, 1995.

Schaff, P. *History of the Christian Church*. New York: Charles Scribner's Sons, 1910.

Schechter, S. *Aspects of Robbinic Theology*. New York: Schocken, 1961.

Schlier, H. *Grundzüge einer Paulinischen Theologie*. Freiburg: Herder, 1978.

_____. *Der Brief des Paulus an die Galater*. THKNT; Berlin: Evangelische, 1989.

Schnackenburg, R. *The church in the New Testament*. New York: Herder & Herder, 1965.

Schoeps, H. J. *Paul: The Theology of the Apostle in the Light of Jewish Religious History*. London: Lutterworth, 1961.

Schrage, W. *The Ethics of the New. Testament*. Philadelphia: Fortress, 1988.

Schweitzer, A. *The Mysticism of Paul the Apostle.* New York: Henry. Holt Company, 1931.

Schweizer, E. *Church Order in the New Testament.* London: SCM, 1961.

Seifrid, M. A. *Christ, Our Righteousness: Paul's Theology of Justification.* Downers Grove: Inter Varsity Press, 2001.

Sherwin-White, A. N. *Roman Society and Roman Law in the New Testament.* Oxford: Clarendon Press, 1963.

Smallwood, E. M. *The Jews under Roman Rule.* Leiden: E. J. Brill, 1976.

Sobanaraj, S. *Diversity in Paul's Eschatology: Paul's view on the Parousia and Bodily Resurrection.* Delhi: Indian Society for Promoting Christian Knowledge, 2007.

Stacey, W. D. *The Pauline View of Man in Relation to Its Judaic and Hellenistic Background.* London: Macmillan, 1956.

Stagg, F. *The Book of Acts: The Early Struggle for an Unhindered Gospel.* Nashville: Broadman, 1995.

Stanley, D. M. *Christ's Resurrection in Pauline Soteriology.* Rome: Pontifical Biblical Institute, 1961.

Stendahl, K. *Paul among Jews and Gentiles.* Philadelphia: Fortress, 1976[1977].

Stuhlmacher, P. "The Apostle Paul's View of Righteousness," in *Reconciliation, Law and Righteousness: Essays in Biblical Theology.* Philadelphia: Fortress, 1986, 68-93.

Taylar, V. *The Person of Christ in New Testament Teaching.* London: Macmillan, 1959.

Theissen, G. *The Social Setting of Pauline Christianity.* Philadelphia: Fortress, 1982.

Thielman, F. *Paul and the Law: A Contextual Approach.* Downers Grove: Inter Varsity, 1994.

Turner, T. *The Holy Spirit and Spiritual Gifts Then and Now.* Carisle: Paternoster, 1996.

Udoh, F. E. "PAUL'S VIEWS ON THE LAW: QUESTIONS ABOUT ORIGIN (GAL. 1:6-2:21; PHIL. 3:2-11)," *Novum Testamentum* 42/3 (2000): 214-37.

Unnik, W. C. *Tarsus and Jerusalem: The City of Paul's Youth.* Tr. G. Ogg, London: Epworth, 1962.

Van Campenhausen, H. *Ecclesiastical Authority and Spiritual Power in the Church of the First Three Centuries.* London: Black, 1969.

Vos Geerhardus, *The Pauline Eschatology.* Grand Rapids: Baker, 1979.

Weiss, J. *Paul and Jesus.* London: Harper, 1909.

Whiteley, D. E. H. *The Theology of St Paul.* Oxford: Blackwell, 1964.

Wilckens, U. *Resurrection.* Edinburgh: St Andrew Press, 1998.

Williams, H. H. D. "Light Giving Sources: Examining the Extent of Scriptural Citation and Allusion Influence in 1 Corinthians," 7-37 in Porter, S. E(ed) *Paul: Jew, Greek, and Roman.* Leiden: Brill, 2008.

Witherington, B. III, *The Paul Quest: the Renewed Search for the Jew of Tarsus.* Downers Grove: Intervarsity, 1998.

Wrede, W. *Paul.* London: Philip Green, 1907.

Ziesler, J. A. *The Meaning of Righteousness in Paul: A Linguistic and Theological Inquiry.* Cambridge: Cambridge University Press, 1972.

Zwiep, A. W. *The Ascension of the Messiah in Lukan Christology.* Leiden: Brill, 1997.

| 정기간행물 |

Abbott, L. "Paul's Theology, pt 1: Justification by Faith," *Andover Review* 8 (1887): 468-80.

Abernathy, D. "Paul's Thorn in the Flesh: a Messenger of Satan?" *Neotestamentica* 35/1-2 (2001): 69-79.

Adewuya, A. "The Holy Spirit and Sanctification in Romans 8.1-17," *Journal of Pentecostal Theology* 9 (2001): 71-84.

Bailey, R. H. "Acts 17:16-34," *Review & Expositor* 87/3 (1990): 481-85.

Baker, M. "Paul and the Salvation of Israel: Paul's Ministry, the Motif of Jealousy, and Israel's Yes," *Catholic Biblical Quarterly* 67/3 (2005): 469-84.

Balch, D. L. "The suffering of Isis/Io and Paul's Portrait of Christ Crucified(Gal 3:1): Frescoes in Pompeian and Roman Houses and in the Temple of Isis in Pompei," *Journal of Religion* 83/1 (2003): 24-55.

Bandstra, A. J. "The Centrality of Christ. Part one, Christ, the Law, and Sin," *Reformed Journal* 15/6 (1965): 15-18.

Barrosse, T. "Death and Sin in Saint Paul's Epistle to the Romans," *Catholic Biblical Quarterly* 15/4 (1953): 438-59.

Bartling, W. J. "Congregation of Christ: A Charismatic Body-An Exegetical Study of 1 Corinthians 12," *Concordia Theological Monthly* 40/2 (1969): 67-80.

Barton, S. C. "Paul's Sense of Place: An Anthropological Approach to Community Formation in Corinth." *NTS* 32 (1986): 225-46.

_____. "Eschatology and the Emotions in Early Christianity," *Journal of Biblical Literature* 130/3 (2011): 571-91.

Baur, F. C. "Die Christuspartei in der korinthischen Gemeinde, der Gegensatz des petrinischen und paulinischen Christenthums in der ältesten Kiirche, der Apostel Petrus in Rom," *Tübinger Zeitschrift für Theologie* 4 (1831): 61-206.

Beare, F. W. "Note on Paul's First Two Visits to Jerusalem," *JBL* 63/4 (1994): 407-409.

Blauvelt, Livingston. "Does the Bible Teach Lordship Salvation," *Bibliotheca sacra* 143 (1986): 37-45.

Boer, M. C. "Second Isaiah and Paul's Eschatology in the Letter to the Galatians," 35-43 in eds. Postma, F. and Spronk, K. Talstra, E. *The New Things: Eschatology in Old Testament Prophecy: Festschrift for Henk Leene*. Uitgeverij Shaker Pub, 2002.

Boers, H. "Judaism and the Church in Paul's Thought," *Neotestamentica*, 32/2 (1998): 249-66.

Borchert, G. L. "The Resurrection: 1 Corinthians 15," *Review & Expositor* 80/3 (1983): 401-15.

Brinks, C. L. ""Great is Artemis of the Ephesians": Acts 19:23-41 in Light of Goddess Worship in Ephesus," *Catholic Biblical Quarterly* 71/4 (2009): 776-94.

Branick, V. "The Sinful Flesh of the Son of God(Rom 8:3): a Key Image of Pauline Theology," *Catholic Biblical Quarterly* 47/2 (1985): 246-62

Brockway, J. "One Body, Many Parts: Reclaiming the Ecclesial Context of the Spiritual Gifts," *Brethren Life and Thought* 59/1 (2014): 59-68.

Bruce, F. F. "The New Testament and Classical Studies." *NTS* 22 (1976): 229-42.

Byrne, B. "Sinning against one's own body: Paul's understanding of the sexual relationship in 1 Corinthians 6:18," *Catholic Biblical Quarterly* 45/4 (1983): 608-16.

Callan, T. "Pauline Midrash: The Exegetical Background of Gal 3:19b." *JBL* 99 1980): 549-67.

_____. "Toward a Psychological Interpretation of Paul's Sexual Ethic," *Proceedings* 6 (1986): 57-71.

Campbell, T. H. "Paul's Missionary Journeys as Reflected in his Letters," *JBL* 74/2 (1955): 80-87.

Carson, D. A. "Why Trust a Cross? Reflections on Romans 3:21-26," *Evangelical Review of Theology* 28/4 (2004): 345-62.

Cervin, R. S. "A Note regarding the Name 'Junia(s)' in Romans 16.7." *NTS* 40 (1994): 464-70.

Chalme, C. E. "Death and Resurrection in Paul's Letters," *Journal of Bible and Religion* 274 (1959): 291-98.

Chia, S. P. "The Role of Eschatology in Paul's Ethics," *Sino-Christian Studies* 3 (2007): 37-59.

Chilton, B and Neusner, J. "Paul and Gamaliel," *Review of Rabbinic Judaism* 8/1

(2005): 113-62.

Gibbs, J. A. "An Exegetical Case for Close(d) Communion: 1 Corinthians 10:14-22; 11:17-34.," *Concordia Journal* 21/2 (1995): 148-63

Cloete, G. D. "Christmas: Heirs of God, the Father, through Jesus, the Son, Incarnated(Galatians 4:4-7)," *Journal of Theology for Southern Africa* 85 (1993): 53-60.

Cranfield, C. E. B. "Paul's Teaching on Sanctification," *Reformed Review* 48/3 (1995): 217-29.

Culpepper, R. A. "Paul's Mission to the Gentile World: Acts 13-19," *Review & Expositor* 71/4 (1974): 478-97.

Daines, B. "Paul's use of the Analogy of the Body of Christ: with Special Reference to 1 Corinthians 12," *Evangelical Quarterly* 50/Ap-Je (1978), 71-78.

Davies, W. D. "A Note on Josephus, *Antiquities* 15.136." *HTR* 47 (1954): 135-40.

Davis, M. D. "The Centrality of Wonder in Paul's Soteriology," *Interpretation* 60/4 (2006), 404-18.

Derrett, D. J. "Ho Kyrios Ebasileusen apo tou Xylou," *Vigiliae christianae* 43/4 (1989): 378-92.

Dockery, D. S. "Romans 1:16-17," *Review & Expositor* 86/1 (1989): 87-91.

Dunn, J. D. G. "The New Perspective on Paul," *BJRL* 65 (1983): 95-122.

Feldman, L. H. "How much Hellenism in the land of Israel?" *Journal for the Study of Judaism in the Persian, Hellenistic and Roman Period* 33/3 (2002): 290-313.

Fredriksen, P. "Jesus the Jewish Christ," *Studia Theologica* 66/1 (2012): 3-19.

Godin, M. "That the Sacrament is Always there: Towards a Eucharistic Ethic," *Theology & Sexuality* 14/1 (2007): 53-62.

Good, R. "The Son of God and Messiah in the Old Testament," *Affirmation & Critique* 14/1 (2009): 65-74.

Gorman, M. J. "Romans 13:8-14," *Interpretation* 62/2 (2008): 170-72.

Greeven, H. "Propheten, Lehrer, Vorsteher bei Paulus." *ZNW* 44 (1952-53): 1-43.

Gundry, R. H. "Grace, Works, and staying Saved in Paul," *Biblica* 66/1 (1985): 1-38.

Gupta, N. K. Which "Body" Is a Temple (1 Corinthians 6:19) Paul beyond the Individual/Communal Divide," *Catholic Biblical Quarterly* 72/3 (2010): 518-36.

Hanges, J. C. "Do we Really need to talk the Damascus Road?: Ancient Epiphanies and Imagining Paul's Conversion Experience," *Proceedings* 23 (2003): 66-77.

Harrison, J. R. "The Brothers as the "Glory of Christ"(2 Cor 8:23): Paul's Doxa Terminology in Its Ancient Benefaction Context," *Novum testamentum* 52/2 (2010): 156-88.

Hart, J. F. "Paul as weak in faith in Romans 7:7-25," *Bibliotheca sacra* 170/679 (2013): 317-43.

Hartman, L. "Comfort of the Scriptures"-an early Jewish Interpretation of Noah's Salvation, 1 En 10:16-11:2," *Svensk exegetisk årsbok* 41-42 (1977): 87-96.

Hays, R. B. "Christology and ethics in Galatians : the law of Christ," *Catholic Biblical Quarterly* 49/2 (1987): 268-90.

Hemer, C. J. 'Alexandria Troas,' *Tyndale Bulletin* 26 (1975): 79-112.

Hoefer, H. E. "Principles of Cross-Cultural/Ethnic Ministry: the Stories of Barnabas and Paul and the Jerusalem Council," *Missio apostolica* 13/2 (2005): 139-53.

Hoekema, A. A. "Already, not yet: Christian living in tension," *Reformed Journal* 29/1 (1979): 15-18.

Hoerber, R. G. "Paul's gospel," *Concordia Journal* 7/4 (1981): 137-38.

Hollander, H. W. The Words of Jesus: from oral Tradition to Written Record in Paul and Q" *Novum Testamentum* 42/4 (2000): 340-57.

Hooker, M. D. "On Becoming the Righteousness of God: Another Look at 2 Cor 5:21," *Novum testamentum* 50/4 (2008): 358-75.

Hultgren, S. J. "The Origin of Paul's Doctrine of the two Adams in 1 Corinthians 15:45-49," *Journal for the Study of the New Testament* 25/3 (2003): 343-70.

Hurtado, L. W. "First-Century Jewish Monotheism," *Journal for the Study of the New Testament* 71 (1998): 3-26.

Jackson, F. T. J. "Evidence for the Martyrdom of Peter and Paul in Rome," *Journal of Biblical Literature* 40/1-2 (1927): 74-78.

Jeremias, J. "The Key to Pauline Theology." *ExpTim* 76 (1964/65): 27-30.

Jerry, J. L. "Post-mortem Existence and Resurrection of the Body in Paul," *Horizons in Biblical Theology* 31/1 (2009): 12-26.

Jewett, R. "Mapping the Route of Paul's 'Second Missionary Journey' from Dorylaeum to Troas," *Tyndale Bulletin* 48/1 (1997): 1-22.

Jipp. J. W. "Rereading the story of Abraham, Isaac, and 'us' in Romans 4," *JSNT* 32/2 (2009): 217-42.

Joseph, M. J. "Paul's Understanding of Righteousness," *Indian Journal of Theology* 26/3-4 (1977): 150-58.

Knox, J. "Romans 15:14-33 and Paul's Conception of His Apostolic Peterson, Ministry" *JBL* 83 (1964): 1-11.

Köstenberger, A. J. "The Mystery of Christ and the Church: Head and Body, "One flesh"" *Trinity Journal* 12/1 (1991): 79-94.

Kroeger, R. C. "Sexual Identity in Corinth: Paul faces a Crisis," *Reformed Journal*, 28/12 (1978): 11-15.

Johnson, S. E. "Paul in the wicked city of Corinth," *Lexington Theological Quarterly* 17/2 (1982): 59-67.

Jones, P. "1 Corinthians 15:8: Paul the last apostle," *Tyndale Bulletin* 36 (1985): 3-34.

Kümmel, W. G. "Jesus und Paulus." *NTS* 10 (1963-64): 163-81.

Leithart, P. J. "Adam, Moses, and Jesus: A Reading of Romans 5:12-14," *Calvin*

Theological Journal 43/2 (2008): 257-73.

Levison, H. R. "Did the Spirit Withdraw from Israel?: An Evaluation of the Earliest Jewish Data." *NTS* 43 (1997): 35-57.

Lindars, B "The Sound of the Trumpet: Paul and Eschatology," *Bulletin of the John Rylands University Library of Manchester* 67/2 (1985): 766-82.

Litwa, M. D. "2 Corinthians 3:18 and its Implications for Theosis," *Journal of Theological Interpretation* 2/1 (2008): 117-33.

Longenecker, R. N. "The Nature of Paul's Early Eschatology," *New Testament Studies* 31/1 (1985): 85-95.

Loubser, G. M. H. "Paul's Ethic of Freedom: no Flash in the Galatian Pan," *Neotestamentica* 39/2 (2005): 313-38.

_____. "Life in the Spirit as Wise Remedy for the Folly of the Flesh: Ethical Notes from Galatians," *Neotestamentica* 43/2(2009): 354-71.

MacCarty, V. K. "Prisca-Fellow Tent-maker and Fellow Missionary of Paul: Acts 18.2-3, 18, 26; Romans 16.3-4; 1 Corinthians 16.19; 2 Timothy 4.19," *International Congregational Journal* 11/2 (2012): 45-60.

MaKay, K. L. "Foreign Gods Identified in Acts 17:18," 45/2 (1994): 411-12.

Malina, B. "Does Proneia Mean Fornication?" *NovT* 14 (1972): 10-17.

Matera, F. J. "Christ in the Theologies of Paul and John: A Study in the Diverse Unity of New Testament Theology," *Theological Studies* 67 (2006): 237-56.

Maultsby, H. D. "Paul, Black Theology and Hermeneutics," *Journal of the Interdenominational Theological Center* 3/2 (1976), 49-64.

McManus, D. "Heidegger, Wittgenstein and St Paul on the Last Judgement: On the Roots and Significance of 'The Theoretical Attitude,' *British Journal for the History of Philosophy* 21/1 (2013), 143-64.

Mearns, C. L. "Early Eschatological Development in Paul: the Evidence of 1 Corinthians," *Journal for the Study of the New Testament* 22 (1984): 19-35.

Meinardus, O. F. A. "Paul's Missionary Journey to Spain: Tradition and Folklore," *Biblical Archaeologist* 41/2 (1978): 61-63.

Merklein, H. "Die Ekklesia Gottes. Der Kirchenbegriff bei Paulus und in Jerusalem," *Biblische Zeitschrift* 23/1 (1979): 48-70

Milton, A. B. "Ethnicity and the People of God," *Theologica Xaveriana* 59 (2009): 309-30.

Morgan, F. A. "Romans 6:5a : United to a Death like Christ's," *Ephemerides Theologicae Lovanienses* 59/4 (1983), 267-302.

Moxnes, H. "Social Integration and the Problem of Gender in St Paul's Letters," *Studia theologica* 43/1 (1989): 99-113.

Napier, D. "Paul's Analysis of sin and Torah in Romans 7:7-25," *Restoration Quarterly* 44/1 (2002): 15-32.

Nebeker, G. L. "Christ as Somatic Transformer(Phil 3:20-21): Christology in an Eschatological Perspective," *Trinity Journal* 21/2 (2000): 165-87.

Novenson, M. V. "The Jewish Messiahs, the Pauline Christ, and the Gentile Question," *Journal of Biblical Literature* 128/2 (2009): 357-73.

Painter, J. "The Fruit of the Spirit is Love: Galatians 5:22-23, an Exegetical note," *Journal of Theology for Southern Africa* 5 (1973): 57-59.

Perrard, M. "Adopted and Begotten Sons of God: Paul and John on Divine Sonship," *Catholic Biblical Quarterly* 73 (2011): 92-110.

Petrson, B. K. "Philippians 2:5-11." *Interpretation* 58/2 (2004): 178-80.

Plevnik, J. "The taking up of the Faithful and the Resurrection of the Dead in 1 Thessalonians 4:13-18," *Catholic Biblical Quarterly* 46/2 (1984): 274-83.

_____. "Paul's Eschatology," *Toronto Journal of Theology* 6/1 (1990): 86-99.

Podles, L. J. "Sons in the Son: God and Man in Early Christianity," *Touchstone* 12 (1999): 15-20.

Porter, F. C. "Does Paul claim to have known the historical Jesus? a study of 2 Corinthians 5:16," *Journal of Biblical Literature* 47/3-4 (1928): 257-75.

Reber, J. R. "A New Perspective on Paul's Doctrine of Justification in Galatians 3:2, 5," *Evangelical Journal* 30/1 (2012): 40-48.

Richard, B. ""Life-Giving Spirit": Probing the Center of Paul's Pneumatology," *Journal of the Evangelical Theological Society* 41/4 (1998): 573-89.

Robinson, D. F. "A Note on Acts 11:27-30," *JBL* 63 (1944): 169-72.

Robinson, W. C. "Christology and Christian life : Paul's use of the Incarnation Motif," *Andover Newton Quarterly* 12/2 (1971), 108-17.

Rösel, M. "The Reading and Translation of the Divine Name in the Masoretic Tradition and the Greek Pentateuch," *Journal for the Study of the Old Testament* 31/4 (2007): 411-28.

Rosner, B. S. "Paul and the Law: What he does not Say," *JSNT* 32/4 (2010): 405-13.

Rottenberg, I. C. "Law and sin in Judaism and Christianity," *Reformed Journal* 29/11 (1979): 11-15.

Royds, T. F. "Christ's Ressurrection and Ours," *Modern Churchman* 18/5 (1928): 259-69.

Russell, R. "Redemptive Suffering and Paul's Thorn in the Flesh," *Journal of the Evangelical Theological Society*, 39/4 (1996): 559-70

Russell, W. "Who were Paul's Opponents in Galatia," *Bibliotheca sacra* 147/587 (1990): 329-50.

Rydelnik, M. A. "The Jewish People and Salvation," Bibliotheca sacra 165 (2008): 447-62

Samuelson, P. L. "A new Vision of Righteousness: Paul's Exhortations in Romans 12-15," *Word & World* 10/3 (1990): 295-303.

Sanders, E. P. "Patterns of Religion in Paul and Rabbinic Judaism: A Holistic Method of Comparison," *Harvard Theological Review* 66 (1973): 455-78.

Schilling, F. A. "Why did Paul go to Damascus?" *Anglican Theological Review* 16/3 (1934): 199-205.

Schreiner, T. R. "Paul's View of the Law in Romans 10:4-5," *Westminster Theological Journal* 55/1 (1993): 113-35.

Scroggs, R. New Being: Renewed Mind: New Perception: Paul's View of the Source of Ethical Insight," *Chicago Theological Seminary Register* 72/1 (1982): 1-12.

Schweitzer, E. "Die Kirche als Leib Christi in den Paulinischen Homologoumena." *TLZ* 86 (1961): 168-81.

Shroyer, M. J. "Paul's departure from Judaism to Hellenism," *Journal of Biblical Literature* 59/1 (1940): 41-49

Sider, R. J. "St Paul's Understanding of the Nature and Significance of the Resurrection in 1 Corinthians 15:1-19," *Novum testamentum* 19/2 (1977), 124-41.

Smith, M. J. "The role of the pedagogue in Galatians," *Bibliotheca sacra* 163/650 (2006): 197-214.

Son, S. "Implications of Paul's "one flesh" Concept for His Understanding of the Nature of Man," *Bulletin for Biblical Research* 11/1 (2001): 107-22.

Songer, H. S. "Paul's Mission to Jerusalem: Acts 2-28," *Review & Expositor* 71/4 (1974): 499-510.

Strauss, S. J. "The Purpose of Acts and the Mission of God," *Bibliotheca sacra* 169 (2012): 443-64.

Talbert, C. H. "Again: Paul's Vists to Jerusalem," *Novum Testamentum* 9/1 (1967): 26-40.

Taylar, N. H. "Paul and the historical Jesus quest," *Neotestamentica* 37/1 (2003): 101-22.

Thurston, B. B. "Paul on the Damascus Road: The Study of the New Testament and the Study of Christian Spirituality," *Lexington Theological Quality* 38/4 (2003): 227-40.

Travis, S. H. "Christ as Bearer of Divine Judgement in Paul's Thought about the Atonement," 21-38. ed. Goldingay, J. in *Atonement Today: a Symposium at St John's College, Nottingham*. London: SPCK, 1995.

Tripp, D. "1 January 2007 New Year's Holy Name of Jesus Mary Mother of God," *Homily Service* 40/2 (2007): 3-12

Turner, M. "Spiritual Gifts and Spiritual Formation in 1 Corinthians and Ephesians," *Journal of Pentecostal Theology* 22/2 (2013): 187-205.

Unger, M. F. "Archaeology and Paul's Tour of Cyprus," *Bibliotheca Sacra* 117 (1960): 229-33.

Van der Watt, J. G. "Soteriology of the New Testament: some Tentative Remarks," 505-522 in ed. Van der Watt, J G. Salvation in the New Testament: Perspectives on Soteriology. Leiden: Brill, 2005.

Wallace, D. B. "Galatians 3:19-20: a Crux Interpretum for Paul's view of the Law," *Westminster Theological Journal* 52/2 (1990): 225-45.

Watson, G. "The Development of Paul's Theology of the Resurrection of the Body," *Journal of Theta Alpha Kappa* 15/1 (1991), 23-32.

Whitsett, C. G. "Son of God, seed of David: Paul's messianic exegesis in Romans 1:3-4," *Journal of Biblical Literature* 119/4 (2000): 661-81.

Weima, J. A. D. "The function of the law in relation to sin : an evaluation of the view of H Räisänen," *Novum testamentum* 32/3 (1990), 219-35.

Whitsett, C. G. "Son of God, Seed of David: Paul's Messianic Exegesis in Romans 1:3-4," *Journal of Biblical Literature* 119/4 (2000): 661-81.

Williams III, H. H. D. "Living as Christ Crucified: The Cross as a Foundation for Christian Ethics in 1 Corinthians," *Evangelical Quarterly* 75/2 (2003): 117-31.

Williams, J. J. "Violent Atonement in Romans: the Foundation of Paul's Soteriology," *Journal of the Evangelical Theological Society* 53/3 (2010): 579-99.

Winter, B. W. "On Introducing Gods to Athens: An Alternative Reading of Acts 17:18-

20," *Tyndale Bulletin* 47/1 (1996): 71-90.

Zerbe, G. "Paul on the Human being as "Psychic Body": Neither Dualist nor Monist," *Direction* 37/2 (2008): 168-84.

그런즉 원하는 자로 말미암음도 아니요 달음박질하는 자로 말미암음도 아니요
오직 긍휼히 여기시는 하나님으로 말미암음이니라
– 로마서 9장 16절 –

바울의 생애와 신학입문

저　　자	신인철
발 행 인	배국원
발 행 일	2015년 2월 25일
등록번호	출판 제6호(1979.9.22)
발 행 처	침례신학대학교 출판부(하기서원)
주　　소	대전광역시 유성구 북유성대로 190(305-358)
전　　화	(042)828-3255, 3257
팩　　스	(042)828-3256
홈페이지	http://www.kbtus.ac.kr
이 메 일	public@kbtus.ac.kr

〈값 16,000원〉
ISBN 978-89-93630-62-6   03230